Ägyptische Mumien – Unsterblichkeit im Land der Pharaonen

ÄGYPTISCHE MUMIEN
Unsterblichkeit im Land der Pharaonen

Herausgegeben vom Landesmuseum Württemberg, Stuttgart

Große Landesausstellung Baden-Württemberg
unter der Schirmherrschaft von
Günther H. Oettinger, Ministerpräsident des Landes Baden-Württemberg,
und I. E. Suzanne Mubarak, First Lady der Arabischen Republik Ägypten

Große Landesausstellung
6. Oktober 2007 bis 24. März 2008

335 Seiten mit 398 Farb- und 34 Schwarzweißabbildungen

Impressum

Bibliografische Information der Deutschen Nationalbibliothek

Die Deutsche Nationalbibliothek verzeichnet diese Publikation in der Deutschen Nationalbibliografie; detaillierte bibliografische Daten sind im Internet über <http://dnb.d-nb.de> abrufbar

ISBN: 978-3-8053-3778-6 (Buchhandelsausgabe)
ISBN: 978-3-8053-3846-2 (Museumsausgabe)

Gestaltung
Kommunikationsdesign Sabine Koch, Stuttgart
Mitarbeit: Ariane Sohn, Stuttgart

Printed in Germany by Philipp von Zabern
Printed on fade resistant and archival quality paper (PH 7 neutral) · tcf

Abbildungen
Umschlag und S. 2: Sargensemble einer vornehmen Dame, siehe Kat.-Nr. 195.
Kapiteltrennblätter siehe Abbildungsnachweis S. 335
Alle ausgestellten Exponate sind im Katalog mit einer Katalognummer gekennzeichnet.

Dieser Katalog erscheint anlässlich der Ausstellung »Ägyptische Mumien – Unsterblichkeit im Land der Pharaonen« im Landesmuseum Württemberg vom 6. Oktober 2007 bis 24. März 2008.

Der Ausstellungskatalog wurde durch die großzügige Förderung der Klaus Tschira Stiftung gemeinnützige GmbH und der Gisela und Reinhold Häcker Stiftung realisiert.

KTS
Klaus Tschira Stiftung gemeinnützige GmbH

GRH
Gisela und Reinhold Häcker Stiftung

Für die Realisierung der Ausstellung danken wir den Förderern

Baden-Württemberg

Berthold Leibinger Stiftung

DaimlerChrysler

Gesellschaft zur Förderung des Landesmuseums Württemberg e.V.

den Partnern

Hochschule der Medien

Volume Graphics
Solutions about Voxels
www.volumegraphics.com

Die Bahn DB

German Egyptian Year of Science and Technology 2007

Art in Europe
Cities

dem Medienpartner

SWR4
Da sind wir daheim.

Inhalt

Grusswort

Das Alte Ägypten beeindruckt seit Jahrtausenden die Menschheit. Bereits in der Antike konnten sich weder Griechen noch Römer der Faszination der Hochkultur am Nil entziehen. Bis heute hat das Land der Pharaonen nichts von seiner Anziehungskraft eingebüßt. Dies verdeutlicht die Große Landesausstellung »Ägyptische Mumien – Unsterblichkeit im Land der Pharaonen« im Landesmuseum Württemberg auf herausragende Weise. Als Schirmherr dieser Ausstellung grüße ich alle Besucherinnen und Besucher im Landesmuseum Württemberg sehr herzlich.

Die Erforschung der einzigartigen Kultur des Alten Ägypten hat eine lange Tradition in Baden-Württemberg. Um die Wende vom 19. zum 20. Jh. war es der gebürtige Stuttgarter Ernst von Sieglin, der Ausgrabungen in Ägypten finanzierte. Von Sieglin stiftete seine durch die Ausgrabungen erlangte umfangreiche Antikensammlung öffentlichen Institutionen. Dadurch gelangten die Vorgängerinstitution des Landesmuseums Württemberg, die Königliche Staatssammlung Vaterländischer Kunst- und Alterthumsdenkmale, und die Universität Tübingen in den Besitz wertvoller Schätze aus Ägypten.

Neben diesem beispielhaften Engagement von privater Seite kommen auch den Universitäten bei der Erforschung des Alten Ägyptens große Verdienste zu. So fanden unter Leitung des Heidelberger Professors Herman Ranke die in den Jahren 1913/14 gemeinsam von den Universitäten Heidelberg und Freiburg durchgeführten »Badischen Grabungen« in Karara und El-Hibe in Mittelägypten statt.

Die Zusammenarbeit von Landeseinrichtungen auf dem Gebiet der Ägyptologie hat eine fast hundertjährige Geschichte. Auch im Rahmen dieser Ausstellung wurde zwischen dem Landesmuseum Württemberg und den Universitäten Heidelberg und Tübingen sowie der Hochschule der Medien und der Filmakademie Baden-Württemberg kooperiert. Diese Zusammenarbeit ist wegweisend und garantiert Ergebnisse von hoher Qualität, die sich in der Ausstellung niederschlägt.

Ziel der Großen Landesausstellungen ist, Kultur zu vermitteln und Geschichte erlebbar zu machen. In diesem Sinne wünsche ich der Großen Landesausstellung »Ägyptische Mumien – Unsterblichkeit im Land der Pharaonen« einen erfolgreichen Verlauf und den Besucherinnen und Besuchern viele interessante Eindrücke.

Günther H. Oettinger
Ministerpräsident des Landes Baden-Württemberg

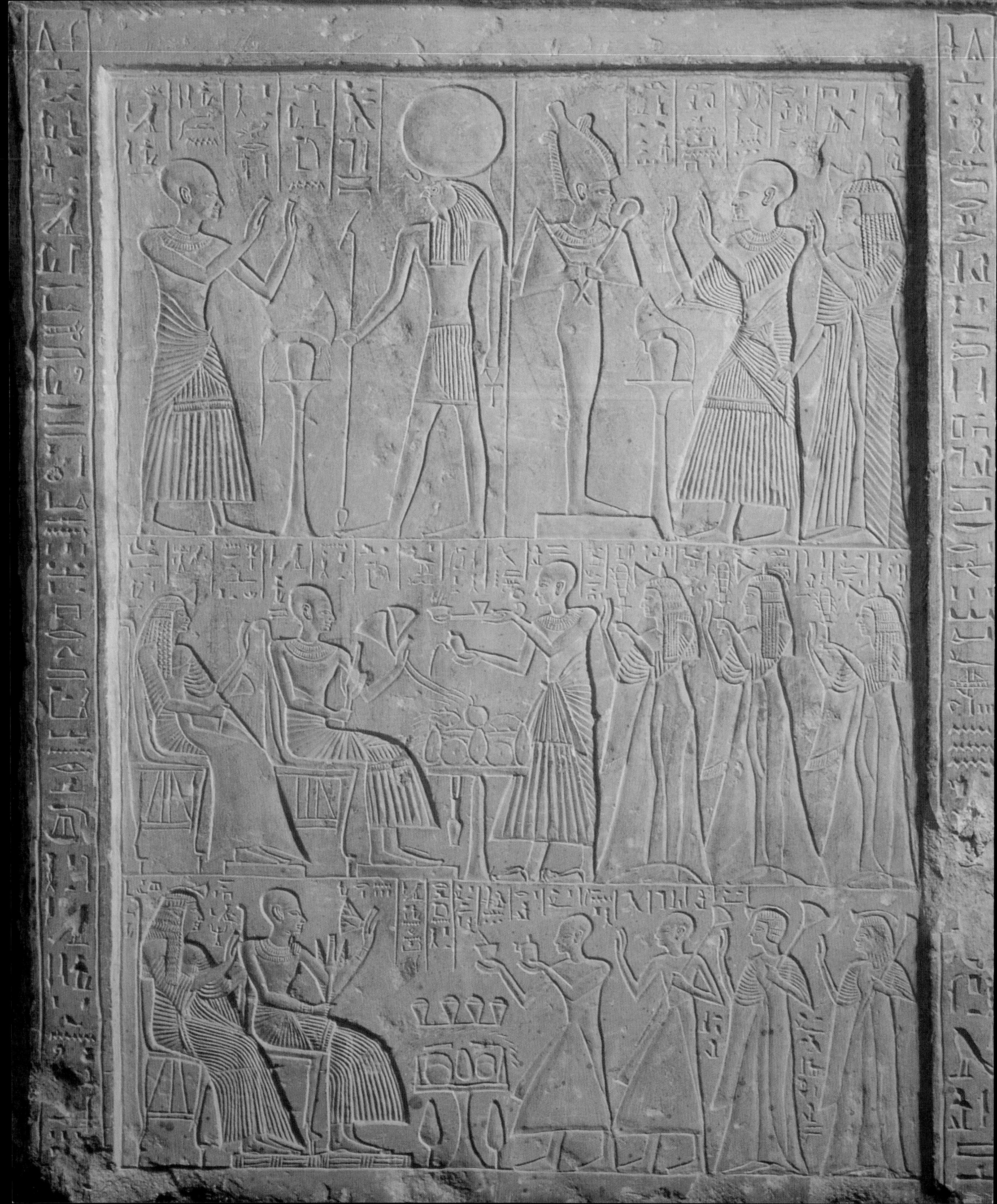

Grusswort

Die altägyptische Hochkultur hat uns über Jahrtausende hinweg zu erstaunen und nachhaltig zu beeindrucken vermocht. Heute, auf der Höhe der modernen Zivilisation und der Wissenschaften, lässt die Macht ihrer Errungenschaften uns noch immer klein erscheinen, und wir betrachten noch immer mit Ehrfurcht die Pracht ihrer Architektur, die makellose Schönheit ihrer Bilder und den Glanz ihrer Schätze.

Doch Kulturen sind nicht nur auf Stein und Gold gebaut. Einer der wichtigsten Aspekte der altägyptischen Kultur ist der Mensch mit seinem Streben nach Weisheit, Schönheit und Frieden. Der Mensch war die Säule der Zivilisation des Alten Ägyptens, doch wurde er über die Jahrtausende immer wieder von der Größe der Tempel und Obelisken in den Schatten gestellt. Ohne jedoch die endlose Suche unserer Vorfahren nach Weisheit, Schönheit und Frieden an den Ufern des Nils zu verstehen, sähen wir in den Tempeln und Obelisken nur das, was sie sind: Gebilde aus Stein.

In ihrer allumfassenden Suche nach ewiger Weisheit und Schönheit sowie nach ewigem Frieden wurde die Spiritualität zu einem zentralen Thema für die Alten Ägypter. In diesem Streben nach ewigem Leben haben sie eine der komplexesten geistigen Strukturen geschaffen, die die Menschheit jemals kannte und in der die Mumifizierung eine alles überragende Rolle spielte. Dies zeigt erneut, wie Wissenschaft, Kunst und Spiritualität einem höheren Zweck dienten und wie all die Elemente, die diese herausragende Kultur ausmachten, zusammenwirkten, um das edle Ziel ewigen Lebens zu erreichen.

Die Mumien sind unser Tor zur Enthüllung des Geistes der altägyptischen Zivilisation. Sie bieten uns die einmalige Chance, zu verstehen, wie die verschiedenen Stränge dieser Kultur, deren jeder unsere Bewunderung und unseren Respekt verdient, miteinander verwoben wurden zu einem einzigartigen Wesen, das der Zeit standzuhalten vermochte und das uns bis heute mit Ehrfurcht erfüllt.

Deshalb bin ich stolz, Schirmherrin dieser außergewöhnlichen Ausstellung zu sein. Sie ist der großen Kultur gewidmet, von der die Mumien zeugen, und sie wird hoffentlich ein weiterer Schritt sein auf dem langen Weg zum Verständnis der altägyptischen Kultur.

Ihre Exzellenz Suzanne Mubarak
First Lady der Arabischen Republik Ägypten

5330

Grusswort

Klaus Tschira Stiftung sowie Gisela und Reinhold Häcker Stiftung

Da der Mensch wohl das einzige »Säugetier« ist, welches um seinen kommenden Tod weiß, lebt er meist – je älter er wird – in immer intensiverer Auseinandersetzung mit diesem Faktum. Fragen nach dem Ende, einem Jenseits, einem Weiterleben oder Vergehen sind daher Schlüsselfragen jedes Einzelnen und jeder menschlichen Gemeinschaft. Jede große Kultur hat sich im Laufe der Geschichte mit diesem Problem auseinandergesetzt.

Das Alte Ägypten hat sich mit Tod und Jenseits besonders intensiv beschäftigt und mit der »Elysium-Vorstellung« des »verklärten Toten« eine positive und vielleicht bis ins frühe Christentum hinein fruchtbare Antwort gegeben, die sich stark von der altbabylonischen und griechischen »Hadesvorstellung« eines Jenseits im Sinne eines kraftlosen, staubigen und freudlosen Schattenreiches unterschied.

Um in Ägypten als Verstorbener aktiv und wirkmächtig zu sein, bedurfte es der Unversehrtheit des Körpers: der entscheidende Impetus zur Entwicklung der ägyptischen Mumien.

Die altägyptische Antwort auf Tod und Jenseits aufzuzeigen, ist die Aufgabe der Stuttgarter Ausstellung »Ägyptische Mumien – Unsterblichkeit im Land der Pharaonen«.

Die Klaus Tschira Stiftung und die – mit einem kleineren Volumen beteiligte – Gisela und Reinhold Häcker Stiftung freuen sich, dass sie mit ihren Förderungen zum Gelingen der Ausstellung und vor allen zur Realisierung des Ausstellungskataloges und des Begleitbuches für Kinder beitragen konnten. Gerade der Umstand, dass die hochkarätige Präsentation von einem ausführlichen Kinderprogramm begleitet wird, finden wir besonders wichtig. Es gefällt uns auch sehr, dass der Bereicherung der ägyptologischen Forschung durch naturwissenschaftliche Untersuchungsmethoden wie Röntgen- und Computertomografie an Menschen- und Tiermumien ein breiter Raum gewidmet wird. Mit diesem zerstörungsfreien Verfahren lassen sich etwa an einer Ibismumie nicht nur Weichteile wie Muskeln und Sehnen beobachten, sondern es kann sogar die letzte »Mahlzeit« des Vogels bestimmt werden.

Wir wünschen der Ausstellung und dem Team des Landesmuseums Württemberg den Erfolg und die verdiente Resonanz bei kleinen und großen Besuchern, die dieses mit so großem Engagement angepackte Projekt verdient hat.

Reinhold Häcker

Vorwort

Seit 1907 betreut das Landesmuseum Württemberg bemerkenswerte Zeugnisse aus dem Alten Ägypten, darunter einige herausragende Mumienporträts aus der römischen Epoche. Diese Sammlung ist Ernst von Sieglin zu verdanken, der seit 1898 archäologische Forschungen in Ägypten finanzierte. Das 100jährige Jubiläum der Übergabe eines Teils seiner Kollektion an die Königliche Staatssammlung Vaterländischer Kunst- und Alterthumsdenkmale, die Vorgängerinstitution des Landesmuseums Württemberg, ist Anlass für die Große Landesausstellung »Ägyptische Mumien – Unsterblichkeit im Land der Pharaonen«. Sie widmet sich den Jenseits- und Glaubensvorstellungen im Alten Ägypten, insbesondere dem Phänomen der Mumifizierung.

Die Bedeutung dieser Großen Landesausstellung unterstreicht die gemeinsame Schirmherrschaft von Herrn Ministerpräsident Günther H. Oettinger und der First Lady der Arabischen Republik Ägypten, I. E. Suzanne Mubarak. Ein ausdrücklicher Dank gebührt den mehr als 30 Museen und Sammlungen aus Deutschland und Europa, die durch ihre wertvollen Leihgaben zum Erfolg des Projektes maßgeblich beigetragen haben.

Allen Förderern, Sponsoren und Partnern, die zur Realisierung der Ausstellung beigetragen haben, sei ganz herzlich gedankt. Die Präsentation der kostbaren Objekte wäre ohne die großzügige finanzielle Unterstützung des Landes Baden-Württemberg nicht zustande gekommen. Besondere Hervorhebung verdienen die Klaus Tschira Stiftung, die Berthold Leibinger Stiftung, die DaimlerChrysler AG, die Gisela und Reinhold Häcker Stiftung und die Gesellschaft zur Förderung des Landesmuseums Württemberg e. V. Des Weiteren gilt ein großer Dank dem Landesbetrieb Vermögen und Bau, Amt Stuttgart, für die Modernisierung der Ausstellungsfläche sowie dem Büro ham&EGG, München, für die gelungene Ausstellungsgestaltung.

Mein persönlicher Dank gilt allen Mitarbeiterinnen und Mitarbeitern, die durch ihr außerordentliches Engagement dieses Projekts realisiert haben, insbesondere Daniel von Recklinghausen, Karin Birk, Christine Nitsche, Andrea Tietze, Jan-Christian Warnecke, Heike Scholz, Nina Willburger, Viktoria Klutmann, Erwin Keefer, Thomas Hoppe, Roland Hahn und Peter Heinrich sowie den Mitarbeitern der Restaurierungs- und Ausstellungswerkstätten.

Cornelia Ewigleben
Direktorin des Landesmuseums Württemberg

Diesseits

Zwischen Auswahl der Qualität und Zwang zu einer Werkstatt

Volkswirtschaftliche und soziale Komponenten der Mumifizierung

Joachim Friedrich Quack

Gut bekannt ist heute, wieviel Bedeutung die Ägypter den Grabstätten und der Bestattung beigemessen haben. Jedoch macht man sich nur selten klar, dass so etwas nicht nur eine religiöse und eine künstlerische Seite hat, sondern auch eine alltäglich-praktische. Wo derart viel Aufwand für die Bestattung und Totenversorgung getrieben wird, handelt es sich um einen ökonomisch und sozial höchst signifikanten Teil des Lebens. Finanzielle Interessen sind im Spiel, und die Menge der involvierten Personen verlangt eine klare Organisationsstruktur. Am besten bezeugt sind diese Phänomene für die späten Epochen Ägyptens, vorrangig sogar für die griechisch-römische Zeit von 332 v. Chr. bis etwa 200 n. Chr.

Die Nekropolenorganisation war damals relativ ausgefeilt. Vor allem gab es einen »Vorsteher der Nekropole«, der als Autorität agierte.[1] Ihm mussten auch bei jeder Bestattung Abgaben entrichtet werden. Diese wurden zunächst von den Angehörigen des Verstorbenen an den jeweiligen Bestattungsunternehmer gegeben, der sie dann weiterleitete. Die Nutznießer der Gelder waren letztlich wohl die ägyptischen Tempel, denen die Nekropolen unterstanden und in deren Dienst auch der Vorsteher der Nekropole tätig war. Daneben mussten die Mumifizierungs- und Bestattungsunternehmen zusätzlich noch eine Berufssteuer entrichten, von der man nach dem Muster sonstiger Berufssteuern annehmen kann, dass sie jährlich mit einem festen Betrag fällig war – prozentual berechnete Einkommenssteuer war damals noch nicht der Standard.

Das ökonomische Interesse an der Bestattung war ein mehrfaches. Einerseits betraf es bereits ganz einfach den Prozess der Mumifizierung, der üblicherweise von den Angehörigen direkt zu bezahlen war. Für einige hochrangige Priester im Tempelbetrieb scheint es nach Maßgabe des »Buches vom Tempel« allerdings anders gewesen zu sein.[2] Darin gibt es nach der Aufzählung der Dienstpflichten der Priester sowie der Regelungen für die Amtsnachfolge gelegentlich auch die Notiz: »Wenn er dahinscheidet, soll man ihn für sieben Dekaden in die Balsamierungswerkstatt geben.« Dies impliziert wohl, dass die Mumifizierung hier auf Kosten des Staates bzw. des Tempels durchgeführt wurde. Im Falle der heiligen Tiere ebenso wie vergöttlichter Menschen ist in einem Königsdekret Ptolemaios' VIII. eine Regelung festgelegt, ihre Bestattung solle auf Staatskosten erfolgen.[3] Auch von anderen Ptolemäerherrschern ist bezeugt, dass sie reichlich zur Bestattung heiliger Tiere beigesteuert haben, so etwa im Dekret von Rosetta (D 18).

Zweite wichtige Einnahmequelle, und der Summe nach mutmaßlich die bedeutsamere, war der reguläre Dienst am Grab in Form von Wasserspenden und Totenopfern. Dies ist in der ägyptischen

Mumie einer Frau (Kat.-Nr. 209)
Kopfpartie

Gesellschaft traditionell und war zunächst die Pflicht des Sohnes und Erben. Schon bald kam man aber auf die Idee des »Outsourcing«, um es mit einem modernen Begriff zu bezeichnen, und verpflichtete spezifische Totenpriester. Sie erhielten das Anrecht auf landwirtschaftliche Einkünfte und verrichteten im Gegenzug die Liturgien am Grab. Solche bezahlten Trauernden gab es bis in die spätesten Epochen der ägyptischen Geschichte als Institution. Insbesondere für die späten Epochen kann man gut verfolgen, wie die entsprechenden Aufgaben, d. h. vor allem die damit verbundenen Einkünfte, auch vererbt oder verkauft wurden. Es gibt zahlreiche Papyrusdokumente, in denen unter Bestatterfamilien Rechte an etlichen Gräbern gehandelt werden – mit allen Anzeichen einer lukrativen Industrie. Auffällig ist dabei, wie oft auch Bruchteile von Anrechten verkauft werden. Dies ist keineswegs auf Grabeinkünfte beschränkt, sondern erscheint in ähnlicher Weise etwa auch für Häuser. Ursache dürfte die ägyptische Sitte der Erbteilung gewesen sein, bei der zwar der älteste Sohn mehr als seine Geschwister erhält, das elterliche Vermögen aber an sich mit jedem Generationswechsel zersplittert wird. Wenn jemand Bruchteile an Besitz verkauft und es durch die Namen und Genealogien gesichert oder doch naheliegend ist, dass es sich um Geschäfte unter engen Verwandten handelt, kann man vermuten, dass der Käufer weitere Anteile derselben Sache bereits durch Erbe in seinem Besitz hat.

Die griechischen Historiker geben an, dass es drei verschiedene Verfahrensweisen für die Balsamierung gäbe. Nach Diodor kostete das erste und teuerste Verfahren ein Talent Silber, das zweite zwanzig Minen und das dritte kaum etwas.[4] Im Vergleich zu einigen griechischen Dokumenten, die z. B. Kosten einer Bestattung von etwas über 440 Drachmen bezeugen (s. u.), scheint der Preis für die teuerste Ausführung keineswegs exzessiv angegeben zu sein – unabhängig von der Frage, aus welcher Zeit genau Diodors Angabe ihrer Quelle nach stammt und mit welchem Stadium der Inflation man rechnen muss. In der Ptolemäerzeit gab es nämlich bereits die Tendenz, dass ein gleicher Nominalwert de facto im Verlauf der Zeit immer weniger reale Kaufkraft hatte.

Tod und Bestattung waren somit in Ägypten eine teure Angelegenheit, und es kann nicht verwundern, dass sich Solidarinstitutionen entwickelt haben, die Ähnlichkeiten etwa mit heutigen Sterbekassen aufweisen. Für die soziale Organisation gerade in der Ptolemäerzeit war die Sitte der Kultgenossenschaften relativ bedeutsam.[5] Eine Gruppe von Männern aus meist eng miteinander verbundenen Berufen schloss sich zusammen, um gemeinsam Feste zu feiern, zu denen jeder etwas beizusteuern

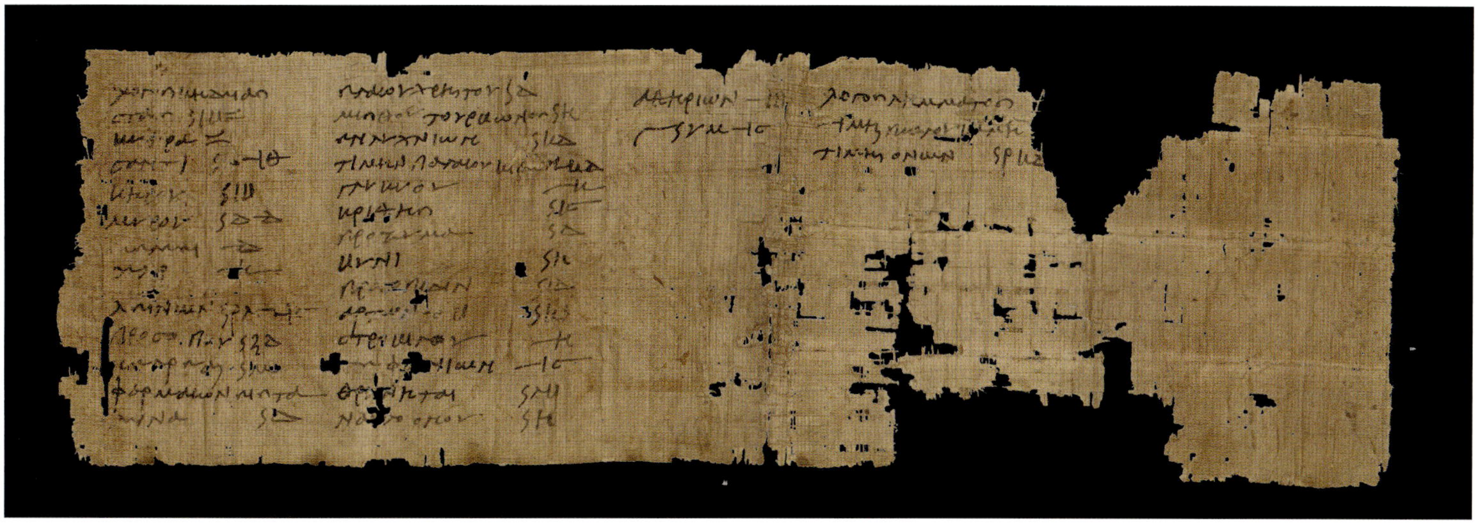

hatte. Zahlreiche Verhaltensregeln wurden festgeschrieben und bei Nichtbeachtung mit Bußgeldern bedacht. Darunter finden sich auch Regelungen, was zu tun ist, wenn ein Mitglied der Gemeinschaft oder einer seiner Angehörigen stirbt. Wenn er in der Heimatstadt stirbt, soll man ihn zur Nekropole geleiten und fixe Summen für die Bestattung beisteuern. Wer in der Ferne stirbt, bei dem soll die Gruppe zusätzlich helfen, dass er auf den Heimatfriedhof überführt wird. Beim Tod von Angehörigen nimmt die Gruppe am Trauerzug teil und bewirtet den Leidtragenden mit Bier, um ihn zu trösten.

Das Anfertigen einer Mumie war ein technischer Akt mit wirtschaftlichem Aspekt, bei dem es je nach erbrachten Leistungen unterschiedliche Preise gab. Leider ist uns bislang nur ein einziger Vertrag über eine Mumifizierung aus dem Alten Ägypten real erhalten (Papyrus British Museum 10077).[6] Das sollte keineswegs zu der Schlussfolgerung verführen, derartige Dokumente seien kaum üblich gewesen, es hat vielmehr einen ganz elementaren Grund: Die Erhaltung von Papyri hängt wesentlich von einer dauerhaft trockenen Lagerung ab. Diese ist vorrangig in wüstenhaftem Umfeld gegeben, und so haben wir viele Dokumente aus den Gräbern selbst sowie den dicht daran liegenden Stätten. Hier wohnten aber vorwiegend die Mumifizierer und Totenpriester, während ihre Kundschaft die inneren Stadtteile bevölkerte. Da aber ein Mumifizierungsvertrag eine geleistete Zahlung festhält und damit einen Anspruch begründet, später eine fertige und kunstgerecht hergestellte Mumie abholen zu können, wurde er logischerweise von den Kunden, nicht vom Balsamierer selbst aufbewahrt.

Gemäß einer damals verbreiteten Urkundenpraxis ist der Text als wörtliche Rede einer Partei, in diesem Fall des Balsamierers, stilisiert. Er erklärt dem Auftraggeber, er sei für Natron, Wicklung und alles Weitere, was für die Leiche des Sohnes des Angesprochenen relevant war, korrekt und vollständig bezahlt worden, und würde in 72 Tagen die fertige Mumie dem Totenpriester des Vaters aushändigen, ohne dass daran ein handwerklicher Fehler sei. Für den Fall einer Zuwiderhandlung wird, wie üblich,

1 **Bestattungskosten**
Römisch, 2./3. Jh. n. Chr.
Soknopaiu Nesos (Dime)
Papyrus
H. 13 cm; Br. 42 cm
Papyrussammlung, Österreichische Nationalbibliothek, Wien, P.Vindob. G 24913

Dieser Papyrus enthält die Zusammenstellung der Kosten für eine Bestattung, wobei jeder Posten mit einer entsprechenden Preisangabe versehen ist und am Ende über alle einzeln angeführten Werte die Summe gebildet wird. Diese beträgt 440 Drachmen und 16 Obolen. Der größte Posten ist das Leinen mit 136 Drachmen und 16 Obolen, gefolgt von der Totenmaske mit 64 Drachmen und Zedernharz mit 40 Drachmen. Alle drei gehören zu den Kosten der Mumifizierung. Demgegenüber stehen Ausgaben für die Bestattung selbst, wie etwa der Transport der Mumie mit dem Esel, der 8 Drachmen kostet, Lampen im Wert von 24 Drachmen oder die Klagefrauen, für die 32 Drachmen bezahlt werden. Wessely 1922, 192, Nr. 56; Salzburg 1996, 78–79; Wien 1998b, 190–191; Wien 2003, 95.
H. F.

2 **Mumienetikett**
Römisch, 2. Jh. n. Chr.
Eventuell aus Theben
Holz
H. 8,7 cm; Br. 6,8 cm; T. 1,0 cm
Institut für Kunstgeschichte der Johannes Gutenberg-Universität Mainz, Landesmuseum Mainz, Inv.-Nr. PJG 85

Die kleine Holztafel war ursprünglich an der Mumie befestigt und diente zur Identifizierung des Verstorbenen. In der Regel sind die seit griechischer Zeit bekannten Mumienetiketten in griechischer oder demotischer Schrift beschrieben, selten in Hieroglyphen. Auf der Vorderseite sind der Name und das Alter angegeben, in manchen Fällen konnten auch noch Titel, Beruf oder die Eltern genannt werden. Im vorliegenden Fall handelt es sich um »Tsensaos, (sie lebte) 46 Jahre«. Auf der Rückseite ist ein Schakal auf einem Podest zu sehen, der den Totengott Anubis darstellt. Er ist mit dem für diese späte Zeit typischen Attribut, einem um den Hals getragenen Schlüssel, wiedergegeben.
Mainz 2004, 44, Nr. I.5.11a.
B. H.

eine Strafzahlung vereinbart. Die Frist von 72 Tagen, die hier auftaucht, ist durch die kanonische Dauer der Mumifizierung von 70 Tagen vorgegeben.

Über die realen Kosten für die Mumifizierung sagt dieser Text leider nichts aus. Tatsächlich war es in demotischen Verkaufsurkunden und ähnlichen Dokumenten aus der Ptolemäerzeit generell üblich, nicht den Kaufpreis als konkrete Summe zu nennen, sondern nur anzugeben, der Verkäufer sei mit ihm zufrieden.

Immerhin haben wir andere Dokumente, die uns hierüber etwas besser Auskunft geben. Unter den Papieren von Balsamierern gibt es nämlich auch Abrechnungen, und einige davon lassen erkennen, was verschiedene Einzelposten einer Bestattung jeweils gekostet haben. In einem griechischen Papyrus gibt es etwa eine Liste, wo zahlreiche Kosten, sogar der Transport per Esel, aufgelistet sind.[7] Insgesamt ergeben sich 440 Drachmen. Teuerster Posten ist dabei das Leinen mit 136 Drachmen und 16 Obolen, gefolgt von der Totenmaske für 64 Drachmen, Zedernholz für 40 Drachmen und 32 Drachmen für die Klagefrauen. Die Gesamtkosten entsprechen zwei durchschnittlichen Jahreseinkommen. Eine sehr ausführliche, leider schlecht erhaltene Abrechnung einer Balsamierungswerkstatt ist auch in einem demotischen Papyrus überliefert, wo es gerade um den Tod des Chefs der damaligen Totenpriester geht.[8] Noch viel teurer konnten aufwendige Bestattungen der bedeutendsten heiligen Tiere werden. Diodor (I, 84) überliefert, für die Bestattungskosten eines Apisstieres habe der zuständige Beamte nicht nur eine erhebliche Summe aufgewendet, die für den Unterhalt des Tieres vorgesehen war, sondern sich zusätzlich von König Ptolemaios I. 50 Talente Silber geborgt. Auch sonst sei ein Aufwand von insgesamt bis zu 100 Talenten üblich.

Dass die Kosten für diese Verfahren hoch waren, kann man indirekt auch aus dem Handbuch über die Balsamierung des Apisstieres entnehmen (Papyrus Vindob. 3873).[9] Darin finden sich zwei längere Passagen, in denen der Ritualleiter angibt, welche Geräte und Objekte er zuerst im Bezirk des Stieres für Operationen direkt nach dem Dahinscheiden braucht, dann noch solche, die im Sezierraum bei der eigentlichen Ausweidung und Dehydrierung benötigt werden. Allein an Gefäßen werden nicht weniger als 157 Stück in verschiedenen Formen und Größen gebraucht.

Wo es um ein technisch-handwerkliches Verfahren der Mumifizierung ging, kommt natürlich auch die Frage der Kunstfehler auf, die ja in dem oben erwähnten Vertrag explizit angesprochen werden. Heutige Röntgenuntersuchungen altägyptischer Mumien haben eine erstaunliche Menge an Pfusch zutage gebracht: So gibt es vergessene Instrumente im Körper, etwa Haken, Pinzetten und Meißel. In einem Fall konnte man anhand von Röntgenbildern nachweisen, dass der Kopf brutal vom Rumpf abgetrennt worden war, zahlreiche Wirbelkörper waren aus dem Verband gebrochen, als sei starker Druck auf die Wirbelsäule ausgeübt worden. Die Knochen des Beckenringes waren sämtlich auseinandergebrochen. Verdeckt wurde alles aber durch eine äußerlich sorgfältige feine Wicklung in Leinenbinden.[10]

Auch die Ägypter waren wohl nicht grundsätzlich davon überzeugt, dass ihre Verstorbenen korrekt behandelt wurden. Jedenfalls gibt es ein faszinierendes Paar von Dokumenten aus dem Jahre 220 v. Chr.; zwei demotische Papyri, in denen ein Verfahren aufgerollt wird, bei dem eine Witwe gegen einen Mumifizierer klagt (Papyrus Hawara 4a und b).[11] Sie hatte ihren Mann einbalsamieren lassen, im Verlauf des Verfahrens wurde er dann einem anderen Balsamierer übergeben, der ihn eigentlich nur zu einem bestimmten Grab bringen sollte. Möglicherweise sind üble Gerüchte der Witwe zugetragen worden, jedenfalls besteht sie auf einem Verfahren. Der verdächtige Balsamierer wird juristisch verpflichtet, eine Gestalt namens »Tesch-nefer der Gott« anzurufen und ihr zu versichern, es sei nichts Unrechtes mit der Mumie weder durch ihn selbst noch einen anderen getan worden, und dieser Gott müsse es bestätigen. Tatsächlich geschieht dies auch von einem Tag auf den anderen, und die Witwe versichert daraufhin, gemäß der ägyptischen Rechtspraxis, dass sie keinerlei Ansprüche mehr gegen den Beklagten habe.

Zunächst fällt uns vielleicht auf, dass man die Frage überhaupt einem Gottesurteil unterworfen hat, statt einfach die Mumie als solche auf Schäden zu inspizieren. Aber eine derartige Untersuchung hätte es wohl notwendig gemacht, sie ganz auszupacken, und damit für eine neue korrekte Salbung und Wicklung erhebliche Kosten und Mühe verursacht. Der andere Punkt betrifft die Frage der Rechtsautorität. Wir haben hier nämlich das in Ägypten gut bezeugte Verfahren der Gottesgerichtsbarkeit. In diesem Fall mag es uns sogar ganz besonders angemessen vorkommen, weil nur eine Gottheit ohne weiteres imstande sein dürfte, über den hier zu verhandelnden Sachverhalt ohne Auswickeln der Mumie zu urteilen. Auffällig ist aber, was für ein Gott hier gewählt wird. Tesch-nefer ist als Gottheit aus Ägypten sonst überhaupt nicht bekannt, wohl aber gibt es diesen Namen des Öfteren als Personennamen. Die naheliegende Vermutung ist, dass es sich hier um einen vergöttlichten Menschen handelt. Das ist in Ägypten zu allen Zeiten geschehen, und gerade aus der Spätzeit haben wir ein ausgesprochen reiches Bild von selten bezeugten Göttern, die teilweise eindeutige Merkmale zeigen, dass hier Menschen posthum göttlich verehrt wurden. Man muss sich das praktische religiöse Leben der damaligen Zeit in gar nicht geringem Maße durch solch eine Verehrungspraxis geprägt vorstellen, so wie es ja noch heute teilweise mit der Verehrung lokaler Heiliger geschieht.

Korrektes Verfahren betraf nicht nur menschliche Mumien, sondern auch Tiermumien. Gerade in der Spätzeit haben die Ägypter in großem Umfang Tiere einbalsamiert. In manchen Fällen hat es moderne Forscher dann sehr erstaunt, dass in einem Mumienbündel keineswegs ein vollständiges Tier war, sondern etwa nur einzelne Knochen, Federn oder gar eingewickelter Hundekot. Man hat dann bösen Betrug an frommen Pilgern vermutet, die eine solche Tiermumie kauften. Tatsächlich dürfte die

3 **Mumiensiegel**
Wohl römisch, 1. Jh. n. Chr.
Herkunft unbekannt, Lehm
Dm. (des Lehmklumpens) ca. 2,5 cm
Kestner-Museum Hannover, Inv.-Nr. 1931.149

Um die Unversehrtheit der Mumie und ihrer Wicklung demonstrieren zu können, wurde das Ende des zuletzt benutzten Stoffstreifens mit einem Siegel an der Oberfläche der fertig gewickelten Mumie befestigt. Diese Möglichkeit der Kontrolle einer intakten Mumie war wohl deshalb auch von wesentlicher Bedeutung, da in der römischen Zeit die Mumien der Ahnen zu bestimmten Festlichkeiten aus den Gräbern geholt wurden, um unter den Feiernden zu weilen. Die damit verbundene ständige Zugänglichkeit der Gräber brachte offensichtlich auch ein entsprechendes Misstrauen mit sich. Dieses Mumiensiegel ist fest mit einem Leinenstreifen verbunden. Auf dem Klumpen grauen Lehms finden sich mehrfach Abdrücke des gleichen Siegels. Sie zeigen den Gott Harpokrates, der mit seiner rechten Hand ein Zepter hält und die linke zum Mund führt. Über seinem Kopf befindet sich eine Sonnenscheibe und unter ihm ein dreieckiger Gegenstand, der als Lotusblüte gedeutet werden darf. Wie die Sonne wird Harpokrates an jedem Morgen neu aus der Lotusblüte geboren. Das Motiv des Mumiensiegels bringt den Wunsch zum Ausdruck, an diesem täglichen Regenerationszyklus teilnehmen zu können.
Hannover 1991, 87, Nr. 74a.
C. E. L.

4 **Gewerbeschein für Mumienmaler**
Ptolemäisch, 183/2 oder 159/8 v. Chr.
Fayum, Arsinoites
Papyrus
H. 21 cm; Br. 22 cm
Privatsammlung Wien,
P.Vindob. Barbara 58

Maron und Marres, zwei staatlich konzessionierte Steuerpächter im Bezirk von Arsinoe, gestatten den beiden Mumienmalern Phratres und Psenobastis, dass sie als Maler und Vergolder für die Tempel und Mumienmasken im Gebiet des arsinoitischen Bezirks arbeiten dürfen. Weiter erlauben sie, dass die beiden im Bezirk herumreisen dürfen, um ihrer Arbeit nachzugehen, wenn sie monatlich einen festgesetzten Betrag von 100 Drachmen an die königliche Bank bezahlen. Die benötigten Materialien dürfen sie kaufen, wo sie wollen. Die beiden Kunsthandwerke des Vergoldens und Bemalens gingen bei der Herstellung von Mumienmasken ebenso eng einher wie bei der Ausstattung der Tempel und deren Mobiliar. Offensichtlich unterlag das Gewerbe der Maler und Vergolder der strengen Kontrolle der ptolemäischen Verwaltung.
Wien 1998b, 188–189; Clarysse 2001, 67–70; Wien 2003, 95; Depauw 2004, 233–246.
H. F.

Sache etwas anders aussehen: Was von einem als heilig angesehenen Tier stammt, ist Gottessubstanz und darf nicht einfach profaniert oder auf den Müll geworfen werden. Dennoch haben die Ägypter hier irgendwann Bedarf gesehen, strenger zu reglementieren, und glücklicherweise sind wir über eine dieser Neuregelungen relativ gut informiert. Im Nekropolenbereich von Saqqara bei Memphis lebte im mittleren 2. Jh. v. Chr. ein ägyptischer Priester namens Hor.[12] Er war einerseits Traummedium und berichtete etwa an den ptolemäischen Königshof, welche Zukunftsvorhersagen für das Schicksal des Landes er im Schlaf erhalten hatte. Gleichzeitig war er auch für die Ernährung und die Bestattung der Heiligen Ibisse zuständig. Er erließ in eben diesem Zusammenhang auch die denkwürdige Richtlinie, man solle in Zukunft immer genau einen Vogel in einen Krug legen – was tatsächlich mit einer archäologisch etwa in diese Zeit datierbaren Änderung der Bestattungssitte in Tierfriedhöfen einherging.[13]

Nun aber zurück zu den Menschen: Es gibt auch Belege über Streit um Balsamierungsrechte. Wie so etwas aussehen konnte, kann man z.B. in einem demotischen Papyrus nachlesen, der aus Hut-nesu, dem heutigen Ort Scharuna in Mittelägypten, stammt.[14] Darin verklagt der Balsamierer Petanup seinen Berufskollegen Hor, er habe in seiner Abwesenheit einen Verstorbenen in seine, Hors, Balsamierungswerkstatt genommen, obgleich der Tote der Lage seines Grabes nach in einem Areal sei, das urkundlich besiegelt der alleinigen Zuständigkeit des Petanup zugehöre. Die Urkunde wird als Beweismittel vorgelegt, der Beklagte räumt den Vorwurf ein und kommt damit davon, den Leichnam herausgeben zu müssen.

Gemessen an anderen Rechtsfällen, die uns aus dem pharaonischen Ägypten überliefert sind, stellt dies einen verhältnismäßig harmlosen Fall dar – die Rechtslage ist eindeutig und der Angeklagte unternimmt keinen Versuch, das Verfahren mit Einwänden oder Gegenbelegen hinauszuziehen. Dafür kommt er auch glimpflich davon, da er zwar die Leiche dem Kollegen übergeben muss und somit um die daran hängenden Einkünfte kommt, sonst aber unbestraft bleibt.

Solche Verfahren um Balsamierungen scheinen in der damaligen Zeit durchaus etwas öfter vorgekommen zu sein. Besonders kontroverse Auseinandersetzungen sind uns aus dem 2. Jh. v. Chr. in griechischen Papyri von den beiden ägyptischen Balsamierern namens Amenothes und Petenephotes aus Theben überliefert.[15] An sich hatten diese extra Verträge abgeschlossen, mit denen sie ihre »Claims« abgesteckt und ihre Bereiche klar definiert hatten. Über die genauen Definitionen und die Auslegung gab es aber Meinungsverschiedenheiten, die sich in mehrfachen Klagen vor Gericht niederschlugen. Die jeweiligen Stadtbewohner und Dörfler scheinen übrigens nicht darüber befragt worden zu sein, ob es ihnen recht war, auf gerade den betreffenden Balsamierer festgelegt zu werden. Ein Grund für Zank und Auslegungsfragen ergab sich dabei nicht zum wenigsten, wenn der Wohn- und der Todesort einer Person unterschiedlich waren und sich dadurch im Anspruchsbereich verschiedener Balsamierer befanden. Als besonderen Skandal empfand es Petenephotes, als Amenothes die Leiche eines hochangesehenen Dorfschreibers an sich nahm, welcher der bedeutendste Mann in den Dörfern war, die zu Petenephotes' Wirkungsbereich gehörten, jedoch zufällig im Zentralort Theben starb, wo Amenothes

Nun ist dieses Verhalten nach unseren Maßstäben ausgesprochen auffällig. Hier wird wirtschaftliche Konkurrenz bewusst ausgeschaltet. Wer sein Familiengrab in einer bestimmten Region des Friedhofs besaß, konnte gar nicht anders, als alle verstorbenen Angehörigen einer bestimmten Balsamiererwerkstatt zu übergeben; die einzige Möglichkeit einer freien Entscheidung bestand allenfalls in der einmaligen Auswahl eines Baugrundes für ein Grab, sobald man eine Familientradition begründete. Gerade in kleineren Orten herrschte aber oft das Monopol einer einzigen Balsamierungswerkstatt; ein Ausweichen auf Balsamierer von Nachbarorten war untersagt. Wir würden hier von Kartellbildung sprechen. Eben dieser Begriff impliziert aber eine bestimmte Weltsicht, die heute zumindest in der westlichen Welt üblich ist. Man geht davon aus, dass Freiheit ein hoher Wert ist und wirtschaftliche Konkurrenz letztlich der Bevölkerung nützt. Deshalb gibt es ein Kartellamt, das darüber wacht, Preisabsprachen und zu starke wirtschaftliche Machtkonzentrationen in einer Hand zu verhindern.

Ägypten war aber eben als Gesellschaft grundsätzlich anders organisiert: Eine offene Gesellschaft gab es nämlich nicht und die Freiheit des Einzelnen wurde nirgends als Wert thematisiert. Im wirtschaftlichen Bereich ging man davon aus, dass als Normalfall jeweils der Sohn den Beruf seines Vaters übernahm. Wirtschaftliche Bindungen und Zwänge waren normal; es gibt sogar Zeugnisse, dass Personen sich eidlich verpflichten mussten, in bestimmten Orten nicht wirtschaftlich aktiv zu sein und auszubilden. Hierhinein passt auch, dass für den verstorbenen Ägypter allenfalls noch die Wahl bestand, nach welchem der verschieden teuren Verfahren die Hinterbliebenen ihn mumifizieren lassen wollten, nicht mehr jedoch, welcher Werkstatt sie ihn anvertrauten.

1 Malinine 1961, 137–168; Devauchelle 1987, 141–160. **2** Vorberichte u. a. in Quack 2000, 1–20; Quack 2004, 9–25. **3** Lenger 1964, 136 und 154. **4** Ein Talent hat 60 Minen, eine Mine wiederum 100 Drachmen. **5** de Cenival 1972. **6** Reich 1914, 38–42, Tf. XI-XII; Spiegelberg 1918, 111–114. **7** Wessely 1922, 192, Nr. 56; Walker 2000a, 159–160; Wien 1998b, 190–191, Nr. 66; Wien 2003, 95. **8** Pestman 1992, 207–221. Eine kürzere Abrechnung ähnlicher Art findet sich auf einem Ostrakon in Leiden, siehe Nur el-Din 1974, 79–81, Nr. 96. **9** Vos 1993; die heute in Zagreb liegende erste Seite des Textes ist noch unveröffentlicht. **10** Hamburg 1997, 82–83. **11** Lüddeckens 1998, 37–54. **12** Ray 1976. **13** Kessler 2003, 47. **14** El-Aguizy 1988, 51–62, Tf. V. **15** Wilcken 1957, 200–212; Pestman 1981, 52–75. **16** Reymond 1973, 126–136; Pasek 2007, 1. Teil, 458–459, 2. Teil, 558–560. Meine Lesungen und Übersetzungen weichen vielfach ab. **17** Reymond 1973, 55–67; Abbildung auch in Walker 2000a, 184, Nr. 247; das Schlüsselwort *hep en semy* (»Recht zu klagen«) ist in 3, 10 und 3, 12 auf je verschiedene Weise verlesen worden. Korrekt ist Pasek 2007, 2. Teil, 351.

Objektteil Diesseits

6 Imhotep
Spätzeit bis ptolemäisch, 746–30 v. Chr.
Herkunft unbekannt
Bronze mit Weißgold (Augen)
H. 12 cm (davon Sockel 1,5 cm)
Landesmuseum Württemberg, Stuttgart, Inv. 367; Dauerleihgabe in der Ägyptischen Sammlung, Museum Schloss Hohentübingen, Tübingen

Der vergöttlichte Baumeister der Stufenpyramide von Saqqara, Imhotep, sitzt auf einem durchbrochenen Hocker mit einer Schriftrolle auf den Knien, die seinen Namen mit »Imhotep, Sohn des Ptah« benennt. Der lange Schurz mit dem eckigen Vorsatz, der breite Halskragen und der kahl geschorene Kopf bzw. die ihn bedeckende Kappe stellen ihn als königlichen Beamten, Priester und Weisen dar. Dieser Figurentypus ist kennzeichnend für Imhotep, der seit der 26. Dynastie in Memphis in einem ersten eigenen Tempel verehrt wurde. Von dort stammen unzählige Votivstatuetten aus Bronze. Seit der griechischen Zeit wird Imhotep aber auch landesweit als Heiler und Nothelfer verehrt, und von zahlreichen Stätten sind entsprechende Votivstatuen überliefert worden. In der Inschrift auf dem Sockel steht: »Imhotep gebe Leben (dem) Ar-hapi-imef-ir, Sohn des (oder der) Ptahirdis.«

Stuttgart 1984, 41; Tübingen 1981, 58–59; Tübingen 2002, 86 und 89. D. M.-L.

An der ursprünglichen Sichelform des heute nur noch fragmentarisch in drei Teilstücken erhaltenen Zaubermessers lässt sich eindeutig das verwendete Material – der Eckzahn eines Nilpferds – erkennen. Einzig die Vorderseite ist dekoriert und zeigt in den Zahn eingeritzte Darstellungen von dämonenhaften Wesen, Fabeltieren sowie Schutzgottheiten. In dem spitzen Endstück ist ein Schakalskopf in Frontalansicht passgenau eingefügt, dahinter folgen ein Tierkopf und ein Pavian, der ein nicht mehr erhaltenes Udjat-Auge in den Händen hält. Nach einer Bruchstelle sind eine weibliche Gottheit, eine Nilpferdgöttin sowie zwei löwenköpfige Gottheiten zu erkennen. Diese halten spitze Messer oder Schlangen in ihren Händen, was ihre Schutzfunktion versinnbildlicht. Den Abschluss bildet ein Schlangenhalspanther, über dem sich eine dreiköpfige Schlange befindet. Zaubermesser wurden auf den Leib einer schwangeren Frau oder ein neugeborenes Kind gelegt und dienten dem Schutz sowie zur Abwehr von Gefahren. Viele dieser Zaubermesser weisen Gebrauchsspuren und Ausbesserungen auf, was auf eine intensive Benutzung hindeutet.

Quibell 1898, 3 und Tf. 3; Altenmüller 1965, I, 19; II, 109–110, Nr. 135–136. D. v. R.

7 **Zaubermesser**
Mittleres Reich, 2046–1794/93 v. Chr.
Theben-West, Ramesseum, Grab 5
Bein
L. ca. 30 cm; H. ca. 4 cm
The Manchester Museum, The University of Manchester, Inv.-Nr. 1798 und 1799

Unter den Gefäßen nehmen die figürlichen Formen einen besonderen Platz ein. Neben rein dekorativen Zwecken kann das benutzte Motiv auch einen Hinweis auf den Gebrauch liefern. In diesem Fall handelt es sich um eine zwergenhaft wiedergegebene Figur einer schwangeren Frau (Gravide), die den Körper des flaschenförmigen Gefäßes bildet. Die Figur verbindet typische Trachtenelemente der Schwangeren, wie z. B. das zum Zopf zusammengebundene Haar, das den Henkel bildet, mit Darstellungselementen bestimmter Schutzgottheiten aus dem Umfeld von Mutter und Kind. In solchen Fläschchen, die typischerweise aus Kalzit-Alabaster hergestellt sind, wurden vermutlich Arzneiflüssigkeiten aufbewahrt – möglicherweise aber auch kosmetische Produkte, die der Versorgung von Mutter und Kind gedient haben.

Brunner-Traut 1970; von Deines 1976; Tübingen 1981, 126. D. M.-L.

8 **Salbölflasche in Form einer Graviden**
Neues Reich, 1550–1070/69 v. Chr.
Herkunft unbekannt
Kalzit-Alabaster
H. 8,5 cm; Dm. 4,2 cm
Landesmuseum Württemberg, Stuttgart, Inv. 967 (alt: 253 SS 96); Dauerleihgabe in der Ägyptischen Sammlung, Museum Schloss Hohentübingen, Tübingen

Die kleine Frauenstatuette zeigt trotz der starken Abriebspuren noch schwarze Farbreste in der Perücke und rote Spuren an den Lippen und am Untergrund. Im Knöchelbereich ist die Statuette gebrochen. Die Frau ist bis auf die Lockenperücke vollkommen nackt und liegt auf einer Unterlage mit erhöhtem Fußende. Solche früher als Beischläferinnen bezeichneten Frauenfiguren wurden als Konkubinen gedeutet, die auch im Jenseits die Wünsche des Grabherrn erfüllen sollten. Da sie jedoch häufig auch in Frauengräbern, Tempeln und Häusern gefunden wurden, werden sie mittlerweile generell als Fruchtbarkeitsstatuetten angesprochen. Sie sollten die beständige Fruchtbarkeit der Frau und ihre Rolle als Mutter garantieren, zur Sicherung der Nachkommenschaft im Jenseits.

von Droste zu Hülshoff/Schlick-Nolte 1984, 69; Mainz 2004, 51–52, Nr. I.8.8. B. H.

9 **Fruchtbarkeitsstatuette**
Neues Reich, vielleicht 19. Dynastie, 1292–1186/85 v. Chr.
Herkunft unbekannt
Kalkstein
H. 15,9 cm; Br. 6 cm; T. 3,3 cm
Institut für Kunstgeschichte der Johannes Gutenberg-Universität Mainz, Landesmuseum Mainz, Inv.-Nr. PJG 77

10 **Skarabäus mit drei Bes-Figuren auf der Rückseite**
Spätzeit, 746–332 v. Chr.
Herkunft unbekannt
Glasierter Stein (Granit)
L. 4,1 cm; Br. 3,1 cm; H. 1,7 cm
Ägyptische Sammlung, Museum Schloss Hohentübingen, Tübingen, Inv. 1159

Als Material für diesen Skarabäus wurde Granit gewählt – ein Stein, der wegen seiner Härte sehr selten für kleinformatige Objekte wie dieses verwendet wurde. Nachdem der Skarabäus fertig gestellt war, wurde das Objekt mit einer grünlichen Paste glasiert. Die drei Bes-Figuren auf der Unterseite des als Schutzamulett dienenden Skarabäus gehören zu einer Gruppe von Gottheiten, wie z. B. auch die nilpferdgestaltige Göttin Thoeris, die unter anderem wegen ihres Schrecken einflößenden Anblicks als besonders wirksame Schutzgötter galten. Gottheiten dieser Art trifft man häufig im Zusammenhang mit Schwangerschaft, Geburt und Kindheit an. Sie beschützen den Menschen zu Lebzeiten und wehren in der jenseitigen Welt böse Mächte von dem Verstorbenen ab.

Tübingen 1981, 163. D. M.-L.

11 **Gesicht des Bes**
Griechisch-römisch, 1. Jh. v. Chr.–1. Jh. n. Chr.
Herkunft unbekannt
Glas
H. 8,6 cm; Br. 8,7 cm; T. 3,2 cm
Landesmuseum Württemberg, Stuttgart, Arch 98/W112

Der zwergengestaltige Gott Bes trug als Kopfschmuck eine Federkrone mit Straußenfedern. Nach einem Bohrloch für den Befestigungsstift zu schließen, gehörte solch eine Federkrone ursprünglich auch zu diesem Gesicht, war aber separat gearbeitet. Ungewöhnlich sind bei dem Stück neben der Verwendung von Glas die schachbrettartig gestalteten Stirnfalten, ein Muster, das normalerweise für die auf den Rücken herabfallenden Haare des Gottes verwendet wurde.

Stern/Schlick-Nolte 1994, 352, Nr. 112. C. H.

12 **Bes-Amulett**
3. Zwischenzeit bis Spätzeit, 1070/69–332 v. Chr.
Herkunft unbekannt
Fayence
H. 5,8 cm; Br. 2,3 cm; T. 1,2 cm
Badisches Landesmuseum, Karlsruhe, Inv.-Nr. H 919

Der Gott Bes steht breitbeinig mit seinen charakteristisch kurzen Beinen auf einer querrechteckigen Basis. Zwischen seinen Beinen ist ein Tierschwanz zu erkennen. Die Hände stützt er seitlich zwischen Bauch und Oberschenkeln auf. Seine hohe Krone besteht aus drei Federn, die auf einer gemeinsamen Platte befestigt sind. Das markante Gesicht des Gottes ist mit tiefen Stirnfalten, tiefliegenden Augen, einer breiten kurzen Nase mit großen Nasenlöchern, einem kleinen Mund mit wulstigen, leicht geöffneten Lippen, einem kurzen Bart sowie großen, stark abstehenden Ohren sehr detailliert wiedergegeben. Eine Querbohrung über den Scheitel zeigt, dass die Figur als Amulett genutzt wurde.

Unveröffentlicht. S. A.

13 **Thoeris**
Spätzeit, 746–332 v. Chr.
Herkunft unbekannt
Schwarzer Granit
H. 53 cm; Br. 21 cm; T. 28 cm
Skulpturensammlung, Staatliche Kunstsammlungen Dresden, Inv.-Nr. Aeg 773/V3029

Die Schutzgöttin Thoeris (»Die Große«) vereinigt in ihrer Gestalt Körperteile der drei gefährlichsten Tiere im Alten Ägypten: Nilpferd (Körper), Krokodil (Schwanz) und Löwe (Tatzen). Der runde Kopfaufsatz diente zur Anbringung einer Krone aus anderem Material. Selbst als trächtiges Nilpferdweibchen dargestellt, soll Thoeris schwangere Frauen vor Gefahren schützen und vor Übel bewahren. Darauf weisen auch die beiden Hieroglyphen mit der Bedeutung »Schutz« hin, auf die sich die Göttin mit ihren Vordertatzen aufstützt.

Unveröffentlcht. D. v. R.

14 **Horus-Stele**
Spätzeit, 26. Dynastie oder später, um 664–525 v. Chr.
Wohl aus Alexandria
Kalkstein
H. 14,7 cm; Br. 6,4 cm; T. 5,5 cm
Rijksmuseum van Oudheden, Leiden, Inv.-Nr. H.III.GGG 3

Diese kleine Stele zeigt den Gott Harpokrates (»Horus-das-Kind«) mit der charakteristischen Jugendlocke, wie er auf dem Rücken zweier Krokodile steht. In beiden Händen hält er je einen Skorpion und zwei Schlangen, in seiner Rechten außerdem noch eine Antilope, während die Markierungen unter seiner linken Hand den Löwen zeigen, der von anderen Stelen her bekannt ist. Darüber befindet sich der Kopf des Gottes Bes und ganz oben auf der Stele ruhen die Köpfe zweier Schlangen, deren Körper seitlich der Stele nach unten verlaufen. Auf der Vorderseite unter den Krokodilen, an der Unterseite, an der Seite und vor allem auf der Rückseite, wo sich auch eine Darstellung der Göttin Isis und anderer Götter befindet, sind magische Inschriften erkennbar. Horus-Stelen wurden sowohl in Häusern als auch in Gräbern gefunden. Sie dienten zum Schutz vor giftigen oder gefährlichen Tieren. Um die Magie der Texte und Abbildungen zu übertragen, ließ man Wasser über die Stele laufen, das man anschließend trinken oder über einen Kranken gießen konnte. Der Kranke wurde dann genauso wie Horus, der als Kind die Bisse von Schlangen und Skorpionen überlebte, geheilt.

Leiden 1840, A 1052; Leiden 1907, E.XVIII.390; van Wijngaarden/Stricker 1941, 22–24, Abb. 18, Tf. III.

M. J. R./N. S.

15 **Ring mit Udjat-Auge**
Neues Reich, 18. Dynastie, Zeit Amenhotep III. und IV./Echnaton, 1388–1334 v. Chr.
Angeblich aus Theben
Dunkelblaue Fayence
Äußerer Dm. 2,2 cm; innerer Dm. 1,8 cm, Ringplatte: L. 2,0 cm; Br. 1,1 cm
Badisches Landesmuseum, Karlsruhe, Inv.-Nr. H 364

Die Ringplatte dieses schlichten Fayenceringes zeigt ein großes Udjat-Auge in durchbrochener Arbeit. Das Udjat-Auge gehört zu den beliebtesten Amuletten Ägyptens, das im Neuen Reich auch für Ringe übernommen wurde, die speziell unter Amenhotep III. und IV./Echnaton in großer Zahl produziert wurden. Solche Ringe waren zu zerbrechlich, um sie als Siegelringe zu nutzen, daher wurden sie wohl hauptsächlich zur Zierde und als Amulett getragen.

Unveröffentlicht.

S. A.

Vor einer Rückenplatte stehen, als Hochrelief dargestellt, Isis, ihr Sohn Harpokrates und ihre Schwester Nephthys, einander an den Händen haltend. Die beiden Göttinnen tragen auf dem Kopf die Hieroglyphe ihres Namens, Harpokrates ist durch die Jugendlocke als Kind charakterisiert.

Unveröffentlicht. E. H.

16 **Isis, Harpokrates, Nephthys**
Spätzeit, 6.–3. Jh. v. Chr.
Herkunft unbekannt, Fayence; hellblaue Glasur
H. 3,44 cm; Br. 2,17 cm; T. 0,9 cm
Kunsthistorisches Museum Wien, Ägyptisch-Orientalische Sammlung, Inv.-Nr. 2715

Das Gesicht des Bes zeigt sämtliche Charakteristika dieses zwergengestaltigen Gottes: große Augen im faltigen Gesicht, breite und geblähte Nasenflügel, Löwenohren und Gesichtsmähne. Die Zunge ist herausgestreckt. Auf der Rückseite sind die Haare gesträhnt wie ein Löwenfell. Von der hohen Federkrone ist nur der gerippte Untersatz erhalten. Bes wurde vor allem als Beschützer des Schlafzimmers und der Frauen im Kindbett verehrt.

Das kleine Figürchen eines Patäken mit der kindlichen Zwergengestalt wurde plastisch gut ausgeformt. Das Gesicht ist trotz des Miniaturformates detailreich gegliedert. Patäken sind eine Form des Schöpfergottes Ptah. In ihnen ist das Kindhafte mit der Zwergengestalt des Bes, Regenration und Abwehrzauber vereint.

Die Göttin Thoeris wird als trächtiges Nilpferd aufrecht auf den Hinterbeinen schreitend und mit Hängebrüsten sowie mit Krokodilschwanz am Rücken, dargestellt. Der Kopf ist von der Strähnenperücke der Götter umrahmt. Thoeris war vor allem die Beschützerin der Wöchnerinnen.

Unveröffentlicht. E.H.

17 **Drei Amulette**
Spätzeit, 6.–4. Jh. v. Chr.,
Herkunft unbekannt, alter Bestand
Fayence, hellblaue bis grünlichblaue Glasur
Kopf des Bes: H. 3 cm; Br. 4,04 cm; T. 0,88 cm
Inv.-Nr. 2898
Patäke: H. 2 cm; Br. 1,06 cm; T. 0,86 cm
Inv.-Nr. 2920
Thoeris: H. 3,3 cm; Br. 0,86 cm; T. 1,4 cm
Inv.-Nr. 2939
Kunsthistorisches Museum Wien,
Ägyptisch-Orientalische Sammlung

18 Gefäß für Augenschminke
Altes Reich, 6. Dynastie,
Zeit von König Pepi I., ca. 2285–2235 v. Chr.
Elephantine; Kalzit-Alabaster, schwarzer Stein
H. 14,4 cm; Br. 6 cm; T. 6,5 cm
Kunsthistorisches Museum Wien, Ägyptisch-Orientalische Sammlung, Inv.-Nr. 3886

Eine hockende Affenmutter umfasst mit ihren Armen ihr Junges, das sich an ihre Brust schmiegt. Um ihren Hals verläuft eine Rille, in die ein Halsband aus anderem Material eingelegt war. An beiden Handgelenken sind Armbänder eingraviert. Die Gesichter sowohl des großen als auch des kleine Affen sind sehr zierlich geschnitten, die großen Augen sind umrahmt und haben Brauen. Die Schädeldecke der Äffin besteht aus schwarzem Stein mit kleiner Öffnung, in die ein Stöpsel gesteckt ist. Im Inneren des Körpers befinden sich noch Reste der Schminke. Am rechten Oberarm wurde eine Inschrift eingraviert: »Der König von Ober- und Unterägypten Meri-re (Thronname von Pepi I.) lebe ewig.« Ein ähnliches Gefäß ist aus der Zeit Pepis II. bekannt. Die Ausführung der beiden Affenfiguren wirkt trotz der Stilisierung sehr realistisch und wurde liebevoll mit Details ausgestattet. Durch das Halsband ist das Tier als Haustier charakterisiert. Meerkatzen werden manchmal unter dem Sessel des Grabherrn und seiner Frau dargestellt und sind somit als Lieblingstier der Betreffenden anzusehen.

SATZINGER 1994, 52, ABB. 34; SCHALLABURG 2004, 268, NR. 84; HÖLZL 2007, 46–47. E. H.

19 Behälter für kosmetisches Pulver
3. Zwischenzeit, 21./22. Dynastie,
um 950 v. Chr.
Herkunft unbekannt; Serpentin; H. 10,8 cm
Kestner-Museum Hannover,
Inv.-Nr. 1935.200.485

Die Gestalt des Behältnisses ist der ägyptischen Architektur entlehnt: Die schrägen Seiten, die durch Rundstäbe gestalteten Ecken und die das Objekt an der oberen Kante abschließende Hohlkehle machen es von der Form her mit einem freistehenden Pylon vergleichbar. In seine Oberseite sind drei tiefe Löcher gebohrt. Letztere erlauben, das Gefäß dem Bereich der ägyptischen Kosmetik zuzuordnen, genauer nämlich den Behältern, die für die Aufnahme des Kohl genannten schwarzen Schminkpulvers bestimmt waren. Alle Seiten des Objektes sind in vier waagerechte Streifen eingeteilt. Der obere Bildstreifen ist auf den Schmalseiten des Objektes jeweils mit einer hängenden Lotusblüte dekoriert. Seine Längsseiten zeigen einmal einen geflügelten Leoparden und einen Greif, auf dessen Katzenkörper ein langer, nach oben gestreckter Hals mit einem von einem Gazellenhorn bekrönten Vogelkopf sitzt. Aus dem weit aufgerissenen Schnabel ragt eine lange Zunge. Ein nach oben ausschwingender Vogelflügel ziert die Seite des Greifenkörpers, dessen nach hinten ausgestreckter Lauf ziemlich eindeutig als Rinderschenkel anzusehen ist. Der buschige Schwanz erinnert jedoch wieder an den eines Löwen. Die Wiedergabe des nach vorne gebogenen Vogelflügels lässt an von der nahöstlichen, vielleicht persischen Kunst beeinflusste Darstellung geflügelter Wesen denken, wozu auch die Wiedergabe einer Sirene, eines Vogels mit Menschenkopf, auf einer der Schmalseiten dieses Kohl-Behälters passt.

LOEBEN 2005B, 64–66; LOEBEN (IM DRUCK 1). C. E. L.

Während sonst einzelne röhrenförmige Behältnisse für die Aufbewahrung von Schminke häufiger sind, ist dieses Gefäß eine Kombination vier solcher Einzelbehältnisse. An der einen Schmalseite ist noch der Knopf erhalten, mit dem der heute verlorene Deckel an der Oberseite befestigt war, während gegenüber eine Rille zur Befestigung eines Griffels diente. Am Boden des Gefäßes sind Rückstände von Substanzen festgestellt, aber bislang noch nicht auf ihre Zusammensetzung untersucht worden. Die drei Griffel dienten dazu, die Schminke aus den Röhren zu holen und aufzutragen. Ob das Schminkgefäß und die drei Griffel ursprünglich zusammengehören, ist allerdings nicht mehr sicher zu beweisen, mindestens aber denkbar.

Unveröffentlicht. M. A. S.

20 Schminkgefäß mit drei Griffeln
Neues Reich, 18.–19. Dynastie, 1550–1186/85 v. Chr.
Herkunft unbekannt; wohl Ebenholz (Gefäß) und dunkelbraunes Holz
a: H. 6,5 cm; Br. 4,0 cm; T. 3,0 cm; b: L. 10,5 cm; c: L. 18 cm; d: L. 20 cm
Antikensammlung des Martin von Wagner Museums der Universität Würzburg, Inv. Nr. K 1302 a–d

Zwei bauchige Gefäße mit jeweils einem trichterförmigen bzw. breiten tellerartigen Rand und einem nach außen schwach wulstartigen Standboden. Der Innenraum ist jeweils zylindrisch, am Boden abgerundet. Gefäße dieser Art dienten zur Aufbewahrung der Augenschminke, Kohl genannt. Dabei handelt es sich um Pulvermischungen aus Ruß, Antimon, Bleiglanz, Manganoxiden, schwarzem Eisenoxid bzw. Magnetit (schwarz) oder fein verriebenem Malachit (grün), die mit Wasser, Harz oder Ölen zu einer Paste angerührt werden konnten. Mittels kleiner Stäbchen wurden dann die Lid- und Augenstriche gezogen. Ursprünglich wohl wegen seiner antibakteriellen und sogar schmerzstillenden Wirkung verwendet, wurde es bald zu Schönheitszwecken bzw. als magischer Schutz für die Augen benutzt. In dem kleineren der beiden Gefäße sind noch Rückstände einer grau-schwarzen Substanz erhalten. Eine Untersuchung an der Universität Mainz mit dem Rasterelektronenmikroskop ergab, dass es sich hierbei hauptsächlich um Bleisulfid handelt.

Mainz 2004, 53, Nr. I.9.13. und I.9.10. B. H.

21 Zwei Kohlgefäße
Neues Reich, 18. Dynastie, 1550–1292 v. Chr.
Herkunft unbekannt; Kalzit-Alabaster
H. 6,1 cm; Br. 5,7 cm; T. 5,7 cm (PJG 585); H. 5 cm; Br. 4,7 cm; T. 4,6 cm (PJG 590)
Institut für Kunstgeschichte der Johannes Gutenberg-Universität Mainz, Landesmuseum Mainz, Inv.-Nr. PJG 585 und PJG 590

22 Spiegel
Mittleres Reich, 12. Dynastie, 1976–1794/93 v. Chr.
Herkunft unbekannt
Bronze
H. gesamt 13,4 cm, Spiegelfläche: H. 9,9 cm; Br. 11,4 cm; T. 0,23 cm
Badisches Landesmuseum, Karlsruhe, Inv.-Nr. H 1036

Die Spiegelfläche ist nicht rund, sondern oben etwas abgeflacht gestaltet. Am unteren Ende setzt ein schlichtes Kapitell in Form einer Papyrusdolde an, die am unteren Ende in einen Schaft übergeht. Der sich nach unten verbreiternde Schaft ist innen hohl und mit einem Stift versehen, der zur Befestigung der unteren Griffpartie aus Holz oder anderen Materialien wie Metall, Elfenbein oder Fayence diente. Spiegel waren in Ägypten seit der Frühzeit bekannt und beliebte Grabbeigaben für Frauen, aber vereinzelt auch für Männer. Sie waren keineswegs nur reiner Alltagsgegenstand, sondern besaßen eine komplexe Symbolik. Spiegel sind eng mit dem Kult der Hathor, der Göttin der Liebe und Schönheit, verbunden, und wurden ebenso als Weihgaben der Göttin Mut gestiftet. Die Spiegelscheibe kann sowohl die Sonne als auch den Mond symbolisieren, und der papyrusförmige Griff steht für Verjüngung und Unvergänglichkeit.

UNVERÖFFENTLICHT. S. A.

23 Amphoriskos
Spätzeit, 26. Dynastie, 7./6. Jh. v. Chr. oder später
Herkunft unbekannt
Vermutlich Ägyptisch Blau
H. 4,7 cm; Dm. Hals 1,4 cm; Dm. Körper 2,8 cm; Wandungsst. Hals 0,15 cm
Landesmuseum Württemberg, Stuttgart, Arch 98/W25

Die Form des Amphoriskos imitiert große phönizische Transportamphoren, von denen seit der 26. Dynastie verschiedene Varianten in der ägyptischen Keramik auftreten. Das kleine Gefäß besitzt zwei geschliffene und durchbohrte Henkel. Es besteht vermutlich aus Ägyptisch Blau, das überwiegend in zermahlener Form als Pigment Anwendung fand. Der Amphoriskos ist ein Beispiel dafür, dass man Ägyptisch Blau auch mit Bindemitteln, z. B. Wachs oder Gummi arabicum, versetzen und auf diese Weise wie Keramik auf der Töpferscheibe formen und anschließend brennen konnte.

STERN/SCHLICK-NOLTE 1994, 170, NR. 25. C. H.

24 Alabastron
Spätzeit, 26.–30. Dynastie, 664–342 v. Chr.
Herkunft unbekannt
Kalzit-Alabaster
H. 22,8 cm, B. 7,2 cm, Dm. Mündung 6,7 cm
Badisches Landesmuseum, Karlsruhe, Inv.-Nr. H 992

Solche Gefäße mit langgezogenem Körper, der sich nach oben leicht verjüngt, treten erst in der ägyptischen Spätzeit auf. Die Bezeichnung »Alabastron« stammt von dem Material, das für diese Gefäßform am geläufigsten ist. Der Hals ist deutlich abgesetzt, die flache Lippe steht weit über und die Mündung fällt sehr klein aus. Das Stück besitzt keine Standfläche, sondern ist unten leicht abgerundet. Dieses Exemplar hat seitlich zwei kleine rechteckige Schnurösen mit kurzen waagerechten Einkerbungen auf der Außenseite. Im Gegensatz zu früheren Gefäßen sind sie hier aber rein dekorativ: Da sie keine Durchbohrung aufweisen, können sie nicht mehr zum Tragen oder Aufhängen des Gefäßes genutzt werden.

UNVERÖFFENTLICHT. S. A.

25 Krateriskos
Neues Reich, 18. Dynastie, Mitte des 14. Jhs. v. Chr.
Herkunft unbekannt; Glas
H. 8,4 cm; Br. 5,9 cm; Dm. 5,4 cm
Landesmuseum Württemberg, Stuttgart, Arch 98/W5

Teure Glasgefäße dienten zur Aufbewahrung kostbarer Essenzen wie parfümierte Öle, duftende Salben und Kosmetika. Krateriskoi wie dieses Stück gehörten dabei zu den frühesten Gefäßformen altägyptischer Glaskunst und erreichten ihre größte Beliebtheit unter Amenhotep III. (1388–1351/50 v. Chr.). Das kerngeformte Gefäß aus opakem, leuchtend mittelblauem Glas wurde mit opakweißen, orangegelben und hellblauen Fäden verziert. In seinem Inneren haben sich nicht nur Spuren des Kerns, sondern auch Reste von Ablagerungen des ursprünglichen Inhalts erhalten.

STERN/SCHLICK-NOLTE 1994, 130, NR. 5. C. H.

26 Knopfsonde mit Löffel
Römisch/byzantinische Zeit,
etwa 2.–7. Jh. n. Chr.
Theben
Bronze oder Messing
L. 19 cm; Br. 2 cm
Sammlung des Ägyptologischen Instituts
der Universität Heidelberg, Inv.-Nr. 1927e

Medizinische Geräte sind uns als Funde erst aus römischer Zeit überliefert. Dieses Stück weist an einem Ende eine abgerundete Verdickung auf, die zum Sondieren von tiefen Wunden diente. Am anderen Ende sitzt ein großer Löffel, mit dem abgestorbenes Gewebe, Eiter, Blut und Ähnliches aus Wunden entfernt werden konnte.

Heidelberg 1986, 180, Nr. 511. D. F.

27 Lanzette mit Pinzette
Römisch/byzantinische Zeit,
ca. 2.–7. Jh. n. Chr.
El-Hibe
Bronze
L. 10,3 cm; Br. 0,4 cm
Sammlung des Ägyptologischen Instituts
der Universität Heidelberg, Inv.-Nr. 1941

Von diesem Gerät nahm man bisher an, dass es zum Stechen des Grauen Stars benutzt worden sein könnte. Die dazu verwendete Nadel sollte nicht zu dünn, dazu spitz und stabil sein. Die kleine Lanzette erfüllt diese Bedingungen recht gut, nur würde die Verbreiterung am hinteren Ende einen unnötig langen Einschnitt in den Augapfel hervorrufen, wobei ein kleiner Einstich genügt. Auch könnte das Herausziehen des Geräts nach dem Eingriff durch den Absatz erschwert werden, weil er wie ein Widerhaken an den Schnitträndern hängen bleiben könnte. Hinzu kommt, dass die pinzettenartige Ausbildung des anderen Endes nicht so recht zu der angenommenen Funktion passt, weil der Arzt die Nadel sicher handhaben muss und ein nachgebendes bzw. bewegliches Griffstück dazu ungeeignet ist. Wahrscheinlich handelt es sich eher um ein Gerät zur Entfernung von Splittern, vielleicht auch von eingedrungenen Pfeilspitzen.

Heidelberg 1986, 180, Nr. 515; Nauerth 1996, 17–18; Künzl 2004 (zum Stechen des Stars). D. F.

28 Knopfsonde mit Spatel
Römisch/byzantinische Zeit,
ca. 2.–7. Jh. n. Chr.
Herkunft unbekannt; Bronze
L. 16,4 cm
Sammlung des Ägyptologischen Instituts
der Universität Heidelberg, Inv.-Nr. 2063b

Die Knopfsonde ist an einem Ende abgerundet, um damit schonende Untersuchungen von tiefen Wunden durchführen zu können. Das andere Ende ist zur Entfernung von Fremdkörpern oder abgestorbenem Gewebe aus einer schmalen Wunde als Spatel ausgebildet. Damit der behandelnde Arzt das Gerät sicherer führen kann bzw. einen sichereren Griff hat, ist der Stiel der Sonde gewunden.

Heidelberg 1986, 180, Nr. 513. D. F.

Diese kleine Knopfsonde hat ein stumpfes, flaches Griffende, das mit einem einfachen Muster verziert ist, wie es in der koptischen Periode in Ägypten üblich war. Die durch das Muster entstandenen Riefen am Griffende bewirken, dass der Arzt das Gerät sicherer führen kann und seine Hände nicht abrutschen.

UNVERÖFFENTLICHT. D. F.

29 Knopfsonde mit verziertem Griffende
Römisch/byzantinische Zeit,
ca. 2.–7. Jh. n. Chr.
Herkunft unbekannt
Bronze, L. 11,9 cm; Br. 0,5 cm
Sammlung des Ägyptologischen Instituts
der Universität Heidelberg, Inv.-Nr. 1434c

Löffel aus Elfenbein, Holz, Silber und Stein sind seit prädynastischer Zeit in Ägypten bis zum Beginn des Alten Reich geläufig, treten danach aber nur vereinzelt auf. In der römischen Kaiserzeit findet man dann wieder zahlreiche Exemplare, nun auch in Bronze, die wohl hauptsächlich zu medizinischen Zwecken genutzt wurden. Dafür spricht der lange Stiel dieses Löffels, der sich nach unten verjüngt und spitz zuläuft. Die Spitze wurde möglicherweise zum Aufstechen von Geschwüren genutzt, die dann mit der kleinen, aber tiefen, kreisrunden Laffe ausgeschabt werden konnten. Auch zum Herauslöffeln von Salbe aus Salbtöpfen bietet sich das Gerät an.

UNVERÖFFENTLICHT. S. A.

30 Löffel
Römisch, 30 v. Chr. – 395 n. Chr.
Herkunft unbekannt
Bronze
L. 15,0 cm; Dm. Laffe 2,5 cm; Dm. Stiel 0,3 cm
Badisches Landesmuseum, Karlsruhe,
Inv.-Nr. H 1010

Der Griff der Spatelsonde erreicht seine größte Stärke etwa in der Mitte und läuft zum unteren Ende hin spitz zu. Die flache Laffe verbreitert sich vom Griff an zunächst stetig, um nach oben hin wieder schmaler zu werden. Die Spatelfläche zeigt auf der Rückseite einen vertikalen Grat, während die Vorderseite völlig glatt gestaltet ist. In hellenistischer und römischer Zeit treten auch in Ägypten häufig medizinische Instrumente wie Sonden, Pinzetten und Löffel auf, die in der Behandlung und Reinigung von Verletzungen und Geschwüren verwendet wurden, aber auch anderen Zwecken dienen konnten. Ein solcher Spatel wurde möglicherweise nicht nur zum Auftragen von Salben und in der Wundbehandlung, sondern auch zum Anrühren und Auftragen von Schminke verwendet.

UNVERÖFFENTLICHT. S. A.

31 Spatelsonde
Römisch, 30 v. Chr. – 395 n. Chr.
Herkunft unbekannt
Bronze
L. 11,5 cm; B. 2,5 cm; Dm. 0,4 cm
Badisches Landesmuseum, Karlsruhe,
Inv.-Nr. H 1011

32 **Brief mit Genesungswünschen**
3. Zwischenzeit, 21. Dynastie,
um 1050 v. Chr.
Vielleicht aus El-Hibe
Papyrus
H. 21,5 cm; Br. 16,5 cm
Sammlung der Bibliothèque Nationale et Universitaire de Strasbourg,
Inv.-Nr. Hiératique 21

Der beidseitig auf Hieratisch, der altägyptischen Kursivschrift, beschriebene Papyrus enthält ein Schreiben, welches an einen Priester des Gottes Pa-en-pa-ihai (»Der des Feldlagers«) gerichtet ist. Darin wird die Gottheit angerufen, den offenbar an einer Krankheit leidenden Masaharta, der möglicherweise auch als Absender anzusehen ist, wieder genesen zu lassen und ihm wie auch dessen Bruder Gesundheit und ein langes Leben zu gewähren. Bei Masaharta handelt es sich wahrscheinlich um den aus anderen Quellen bekannten Hohepriester des Gottes Amun in Theben, der dieses Amt für einige Jahre während der Regierungszeit von König Smendes I. (1070/69–1044/43 v. Chr.) ausübte. Der Brief gehört zu einem Korpus von Papyri, das der Ägyptologe Wilhelm Spiegelberg 1895 in Luxor erwarb. Aus inhaltlichen Gründen schloss er auf El-Hibe als deren Herkunftsort, wobei auch der sonst nur selten erwähnte Gott Pa-en-pa-ihai eine Rolle spielte. Anscheinend handelt es sich hierbei um eine Kurzform des Gottes »Horus des Feldlagers«, dem ein Tempel in El-Hibe geweiht war. An strategisch bedeutender Position gelegen, war El-Hibe eine Festungsstadt, worauf das in der lokalen Form des Gottes Horus genannte Feldlager verweisen könnte.

Spiegelberg 1917, 4, 13–14 und Tf. V–VI; Wente 1990, 208, Nr. 337; Ryholt 1993, 195–198; Kitchen 1996, 259, § 217; Jansen-Winkeln 2007, 205–206, Nr. 11.39. D. v. R.

33 **Uschebti für Masaharta**
3. Zwischenzeit, 21. Dynastie,
um 1050/1040 v. Chr.
Theben-West, Deir el-Bahari (TT 320)
Fayence, blaue Glasur
H. 10,6 cm; Br. 3,3 cm; T. 3,1 cm
Liebieghaus Skulpturensammlung,
Frankfurt am Main, Inv.-Nr. 1707

Die Totenfigur des Masaharta zeichnet sich durch einen relativ grobkörnigen Fayencekern aus, der leuchtend blau glasiert ist. Die Konturen des Gesichtes, der Perücke und die beiden Hacken sowie die Inschrift sind in schwarzer Farbe aufgetragen. Letztere nennt Namen und Titel von Masaharta. Daraus lässt sich schließen, dass die für ihn vorgesehenen Uschebtis während seiner Amtszeit als Hohepriester des Amun angefertigt wurden. Nach seinem Tod wurden diese zusammen mit seiner Mumie in ein Felsengrab, die so genannte königliche Cachette von Deir el-Bahari (TT 320), gebracht. Neben zahlreichen Mumien von Pharaonen des Neuen Reiches, die man wohl aus Sicherheitsgründen aus dem Tal der Könige hierhin umgebettet hatte, setzte man in der Cachette auch Würdenträger der 21. Dynastie und ihre Angehörigen bei.

Schlick-Nolte/von Droste zu Hülshoff 1984, 64–65; Frankfurt 1991, 69–71, Nr. 20. D. v. R.

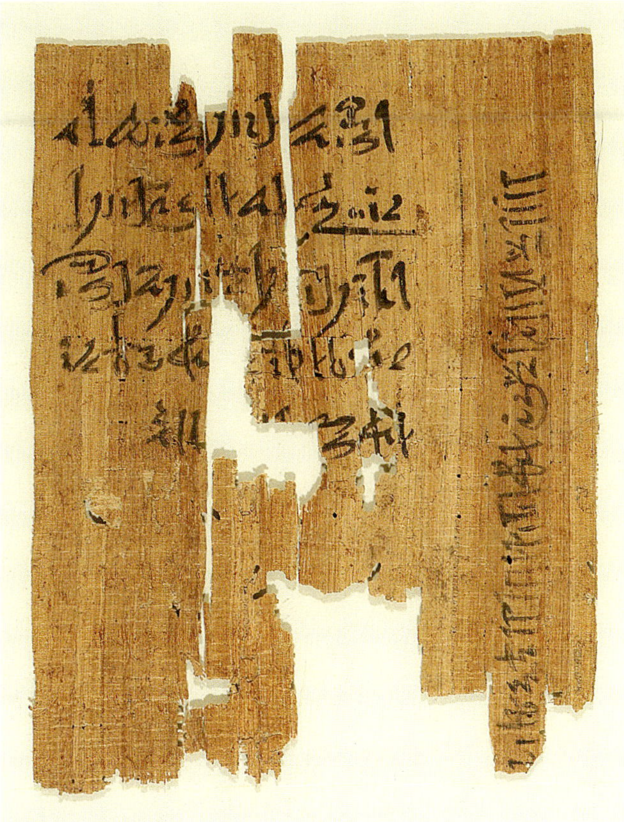

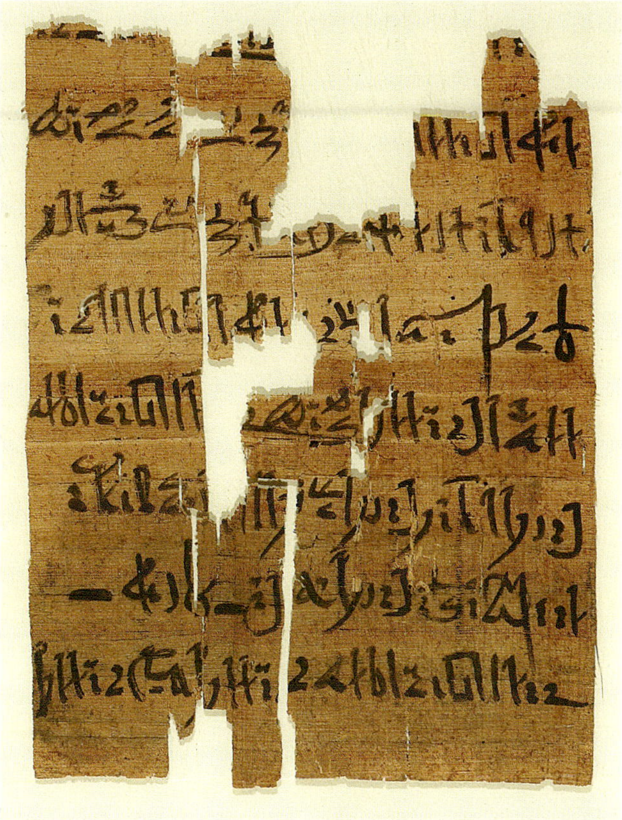

34 **Zwei Sargbretter**
Spätzeit, ca. 25. Dynastie, 746–656 v. Chr.
Theben-West, Deir el-Bahari
Holz
H. 58 cm; Br. 14,8 cm; T. 2,6 cm (PJG 98);
H. 58,6 cm; Br. 34,5 cm; T. 2,5–3,2 cm (PJG 99)
Institut für Kunstgeschichte der
Johannes Gutenberg-Universität Mainz,
Landesmuseum Mainz, Inv.-Nr. PJG 98 und 99

Die Verzierung der beiden vermutlich zusammengehörigen Sargbretter stellt Ausschnitte aus dem Totenbuch dar. Das eine zeigt die alternierende Darstellung eines sorgfältig gezeichneten Krokodils und zweier Inschriftenzeilen. Das Krokodil hatte in Ägypten einen ambivalenten Charakter, einerseits galt es als gefährliches Untier, andererseits wurde es in manchen Regionen verehrt und galt als Abbild des Gottes Sobek. Zwei Totenbuchsprüche (Tb 31 und 32: »Spruch, um das Krokodil/die vier Krokodile zu vertreiben, das herankommt/die herankommen, um den Zauber des NN/eines Mannes von ihm fortzunehmen im Totenreich«) besagen, dass das Krokodil auch im Totenreich als Bedrohung empfunden wurde, vor dem man sich mit Sprüchen und Amuletten zu schützen suchte. Bei zwei weiteren, zusammengeleimten Sargbrettern ist an den Seiten noch jeweils eine Nut erkennbar, in die eine lose Feder zum Anpassen der einzelnen Bretter geschoben wurde. Im oberen Feld ist ein Falke mit ausgebreiteten Flügeln zu sehen, dem eine gehörnte Kuh gegenüber steht. Von dieser ist nur noch der Kopf erkennbar, die farbliche Gestaltung lässt jedoch noch den Ansatz eines Halskragens erkennen. Wie auch die darunter befindliche mehrzeilige Inschrift bestätigt, handelt es sich hierbei um die Vignette zu einem Totenbuchspruch (Tb 71: »Spruch, hervorzugehen am Tage, zu sprechen von einem reinen Mann«). Bei den Sargbrettern wurden Unebenheiten mit einer Stuckschicht ausgeglichen, die Zeichnungen befinden sich direkt auf dem Holz oder der Stuckschicht. Die Enden sind rezent abgesägt, wobei auf die Zeichnungen keine Rücksicht genommen wurde.

Mainz 2004, 38, Nr. I.4.4 (PJG 98) und 38–39, Nr. I.4.5 (PJG 99). B. H.

35 **Sargbrett**
Spätzeit, ca. 25. Dynastie, 746–656 v. Chr.
Theben-West, Deir el-Bahari
Holz
H. 39,2 cm; Br. 42,5 cm; T. 2,7 cm
Institut für Kunstgeschichte der
Johannes Gutenberg-Universität Mainz,
Landesmuseum Mainz, Inv.-Nr. PJG 100

Zwei Sargbretter vom Kopf- oder Fußende eines Sarges, die mit Nut-Feder-Konstruktion miteinander verbunden sind. Holzdübel dienten zur Festigung der losen Feder. An den Seiten sind schwalbenschwanzförmige Aussparungen zu erkennen, in die die Seitenbretter des Sarges eingepasst wurden. Dübellöcher an der Oberseite deuten an, dass hier ursprünglich noch ein weiteres Brett befestigt war. Die Bemalung wurde ohne Grundierung direkt auf das Holz aufgetragen. Mit feinen Konturlinien ist eine Frau dargestellt, die schützend die Arme ausbreitet. Sie trägt eine schwarze Perücke und ein enges Gewand. Sowohl die Füße als auch die Krone sind nicht mehr erhalten, dennoch kann davon ausgegangen werden, dass hier die Göttin Isis oder Nephthys dargestellt ist. Beide galten als wichtige Schutzgöttinnen, die den Verstorbenen und seinen Sarg oder Schrein schützten. Dabei befand sich Nephthys in der Regel am Kopfende und Isis am Fußende.

Mainz 2004, 39, Nr. I.4.6. B. H.

Die qualitätvolle Darstellung eines Gesichtes mit fein ausmodellierten Zügen war einst Bestandteil eines Sarges. Besonders lebendig wirken die mandelförmigen Augen, die aus weißem und schwarzem Glas eingelegt sind, während die Augenlider mit den langgezogenen Schminkstreifen aus blauem Glas bestehen. Die Einlagen der Augenbrauen sind nicht mehr erhalten. Über dem Gesicht lassen sich noch Teile des Haarschmucks erkennen. Dieser besteht aus einem Blütendiadem und einer über der Stirnmitte herabhängenden Lotusblüte, die noch die einstige Farbenpracht erahnen lassen. Bei der Sargherstellung wurde das Gesicht ebenso wie die Hände und weitere, plastisch ausgearbeitete Dekorationselemente häufig aus einem separaten Holzstück gefertigt. Die Unterseite ist vollkommen flach gearbeitet, damit sie direkt auf der Oberfläche des Sargdeckels angebracht werden konnte. Dies geschah mithilfe von Holzdübeln, die auch bei dieser Gesichtsmaske noch erkennbar sind: einer über dem Kinn, zwei weitere links und rechts der Lotusblüte.

Tübingen 1981, 240 und Tf. 69; Stuttgart 1984, 133, Nr. 109; Tübingen 2002, Titelseite. D. v. R.

36 Gesichtsmaske eines Sarges
Neues Reich, 1550–1070/69 v. Chr.
Herkunft unbekannt
Holz, stuckiert und bemalt
H. 25 cm
Ägyptische Sammlung, Museum Schloss Hohentübingen, Tübingen, Inv. 1154

Kauernde, mumifiziert dargestellte Falken (Achom) fanden ab der Spätzeit oft als Aufsatz für Särge, Uschebti-Kästen und auf dem länglichen Sockel von Ptah-Sokar-Osiris-Statuen Verwendung. Man setzte sie z. B. einzeln oder zu zweit auf die Mitte des Sargdeckels, bei Pfostensärgen wurde jeweils einer auf jedem der vier Pfosten platziert. Wie das Zapfloch auf der Unterseite bestätigt, war auch dieser Falke einst auf einem größeren, kastenförmigen Objekt befestigt. Das rotgrundige Mumiengewand verbindet den Falken mit Osiris.

Abel, in: Ranke 1926, 40; Freiburg 1974, 40, Nr. G 10; Nauerth 1996, 115. D. v. R.

37 Achom-Falke
Spätzeit, um 500 v. Chr.
Wahrscheinlich aus El-Hibe
Holz, stuckiert und bemalt
L. 13,7 cm; Br. 5,5 cm; H. 8 cm
Adelhausermuseum, Natur- und Völkerkunde Freiburg, Inv.-Nr. Ae 938

38 **Bodenbrett eines mumienförmigen Sarges**
3. Zwischenzeit, 21. Dynastie,
ca. 1000–950 v. Chr.
Herkunft unbekannt
Holz, bemalt, gefirnisst
L. 120 cm; Br. 40,5 cm; D. 1,5–2,5 cm
Kunsthistorisches Museum Wien, Ägyptisch-Orientalische Sammlung, Inv.-Nr. 232

Die gesamte Länge wird durch die Figur einer stehenden Göttin beherrscht. Auf der Strähnenperücke trägt sie die goldene Geierhaube, die auch der Kopfschmuck von Königinnen ist. Darauf befindet sich ein Uräen-Diadem mit den beiden hohen Federn und dem Kuhgehörn mit der Sonnenscheibe. Zu ihrer Tracht gehören das Trägerkleid aus Vogelfedern mit den zweifach gekreuzten Flügeln, der große Schmuckkragen, Arm- und Fußbänder. In der rechten Hand hält sie das Anch-Zeichen sowie den Krummstab als Herrschaftssymbol. Der Hintergrund ist gefüllt mit verschiedenen mumiengestaltigen Göttern, den Göttinnen Unter- und Oberägyptens – Uto als Uräus-Schlange und Nechbet als Geier –, dem Ba-Vogel sowie dem schakalköpfigen Anubis. Die Göttin wird nur als »Herrin« bezeichnet. Neuere Forschungen sehen in ihr die Königin Ahmes-Nefertari, Mutter von Amenhotep I., dem zweiten König der 18. Dynastie. Beide wurden seit ramessidischer Zeit in der thebanischen Nekropole, vor allem in der Arbeitersiedlung Deir el-Medine göttlich verehrt.

SPEYER 1993, 228, NR. 146; SATZINGER 1994, 49, ABB. 32; JAPAN 2003, 81, NR. 49. E. H.

39 **Bodenbrett eines mumienförmigen Außensarges**
3. Zwischenzeit, 21. Dynastie,
ca. 1000–950 v. Chr.
Herkunft unbekannt
Holz, bemalt, gefirnisst
L. 138 cm; Br. 43,5 cm; D. 2,5 cm
Kunsthistorisches Museum Wien, Ägyptisch-Orientalische Sammlung, Inv.-Nr. 226

Die Darstellung des Gottes Osiris füllt beinahe die gesamte Fläche des Bodens. Der Djed-Pfeiler ist sein Körper, dessen Schaft zeigt das Schuppenmuster eines Vogelkörpers, über dem sich die Flügel kreuzen. Das Haupt des Gottes trägt die Hemhem-Krone mit Widdergehörn und Straußenfedern, geschützt von Uräus-Schlangen. Zu Füßen des Pfeilers hocken Isis und Nephthys als Klagefrauen. In der Rundung des Kopfteiles steht die Sonne am Horizont. Der Djed-Pfeiler wurde als Fetisch bereits im Alten Reich kultisch verehrt, zunächst in Zusammenhang mit dem Totengott Sokar und dem Schöpfergott Ptah in Memphis. Durch die Gleichsetzung mit diesen beiden Göttern wird Osiris seit dem Neuen Reich mit dem Djed-Pfeiler identifiziert. Dieser wird auch als Rückgrat des Osiris bezeichnet. Das »Errichten des Djed-Pfeilers« ist früh mit dem Kultort Busiris (»Haus des Osiris«) verbunden. Der Pfeiler ist ein Symbol für Dauer. Als Amulett wurde er Mumien mitgegeben, großformatige Amulette wurden unter den Rücken der Mumie gelegt.

UNVERÖFFENTLICHT. E. H.

Das fein modellierte Relief eines liegenden Schakals symbolisiert den Gott Anubis. In dieser Form findet man ihn gewöhnlich als Schmuck auf einem Schrein, solche Glaseinlagen konnten aber auch als Dekorationselemente in Särge bzw. Sargmasken integriert werden. Der Schwanz des Schakals wurde separat hergestellt und hat sich nicht erhalten. Die Details wurden nach dem Schmelzen in einer offenen, einteiligen Form eingeschliffen und gebohrt; mit Ausnahme der Ohreninnenseiten wurde das Relief anschließend poliert. Die Vorderpfote und der Hinterlauf sind abgebrochen, ansonsten ist die Einlage vollständig. Die gerundeten Seiten zeigen, dass die opake schwarzblaue Glaseinlage auf einem Untergrund aufgeklebt und nicht eingelassen war.

Stern/Schlick-Nolte 1994, 176, Nr. 28. C. H.

40 Einlage in Form eines liegenden Schakals
Spätzeit bis ptolemäisch, 5.–1. Jh. v. Chr.
Herkunft unbekannt
Glas, H. 8,0 cm; Br. 14,7 cm; T. 1,4 cm
Landesmuseum Württemberg, Stuttgart, Arch 98/W28

Der mit Affenkopf dargestellte Hapi gehört zu den vier Horussöhnen, die als Schutzgötter der Eingeweide für die Organe verantwortlich waren. Hapi oblag dabei der Schutz der Lunge. Im 1. Jt. v. Chr. nähte man Amulette der vier Götter auf die Leinenumwicklung von Mumien und fügte sie in Perlennetze ein. Die beiden Amulette zeigen je eine Mumie mit Affenkopf im Profil nach links bzw. nach rechts, ihre Rückseiten sind unbearbeitet. Das größere, detailreichere Amulett besitzt insgesamt fünf Durchbohrungen zum Befestigen. Da das kleinere Stück keine Bohrlöcher aufweist, war es entweder in Mumienbinden eingewickelt oder diente in Gips eingelassen als Dekoration eines Sarges oder einer Mumienmaske.

Stern/Schlick-Nolte 1994, 348–350, Nr. 110 und 111. C. H.

41 Amulette in Gestalt des Horussohnes Hapi
Vermutlich Ende Spätzeit bis frühptolemäisch, 4. Jh. v. Chr.
Herkunft unbekannt; Glasartige Fayence
H. 8,3 cm; Br. 2,8 cm; T. 0,6 cm

Vermutlich ptolemäisch bis frührömisch, 3. Jh. v. Chr. – 1. Jh. n. Chr. oder später
Herkunft unbekannt; Glas
H. 7,5 cm; Br. 1,6 cm; T. 0,75 cm
Landesmuseum Württemberg, Stuttgart, Arch 98/W110 und 111

Die flache, hinten seitlich abgeschrägte, hochrechteckige Platte weist auf der Vorderseite eine eingegrabene, nach rechts gewandte Profilgestalt auf. Die mumienartige Figur mit Bart stellt den Horussohn Amset dar. Die Hohlform diente der Produktion von Amuletten des Gottes und wurde bis zur endgültigen Abnutzung zur Herstellung gleichartiger Amulette wiederverwendet. Nach der Ausformung erhielten die Rohlinge durch den Brennvorgang den charakteristischen türkisblauen Fayenceüberzug. Amset, einer der vier Horussöhne, zählte zu den Kanopengöttern, die die mumifizierten Eingeweide beschützten. Unter seiner Obhut war die Leber.

Unveröffentlicht. F. H.

42 Hohlform für ein Amset-Amulett
Spätzeit, 746–332 v. Chr.
Herkunft unbekannt
Gips oder Stuck
H. 10 cm; Br. 3,3 cm; T. 0,8–1,1 cm
Museum für Kunst und Gewerbe Hamburg
Inv. 1924.113

Kleine mehrteilige mumiengestaltige Einlagen wie diese konnten, als Hieroglyphen verwendet, zur Beschriftung eines Sarges gehören oder den Horussohn Amset darstellen. Bei diesem Stück wurden Körper, Gesicht, Perücke und Halskragen neuzeitlich zusammengesetzt, gehörten nach Stärke und Gestaltung aber ursprünglich zu verschiedenen Einlagen.

Stern/Schlick-Nolte 1994, 356, Nr. 114. C.H.

43 Einlage in Mumienform
Ende Spätzeit bis ptolemäisch, 2. Hälfte des 4. Jhs. v. Chr. – Zeitenwende
Herkunft unbekannt
Glas, H. 3,6 cm; Br. 0,9 cm; T. 0,6 cm
Landesmuseum Württemberg, Stuttgart, Arch 98/W114

tr
b
2,9
tr.
d
2,10

MUMIFIZIERUNG

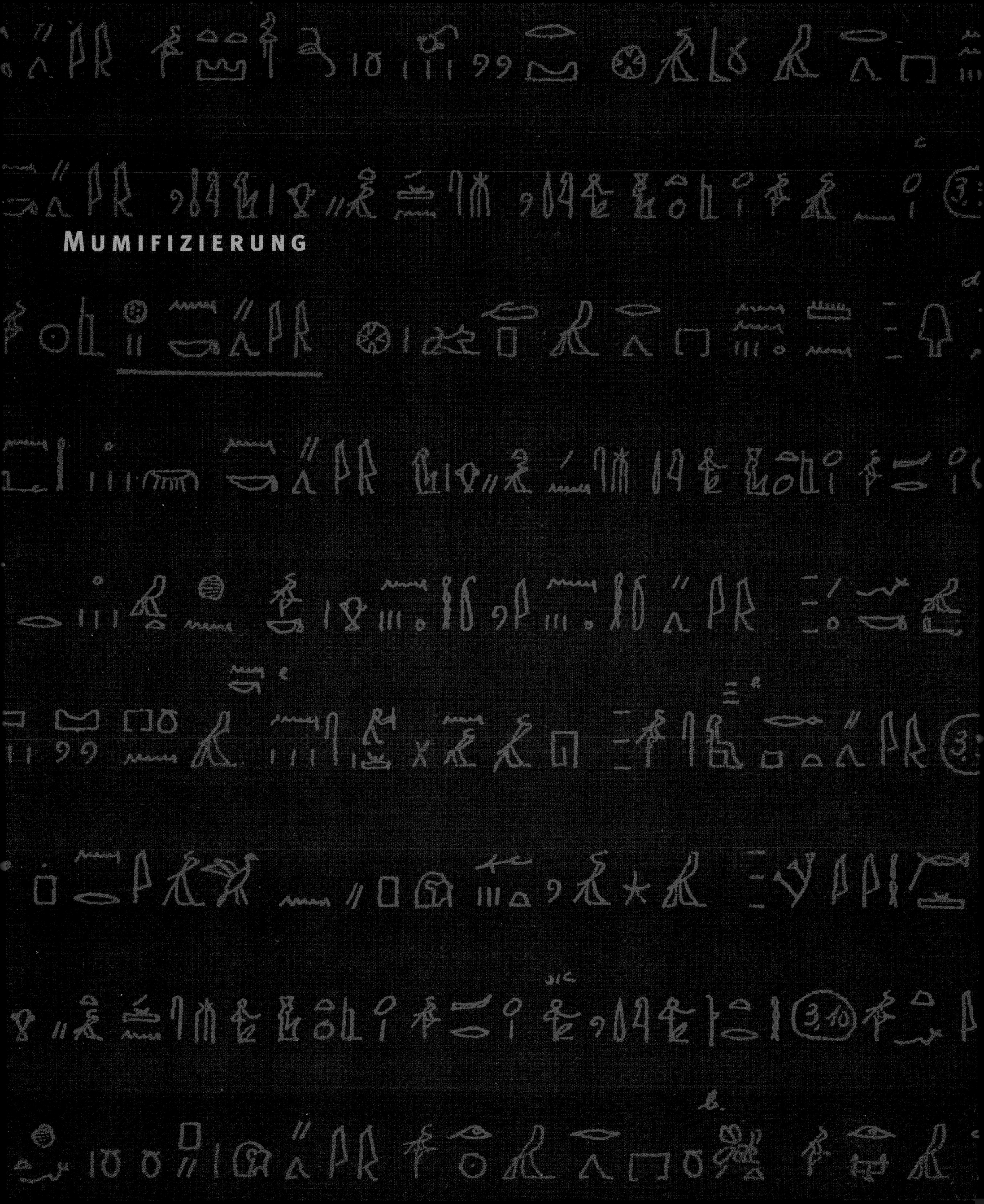

»Man hat dir eine Bestattung mit Salbe und Binden bereitet«

Die Mumifizierung im Alten Ägypten

Daniel von Recklinghausen

Mit diesen Worten fasst der um Christi Geburt entstandene und heute in Edinburg befindliche Papyrus Rhind I eines der Phänomene zusammen,[1] welches zu den herausragenden Eigenarten der altägyptischen Kultur zählt: die Mumifizierung. Dabei handelt es sich um den Brauch, die Verwesung eines Leichnams auf künstlichem Wege zu unterbinden.

Nach den Jenseitsvorstellungen der Alten Ägypter war der vollständig erhaltene Körper eines Verstorbenen für dessen Weiterexistenz nach dem Tod unabdinglich. Eine Mumie symbolisierte den Übergang in eine andere Welt sowie die Auferstehung des Verstorbenen und war somit Sinnbild für das auf die Ewigkeit ausgerichtete Dasein des Toten. Aus diesem Grund entwickelte sich im Laufe der altägyptischen Geschichte die artifizielle, von Menschenhand ausgeführte Mumifizierung zu einem Handwerk, das immer weiter verfeinert und perfektioniert wurde.

Umso erstaunlicher ist es, wie selten ägyptische Texte und Darstellungen die Mumifizierung thematisieren. In dem erwähnten Papyrus Rhind I, dessen Texte sowohl auf Hieratisch als auch auf Demotisch verfasst sind,[2] werden die wichtigsten Schritte der Einbalsamierung zusammengefasst, wobei das gesamte Geschehen in einen rituellen Rahmen eingebettet ist. Denn neben dem eigentlichen handwerklichen Vorgang war auch die Durchführung begleitender Rituale von elementarer Bedeutung und machte eine Mumifizierung erst komplett. Im Papyrus Rhind I übernimmt deshalb der schakalsköpfige Gott Anubis die Rolle des Einbalsamierers, die so genannten Horussöhne werden als Schutz der Eingeweide angerufen und mit diesen identifiziert. Der Ausfluss von Flüssigkeiten aus dem Körper, wozu vielleicht auch das zuvor zerkleinerte Gehirn zu zählen ist, wird besonders hervorgehoben. Ebenfalls einen großen Raum nehmen die Wicklung und die Salbung der Mumie ein – für Stoff und Salben zuständige Gottheiten sind daher von außerordentlicher Bedeutung für den Verstorbenen.[3]

Aus römischer Zeit sind des Weiteren zwei Abschriften des so genannten Balsamierungsrituals bekannt, in denen die Einwicklung der Mumie mit Leinenbinden beschrieben wird. Die eigentlichen Anweisungen zur Wicklung bzw. Behandlung der Mumie nehmen nur relativ wenig Raum ein, viel wichtiger sind die Rezitationen, welche während dieser Arbeiten zu sprechen sind.[4] Das Apisbalsamierungsritual, das sich in einer demotischen Fassung aus der Ptolemäerzeit erhalten hat und heute im Kunsthistorischen Museum Wien aufbewahrt wird, beschreibt die Mumifizierung des heiligen Apis-Stieres aus Memphis und weist dabei weitreichende Parallelen zur Mumifizierungstechnik bei menschlichen Leichnamen auf.[5] Bisweilen wurden auch einige ausgewählte Arbeitsschritte der Mumifizierung bildlich festgehalten. Neben eher selten bezeugten Reliefs in Gräbern[6] sind die Darstellungen auf eini-

Sarg des Pa-iu-en-hor (Kat.-Nr. 53)
Detail mit Szenen der Mumifizierung

gen Särgen, die aus der ptolemäerzeitlichen Nekropole von El-Hibe stammen, von besonderem Interesse. Auf dem Sarg des Pa-iu-en-hor aus dem Kunsthistorischen Museum Wien ist etwa in einem Register zu sehen, wie der Leichnam mit Flüssigkeiten übergossen wird, während in dem darüberliegenden Register die fertig gewickelte Mumie auf einer Löwenbahre liegt, unter der sich die vier Kanopenkrüge für die Eingeweide befinden.[7] Vornehmlich aus Archiven der griechisch-römischen Zeit haben sich Urkunden von Einbalsamierern erhalten, die manchmal auf deren Arbeit eingehen.[8] Diese demotisch und griechisch verfassten Urkunden geben aber wenig konkrete Informationen über die Mumifizierung selbst.

So sind es griechische Autoren, vor allem Herodot (II, 85–89) und Diodor (I, 91), welche die ausführlichsten und zusammenhängendsten Berichte über das ägyptische Mumifizierungswesen aus der Antike hinterlassen haben. Lange Zeit dienten sie als Hauptquellen, auf die sich die Untersuchungen zur Mumifizierung stützten. Die wichtigsten Informationen geben heute aber die Mumien selbst – dank moderner und sich ständig weiterentwickelnder Untersuchungsmethoden, wie beispielsweise Röntgentechnik und Computertomografie, können sie zerstörungsfrei studiert werden.[9] Neben zahlreichen Aussagen zu den Lebensverhältnissen im Alten Ägypten, zu Krankheiten, Ernährungsgewohnheiten, Alter und einer möglichen Todesursache lassen sich auch grundlegende Erkenntnisse zu der angewandten Einbalsamierungstechnik gewinnen. Obwohl schon 1896 das erste Mal die Röntgentechnik in der Mumienforschung eingesetzt wurde, musste man weiterhin zur Klärung zahlreicher Fragen Mumien auswickeln. Durch die heutigen Untersuchungstechniken ist dies nicht mehr notwendig, und so können unter Einhaltung eines würdigen Umgangs gegenüber den Mumien präzise wissenschaftliche Erkenntnisse erzielt werden.

Das Mumifizierungswesen lässt sich im Alten Ägypten über einen Zeitraum von mehr als vier Jahrtausenden – vom 4. Jt. v. Chr. bis in das 1. Jt. n. Chr. – nachweisen. Nach heutigem Wissensstand fällt der Beginn der Mumifizierungstechnik in die vorgeschichtliche Zeit und steht wahrscheinlich mit einer bei zufällig aufgedeckten Grablegen gemachten Beobachtung in Zusammenhang: Bei in der Wüste bestatteten Personen war der Körper durch die Hitze und Trockenheit des Klimas auf natürlichem Wege konserviert worden, ohne dass eine Verwesung stattgefunden hatte.[10] Da sich die Ägypter wohl schon in der prädynastischen Zeit die jenseitige Existenz sehr ähnlich zur diesseitigen vorstellten, scheint sich der Glaube entwickelt zu haben, im Jenseits ebenfalls über einen intakten Körper verfügen zu müssen. Als man dazu überging, gesellschaftlich höher stehende Personen in Grabbauten oder in Tonsärgen zu bestatten, waren diese Körper nicht mehr unmittelbar dem Wüstenklima ausgesetzt – welches Voraussetzung für deren Erhaltung war – und der Leichnam begann nun schnell zu verwesen.

Offenbar erkannten die Ägypter frühzeitig diese Zusammenhänge und entdeckten die Bedeutung der inneren Organe, die maßgeblich den Verwesungsprozess im Körperinneren vorantreiben.[11] Darum haben sie sich bemüht, den Körper vor dem Zerfall zu bewahren. Welche erstaunlichen Ergebnisse sie dabei schon in der prädynastischen Zeit erzielten, zeigen die Ausgrabungen der in diese Zeit (um 3600 v. Chr.) zu datierenden Nekropole von Hierakonpolis in Oberägypten. Bei dort aufgedeckten Bestattungen wiesen einige Leichname Anzeichen einer Einwicklung und künstlichen Behandlung auf. Die Körper lagen – in Matten eingehüllt – unter einem Tuch aus Leinen; Kopf und Hände waren eigens mit Leinenbinden umwickelt, auch Haare haben sich erhalten. Bei einem Leib war ein inneres Organ aus dem Körper entnommen, mit Leinen umwickelt und zurück in den Körper gelegt worden. Die so behandelten Leichname, bei denen es sich ausschließlich um Frauen handelt, stellen mithin die ältesten heute bekannten Beispiele aus Ägypten für eine künstliche Mumifizierung dar.[12]

Im Laufe der Zeit wurden die Techniken der Mumifizierung immer ausgefeilter. Sichere Anzeichen für eine vollständige Entnahme der Eingeweide stammen aus dem Alten Reich. In dieser Epoche wurde die eigentliche Wicklung der Mumie manchmal mit einer zusätzlichen Schicht aus Gips überzogen, ein Verfahren, das in späteren Epochen nicht weiter angewandt wurde. Ob man während des Alten Reiches auch schon das Gehirn entfernte, ist bislang noch nicht endgültig geklärt; diese Praxis ist aber für das Mittlere Reich gesichert nachgewiesen. Aus handwerklicher Sicht erreichte die Mumifizierungstechnik während des Neuen Reiches und der darauffolgenden 21. Dynastie einen Höhepunkt. Davon zeugt der heute teilweise noch perfekte Erhaltungszustand der Körper nicht nur von Mumien der Pharaonen aus dem Tal der Könige, sondern auch von zahlreichen Privatpersonen. In der 3. Zwischenzeit wurden die eingewickelten Mumien von einer eng anliegenden Kartonagehülle umschlossen, die auf der Rückseite zusammengeschnürt wurde (vgl. Kat.-Nr. 201). Von der Spätzeit an bekam die äußere Gestaltung der Mumien eine immer größere Bedeutung. Zwar wurden auch in diesen Perioden durchaus noch regelrechte Mumifizierungen durchgeführt, wichtiger war es jedoch, den Leichnam durch eine besondere, kunstvoll gestaltete Leinenwicklung zu umhüllen. In der römischen Epoche entstand aus diesem Bestreben die für diese Zeit typische Kassettenwicklung, bei der die zu dünnen Streifen zerrissenen und unterschiedlich gefärbten Leinenbinden rhombenförmig angeordnet waren (vgl. Kat.-Nr. 213, 225). Der Kopf wurde oft mit einer Mumienmaske aus Kartonage mit vergoldetem Gesicht bedeckt, welche im Gegensatz zu früheren Epochen direkt in die Mumienwicklung integriert war (vgl. Kat.-Nr. 209, 210). Ebenso kamen in römischer Zeit Mumienporträts in Mode, die – auf Holz oder Leinen aufgetragen – gleichfalls wie die sehr verbreiteten Stuckmasken in die Mumienbinden eingebunden waren.[13] Mit dem Einzug des Christentums und des Islams in der Spätantike ging der Brauch der Mumifizierung immer weiter zurück. Zwar balsamierte man gelegentlich anfangs selbst christliche Mönche, die Mumifizierung wird aber später als heidnisch gebrandmarkt. Bei den wenigen erhaltenen Mumien dieser Zeit handelt es sich meist um natürlich mumifizierte Leichname, die aber weiterhin kunstvoll eingewickelt wurden (vgl. Kat.-Nr. 254).[14]

Mumie einer Frau (Kat.-Nr. 77)

44 Nekrotom
Neues Reich, 18. Dynastie,
um 1500–1400 v. Chr.; Herkunft unbekannt;
Bronze; L. 17,2 cm; Br. 2 cm; Sammlung des
Ägyptologischen Instituts der Universität
Heidelberg, Inv.-Nr. 2050

45 Balsamierungsgefäß
Spätzeit, 746–332 v. Chr.; Saqqara; Fayence
H. 9,6 cm; Dm. 7,3 cm (Basis), 11,3 cm
(Oberkante); National Museums of Scotland,
Edinburgh, A. 1971.164

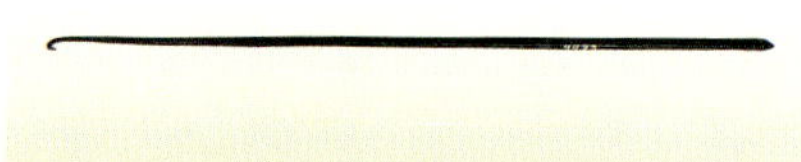

46 Haken zum Entfernen des Gehirns
Griechisch-römisch, 4. Jh. v. Chr. –
3. Jh. n. Chr.; Herkunft unbekannt
Bronze, gegossen und gehämmert
L. 31,5 cm; Roemer- und Pelizaeus-Museum,
Hildesheim, Pelizaeus-Museum Inv.-Nr. 4093

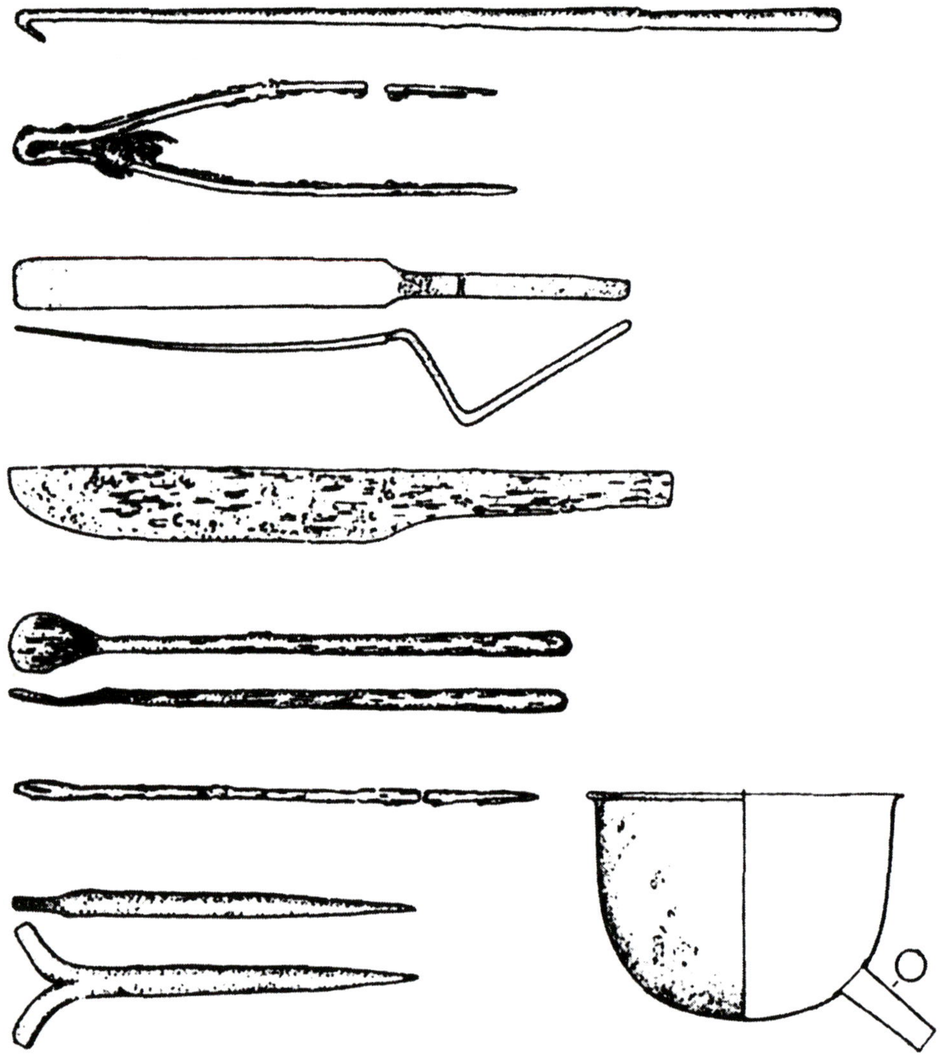

Ausrüstung eines Einbalsamierers
Grab des Wah-ib-Re, Theben-West, Asasif

Eine komplette Mumifizierung umfasste zahlreiche Arbeitsschritte und konnte je nach gewünschtem Kostenaufwand sehr aufwendig gestaltet sein oder nur rudimentär durchgeführt werden.[15] Im Folgenden werden die wichtigsten Schritte des Mumifizierungsprozesses beschrieben. Da die angewandten Techniken sich im Laufe der Zeit immer wieder geändert haben, kann an dieser Stelle jedoch kein komplettes Bild von den einzelnen Mumifizierungsmethoden gegeben werden.[16]

Wenn ein Mensch gestorben war, musste der Leichnam sehr schnell zur Balsamierungsstätte, altägyptisch »Die reine Stätte« *(wabet)* genannt, gebracht werden, um der einsetzenden Verwesung vorzubeugen.[17] Bis heute hat sich keine dieser Einrichtungen archäologisch vollständig nachweisen lassen; wegen des hohen Wasserbedarfs – etwa für zahlreiche Waschungen und Säuberungen – befanden sie sich mit hoher Wahrscheinlichkeit am Nil oder an einem Seitenkanal. Nach Hinweisen auf Papyri und in Inschriften könnte es sich um Konstruktionen in Zelt- oder Hallenform gehandelt haben.[18] Damit die dort ausgeführten Handlungen nicht unmittelbar von der Außenwelt wahrgenommen werden konnten, waren die Balsamierungsstätten wahrscheinlich durch Mauern oder andere Barrieren abgeschirmt.

Nach den Funden von Materialüberresten zu urteilen, die nach dem Gebrauch verscharrt worden waren, fanden Mumifizierungen teilweise direkt in der Nekropole statt.

Für die Einbalsamierung standen besonders ausgebildete Fachleute und Priester zur Verfügung. Da er dem Mythos nach den Leichnam des Osiris mumifiziert hatte, galt der schakalsköpfige Gott Anubis als der Einbalsamierer schlechthin und war – zumindest symbolisch – für die Versorgung aller Verstorbenen zuständig. Die Einbalsamierer übernahmen somit die Arbeit des Anubis und einige von ihnen trugen während bestimmter Tätigkeiten eine Maske in Form eines Schakalkopfes (vgl. Kat.-Nr. 53).[19] Während in griechischen Texten der Einbalsamierer als »Taricheut« bezeichnet wird, findet man in ägyptischen Texten als wichtigste Akteure den »Gottessiegler« *(chetemu-netjer)* sowie einen oder mehrere »Einbalsamierer« *(ut)*. Von großer Bedeutung waren ein oder mehrere »Vorlesepriester« *(cheriheb)*, welche die notwendigen Rezitationen von Ritualtexten während der Einbalsamierung vortrugen.[20]

Nachdem der Leichnam den Balsamierern übergeben worden war, begannen diese mit der ungefähr 70 Tage[21] dauernden Mumifizierung des Körpers. Hierfür stand ihnen eine große Bandbreite an Materialien und Werkzeugen zur Verfügung. Von Letzteren haben sich nur wenige Exemplare erhalten und oft ist es schwierig, einzelne Instrumente dem Tätigkeitsbereich der Einbalsamierer zuzuordnen.[22] Einen außergewöhnlichen Fund stellt daher ein Instrumentenset aus dem Grab des Wah-ib-re in Theben-West dar, welches vielleicht als typische Ausrüstung eines Balsamierers in der zweiten Hälfte des 1. Jts. v. Chr. zu bewerten ist. Während einige Instrumente, wie Pinzette, Messer, Löffel und Nadel, auch in anderen Zusammenhängen benutzt wurden, fanden der Haken, eine Ahle mit Gabelkopf und ein Gefäß zum Einfüllen von Flüssigkeiten speziell bei der Mumifizierung Verwendung.[23]

Zu Beginn legte man den Leichnam auf einen Tisch und wusch ihn. Der nächste Schritt bestand in der Entnahme der inneren Organe. Zunächst wandte man sich der Entfernung des Gehirns zu. In vielen Fällen wurde ein Haken aus Bronze mit einer eingerollten, spiralförmigen Spitze durch die Nase in den Schädel eingeführt, wobei das Siebbein durchstoßen wurde. Mithilfe des Hakens wurde das Gehirn zerkleinert, das nach einiger Zeit so weit aufgelöst war, dass die Reste durch die Nase ablaufen konnten.[24] Der leere Schädelraum wurde nicht selten mit Leinenbinden gefüllt, die auch durch die Nase eingeführt wurden. Stattdessen konnte er aber auch mit heißen Harzen ausgegossen werden; diese Prozedur erfolgte ebenfalls durch die Nase unter Zuhilfenahme eines speziellen Löffels mit zwei Ausgüssen.[25] Um die Schädelhöhle möglichst vollständig ausfüllen zu können, brachte man den Schädel in verschiedene Positionen, was durch unterschiedliche Füllpegel der Harze bei erhaltenen Mumien deutlich wird. Der nächste Arbeitsschritt bestand in der Entfernung der Eingeweide. Hierzu wurde mit einem ca. 20 cm langen Messer aus Bronze[26] – Nekrotom genannt – ein Einschnitt auf der linken Seite der Bauchdecke vorgenommen, der es ermöglichte, einen Großteil der Eingeweide aus dem Körper herauszunehmen.[27] Laut Auskunft griechischer Texte ist hierfür der »Paraschist« zuständig gewesen. Nach Diodor (I, 91) genoss dieser im Gegensatz zu den anderen an der Mumifizierung Beteiligten keinen guten Ruf, da er dem Körper durch den Einschnitt eine schwere Verletzung zufügte.

47 **Doppelfingeramulett**
Spätzeit, 6.–4. Jh. v. Chr.
Herkunft unbekannt
Dunkelgraubrauner Kalkstein
H. 7,76 cm; Br. 2,32 cm; T. 1,08 cm
Kunsthistorisches Museum Wien, Ägyptisch-Orientalische Sammlung, Inv.-Nr. 4361

Von den inneren Organen wurden in der Regel die Nieren in der Körperhöhle belassen, da sie bei dieser Vorgehensweise nur schwer zu erreichen waren. Auch das Herz verblieb oftmals im Körper, denn es wurde als das Organ des Denkens sowie der Sinne betrachtet und war somit für die Persönlichkeit des Verstorbenen von elementarer Bedeutung. Zur Sicherheit wurde zudem ein besonders gefertigter Herzskarabäus mit in die Körperhöhle gelegt oder er ersetzte das Herz, wenn dieses herausgenommen worden war (vgl. Kat.-Nr. 57–59, 136).[28]

Nach diesen Vorarbeiten konnte man mit der eigentlichen Austrocknung des Körpers beginnen. Dieser Prozess mit dem Ziel, dem Körper jedwede Feuchtigkeit zu entziehen, nahm ca. 35 Tage in Anspruch.[29] Man legte mit Natron gefüllte Säckchen in die nahezu leere Körperhöhle und bedeckte den Leichnam von allen Seiten ebenfalls mit Natron. Moderne Experimente haben aufgezeigt, dass das Natron während dieses Zeitraums ausgewechselt werden musste; für einen erwachsenen Menschen waren über 270 kg Natron für die Mumifizierung notwendig.[30] Als Resultat war der Leichnam zu einer Mumie geworden, bei der sich im Idealfall neben dem Skelett auch Gewebe, Haut, Nägel und Haare vollständig erhalten hatten. Haut und Haare konnten durch die Natronbehandlung Verfärbungen aufweisen. Um den Körpern einen lebendigen Anschein zu verleihen, bemalte man die Haut von Frauen gelb, die von Männern rot; in der 3. Zwischenzeit wurden zudem häufig künstliche Augen eingelegt. Ebenfalls während der 3. Zwischenzeit kam die Technik auf, Harze und Leinen auch unter der Haut zu platzieren. Dies muss zunächst ein relativ realistisches Bild der so behandelten Körperpartien abgegeben haben, führte aber sehr schnell zum Aufreißen der Haut.

Nach der Austrocknung wurde die leere Körperhöhle ausgewaschen, gereinigt und gesalbt. Des Weiteren polsterte man sie – je nach Kostenaufwand, den man betreiben wollte oder konnte – mit Sägemehl, Leinenbündeln, Flechten oder Harzen aus, um das Einfallen der Bauchdecke zu verhindern. Da der Einschnitt in die Bauchdecke eine beträchtliche Verletzung des Körpers darstellte, musste dieser auf magischem Wege wieder rückgängig gemacht werden. Bei den Mumien hoher Würdenträger fand man an dieser Stelle eine rechteckige Plakette aus Gold, anderen Metallen oder Bienenwachs, die mit einem Udjat-Auge – dem Symbol für Unversehrtheit – dekoriert war. Seit der 26. Dynastie diente ein Amulett in Form von zwei Fingern,[31] welches oft aus Obsidian gefertigt und vergoldet war, als Abdeckung.

Da sich die Mumie durch die Austrocknung in einem äußerst fragilen Zustand befand, übergoss

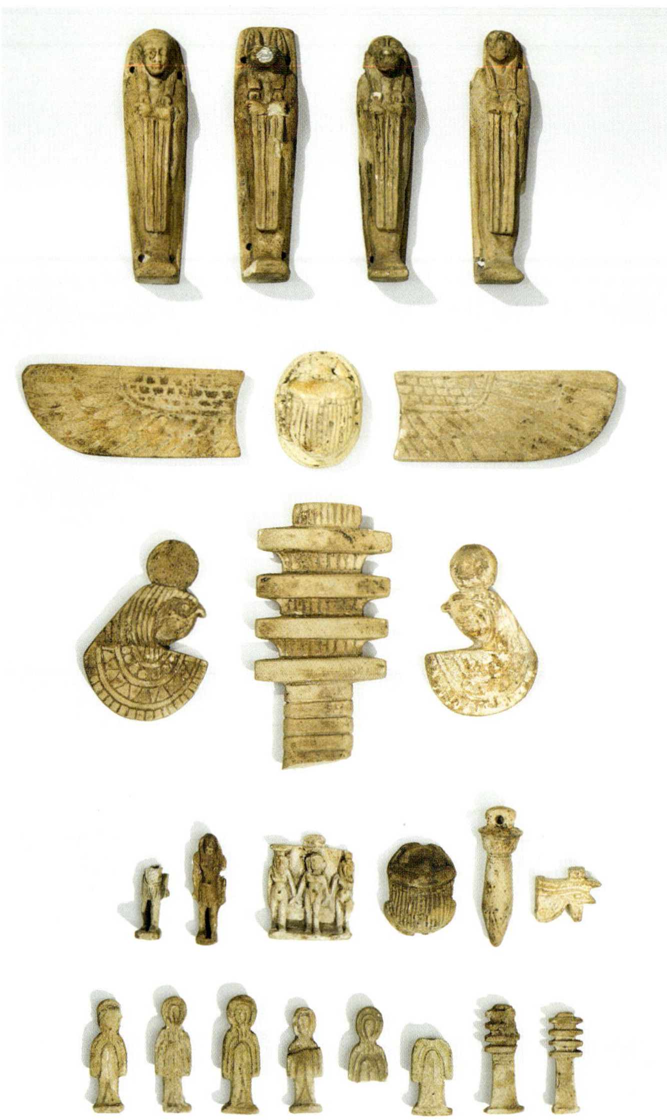

48 **Mumienschmuck (24 Einzelteile)**
Griechisch-römisch, nach 332 v. Chr.
Qau, Grab E 156.2
Fayence; Figürchen von unterschiedlicher Größe; bis 7 cm lang
Ägyptisches Museum der Universität Leipzig (ÄMUL), 5571

man sie mit Salben und Harzen in flüssiger Form, um der Haut wieder Elastizität zu geben; Finger, Zehen und bei Männern der Penis wurden bei aufwendigen Balsamierungen mit Goldkappen versehen. Die konkrete Sicherung der Mumie bestand in den Leinenbinden, die in zahlreichen Lagen um den Körper gewickelt wurden. Arme und Beine konnten zuerst separat umwickelt werden, während die äußeren Lagen den Körper dann als Ganzes umhüllten. Bei dieser Vorgehensweise wurden große Stoffmengen verbraucht, die aus alten, nicht mehr benötigten Kleidern, Decken und Tüchern sowie Lumpen bestanden. Für die Wicklung der Mumie des Wah aus dem Mittleren Reich, die sich heute im Metropolitan Museum in New York befindet, wurden beispielsweise über 375 qm Leinen verwendet.[32] Zur Stabilität und zur besseren Verbindung untereinander konnten die einzelnen Leinenschichten mit Harzen durchtränkt sein. In die Binden wurden an zahlreichen Stellen Amulette aus Gold, Halbedelsteinen oder Fayence zum Schutz der Mumie mit eingewickelt.[33] Den Einbalsamierern standen für die genaue Positionierung am Körper auf Papyrus gezeichnete Vorlagen zur Verfügung.[34] Die Umwicklung hatte neben der praktischen auch eine herausragende rituelle Bedeutung, wie das Balsamierungsritual verdeutlicht. Es ist zudem bemerkenswert, dass man den Mumienbinden eine sehr ambivalente Bedeutung zuschrieb. Stellen sie eine unabdingbare Voraussetzung für den Schutz der Mumie dar, erweisen sie sich im Jenseits für den Verstorbenen als äußerst störend, da sie seine Bewegungsfreiheit und die Möglichkeit, den Körper wieder nutzen zu können, stark einschränken.[35]

49 Beschriftetes Endstück eines Fransenschals
Vermutlich Spätzeit, 746–332 v. Chr.
Fundort unbekannt
Leinen mit Tinte
L. 48 cm (inklusive Fransen);
L. der Fransen 16 cm; Br. 51 cm
Sammlung des Ägyptologischen Instituts der Universität Heidelberg, Inv.-Nr. 1738a

50 **Vier Kanopen der Tarudjet**
30. Dynastie bis ptolemäisch,
4. Jh. v. Chr.
Wohl aus Saqqara
Kalzit-Alabaster
H. 36–41 cm; Dm. 21–24 cm
Liebieghaus Skulpturensammlung,
Frankfurt am Main,
Inv.-Nr. 1660–1663

Da man davon ausging, im Jenseits nur mit einem vollständig funktionstüchtigen Körper existieren zu können, mussten die aus dem Körper entfernten Organe ebenfalls einbalsamiert werden. Einzig das Gehirn wurde nicht balsamiert, was wohl nicht zuletzt auf den Umstand zurückzuführen ist, dass sich aufgrund der Entfernungsmethode realiter kaum etwas von diesem Körperteil erhalten hatte. Nach der Mumifizierung wurden die inneren Organe in vier separate Behältnisse, die so genannten Kanopen, gelegt.[36] Schon aus der 4. Dynastie ist ein Kasten zur Aufbewahrung der Kanopen der Hetepheres, Mutter des Königs Cheops, bekannt, der bei der Auffindung sogar noch Reste organischen Materials enthielt. Seit dem Mittleren Reich wurden häufig Krüge verwendet, die mit einem Deckel versehen waren, der einem menschlichen Kopf nachempfunden war (vgl. Kat.-Nr. 72–73). Seit der 18. Dynastie wurden die Deckel den Köpfen der vier Horussöhne nachgebildet. Diese vier mumiengestaltigen Gottheiten fungierten als Schutzgötter der Eingeweide und sollten zudem den Verstorbenen vor Hunger und Durst bewahren. Jeder dieser Horussöhne war einem bestimmten Organ zugewiesen, das darüber hinaus von einer weiteren Schutzgöttin beschützt wurde.

Horussohn	Amset	Hapi	Duamutef	Kebehsenuef
Kopfform	Mensch	Affe	Schakal	Falke
Körperorgan	Leber	Lunge	Magen	Gedärme
Schutzgöttin	Isis	Nephthys	Neith	Selkis
Himmelsrichtung	Süden	Norden	Osten	Westen

Während der 3. Zwischenzeit kam der Brauch auf, die mumifizierten Eingeweide wieder in die Körperhöhle zurückzulegen. Zu ihrem Schutz wurden kleine Wachsfigürchen in Gestalt der Horussöhne hinzugelegt. Trotzdem wurden einigen hohen Würdenträgern weiterhin Kanopen mit in das Grab gegeben. Da diese nun aber keine Funktion mehr hatten, stellten sie reine Attrappen dar und die Deckel waren nicht mehr abnehmbar.

Nach ca. 70 Tagen waren die Balsamierungsarbeiten abgeschlossen, und der zur Mumie gewordene Leichnam wurde den Angehörigen zur Bestattung übergeben. Man versah den Kopfbereich mit einer Totenmaske und bettete dann die Mumie in einen oder mehrere Särge. Unter der Durchführung besonderer Rituale wurde der Tote für seine Reise in das Jenseits vorbereitet und zu Grabe getragen.

1 Papyrus Rhind I, IV, 11, die Textstelle bei Möller 1913, 24–25. 2 Papyrus Rhind II, heute ebenfalls in Edinburg aufbewahrt, enthält zahlreiche Parallelen zu Papyrus Rhind I, die Textedition bei Möller 1913. 3 Papyrus Rhind I, II, 1 – III, 11, siehe Möller 1913, 14–23. 4 Papyrus Boulaq 3 und Papyrus Louvre 5158, vgl. in diesem Band den Beitrag von C. Leitz, 167–171. 5 Papyrus Vindob. 3873, siehe hierzu in diesem Band auch den Beitrag von J. F. Quack, 22. 6 Vgl. z. B. die Darstellungen in thebanischen Gräbern des Neuen Reiches, dazu Janot 2000, 27–29. 7 Ausführlicher geschildert wird das Geschehen auf den heute im Roemer- und Pelizaeus-Museum Hildesheim befindlichen Särgen des Djed-bastet-iuef-anch (RPM 1954, siehe z. B. Hildesheim 1990, 28–31, Nr. T1) und der Mutirdis (PRM 1953, z. B. Hamburg 1997, 16–19). Vgl. auch Janot 2000, 26–27. 8 Vgl. zu diesem Themenbereich den Beitrag von J. F. Quack in diesem Band, 19–27. 9 Vgl. Hannover 2003 und den Beitrag von E. Keefer in diesem Band, 311–317. 10 Zwei solcher Naturmumien werden heute im British Museum London (EA 32751, »Ginger«, siehe z. B. Taylor 2000, 13–14 mit Abb. 2), und im Museo Egizio Turin (S. 293, siehe z. B. Turin 2006, Nr. 2) aufbewahrt. 11 Zu den natürlichen Vorgängen, die zur Verwesung führen, und den Methoden, diese aufzuhalten, siehe Aufderheide 2003, 41–71. 12 Eine gute Zusammenfassung zu den Funden aus Hierakonpolis bietet die Internetseite www.hierakonpolis.org. 13 Siehe hierzu in diesem Band den Beitrag von N. Willburger, 229–235. 14 Siehe hierzu in diesem Band den Beitrag von B. Gessler u. a., 255–265. 15 Auch Herodot (II, 86–88) nennt schon verschiedene Mumifizierungsmethoden, die sich auch durch die anfallenden Kosten stark voneinander unterscheiden. 16 Hervorragende Überblicke zu Entwicklung und Techniken der Mumifizierung im Alten Ägypten bieten Germer 1991, Hannover 1991, Ikram/Dodson 1998, Janot 2000, Raven/Taconis 2005. Zum Mumifizierungswesen in griechisch-römischer Zeit vgl. auch die Beiträge in Arles 2002. 17 Janot 2000, 213 geht von einem optimalen Beginn der Mumifizierung zwischen fünf und 24 Stunden nach dem Tod aus. 18 Aus dem Alten Reich stammt ein Bild aus dem Grab des Pepi-anch in Meir, das vielleicht ein Reinigungszelt wiedergeben könnte, siehe Germer 1991, 93–96. Vgl. auch Janot 2000, 41–43. 19 Eine solche Maske befindet sich heute im Roemer- und Pelizaeus-Museum (PRM 1585, siehe z. B. Linz 1989, 159, Nr. 125 und Hildesheim 1990, 35, Nr. T3). 20 Eine ausführliche Behandlung der Titel der beteiligten Personen bei Janot 2000, 13–34. 21 Neben Herodot (II, 86) und der Bibel (Gen. 50, 2–3) wird dieser Zeitraum auch in einigen ägyptischen Texten genannt, so z. B. im Papyrus Rhind I, III, 3 und 4, siehe Möller 1913, 18–21. In einer demotischen Urkunde (Papyrus British Museum 10077) verpflichtet sich ein Balsamierer, die fertige Mumie den Hinterbliebenen nach 72 Tagen auszuhändigen, vgl. dazu in diesem Band Quack, 21–22. Im Papyrus Anastasi I, 3, 3 aus dem Neuen Reich wird die Dauer der Mumifizierung mit einem »Zwanzigstel von 1400 (Tagen)« angegeben, dazu Fischer-Elfert 1986, 36 mit Anm. u). Zu weiteren Quellen Janot 2000, 14–15, Anm. 20. Der Zeitraum von 70 Tagen steht wahrscheinlich mit dem Verschwinden und Wiederauftauchen des Sothis-Sterns (Sirius) in Zusammenhang, ähnlich wie dessen Wiederkehr stellt die Mumifizierung also einen Erneuerungsvorgang des Toten dar, vgl. Hornung 1983, 174. 22 So wird etwa das unten näher beschriebene Nekrotom in vielen Fällen als Rasiermesser angesehen. 23 Zu diesen Instrumenten siehe Bietak/Reiser-Haslauer 1982, 186–189, Germer 1991, 100–101 und Janot 2000, 99–101 und 117, Abb. 29. 24 Durch experimentelle Versuche ließ sich die Effektivität dieser Methode bestätigten, siehe dazu Brier/Ware 1999, 94–97. 25 Zu diesem Löffel und seiner Funktion Janot 2000, 49–50, 119–120. 26 Nach Herodot (II, 86) wurde für diesen Arbeitsschritt allerdings ein Messer aus Stein verwendet. 27 Vgl. zu diesem Instrument Janot 2000, 48–49, 122–125. 28 Siehe hierzu in diesem Band den Beitrag von M. Müller-Roth, 146 29 Diese Zeitspanne wird auch in ägyptischen Texten genannt, im Papyrus Rhind I, III, 1 werden – offenbar in diesem Zusammenhang – 36 Tage genannt, siehe Möller 1913, 18–19. 30 Siehe Brier/Ware 1997, 89–100. 31 Sie symbolisieren wohl die beiden Finger des Anubis, vgl. Janot 2000, 57. 32 Siehe Germer 1991, 37 und Ikram/Dodson 1998, 156–159 mit Abb. 176–181. 33 Zu den Amuletten siehe Hüttner 1995, Andrews 1998 und Ikram/Dodson 1998, 137–154. 34 Vgl. hierzu z. B. Papyrus British Museum 10098, XII, siehe Andrews 1998, 7–8 mit Abb. 2 und Ikram/Dodson 1998, 138, Abb. 151. 35 Vgl. Hornung 1983, 171. 36 Einen Überblick zu den Kanopen bieten z. B. Ikram/Dodson 1998, 276–292 und Taylor 2000, 65–76.

51 Zwei Horussöhne aus Wachs
3. Zwischenzeit, 1070/69–714 v. Chr.
Wachs
H. 7,2 cm (1029) und 6,9 cm (1030)
Ägyptische Sammlung, Museum Schloss Hohentübingen, Tübingen,
Inv. 1029 und 1030

Objektteil Mumifizierung

52 **Skelettfigur**
Spätzeit bis ptolemäisch,
wohl 2. Hälfte des 1. Jts. v. Chr.
Herkunft unbekannt
Holz
H. 16,3 cm
Kestner-Museum Hannover, Inv.-Nr. 1955.153

Aus der Spät- und Ptolemäerzeit sind eine Reihe von kleinen Holzfiguren bekannt, die als Skelettfiguren bezeichnet werden, weil sie einen unbekleideten, bis auf das Skelett abgemagerten Mann zeigen. Einige Beispiele sind noch mit einer Leinenwicklung und einem oft in Obeliskenform gestalteten Behältnis erhalten. Obwohl das Stück in Hannover ohne die letztgenannten Bestandteile erworben wurde, gehört es zu den größeren dieser Figuren, die gewöhnlicherweise eher Miniaturformat aufweisen. Die gesamte Objektgruppe wird mit einer Passage aus dem Werk des Geschichtsschreibers Herodot in Verbindung gebracht. In seinen Historien (II, 78) schreibt er über Gastmahlsitten der reichen Ägypter: »Beim Gastmahl, wie es die Reichen halten, trägt nach der Tafel ein Mann ein hölzernes Bildnis einer Leiche, in einem Sarg liegend, herum. Es ist aufs Beste geformt und bemalt und eine oder zwei Ellen lang. Er hält es jedem Zechgenossen vor und sagt: ›Den schau an und trink und sei fröhlich! Wenn Du tot bist, wirst Du, was er ist!‹ Solche Sitten haben sie bei Ihren Gelagen.«

Hannover 1976, Nr. 121; Hannover 1991, 107, Nr. 100b. C. E. L.

Der Sarg ist flach und kantig gearbeitet. Das große Gesicht mit Götterperücke und geflochtenem Götterbart befindet sich zwischen den Schultern. Der große Schmuckkragen sitzt tief. Darunter breitet ein Skarabäus seine Flügel aus. Waagerechte Bildfelder erstrecken sich über die ganze Breite des Deckels: die Götterbarke, ein Speisetisch, flankiert von den Kanopengöttern, die aufgebahrte Mumie mit den Eingeweidegefäßen, die Reinigung des Leichnams, der Kult vor Ptah-Sokar-Osiris durch den Verstorbenen und den Vorlesepriester. Szenen der Balsamierung sind typisch für Särge aus El-Hibe, die in die ptolemäische Zeit datieren. Die Rückseite ist mit einem Perlennetz bemalt. Auf dem Rückenpfeiler ist eine Opferformel an Osiris gerichtet. Nach der Aufzählung sämtlicher Opfergaben wird der Verstorbene Pa-iu-en-hor, Sohn der Pa-di-imen-wer und der Taf-iu genannt. Särge dieser Familie aus derselben Grabung befinden sich auch im Roemer- und Pelizaeus Museum Hildesheim.

Unveröffentlicht. E. H.

53 **Mumienförmiger Sarg des Pa-iu-en-hor**
Ptolemäisch, 2./1. Jh. v. Chr.
El-Hibe, Versuchsgrabung
Hermann Junker 1912
Holz, bemalt
L. 178 cm; Br. 48 cm; T. 44 cm
Kunsthistorisches Museum Wien, Ägyptisch-Orientalische Sammlung, Inv.-Nr. 7497

Gefäße dieser Form werden auf zahlreichen Darstellungen im Zusammenhang mit der Mumifizierung gezeigt. Sie befinden sich unter der Löwenbahre, auf der die Mumie liegt, oder werden von Anubis, der die Mumie versorgt, in der Hand gehalten. Nach den Aufschriften bei ähnlich gestalteten Tongefäßen zu urteilen, enthielten solche Töpfchen Öle und Harze, die bei verschiedenen Arbeitsschritten der Mumifizierung Verwendung fanden.

Unveröffentlicht. D. v. R.

54 **Balsamierungsgefäß**
Spätzeit, 746–332 v. Chr.
Herkunft unbekannt
Blaue Fayence
H. 7,5 cm; Dm. 6,6 cm (Basis), 9,2 cm (Oberkante)
National Museums of Scotland, Edinburgh, A. 1909.485

55 **Löwenaufsätze eines Möbelstücks**
Spätzeit bis ptolemäisch, 6.–1. Jh. v. Chr.
Herkunft unbekannt
Bronze; moderne Beine und Zwischenstück aus Holz
a: H. 9,3 cm; Br. 14,9 cm; T. 13,3 cm
b: H. 9,8 cm; Br. 12,8 cm; T. 13 cm
Ägyptisches Museum der Universität Bonn, BoS L 100 a/b

Die beiden aus Bronze gearbeiteten Stücke mit einem Löwenkopf dienten als Zierelemente, die ursprünglich auf die Beine und den Rahmen eines wohl aus Holz gefertigten Stuhls oder Bettes aufgesetzt werden konnten. Solche plastisch ausgearbeiteten Löwenkörper sind ab der 4. Dynastie von der Vorderseite des königlichen Throns bekannt. Spätestens seit der Frühzeit gilt der Löwe als ein Element der königlichen Ikonografie, das seine Umsetzung in zahlreichen Motiven erfährt. Durch Darstellungen sowie dem Grab des Tutanchamun sind aus königlichem Kontext neben dem Thron auch Betten in Löwengestalt bekannt. Bei nichtköniglichen Personen werden hingegen in der Regel nur die Möbelbeine in Form von Tierfüßen von Löwen oder Stieren gearbeitet. Jedoch kann davon ausgegangen werden, dass dieses Element wie viele andere auch ab der Spätzeit eine Art Demokratisierung und freiere Nutzung erfährt. Neben der Verwendung im häuslichen Inventar spielen Löwendarstellungen zudem eine Rolle bei Balsamierungstischen. Die wenigen erhaltenen Exemplare, die ebenfalls die Form von zwei Löwenkörpern andeuten, sind jedoch aus Stein gearbeitet und haben am hinteren Ende ein Auffangbecken für Flüssigkeiten. Stilisierte Darstellungen auf Särgen oder Grabwänden aus späterer Zeit zeigen die Versorgung der Mumie auf löwenköpfigen Tischen aus Holz.

Unveröffentlicht. G. P.

56 **Zusammengerollter Packen von zehn Mumienbinden**
Vermutlich Spätzeit, 746–332 v. Chr.
Herkunft unbekannt
Leinen
L. divers, bis 1 m; Br. 11,5 cm
Sammlung des Ägyptologischen Instituts der Universität Heidelberg, Inv.-Nr. 1740b

In diesem Packen sind zehn Mumienbinden verschiedener Stoffqualität und Länge, aber mit einheitlicher Breite von etwa 11,5 cm zusammengefasst. Die Zusammenstellung ist modern. Die einzelnen Mumienbinden sind unterschiedlich gut erhalten, viele sind an einem oder beiden Enden von Balsamierungsflüssigkeit zerfressen und weisen Löcher mit schwarzen Verfärbungen an den Rändern auf. Einige sind an einem Ende bereits in der Antike schräg abgeschnitten worden. Manche sind bräunlich, andere eher beige verfärbt. Eines der Stücke weist eine Besonderheit auf: Hier wurde ein kleines Rechteck herausgetrennt, wohl um ein besonderes Körperteil, wie z. B. die Nase, oder ein Amulett aus der Umwicklung auszusparen, damit es sich nicht so stark abhebt.

Unveröffentlicht. D. F.

F.K.-S.

Die äußere Form dieses recht großen, auffallend kantig und nach unten spitz zulaufenden Amulettes soll ein menschliches Herz darstellen. Seine Oberseite ist sanft gewölbt, während die Unterseite vollkommen plan gearbeitet wurde und mit einem achtzeiligen, eingravierten Text aus dem Totenbuch (Tb 30B) versehen ist. Das Leipziger Herzamulett stammt aus einem Grab der 19. Dynastie im unternubischen Aniba und gehörte eventuell einem Mann namens Mahu, da im Fundkontext auch ein Herzskarabäus mit diesem Namen gefunden wurde; allerdings ist auf diesem Amulett in der ersten Zeile nach der Anfangsrezitation »Worte zu sprechen seitens des Osiris-NN«, die Stelle, die den Namen aufnehmen sollte, freigelassen worden. Auf der Oberseite lässt sich schemenhaft eine flüchtig eingeritzte Darstellung erkennen, die innerhalb eines rechteckigen Rahmens, der seinerseits ein Pektoral wiedergeben soll, einen sitzenden Ba-Vogel hinter einem Opfertisch und mit einem Udjat-Auge im Rücken zeigt.

Steindorff 1937, 88 und 200–201, Tf. 50, Nr. 23. F. K.-S.

57 Amulett in Herzform
Neues Reich, 19. Dynastie,
1292–1186/85 v. Chr.
Aniba, Friedhof S, Grab 92
Serpentinit
H. 1,85 cm; Br. 6,3 cm; L. 8,75 cm
Ägyptisches Museum der Universität Leipzig (ÄMUL), 2435

Eine besondere Form der so genannten Herzskarabäen stellen die Varianten dar, bei denen der Käferkopf durch ein menschliches Gesicht ersetzt wurde. Mit dieser Kombinationsform wurde eine einleuchtende Identifikation des Verstorbenen mit seinem Herzen und dem Auferstehungssymbol in Gestalt des Skarabäus geschaffen. Auffallend häufig wurden diese seltsam anmutenden, als Mischwesen gestalteten Amulette in Oberägypten und Nubien gefunden, wo auch das Leipziger Stück herstammt. Allein sieben Exemplare wurden bei den Grabungen Georg Steindorffs in Aniba geborgen, wobei der hier gezeigte, unbeschriftete Skarabäus aus einem Grab mit Mehrfachbestattungen stammt, so dass eine eindeutige Zuweisung an ein bestimmtes Individuum nicht erfolgen kann. Die auf einer ovalen Basisplatte liegende Käferfigur zeigt alle sechs Beine mit besonderer Betonung der breit gezackten vorderen Beinglieder, die beim lebenden Scarabaeus Sacer als Grabschaufeln dienen. Zwei Durchbohrungen der Basisplatte neben den Vorderbeinen dienten der Befestigung des Amulettes auf den Mumienbinden. Der leicht erhobene menschliche Kopf ist stark bestoßen und das glatte Haar hinter die Ohren gestrichen.

Steindorff 1937, 88 und 178, Tf. 48, Nr. 17. F. K.-S.

58 Herzskarabäus mit Menschenkopf
2. Zwischenzeit/frühes Neues Reich, um
1645–1425 v. Chr.
Aniba, Friedhof S, Grab 49
Serpentinit
H. 2,7 cm; Br. 4,8 cm; L. 8,1 cm
Ägyptisches Museum der Universität Leipzig (ÄMUL), 2437

Das Pektoral hat die Form eines Naos, der von einer Holhkehle bekrönt wird. In der Mitte befindet sich ein ovaler Durchbruch, der ursprünglich einen Skarabäus enthielt. Dieser symbolisierte die aufgehende Sonne, die unter dem Schutz zweier Göttinnen, wohl Isis und Nephthys, aus dem Urozean emporsteigt. Das Pektoral diente als Brustschmuck einer Mumie und sollte durch Einbeziehung des Verstorbenen in den Kreislauf der Sonne dessen Weiterleben gewährleisten. Die schlecht aufeinander abgestimmten Glas- und Fayenceeinlagen wurden wohl erst in Zweitverwendung in das Pektoral eingefügt und waren ursprünglich entweder Bestandteile von älteren Schmuckstücken oder dienten als Sarg- bzw. Möbeldekoration. Wahrscheinlich aus diesem Grund haben die Göttinnen auch keinen Kopfschmuck, mithilfe dessen man sie eindeutig identifizieren könnte.

Stern/Schlick-Nolte 1994, 178, Nr. 29. C. H.

59 Pektoral
Vermutlich 3. Zwischenzeit bis Spätzeit,
10.–4. Jh. v. Chr.
Herkunft unbekannt
Holz, Leinen, Stuck, Glas, Fayence
H. 11,8 cm; Br. 15,7 cm; T. 1,7 und 2,3 cm
Landesmuseum Württemberg, Stuttgart, Arch 98/W29

60 **Hypokephalos**
Ptolemäisch, 306–30 v. Chr.
Herkunft unbekannt
Stuckiertes Leinen
Dm. 17,5–17,7 cm
Institut für Kunstgeschichte der Johannes Gutenberg-Universität Mainz, Landesmuseum Mainz, Inv.-Nr. PJG 844

Die beidseitig bemalte Kopftafel (Hypokephalos) weist am Rand eine dunkle ockerfarbene Linie und auf der Oberfläche noch Reste des schwarzen Mumifizierungsharzes auf. Außerdem sind ein stark auseinander gezogener Riss und eine Fehlstelle in dessen Mitte festzustellen. Beide Seiten zeigen einen unterschiedlichen Erhaltungszustand: Eine Seite ist am Rand bestoßen und an vielen Stellen ist der Stuck mit der Bemalung stark abgerieben, die andere Seite zeigt dagegen nur wenig Abriebspuren. Die Zeichnungen geben auf einer Seite die Göttinnen Selkis und Neith wieder, die schützend ihre Flügel um einen Schrein mit Widderkopf breiten. Der Widderkopf mit Atef-Krone symbolisiert den zu Osiris gewordenen Toten, der sich mit Re vereinigt hat. Über dem Schrein befindet sich eine geflügelte Sonnenscheibe (Behedeti), die Schlangen links und rechts sind die Kronengöttinnen Nechbet und Uto. Die andere Seite ist in vier Register unterteilt: a) die Himmelskuh zwischen einer Gottheit und den vier Horussöhnen, b) die Sonnen- und Mondbarke, c) der mit vier Widderköpfen wiedergegebene Sonnengott und d) um 180° gedreht, ein Falke auf einer Barke sowie zwei weitere Gottheiten. Diese unter dem Kopf der Mumie liegenden Amulette sind seit der 25. Dynastie nachgewiesen. Nach Auskunft eines Totenbuchspruchs (Tb 162) dienten sie als magischer Schutz und zur Sicherstellung der Wiedergeburt des Verstorbenen.

Mainz 2004, 43, Nr. I.5.8. B. H.

61 **Kopfstütze**
Neues Reich, 1550–1070/69 v. Chr.
Angeblich aus dem Fayum
Mittel- bis dunkelbraunes Holz
H. 20 cm; Br. 21,6 cm
Sammlung des Ägyptologischen Instituts der Universität Heidelberg, Inv.-Nr. 291

Wie manche Naturvölker Afrikas und Asiens noch heute, benutzten auch die Ägypter beim Schlafen eine gepolsterte Nackenstütze zum Schutz vor Ungeziefer. Als Grabbeigabe, oft direkt unter oder neben dem Kopf des Toten, kommen sie seit dem Alten Reich in diversen Materialien und Formen vor. Dieses Exemplar besteht aus drei verzapften Teilen: einer ausladenden ovalen Basis, dem konkav eingezogenen Schaft und der mondsichelförmig gebogenen Auflage. Der oktogonale Querschnitt und die leicht ausschwingenden Kanneluren legen den Vergleich mit ähnlichen Fundstücken aus dem Neuen Reich nahe. Wie ein Totenbuchspruch (Tb 166) verdeutlicht, sollte die Kopfstütze im Jenseits auf magische Weise die Verbindung zwischen Haupt und Gliedern garantieren und dazu beitragen, den aus seinem Todesschlaf erwachten Verstorbenen wieder aufzurichten.

Gessler-Löhr 1995, Loseblatt Nr. 8.3 mit Abb. auf S. 1. B. G.-L.

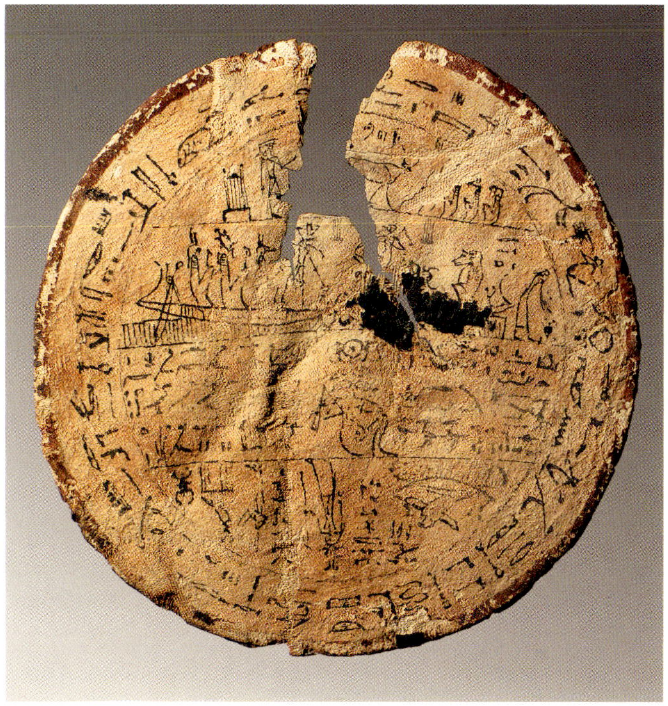

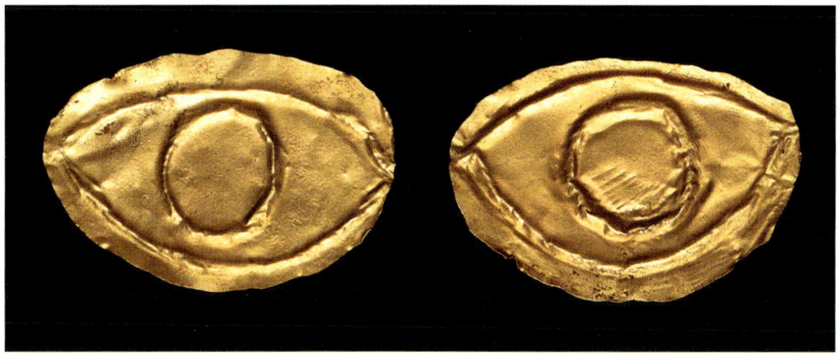

62 Goldene Augenbeläge
Römisch, 1./2. Jh. n. Chr.
Angeblich aus Jaffa (heute Tel-Aviv), Israel
Gold
1924.154 a: L. 3,58 cm; Br. 2,39 cm;
1924.154 b: L. 3,61 cm; Br. 2,39 cm
Museum für Kunst und Gewerbe Hamburg
Inv. 1924.154 a, b

Ein Paar oval geschnittener, goldener Augenbeläge mit eingezeichneten Lidrändern und Pupille. Diese wurden mittels eines stumpfen, griffelartigen Werkzeuges von der Rückseite vorgetrieben. Die Augenbeläge wurden auf die geschlossenen Augen des Toten gelegt. Ursprünglich waren die goldenen Beläge nur königlichen Mumien vorbehalten. Seit der Spätzeit und insbesondere in griechisch-römischer Zeit erhielten auch Mumien nichtköniglicher Abstammung dünne Goldbleche, die Augen und Mund bedeckten sowie Finger und Zehen umschließen konnten. Damit sollte die Funktion der dargestellten Organe und Gliedmaßen im Jenseits gewährleistet werden. Die beiden Augenbeläge stammen angeblich aus einem Fund in Jaffa und wurden zusammen mit Zungenplättchen (Kat.-Nr. 63) gefunden. Das Ensemble des goldenen Totenschmucks umfasste insgesamt 19 Einzelobjekte.

von Mercklin 1928, 422ff., Nr. 114; Hamburg 1930, 132, Nr. 631; Hoffmann/von Claer 1968, 52–53, Nr. 38. F. H.

63 Drei Zungenplättchen
Römisch, 1./2. Jh. n. Chr.
Angeblich aus Jaffa (heute: Tel-Aviv), Israel
Gold
1924.154 f: L. 3,9 cm; Br. 2,2 cm;
1924.154 i: L. 3,6 cm, Br. 2,1 cm;
1924.154 m: L. 4,0 cm, Br. 1,7 cm
Museum für Kunst und Gewerbe Hamburg
Inv. 1924.154 f, i, m

Drei trapezoid und oval geschnittene Zungenbelagstücke in Form von Blättern: Die Stücke 1924.154 f und i weisen eine feine Blattrippung auf. Während die feinen Rillen bei ersterem zu beiden Seiten der Mittelrippe in dieselbe Richtung verlaufen, sind sie bei letzterem spiegelsymmetrisch zu dieser ausgeführt. Das längsovale Belagstück 1924.154 m weist nur eine Mittelrippe auf. Die feinen Goldplättchen sind hauchdünn ausgeschnitten, die Kerbungen wurden mit einem feinen Werkzeug eingedrückt. Derartiger Körperschmuck aus Goldblech, der sich auch auf Mund, Ohren, Brüste, Nabel, Scham, Finger- und Fußnägel erstrecken kann, ist außer für das Ägypten der römischen Kaiserzeit auch für das bosporanische Gebiet, Mesopotamien und Zypern nachgewiesen.

von Mercklin, 1928, 422ff., Nr. 114; von Mercklin 1930, 132, Nr. 631; Hoffmann/von Claer 1968, 52–53, Nr. 38. F. H.

64 Feuersteinmesser
Altes Reich, ca. 2657–2166 v. Chr.
Herkunft unbekannt
Silex
L. 15,1 cm; Br. 3,8 cm; D. 0,7 cm
Sammlung des Ägyptologischen Instituts der Universität Heidelberg, Inv.-Nr. 1043

Die seit dem Neolithikum üblichen, flächenretuschierten Feuersteinmesser wurden durch die Einführung von Metallgerätschaften nach und nach verdrängt. Allerdings blieben sie aufgrund ihrer großen Härte als Schlachtermesser zumindest im Alten und Mittleren Reich weiterhin in Gebrauch. Solche Messer mit abgesetztem Griff und gerader Rückenkante sind im Alten Reich üblich; das schmale, verlängerte Griffteil wurde in den eigentlichen Holzgriff eingelassen. Im religiös-kultischen Bereich verwendete man diese Art Messer noch lange weiter; sehr wahrscheinlich dienten sie den Balsamierungspriestern bei der Öffnung des Bauchraums zur Durchführung des Inzisionsschnitts.

Heidelberg 1986, 10, 11 und 13, Nr. 15e; Graves-Brown 2006, 75–76. B. G.-L.

65 **Udjat-Auge**
Spätzeit, ca. 600–300 v. Chr.
Herkunft unbekannt
Fayence
H. 5,3 cm; Br. 6,6 cm
Rijksmuseum van Oudheden, Leiden,
Inv.-Nr. EG-ZM2880

Diese rechteckige Plakette zeigt das Auge des Horus, das auch als Udjat-Auge (»das, was heil ist«) bekannt ist. Eine berühmte Geschichte aus der Mythologie erzählt, wie der Gott Horus mit seinem Onkel Seth um das Erbe seines Vaters Osiris kämpfte. Im Laufe dieses Kampfes wurde das Auge des Horus verletzt, doch mit der Hilfe des Gottes Thot konnte es wieder geheilt werden. Diese Geschichte hat einen kosmischen Ursprung, denn die Augen des Horus wurden mit Sonne und Mond gleichgesetzt. Verletzung und Heilung des Auges stellen das Abnehmen und Zunehmen des Mondes dar und stehen somit ganz allgemein für Regeneration. Aus diesem Grund waren Augen-Amulette sehr verbreitet und wurden in großer Stückzahl und auch im Umfeld von Begräbnissen gefunden. Sie tauchen gegen Ende des Alten Reichs auf und sind bis zum Ende der altägyptischen Kultur in Gebrauch. Dieses spezielle Horus-Auge ist auf einer Plakette abgebildet, die an allen vier Ecken durchbohrt worden ist. Das Amulett könnte zum Beispiel als Teil einer Halskette oder eines Armbands getragen worden sein.

LEIDEN 1840, G 682; LEIDEN 1907, E.XVI.227; LEIDEN 1850, BD. 11, TAFEL XLIV. M. J. R./N. S.

66 **Drei Amulette**
Spätzeit, 6.–4. Jh. v. Chr.,
Herkunft unbekannt
Krone Unterägyptens: Fayence, hellblaue Glasur; H. 2,9 cm; Br. 1,82 cm; T. 1,1 cm
Inv.-Nr. 3255
Horizont: roter, schwarz gesprenkelter Jaspis; H. 1,72 cm; L. 2,03 cm; T. 0,43 cm
Inv.-Nr. 4399
Doppelfeder: dunkelbrauner Diorit
H. 2,27 cm; Br. 1,15 cm; T. 0,3 cm
Inv.-Nr. 9448
Kunsthistorisches Museum Wien,
Ägyptisch-Orientalische Sammlung

Die Krone ist Zeichen für die übermenschliche Kraft des Pharaos, die dem Schutz der Mumie dienen sollte.

Zwischen den Hügeln des Horizontes steht die Scheibe der auf- bzw. untergehenden Sonne. Die Darstellung des Horizontes spielt eine bedeutende Rolle im Totenkult. Die aufgehende Sonne symbolisiert die Auferstehung, die untergehende Sonne das Eintreten des Verstorbenen in den Westen und zugleich den ewigen Kreislauf der Sonne und Wiedergeburt.

Das Falkenfederpaar diente als Kopfschmuck des Gottes Min, war aber auch Teil von Kompositkronen, vor allem des Gottes Amun. Min verkörperte die Zeugungskraft, er wurde auch mit dem Amun von Theben vereint.

HÜTTNER 1995, 160, TF. 42/27: INV.-NR. 4399, 174, TF. 47/10: INV.-NR. 3255, 175, TF. 47/20: INV.-NR. 9448.
E. H.

67 **Zwei Amulette**
Spätzeit, 746–332 v. Chr.,
Herkunft unbekannt
Kopfstütze: Hämatit; H.1,8 cm; Br. 1,5 cm
Inv. Nr. 1914 (25)
Herz: Schiefer; H. 1,7 cm;
Inv. 1926 (57)
Ägyptische Sammlung, Museum Schloss Hohentübingen, Tübingen

Die Figur des schakalköpfigen Gottes in Schreitstellung ist kantig gearbeitet. Seine Tracht besteht aus der Strähnenperücke und dem plissierten knielangen Schurz mit Gürtel. Anubis, der den Leichnam des Osiris balsamierte, war der Schutzgott der Balsamierer. In Gestalt des Schakals bewacht er das Grab und den Toten.

68 Fünf Amulette
Spätzeit, 6.–3. Jh. v. Chr.; Herkunft unbekannt
Anubis
Fayence, blaue Glasur
H. 7,18 cm; Br. 1,5 cm; T. 2,58 cm
Kunsthistorisches Museum Wien, Ägyptisch-Orientalische Sammlung, Inv.-Nr. 1116

Der ibisköpfige Gott ist in Schreitstellung in der Tracht der Götter mit Strähnenperücke und knielangem plissiertem Schurz dargestellt. Als Erfinder der Schrift galt er als Schutzgott der Schreiber. Bei der Seelenwägung fungiert er als Schriftführer.

Thot
Fayence, hellgrüne Glasur
H. 5,085 cm; Br. 1,245 cm; T. 1,61 cm
Kunsthistorisches Museum Wien, Ägyptisch-Orientalische Sammlung, Inv.-Nr. 1170

Die thronende Isis hält das Horuskind auf dem Schoß, um es zu säugen. Auf dem Scheitel trägt sie als Krone die Sonnenscheibe im Kuhgehörn.

Isis mit Harpokrates
Fayence, hellblaue Glasur
H. 4,46 cm; Br. 1,38 cm; T. 1,95 cm
Kunsthistorisches Museum Wien, Ägyptisch-Orientalische Sammlung, Inv.-Nr. 4761

Die kleine Figur der Göttin, die ein schmales, langes Kleid trägt, ist sehr sorgfältig aus dem Stein herausgeschnitten. Das Gesicht ist detailreich gearbeitet. Der Kult dieser Göttin ist mit Sais in Unterägypten verbunden, weshalb sie die unterägyptische Krone trägt. Ihre Attribute sind Pfeil und Bogen.

Neith
Lapislazuli
H. 4,82 cm; Br. 0,94 cm; T. 1,3 cm
Kunsthistorisches Museum Wien, Ägyptisch-Orientalische Sammlung, Inv.-Nr. 8348

Die katzenköpfige Bastet sitzt auf einem Thron, der hohl ist und dessen Seitenwände in à jour-Technik die Hieroglyphe der Vereinigung der beiden Länder zeigen. Die Göttin hält auf dem Schoß ein Sistrum. Das Rasselinstrument ist eines ihrer Attribute. Für ihren Tempel in Bubastis wurden zahlreiche solcher Statuetten und Katzenfiguren aus Bronze gestiftet. Das ihr heilige Tier, die Katze, wurde balsamiert und bestattet. Katzenmumien dienten ebenfalls als Votivgaben.

HÜTTNER 1995, 187, TF. 50/26: INV.-NR. 1116, 198, TF. 54/6: INV.-NR. 8348, 203, TF. 55/12: INV.-NR. 1170. E. H.

Thronende Bastet
Fayence, blaue und schwarze Glasur
H. 6,4 cm; Br. 2,0 cm; T. 3,55 cm
Kunsthistorisches Museum Wien, Ägyptisch-Orientalische Sammlung, Inv.-Nr. 10067

69 **Mumienbinde mit den Kapiteln 150 und 151 des Totenbuchs**
Ptolemäisch, 306–30 v. Chr.
Herkunft unbekannt
Leinen
L. 59,2 cm; Br. 10 cm
Papyrussammlung, Österreichische Nationalbibliothek, Wien, P.Vindob. Aeg. 8324

Am rechten Rand sind in einem Raster von Quadraten die Vignetten zu Spruch Tb 150 eingezeichnet. Dargestellt sind die 14 Hügel des Jenseits, die im Spruch Tb 149 ausführlich beschrieben werden. Der Hauptteil der Mumienbinde wird von drei Szenen aus dem Spruch Tb 151 »Spruch für den geheimen Kopf (Mumienmaske)« eingenommen. Im mittleren Bild ist die Einbalsamierung des Verstorbenen durch Anubis im Beisein von Isis und Nephthys als Schutzgöttinnen zu sehen. Links und rechts dieser Szene stehen die vier Horussöhne, die Beschützer der Eingeweide, jeweils als Paar vor einem Schrein, auf dem ein Schakal liegt.

Linz 1999, 51–52. H. F.

70 **Aufgerollte Mumienbinde**
Vermutlich Spätzeit, 746–332 v. Chr.
Herkunft unbekannt
Leinen mit Flecken von schwarzer Balsamierungsmasse
L. 2,53 m; Br. 14,5 cm
Sammlung des Ägyptologischen Instituts der Universität Heidelberg, Inv.-Nr. 1740g

Dieser Stoffstreifen ist vergleichsweise breit gerissen worden. Das eingerollte Ende ist vom Ende einer Stoffbahn, da es eine Webkante aufweist. Das andere ist zerfetzt und möglicherweise antik oder modern abgeschnitten worden. Auf der gesamten Länge des Streifens sind immer wieder schwarze Reste von einer aufgestrichenen Substanz. Von welchem Körperteil der Mumie dieses Stoffstück stammt, ist nicht bekannt. Breitere Bahnen könnten für die Umhüllung von großen Körperteilen, wie z. B. dem Brustkasten oder den Armen, benutzt worden sein. Für detailliertere Körperpartien, die einer genaueren Modellierung bedurften, wie z. B. das Gesicht, wäre dieser Streifen zu breit gewesen. Die Falten der überstehenden Teile hätten die Einzelheiten verunklart. Das hätte später die möglichst lebensechte Modellierung und Bemalung erschwert.

Unveröffentlicht. D. F.

71 **Aufgerollte Mumienbinden mit Webrändern**
Vermutlich Spätzeit, 746–332 v. Chr.
Herkunft unbekannt
Leinen
L. 1,33 m; Br. 9,8 cm (1740 h);
L. 1,22 m; Br. 9,8 cm (1740 i)
Sammlung des Ägyptologischen Instituts der Universität Heidelberg, Inv.-Nr. 1740h und i

Die Breite und die feine Dichte des Gewebes der beiden Stücke stimmen überein. Bei 1740i ist die eine Längsseite des Streifens eine Webkante, die beiden Enden jedoch unregelmäßig zerfranst bzw. zerfressen. Bei 1740h ist eine Schmalseite aus dem Ende der Stoffbahn, aus der die Streifen gerissen wurde, d. h. man sieht hier noch die abschließende gerade Webkante. Das andere Ende ist bei diesem Stück abgetreppt abgerissen worden. Der Stoff selbst ist sehr fein, gleichmäßig und dicht gewebt.

Unveröffentlicht. D. F.

72 **Kanope von Ipy**
Neues Reich, 18. Dynastie,
um 1330 v. Chr.; Saqqara
Kalzit-Alabaster, H. 50 cm
Rijksmuseum van Oudheden, Leiden,
Inv.-Nr. AAL 4d

Die Kanope muss in Ipys Grab in Saqqara gefunden worden sein, das zu Beginn des 19. Jhs. entdeckt wurde, dessen genauer Standort jedoch heute nicht mehr bekannt ist. Ipy war eine sehr bekannte Persönlichkeit und amtierte unter den Regierungen Amenhoteps III. und Amenhoteps IV./Echnaton als oberster Verwalter von Memphis. Er folgte in diesem Amt auf seinen Vater, der ebenfalls Amenhotep hieß. Man weiß von ihm, dass er auch in Tell el-Amarna gelebt hat, wo er ebenfalls ein Grab anlegen ließ, doch anscheinend kehrte er nach dem Tod Echnatons wieder nach Memphis zurück. Diese Kanope ist eines von zwei Exemplaren aus dem Besitz Ipys, die sich in Leiden befinden. Eigenartigerweise werden auf dem oberen Teil und der Vase jeweils zwei unterschiedliche Horussöhne genannt. Mit der Inschrift auf der Vase wird Amset angerufen, während die Inschrift auf dem Aufsatz Kebehsenuef gewidmet ist. Der andere Krug weist denselben Irrtum auf, denn hier ist die Vase Duamutef gewidmet, der Deckel hingegen Amset. Der Fehler wurde aller Wahrscheinlichkeit nach von Kunsthändlern aus dem 19. Jh. oder im Museum von Leiden verursacht, denn der Verputz, der Vase und Deckel zusammenhält, scheint modern zu sein.

LEIDEN 1840, R 10; LEIDEN 1926, 14, TF. XI, NR. 71; HELCK 1958, 370, 485, NR. 15D. M. J. R./N. S.

73 **Kanope von Amenwahsu**
Neues Reich, 19. Dynastie,
1292–1186/85 v. Chr.; Saqqara
Fayence, H. 34 cm
Rijksmuseum van Oudheden, Leiden,
Inv.-Nr. AT 5

Diese Kanope des königlichen Schreibers und obersten Verwalters im Tempel des Ptah, Amenwahsu, besteht aus einer Vase und einem separat gefertigten Deckel in Form eines menschlichen Kopfes. Die Vase trägt sowohl eine Inschrift als auch eine schwarzfigurige Szene. Die auf der Vorderseite vertikal verlaufende Inschrift lautet »Der Geehrte mit Amset«. Sie wird von einer Szene in der Mitte unterbrochen, die den Toten zeigt, wie er einem sitzenden Osiris Opfergaben darbringt. Eine Inschrift über seinem Kopf nennt seine Titel wie auch seinen Namen. Die Gesichtszüge auf dem Deckel sind grob in schwarz angedeutet. Kanopen aus Fayence sind charakteristisch für die Ramessiden-Zeit, in der auch eine breitere Palette dekorativer Elemente aufkam. Ebenfalls seit dieser Zeit unterschied man die vier Horussöhne mithilfe vier spezifischer Köpfe, während sie zuvor alle menschliche Köpfe aufwiesen. Das lässt darauf schließen, dass es sich hierbei tatsächlich um einen Krug für Amset handelt, der die Leber des Verstorbenen enthielt. Heute ist die Kanope vollkommen leer und weist keinerlei Spuren eines Inhalts auf.

LEIDEN 1907, E.VI.30; LEIDEN 1840, R 71; LEIDEN1926, 6 UND TF. VI, NR. 30. M. J. R./N. S.

74 Kanope
Mittleres Reich, 12. Dynastie,
1976–1794/93 v. Chr.; eventuell aus Dahschur
Kalzit-Alabaster; H. 32,5 cm
Rijksmuseum van Oudheden, Leiden,
Inv.-Nr. AAL 9b

Diese Kanope besitzt die ungewöhnliche Form eines abgeflachten ovalen Kastens mit flachem Deckel. Der Deckel ruht locker auf dem Gefäß, fügt sich aber wegen eines Vorsprungs sicher in dieses ein. Weder das Gefäß noch der Deckel sind verziert, doch ihre jeweilige Außenseite ist geglättet. Die Kanope ist noch immer mit kompakten organischen Überresten angefüllt, die vermutlich auch die einbalsamierten Eingeweide enthalten. Undekorierte Alabastergefäße dieser Art sind nicht sehr häufig und wurden hauptsächlich in den Königsnekropolen des Mittleren Reiches in Dahschur gefunden. Dort kann man zwei Typen unterscheiden: ovale Kassetten mit flachem Deckel, wie das hier gezeigte Objekt, oder Gefäße in Form von Krügen mit nach außen gewölbtem Deckel. Ein Grab, das in die Regierungszeit Sesostris' III. datiert und zwei ovale sowie zwei zylindrische Kanopen enthielt, zeigt, dass beide Typen zusammen auftraten und gemeinsam möglicherweise ein Set aus vier Kanopen ergaben. Die flachen Deckel der ovalen Kästen wurden gelegentlich mit vereinzelten eingeritzten menschlichen Köpfen versehen, doch bei diesem Gefäß haben sich davon keine Spuren erhalten.

Leiden 1840, R 90; Leiden 1926, 15, Tf. IX, Nr. 84; Hamburg 1997, 53 und Abb. 41. M. J. R./N. S.

75 Wachsamulett Horussohn Duamutef
3. Zwischenzeit, 21./22. Dynastie,
um 950 v. Chr.; Herkunft unbekannt
Wachs, mit schwarzem Firnis überstrichen
H. 6,3 cm
Kestner-Museum Hannover, Inv.-Nr. 2853

In der Zeit der 21. und 22. Dynastie wurden die dem Körper entnommenen und balsamierten Eingeweide als Bündel zurück in den mumifizierten Körper gelegt und nicht in Kanopen beigesetzt. Um die entsprechenden Bündel auseinanderhalten zu können, wurden auf ihnen jeweils kleine mumienförmige Wachsfiguren der vier Horussöhne befestigt. Da diese stets für bestimmte Eingeweide zuständig und immer eindeutig an ihren unterschiedlichen Köpfen zu erkennen sind, waren somit auch die verschiedenen Bündel im Körper sicher identifiziert. Anhand des Schakalskopfes ist die vorliegende Figur als der für den Schutz des Magens verantwortliche Duamutef, d. h. »Derjenige, der seine Mutter ehrt«, zu erkennen.

Hannover 1991, 74, Nr. 39e; Loeben 2007, 52, Abb. 9. C. E. L.

76 Wachsamulett Horussohn Hapi
3. Zwischenzeit, 21./22. Dynastie,
um 950 v. Chr.; Herkunft unbekannt
Mehrfarbiges Wachs, H. 6,7 cm
Kestner-Museum Hannover,
Inv.-Nr. 1935.200.1019

Anhand des einen Salbkegel tragenden Paviankopfes ist die vorliegende mumiengestaltige Wachsfigur als der für den Schutz der Lunge verantwortliche Horussohn Hapi zu identifizieren. Um den aus rot gefärbtem Wachs modellierten Affenkopf herum ist die Mähne des Tieres aus schwarz gefärbtem Wachs gestaltet. Unter ihr kommen die in gleicher Farbe gehaltenen Strähnen der typischen Götterperücke hervor. Um den oberen Teil des aus ungefärbtem Wachs geformten menschengestaltigen Mumienkörpers herum ist ein rotes, auf der Brust verknotetes Band dargestellt. Solche aus rotgefärbtem Leder bestehende Bänder sind von Mumien hoher Persönlichkeiten aus der späten 20. bis 22. Dynastie her gut bekannt. Die drei verschiedenen bei dieser Figur zur Anwendung gelangten Farben des Wachses machen dieses Exemplar zu einem besonders schönen und außergewöhnlichen Beispiel der aus dem Alten Ägypten naturgemäß nicht in großer Anzahl erhaltenen Wachsfiguren.

Hannover 1991, 74, Nr. 39d; Loeben 2007, 52, Abb. 9. C. E. L.

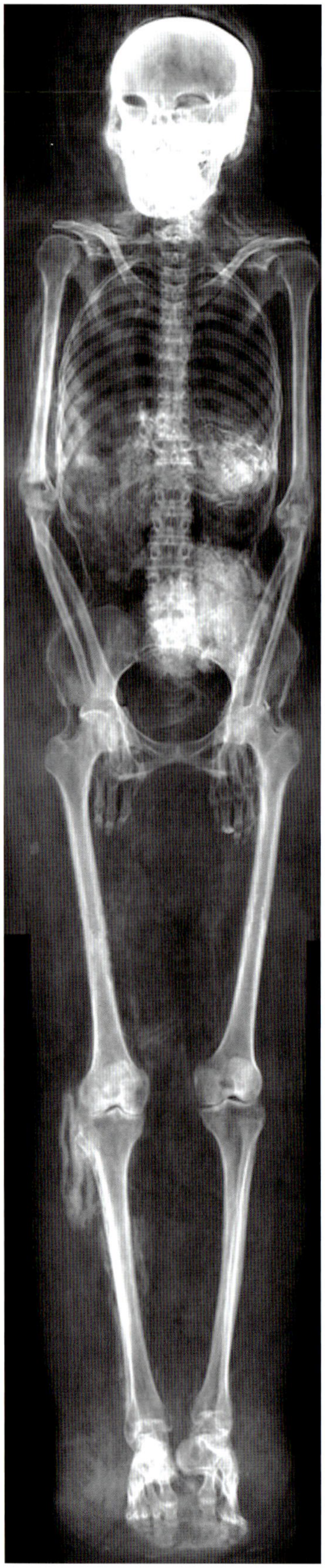

77 **Mumie einer Frau**
3. Zwischenzeit, 11.–10. Jh. v. Chr.
Herkunft unbekannt
Menschenmumie, Leinwand
L. 156,6 cm; Br. 38 cm; T. 26 cm
Kunsthistorisches Museum Wien, Ägyptisch-Orientalische Sammlung, Inv.-Nr. 245 a

Die Mumie ist in ein rosa gefärbtes Mumientuch aus feiner Leinwand gehüllt. Die darüberliegenden schmalen Binden aus feinster naturfarbener Leinwand sind nicht mehr vollständig erhalten, doch kann man ihre ursprüngliche Lage an der nicht ausgeblichenen Farbe des Mumientuches erkennen. Zwei Bänder liegen über der Brust gekreuzt, ähnlich den überkreuzten Amulettbändern aus Leder, die auch auf den bemalten Särgen und den mit dem Totenkult verbundenen Gottheiten dargestellt werden. Diese Anordnung der schmalen Mumienbinden ist typisch für die 3. Zwischenzeit.

Die Röntgenuntersuchungen der Mumie ergaben, dass die Frau zwischen dem 25. und 40. Lebensjahr gestorben ist. Die Zähne sind vollzählig erhalten, jedoch abgenutzt. Das Gehirn wurde nicht entfernt. In den Augenhöhlen liegen Leinwandbällchen, auch der Rachenraum und die Mundhöhle sind ausgestopft. Der Balsamierungsschnitt wurde auf der linken Bauchseite gesetzt. Dort ist dichtere Füllmasse aus wellig gelegter Leinwand vorhanden. Dichte Bündel, etwas höher oben im Brustraum, könnten Eingeweidepakete sein.

Japan 2003, 86–87, Nr. 53. E. H.

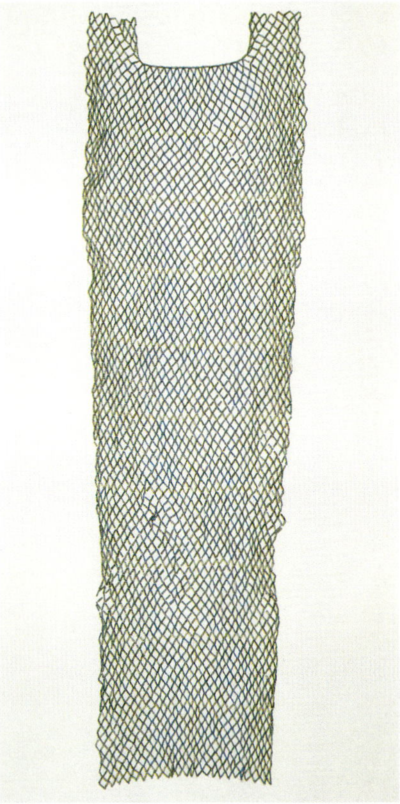

78 **Perlennetz von der Mumie der Cheriru**
Spätzeit, 25. Dynastie, um 700 v. Chr.
Theben-West, Asasif
Fayence, blaue Glasur
L. 110 cm; Br. 37 cm
Kunsthistorisches Museum Wien, Ägyptisch-Orientalische Sammlung, Inv.-Nr. A 1995

Das Netz besteht aus glatten und gerippten Röhrenperlen, mit kleinen Ringperlen an den Kreuzungspunkten. Es bedeckte die Vorderseite der Mumie, welche jedoch durch Grabräuber zerstört wurde. Lediglich die Perlen des zerrissenen Netzes blieben im Sarg der Cheriru zurück. Die Rekonstruktion des Netzes erfolgte entsprechend bekannter Exemplare aus derselben Zeit. Perlennetze wurden ab dem 8. Jh. v. Chr. bis in ptolemäische Zeit als Schmuck für Mumien verwendet. Sie erinnern an die Netzkleider von Frauen, die bereits aus dem Alten Reich durch Darstellungen auf Reliefs und Statuen bekannt sind. Blaue Netzkleider tragen z. B. die Himmelsgöttin Nut, Isis und Nephthys sowie Osiris und Harachte in Mumiengestalt, alles Gottheiten, die im Jenseits herrschen und für den Verstorbenen von besonderer Bedeutung sind. Das Netz sollte vermutlich für den Sternenhimmel stehen, die blaue Glasur entspricht der Farbe des Himmels.

Wien 1979, 109, Nr. M 27. E. H.

79 **Innensarg des Pa-di-ese**
Spätzeit, 25./26. Dynastie, um 660 v. Chr.
Achmim
Holz, bemalt
L. 183 cm; Br. 44 cm; T. 35 cm
Kunsthistorisches Museum Wien, Ägyptisch-Orientalische Sammlung, Inv.-Nr. 8902

Die Zugehörigkeit zur göttlichen Sphäre wird durch die gestreifte Strähnenperücke und den langen geflochtenen Kinnbart sichtbar gemacht. Über der Stirn liegt das Band aus Lotusblütenblättern. In der Mitte der Brust ragt der Abydos-Fetisch auf, von Thot und Nephthys, Horus und Isis beschützt. Außen stehen die Eingeweidegötter. Der Verstorbene wird von Thot dem thronenden Osiris vorgeführt. Re-Harachte mit Falkenkopf und Atum sind bei der Seelenwägung anwesend. Anubis betreut als Balsamierer die Mumie. Selten auf Särgen zu finden ist die Darstellung des Gottes Osiris im Baum. Osiris ist als Gott der Auferstehung auch ein Vegetationsgott, aus ihm geht neues Leben hervor. Das Fußende wird vom mumifizierten Falken des Sokar-Osiris beherrscht. Auffallend ist an diesem Sarg, dass Osiris das vorherrschende Thema in den Darstellungen ist, er wird in seinen verschiedenen Erscheinungsformen und Symbolen verehrt. Auf der Rückseite sind drei Kolumnen mit großen polychromen Hieroglyphen aufgemalt: In der Mitte ist die Opferformel für Osiris mit der Bitte um die täglichen Opfer für Pa-di-ese zu erkennen. Links befindet sich Isis als Beschützerin des Vorlesepriesters Pa-di-ese, dem Sohn des Iret-iru, rechts Nephthys als die Schutzherrin des Pa-di-ese, des Sohnes der Ta-di-ese.

Wien 1988, 51; Japan 2003, 84–85, Nr. 51.

E. H.

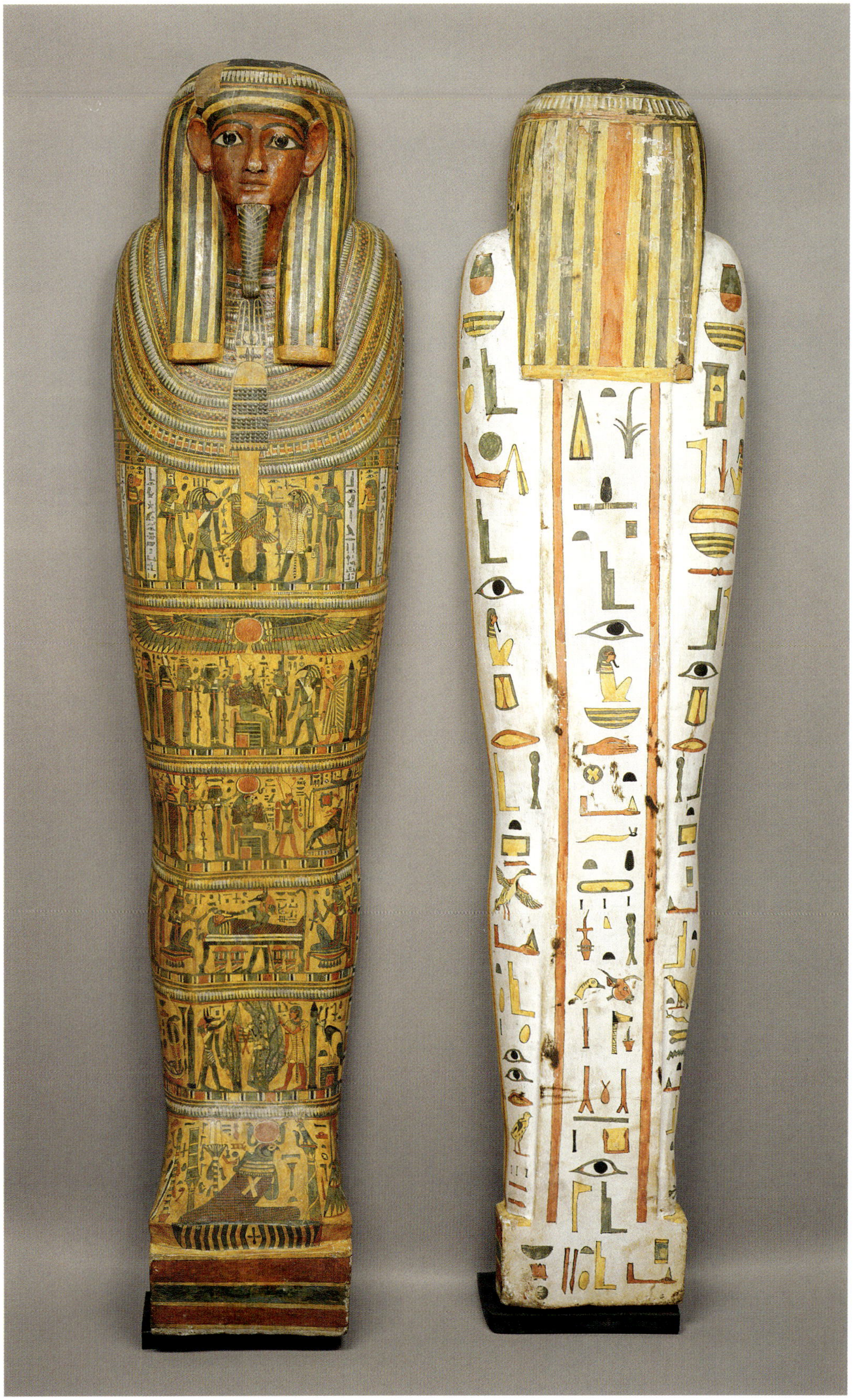

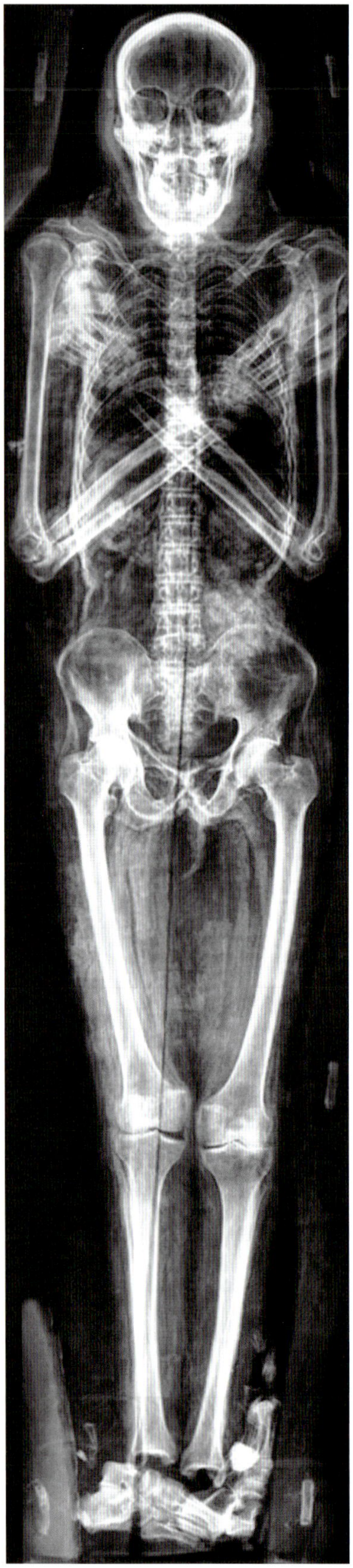

80 Mumie eines Mannes (»Mr. X«)
Spätzeit, wohl 1. Hälfte des 8. Jhs. v. Chr.
Achmim
Leinenumhüllung
Kestner-Museum Hannover, LMH 15331
(aus dem Landesmuseum Hannover übernommen)

Im Rahmen eines langjährigen multidisziplinären Projektes zur Mumienforschung am Kestner-Museum Hannover war die Mumie des »Mr. X« Gegenstand einer breit angelegten Studie. An ihr sollten neueste naturwissenschaftliche Untersuchungsmethoden zum Einsatz kommen, um diese exemplarisch an einer Mumie darstellen zu können. So ist »Mr. X« heute die weltweit am intensivsten untersuchte Mumie. Ein Schwerpunkt lag dabei in der Anwendung verschiedener auf Röntgenstrahlen basierender bildgebender Verfahren, ein weiterer auf chemischen und molekular-biologischen Analysen. Die umfangreichen Ergebnisse können hier nur angedeutet werden. Die konventionelle Röntgenuntersuchung, die Computertomografie und dreidimensionale virtuelle Rekonstruktion des Körpers mit dem Verfahren »Voxel-Man« zeigen die gut erhaltene Mumie eines etwa 30–40 Jahre alt gewordenen Mannes. Bei der Balsamierung hatte man nur in geringem Umfang Salböle, die u. a. Koniferenharz und Bitumen enthielten, verwandt und diese wohl erst, als die Verwesung schon leicht eingesetzt hatte. So ließen sich am Knochen keine strukturell intakten und aktiven Enzyme mehr nachweisen, wie das bei anderen Mumien der Fall ist. Molekulare Untersuchungen auf Erreger-DNA zeigten weder Tuberkulose- noch Malariaerreger, nur den postmortalen Befall mit dem Schimmelpilz Aspergillus fumigatus. Ein hoher Anteil an ^{13}C- und ^{15}N-Isotopen im Gewebe deutet auf einen häufigen Fischverzehr zu Lebzeiten hin. Nur die ^{14}C-Datierung einer Knochenprobe, die eine ungefähre Datierung der Mumie in den Zeitraum von 810–760 v. Chr. erlaubt, stellt ein Problem dar, da nach neuesten stilistischen Untersuchungen der Sarg des »Mr. X« wahrscheinlich aus ptolemäischer Zeit stammt. Dieser Befund deutet darauf hin, dass Sarg und Mumie ursprünglich wohl nicht zusammengehört haben.

Hannover 2003. R. G.

81 Der Sarg des »Mr. X«
Ptolemäisch, Anfang des 3. Jhs. v. Chr.
Achmim
Holz, stuckiert und bemalt
L. 173 cm, Br. 54 cm, T. 43 cm, H. 68 cm
Kestner-Museum Hannover, LMH 15531
(aus dem Landesmuseum Hannover übernommen)

Während das äußerst sorgfältig gearbeitete Gesicht, der Halskragen und das Fußteil des schwarzgrundigen Sarges von »Mr. X« gut erhalten sind, lassen sich von der Dekoration unterhalb des Halskragens nur noch Spuren erahnen. Dennoch erlauben diese Reste sowie ein Vergleich mit anderen schwarzgrundigen Särgen aus Achmim eine fast vollständige Rekonstruktion der Dekoration. Unterhalb des Halskragens befand sich ein Bild der knienden gefiederten Göttin Nut. Die Darstellung dieser Himmels- und Totengöttin füllte die ganze Breite des Sarges aus. Darunter war eine ebenso hohe, aber nicht das volle Register ausfüllende Szene zu sehen, die die Mumie auf einer Totenbahre zeigte. In beiden Darstellungen geht es um das Wiederaufleben des Verstorbenen und den Schutz seiner Mumie im Jenseits. Unterhalb des Bildteils befand sich etwa in Hüfthöhe der inschriftliche Teil der Dekoration. Auf vergleichbaren Särgen aus Achmim war hier eine mehrzeilige senkrechte Inschrift angebracht, die bis zum Fußteil lief. In einer solchen Inschrift ging es üblicherweise um das Totenopfer für den Verstorbenen, der hier mit Namen, Beruf und seinen Vorfahren genannt wurde. Der unter der Schulter angesetzte Halskragen, die Form des Sockels und die Höhe der Sargwanne datieren diesen Sarg an den Anfang des 3. Jh. v. Chr.

Hannover 2003, 15–17, 67–72; Hannover 2006, 134–135, 182. R. B.

82 **Fragment einer Grabwand mit Begräbniszug**
Neues Reich, Späte 18. Dynastie, um 1300 v. Chr.; wohl aus Saqqara
Kalkstein, H. 39,2 cm; Br. 73 cm
Kestner-Museum Hannover, Inv.-Nr. 1935.200.192

Von den zwei Registern, die auf dem Relieffragment zu sehen sind, ist das obere nur in halber Höhe erhalten. Komplett zu sehen ist hier noch die Mumie eines Verstorbenen, die auf einem von drei Männern an einem Seil gezogenen Schlitten liegt. Davor sind abermals drei Männer wiedergegeben, die den Begräbniszug offensichtlich anführen, denn vor ihnen – also ganz am linken Reliefrand – endet die Standlinie dieses Registers. Im unteren Bildstreifen tragen Männer Objekte in die gleiche Richtung, in die sich auch der Zug des oberen Registers bewegt. Diese Objekte sind Bestandteil der Grabausstattung und sollen gemeinsam mit der Mumie, dem Sarg und den Kanopen des Verstorbenen in dessen Grab gelangen.

1988 erkannte der Ägyptologe Hans Goedicke die Zusammengehörigkeit des hannoverschen Reliefs zu einem Fragment im Puschkin-Museum in Moskau (Inv.-Nr. I.1.a.5638 [4117]). Die beiden Fragmente haben jedoch keinen direkten Anschluss, was fälschlicherweise jüngst vorgeschlagen wurde. Wie es die hier erstmals vorgestellte Rekonstruktion verdeutlicht, ist am linken Bildrand des Moskauer Fragmentes nämlich noch eine Architektur wiedergegeben, eventuell ein Tor, durch das der Begräbniszug hindurchzieht. Von dieser Architekturdarstellung ist jedoch keine Spur am rechten Rand des hannoverschen Stückes erhalten, so dass auf alle Fälle von einem gewissen Abstand zwischen den beiden Reliefs auszugehen ist. Da der hannoversche Block anscheinend das linke und der Moskauer das rechte Ende der Begräbniszugdarstellung wiedergibt, kann wohl davon ausgegangen werden, dass hier eine komplette Wandbreite des Grabes vorliegt. Deshalb sollte mit mindestens einem, eher jedoch zwei fehlenden Blöcken zwischen den beiden erhaltenen Fragmenten gerechnet werden.

Auf dem Fragment in Moskau ist im oberen Register noch der Sarg des Bestattungszuges sowie ein – von der Architektur halb verdeckter – Diener zu erkennen, der Wasser aus einem Krug vor den Schlitten schüttet, um die Gleitfähigkeit der Kufen zu erhöhen. Zwischen Mumie und Sarg wäre im Begräbniszug eigentlich auch noch die Darstellung der Kanopen zu erwarten, ein weiteres Indiz dafür, einen gewissen Abstand zwischen beiden Relieffragmenten anzunehmen. Im unteren Register bringen drei Männer weitere Grabbeigaben herbei. Der gesamte Begräbniszug wird rechts durch vier Männer in aufwendiger militärischer Bekleidung, einer Art »Ausgehuniform«, abgeschlossen, die durch die einzige hieroglyphische Beischrift der Szene als »Die Armeeschreiber« bezeichnet werden. Von ihnen ist einer durch eine besondere Perücke hervorgehoben, die gewöhnlichlicherweise ältere Männer charakterisiert. Er war offensichtlich der nächste Verwandte des Verstorbenen, aus dessen Grab die zwei erhaltenen Blöcke stammen. Da nach der Titulatur »Die Armeeschreiber« keine Eigennamen notiert wurden, sind die beiden Relieffragmente in Hannover und Moskau, die uns die ausführlichste Bestattungsdarstellung der memphitischen Nekropole erhalten haben, leider keinem der vielen Gräber des Neuen Reiches in Saqqara zuzuordnen.

Stuttgart 1984, 106, Nr. 82; Martin 1987, 15, Nr. 24, Tf. 8; Drenkhahn 1989, 106–107, Nr. 35; Hannover 1998, 63; Wohlfarth 2005, 88–89, Abb. 52; Hodjash/Berlev 1982, 122, 126, Nr. 69. C. E. L.

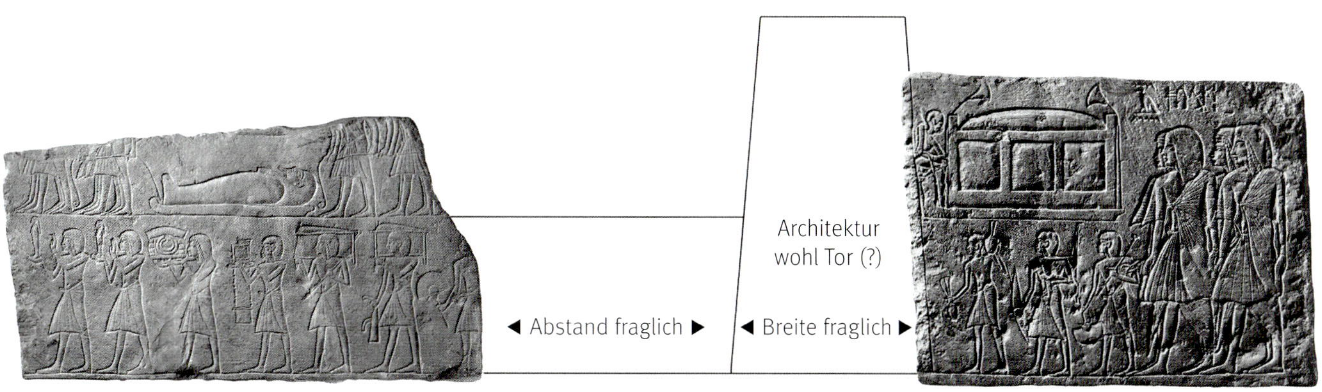
Architektur
wohl Tor (?)
◄ Abstand fraglich ►
◄ Breite fraglich ►

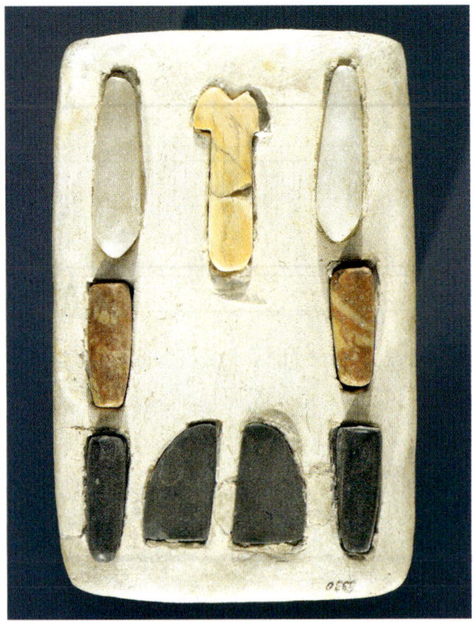

83 Modellensemble mit Geräten für das Mundöffnungsritual
Altes Reich, ca. 2657–2166 v. Chr.
Herkunft unbekannt
Kalkstein, Elfenbein, Kalzit-Alabaster, Brekzie, Schiefer; Platte 17,5 cm x 11,5 cm
Ägyptisches Museum der Universität Leipzig (ÄMUL), 5330

Vergleichbare Ensembles kleiner Modelle von Mundöffnungsgeräten sind aus dem Alten Reich recht häufig belegt und wurden den Verstorbenen als Grabbeigaben zur magischen Nutzung zur Verfügung gestellt. Wie bei dem Leipziger Objekt handelt es sich dabei in der Regel um kleine rechteckige Kalksteinplatten, die nach unten allseitig konvex abgerundet sind, so als ob man sie besonders angenehm für die Handhabung gestalten wollte. In der Oberfläche befinden sich neun passgenaue Vertiefungen, in denen die verschiedenen Modellgeräte ehemals mit einem weißen Gipsmörtel befestigt waren. Zum Standardrepertoire der Gerätschaften gehören zwei längliche, häufig flaschenartig gestaltete Gefäße – hier aus hellem Kalzit-Alabaster – sowie vier kleinere, runde Gefäße mit glattem Rand und zwei flache, abgerundete Messerklingen sowie das zentral positionierte und aus Elfenbein gefertigte Fischschwanzmesser, das auch *Peseschkaf* genannt wird. Während die Gefäße der symbolischen Aufnahme von geheiligten Salben und Ölen dienen sollten, kamen die beiden *Netscheri*-Klingen und das *Peseschkaf*-Gerät direkt bei der Handlung der Mundöffnung zum Einsatz und wurden der Statue oder der Mumie an die Lippen gelegt. Dem Fischschwanzmesser kam dabei eine besondere Bedeutung zu, da das seit prädynastischer Zeit vielfach in Feuerstein belegte Gerät (vgl. Kat.-Nr. 178) nach jüngeren Forschungsergebnissen ursprünglich eventuell bei der Geburt zum Durchtrennen der Nabelschnur benutzt wurde und daher im übertragenen Sinn bei der Mundöffnung zur erneuten Belebung des Menschen diente.

Leipzig 1992, 29, Nr. 14; Roth 1992, 113–147; Roth 1993, 57–79; Hamburg 1997, 36–38, Nr. 28. F. K.-S.

84 Hölzerner Zeremonialfinger
Spätzeit, 746–332 v. Chr.
Herkunft unbekannt
Holz, L. 9,5 cm; Dm. 1,3–1,5 cm
Museum für Kunst und Gewerbe Hamburg
Inv. 1919.138

Das unbeschädigte, nur leicht an der Oberfläche verriebene Holzstäbchen ist an seinem vorderen Ende in Form einer Fingerspitze mit fein geschnittenem Nagel und Hautfalte gestaltet. Eine leicht gebogene Querkerbe auf der Oberseite und zwei nahezu gerade Kerben auf der Unterseite weisen es als Finger aus, der als Totenamulett diente.

Unveröffentlicht. F. H.

85 Mundöffnungsgerät (Peseschkaf)
Altes Reich, um 2250 v. Chr.
Gize, Mastaba des Rawer II., Grabung Hermann Junker 1912/13
Graubrauner Feuerstein
L. 14 cm; Br. 5,55 cm; D. 0,5 cm
Kunsthistorisches Museum Wien, Ägyptisch-Orientalische Sammlung, Inv.-Nr. 7902

Das Gerät in Form einer Klinge mit einem gegabelten Ende, ähnlich einem Fischschwanz, wurde im so genannten Mundöffnungsritual verwendet und wird *Peseschkaf* genannt. Solche Geräte wurden ins Grab mitgegeben, um die magische Wirkung der Mundöffnung für alle Zeiten zu gewährleisten. Für die Mundöffnung können auch Dechsel, Stäbe in Form von Fingern oder Schlangen u. a. verwendet werden. Das Ritual wurde an Statuen und an Mumien vollzogen, um die Aufnahme von Speisen und damit das Leben bzw. die Wiederbelebung zu ermöglichen. Als sehr wichtiger Teil der Bestattungszeremonie wurde die Mundöffnung gemeinsam mit entsprechenden Texten in den Gräbern dargestellt.

Junker 1938, 226, Abb. 45/5; Speyer 1993, 112, Nr. 52; Schallaburg 2004, 310, Nr. 145. E. H.

86 Mundöffnungsgerät
Neues Reich bis Spätzeit; 1550–400 v. Chr.
Herkunft unbekannt
Holz mit Spuren einer Blattgoldauflage
L. 9,8 cm; H. 2,2 cm
Ägyptisches Museum der Universität Leipzig (ÄMUL), 5056

Das Holzstäbchen mit Widderkopf und Uräus-Schlange auf dem Kopf kann aufgrund zahlreicher Darstellungen im Zusammenhang mit dem Vollzug des Mundöffnungsrituals als so genanntes *Werhekau*-Gerät (»Groß an Zauber«) identifiziert werden. Während der kleine Holzstab durch seine leicht geschwungene bzw. gewellte Form mit sich verjüngenden und dicker werdenden Partien an einen Schlangenkörper erinnert, scheinen die Darstellungen in Bild und Relief mit der leicht gekrümmten Form eher den ebenfalls in diesem Ritualabschnitt zum Einsatz kommenden *Netscheri*-Dechseln zu entsprechen. Benutzt wurde dieser magische Stab im Abschlussritus des Mundöffnungsrituals. Hierbei wurde es von den Priestern unter begleitenden Rezitationen der Statue oder der Mumie an den Mund gelegt. Besonders schön gestaltet ist der hervorragend geschnitzte Widderkopf mit seinen großen, betonten Augen, dem nach vorne gedrehten Gehörn und den langen Schlappohren sowie die naturgetreue Modellierung des Mauls mit den Einkerbungen der Nüstern. Die sich auf dem Haupt des Widders aufbäumende Kobra ist plastisch ausgearbeitet und trägt noch winzige Reste der ehemaligen Blattvergoldung. Ob der kleine Holzstab nur als Modell eines *Werhekau*-Gerätes aufzufassen ist oder direkt im Kult zum Einsatz kam, kann nicht entschieden werden.

Leipzig 1987, 42, Nr. 52/17. F. K.-S.

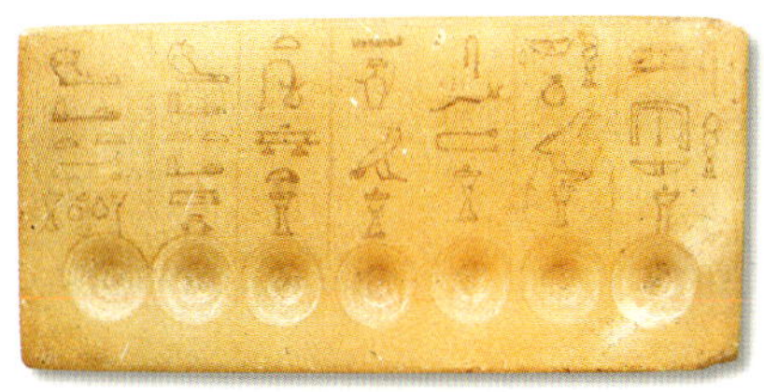

87 Salbölpalette
Altes Reich, 5./6. Dynastie, ca. 2400–2200 v. Chr.
Herkunft unbekannt
Kalzit-Alabaster, L. 12 cm; Br. 5 cm; T. 3 cm
National Museums Liverpool, World Museum Liverpool, Inv.-Nr. M 13815

Salbölpaletten lassen sich vor allem als Beigaben aus Gräbern der 5. und 6. Dynastie nachweisen. Wahrscheinlich kamen sie während der Beerdigungszeremonien zum Einsatz. Für den Verstorbenen wurden sieben verschiedene heilige Öle dargereicht, durch die er kultische Reinheit erlangen sollte. Aus diesem Grund ist die Oberfläche der Salbölpalette in sieben Abschnitte eingeteilt. Im oberen Teil wird der Name der Öle in Hieroglyphen wiedergegeben; darunter befindet sich jeweils eine kreisförmige Vertiefung, die einige Tropfen des Öls aufnehmen sollte. Name und Reihenfolge der Öle waren standardisiert, allerdings sind heute nicht alle Öle bzw. deren Bestandteile identifizierbar.

Liverpool 1995, 80, Nr. 127; Koura 1999, 40–44, Nr. 48. D. v. R.

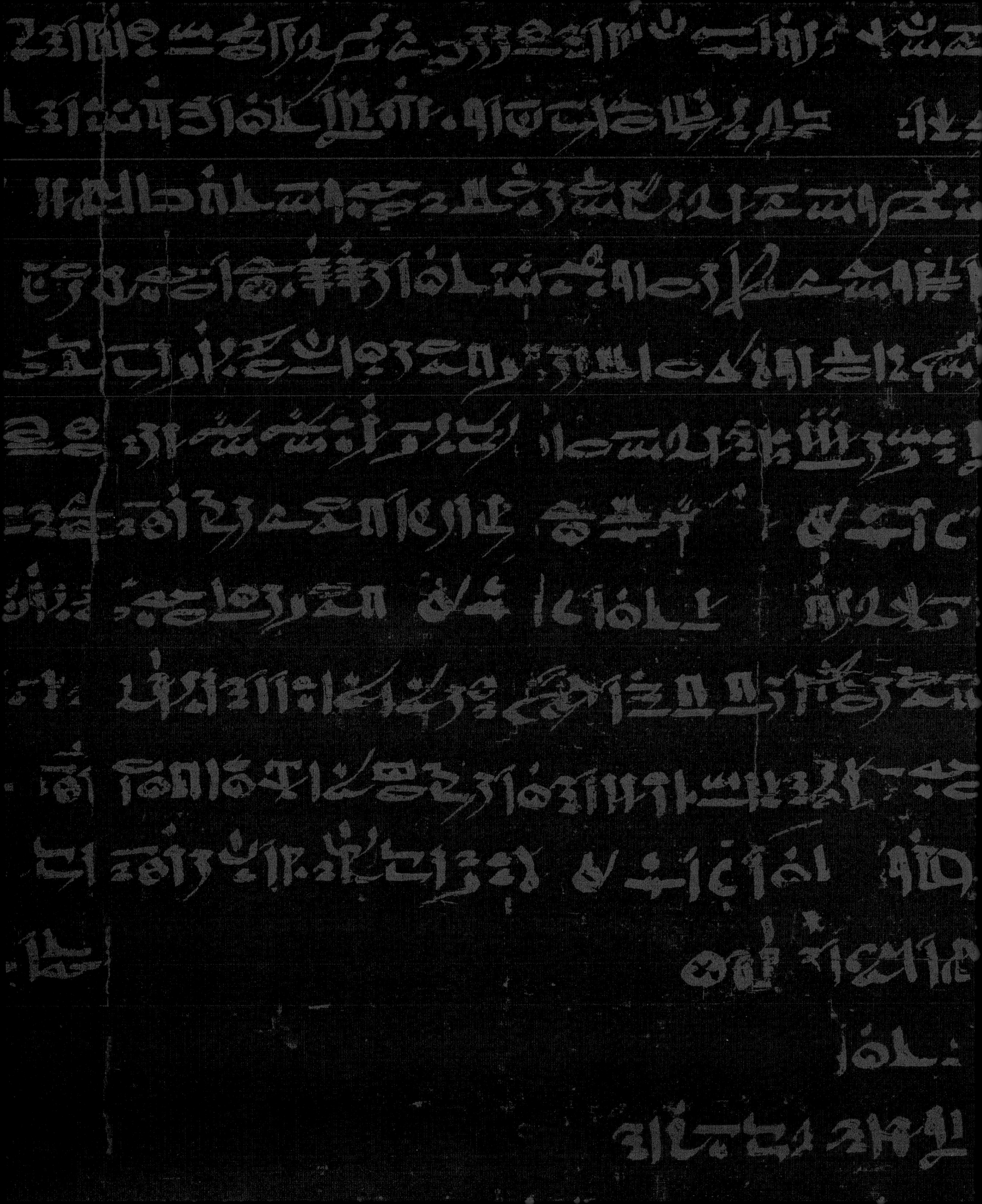

GRABBEIGABEN

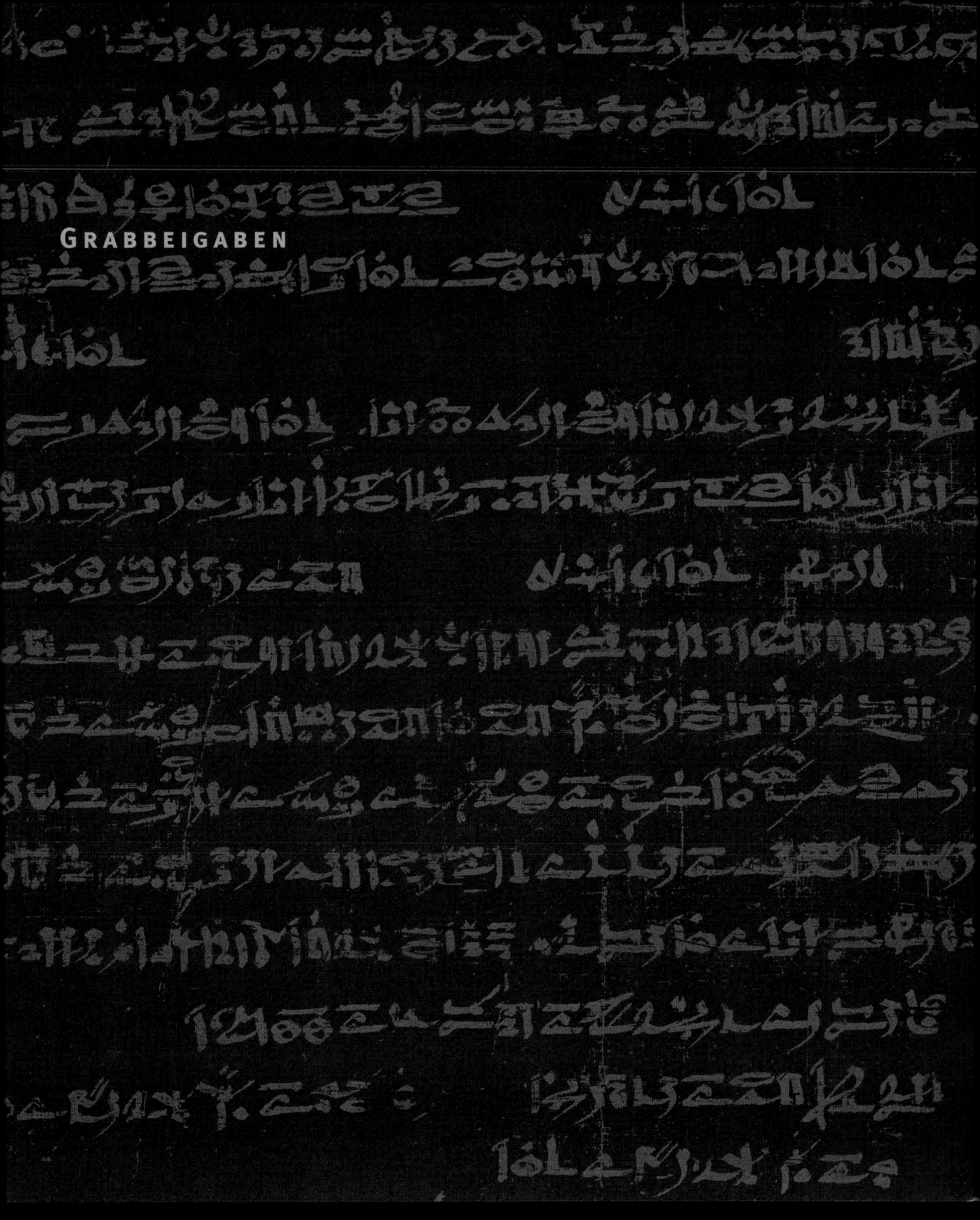

Sie wurden in alle Winde verstreut

Das Schicksal der Mumien aus dem Grab des Sennedjem

Renate Germer/Claudia Näser

Als Gaston Maspero, der Leiter der Ägyptischen Antikenverwaltung, am 2. Februar 1886 das seit über 3000 Jahren ungestörte Siegel an der Grabkammer des Sennedjem aufbrach und die hölzerne Tür öffnete, bot sich ihm ein anderer Anblick, als dem heutigen Besucher des Grabes oder der Nachbildung der Grabkammer.[1] Stehen wir staunend vor den in leuchtenden Farben gemalten Darstellungen des Grabinhabers, seiner Familie und den Göttern, so waren damals nur die bemalte Decke und der obere Teil der Wandmalereien im flackernden Schein der Petroleumlampen zu sehen. Die kleine, nur 2,61 m x 5,12 m messende Kammer war vollgestopft mit Särgen und Grabbeigaben, der Boden war mit Mumien bedeckt.[2]

Sennedjem gehörte zu den Handwerkern, die in dem abgelegenen Tal der Könige in Theben-West die Gräber der Pharaonen anlegten. Er hatte vermutlich am Grab Sethos' I. mitgearbeitet und die Anfänge der Arbeiten für das Grab Ramses' II. erlebt. Seine genaue berufliche Tätigkeit lässt sich aus seinem Titel »Der Diener am Ort der Wahrheit« *(sedjem asch em set Maat)* nicht erkennen. Da aber zur Grabausstattung die mit seinem Namen beschrifteten Vermessungsinstrumente Elle, Lot, Winkellot und Winkel gehörten, war er vielleicht für die Vermessung der Grabwände zuständig.

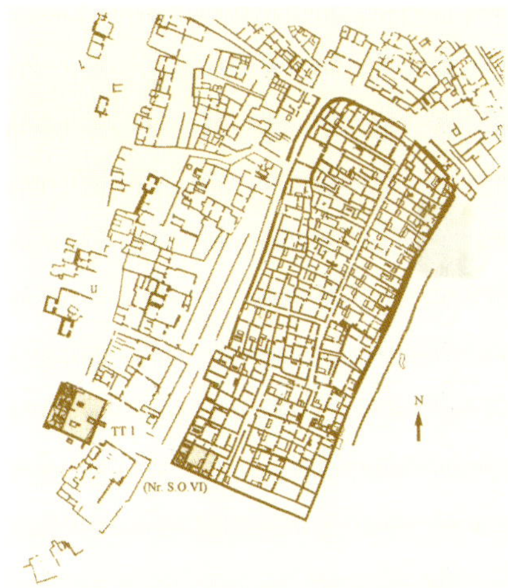

Karte von Deir el-Medine
mit Haus und Grab des Sennedjem

Wie seine Kollegen lebte Sennedjem mit seiner Familie in einer speziellen Arbeitersiedlung am Rande des Wüstengebirges, die »Die Stadt« *(pa demi)* hieß. Heute wird sie Deir el-Medine genannt. Sein Wohnhaus lag an der Südostecke der Siedlung. In Sichtweite davon hatte er an dem westlich anschließenden Berghang seine Grabanlage gebaut.

In der archäologischen Zählung der thebanischen Nekropole erhielt das Grab des Sennedjem die Nummer TT 1, womit seine Bedeutung und sein prominenter Platz in der ägyptologischen Forschungsgeschichte klar aufscheinen.[3] Die Anlage besteht aus einem oberirdischen Kultbereich und einem unterirdischen Bestattungstrakt.[4] Den oberirdischen, von einer niedrigen Mauer eingefassten Bereich betrat man durch ein Pylontor und gelangte in einen terrassierten Hof, an dessen rückwärtigem Ende drei Kultkapellen standen. Entsprechend einer erst wenige Jahrzehnte vorher entwickelten Form waren sie als kleine Pyramiden mit einer Höhe von etwa 7 m und einer integrierten, ebenerdig zu begehenden Kammer gestaltet. Die linke Kapelle war vermutlich für den Vater oder einen Bruder des Sennedjem, die mittlere für ihn selbst und die rechte für seinen Sohn Chonsu bestimmt.[5]

In den unterirdischen Bereich, der für die Bestattungen vorgesehen war, gelangte man durch einen 6,05 m tiefen Schacht im Hof der Anlage. Ein Durchgang am Boden des Schachtes führte in die Bestattungsanlage, die insgesamt vier Räume umfasste. Drei von ihnen waren undekoriert und bereits

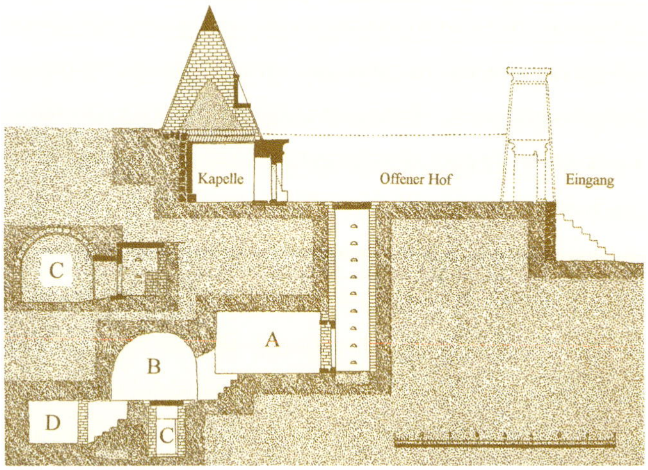

Grab des Sennedjem (TT 1)
Aufriss

in der Antike ausgeraubt worden. Vom Boden des mittleren Raums führte ein weiterer, knapp 2 m tiefer Schacht in die vierte Kammer, die original verschlossen war und die ungestörten Bestattungen von Sennedjem und zahlreichen Mitgliedern seiner Familie enthielt.

Für sich selbst hatte Sennedjem eine aufwendige Bestattung vorgesehen. Nach der Balsamierung sollte seine Mumie von einer Kartonagemaske und einem körperlangen Mumienbrett bedeckt, in den bunt bemalten mumienförmigen Sarg gelegt werden. Dazu kam ein großer, ebenfalls bemalter kastenförmiger Sargschlitten, der zum feierlichen Transport in der Bestattungsprozession eingesetzt werden und die äußere Hülle des Sargensembles bilden sollte. So wollte Sennedjem in sein Grab einziehen, begleitet von einem stattlichen Trauerzug, zu dem neben seiner Familie und seinen Kollegen auch die mit den wichtigen Riten am Grab betrauten Priester und die Träger der Grabausstattung gehörten. Diese Ausstattung umfasste verschiedene Möbel, Gerätschaften, Stäbe, Kästen, Tongefäße, Stabsträuße, zahlreiche Uschebtis und einen Kanopenkasten mit vier Miniatursärgen aus Kalkstein, die die bei der Balsamierung entnommenen Eingeweide enthielten. Sennedjem hatte für seine jenseitige Existenz also gut vorgesorgt.

Die Ausrüstung der mit ihm bestatteten Familienmitglieder zeigt klare hierarchische Unterschiede. Namentlich beschriftete Grabbeigaben existieren vor allem für Sennedjem, seine Frau Iineferti, seinen Sohn Chonsu, dessen Frau Tamaket sowie für eine Isis, die vermutlich die Gattin eines anderen Sohnes des Sennedjem war. Zum Sargensemble des Chonsu gehörte ebenfalls ein Sargschlitten sowie, statt des Mumienbretts, ein zweiter mumienförmiger Sarg. Die drei Frauen besaßen dagegen nur einen Sarg sowie ein Mumienbrett und/oder eine Mumienmaske, aber keinen Sargschlitten. Vier andere Familienmitglieder waren in einem einfachen Sarg beigesetzt. Elf weitere Mumien hatte man ohne Särge oder andere Umhüllungen bestattet – sie konnten daher nicht namentlich identifiziert werden. Zwei Säuglinge oder Föten waren, in damals üblicher Weise, in gelb gestrichenen Holzkisten beigesetzt worden. Insgesamt wurden Angehörige von mindestens zwei, vermutlich sogar drei Generationen der Familie des Sennedjem sukzessive in TT 1 bestattet.

Der von Sennedjem gehegte Wunsch, seine Familie möge für immer vereint in seinem Grab ruhen, sollte sich jedoch nicht erfüllen. Nach der Öffnung der Grabkammer ließ Maspero ihren gesamten Inhalt innerhalb eines halben Tages ausräumen und auf das in Luxor vor Anker liegende Schiff des Antikendienstes, die »Boulaq«, bringen.[6] Dort wurde der Fund auf dem Deck ausgebreitet, aus Platzmangel auch die Kabine von Madame Maspero belegt, und einige Stücke fanden ihren vorläufigen Aufstellungsplatz im Salon. Erst auf dem Schiff fertigte der spanische Diplomat Eduardo Toda y Güell, der Maspero begleitete und über einige ägyptologische Kenntnisse verfügte, ein Verzeichnis des Grabinventars an.[7]

Das Binsengefilde (»Iaru-Gefilde«)
Grab des Sennedjem, Ostwand

Die neun in Särgen beigesetzten Mumien gelangten dann in das Ägyptische Museum, das sich damals noch in dem Kairener Stadtteil Boulaq befand. Die elf sarglosen Mumien waren sehr fragil und zerbrachen; von ihnen wurden nur die Köpfe mitgenommen. Einen davon, den Schädel einer Frau, erhielt Toda als Geschenk. Er befindet sich heute in Vilanova, Spanien.[7] Weitere Mumien hat Toda offensichtlich nicht erhalten; seine 1887 an das Archäologische Museum Madrid verkaufte Sammlung ägyptischer Altertümer umfasste jedenfalls nur zwei Mumien einer späteren Epoche. Man kann aber davon ausgehen, dass noch einige Mumien und Mumienköpfe aus dem Grab unerkannt in den Museumsmagazinen in Europa oder den USA liegen. Maspero war dafür bekannt, dass er durchreisenden Adligen und Regierungsbeamten als minder wertvoll erachtete Stücke oder Objekte, an denen das Kairener Museum einen großen Bestand besaß, als Souvenir überließ oder verkaufte. So erhielt der österreichische Ministerialsekretär Dr. J. C. Samson vor 1893 für 120 Francs ein Uschebti des Sennedjem.[9]

Im Dunkeln liegt das Schicksal der beiden Säuglingsmumien. Damit bleibt auch ihr Sterbealter unbekannt. Dies ist umso bedauerlicher, als ihre Anwesenheit in TT 1 bemerkenswert ist. Für Kinder und Frühgeburten gab es in Deir el-Medine einen speziellen Friedhof, der auf der anderen Seite, im Osten der Siedlung lag.[10] Dort wurden sie in einfachen Gruben in einem Tongefäß, seltener in einem Korb, einer Matte oder einem Holzkasten beigesetzt. Die Grabbeigaben waren meist auf einige

Uschebti-Kasten und Uschebtis von Familienangehörigen des Sennedjem
Neues Reich, 19. Dynastie, 1279–1213 v. Chr.
Theben-West, Deir el-Medine (TT 1)
Holz, Kalkstein
The Metropolitan Museum of Art, New York

Nahrungsmittel beschränkt. Man kann davon ausgehen, dass die Frauen aus der Familie des Sennedjem zahlreiche Kinder hatten, von denen viele bereits früh verstarben. Besondere, uns nicht bekannte Gründe müssen dazu geführt haben, dass gerade diese beiden in dem Familiengrab mitbestattet wurden. Insgesamt sind nur wenige Fälle bekannt, in denen Kleinstkindermumien in Gräbern von Erwachsenen gefunden wurden. Die berühmteste Parallele sind zwei mumifizierte Föten aus dem Grab des Tutanchamun, die in Miniatursärgen zusammen in einer Kleiderkiste lagen.

Aus dem Grab des Sennedjem stammt außerdem die Mumie eines Mädchens, dessen Name, Hathor, auf ihrem Sarg genannt ist. Weitere für sie beschriftete Objekte wurden nicht gefunden. Da ihre Mumie ebenfalls verschollen ist, kann auch ihr Sterbealter nicht mehr ermittelt werden. Alle eingesargten Mumien erreichten Kairo, doch dann verliert sich die Spur der Särge mit den Mumien von Ramose, Taaschsen, Hathor und Parahetepu. Im Museum verblieben für kurze Zeit Sennedjem, seine Frau Iineferti, ihr Sohn Chonsu sowie die Schwiegertöchter Tamaket und Isis. Aufgrund notorischer Platzprobleme entschloss sich Maspero jedoch, diesen Familienverband aufzubrechen und einige Mumien mit ihren Särgen sowie einen Teil der zugehörigen Grabausstattung zu veräußern.

Sennedjem selbst verblieb in Kairo. Seine Mumie wurde bisher nicht untersucht, so dass keine Details zu ihr bekannt sind. Für Verwirrung sorgte 2004 ein Artikel zum *Egyptian Mummy Project* (EMP), in dessen Verlauf alle Mumien des Kairener Museums katalogisiert und untersucht werden sollen.[11] Der Artikel enthält zwei Abbildungen von Mumien aus dem Grab des Sennedjem. Ein Foto zeigt die noch eingewickelte Mumie des Sennedjem, von einer Matte aus Schilfhalmen umhüllt. Im zweiten Bild ist eine ausgewickelte, gut erhaltene weibliche Mumie mit über der Brust gekreuzten Armen und einer zur Seite gerollten Matte zu sehen. Die Bildlegende gibt an, dass es sich um die Mumie aus dem Sarg des Sennedjem handelt. Ein Blick auf die Details des Fotos zeigt aber, dass nicht der Sarg des Sennedjem abgebildet ist. Vermutlich handelt es sich vielmehr um den Sarg und die Mumie der Isis.

Außer dem dreiteiligen Sargensemble und der Mumienmaske des Sennedjem befinden sich heute noch 37 weitere für ihn beschriftete Objekte seiner Grabausrüstung im Kairener Museum. Zu ihnen gehört die Kanopenausstattung, die aus einem hölzernen Kanopenkasten und vier ca. 35 cm hohen, bunt bemalten mumienförmigen Miniatursärgen aus Kalkstein besteht. Diese Särge standen ursprünglich in Leinenbinden gewickelt aufrecht in dem Kasten. Als George Reisner[12] die Kanopen des Kairener Museums bearbeitete, fand er einen der vier Särge bereits geöffnet. Er enthielt in Leinen gewickelte Organreste, die Reisner nicht näher untersuchte. Als Vergleich zu dem Ensemble können die 39 cm hohen Kanopensärge des Tutanchamun dienen, die Leinenpakete mit einer Länge von 22 cm und einem Durchmesser von 3 cm enthielten. Man kann davon ausgehen, dass von den bei der Mumifizierung entnommenen Organen Magen, Leber, Lunge und Gedärm jeweils nur ein kleiner, symbolischer Teil konserviert und in die Miniatursärge gelegt wurde.

Da bislang keine Untersuchung der Mumie vorliegt, bleibt der Mensch Sennedjem für uns im Dunkeln. Aus seiner den zeitgenössischen Konventionen folgenden Grabausrüstung sticht ein Objekt

88 Uschebti für Sennedjem
Neues Reich, 19. Dynastie,
1279–1213 v. Chr.
Theben-West, Deir el-Medine (TT 1)
Kalkstein, bemalt
H. 28,3 cm; Br. 9,95 cm; T. 8,8 cm
Kunsthistorisches Museum Wien,
Ägyptisch-Orientalische Sammlung,
Inv.-Nr. 6614

Kästchen

Neues Reich, 19. Dynastie, 1279–1213 v. Chr.
Theben-West, Deir el-Medine (TT 1)
Holz, bemalt
The Metropolitan Museum of Art, New York

heraus: Auf dem Boden der Kammer, vor seinem Sarg, lag ein 1,06 m langer und 0,21 m breiter Kalksteinabschlag, sorgfältig in hieratischer Schrift beschrieben. Kalkstein- und Keramikfragmente, so genannte Ostraka, wurden häufig als Schriftträger anstelle des teuren Papyrus verwendet. Dieses außergewöhnlich große Ostrakon enthält den Anfang der Erzählung von Sinuhe, eines Klassikers der ägyptischen Literatur, der ursprünglich aus dem Mittleren Reich stammt, aber auch in zahlreichen Kopien aus späterer Zeit überliefert ist. Aus anderen Funden wissen wir, dass die Arbeiter in Deir el-Medine literarische Interessen pflegten und sogar kleine Familienbibliotheken besaßen. Ob Sennedjem diese Sinuhe-Abschrift selbst angefertigt hatte, ob er sie zu Lebzeiten gelesen oder seine Familie sie speziell für sein Grab in Auftrag gegeben hatte, bleibt unklar – auch wenn die außergewöhnlichen Fundumstände zu Spekulationen darüber einladen. In dieser Hinsicht aussagekräftiger ist ein anderes prominentes Objekt der Grabausrüstung: ein aufwendig dekorierter Stuhl, dessen Zierinschriften Sennedjem als *Osiris* bezeichnen und damit als verstorben charakterisieren. Eine Inschrift nennt auch den Sohn des Sennedjem, Chabechenet, und man darf vermuten, dass dieser das Objekt für die Grabausstattung seines Vaters stiftete. Bemerkenswert ist, dass der Stuhl – wie auch einige andere Stücke aus dem Grab – nicht funktionsfähig ist und nur als Grabbeigabe dienen konnte und sollte. Seine Bemalung, die kostbare Werkstoffe imitiert, ist auf einem Stucküberzug angebracht, der einer Benutzung nicht standgehalten hätte.

In Kairo verblieb auch die Mumie der Isis, die vermutlich die zweite Frau des Chabechenet war. Dieser Sohn des Sennedjem hatte eine eigene Grabanlage, TT 2, neben der seines Vaters. Dort, wie auch im Dekor der Grabkammer von TT 1, ist eine Sahti als Frau des Chabechenet erwähnt. Auf drei Uschebtikästen aus TT 1 und in der Grabkapelle des Chonsu in TT 1 ist dagegen Isis als seine Gattin genannt. Warum sie im Grab ihres Schwiegervaters und nicht in dem ihres Mannes bestattet wurde, bleibt unklar.

Die Grabausstattung der Isis umfasst nur wenige Objekte. Auf dem Deckel ihres mumienförmigen Sarges ist sie in der »Gestalt der Lebenden« dargestellt. Sie trägt ein dünnes, fein gefälteltes Leinengewand, einen breiten Schmuckkragen und weiteren Schmuck; in der Hand hält sie einige Efeuranken. Ihre Mumie war mit zwei Masken – einer größeren mit Brustteil und darüber einer kleineren – versehen und in eine Schilfmatte gewickelt.[13] Zu ihrer Grabausstattung gehörten neben drei offensichtlich leer aufgefundenen Uschebtikästen, deren Dekor Isis zusammen mit Chabechenet zeigt, auch ein ebenfalls leerer Kanopenkasten sowie ein weiteres Kästchen.

Die Mumie der Iineferti, der Frau des Sennedjem, und die ihres gemeinsamen Sohnes Chonsu verkaufte Maspero zusammen mit deren Särgen und einem Teil des Grabmobiliars noch 1886 an das Metropolitan Museum in New York.[14] Er muss den Entschluss, die Objekte nach Amerika abzugeben,

Sennedjem und Iineferti empfangen eine eine Trankspende von der Baumgöttin
Grab des Sennedjem,
Decke, Nordseite

unmittelbar nach der Entdeckung des Grabes gefasst haben, denn der bei der Bergung der Objekte aus TT 1 am 3. Februar 1886 anwesende amerikanische Privatgelehrte Charles Edwin Wilbour schreibt bereits in einem Brief vom 5. Februar an seine Mutter »einen Teil davon wirst Du eines Tages im Metropolitan Museum in New York sehen«.[15] Vermutlich hat Wilbour Maspero in dieser Hinsicht beeinflusst.

Im Metropolitan Museum verblieben die Mumien von Iineferti und Chonsu bis 1933, als sie an das naturkundliche Peabody Museum in Cambridge, Massachusetts abgegeben wurden. Dort wurden sie von Dr. Hooton und Dr. Reynolds genauer untersucht. Dabei zeigte sich, dass sowohl die Leinenwicklung als auch die Körper selbst in einem sehr schlechten Erhaltungszustand waren.

In den wunderbaren Malereien der Grabkammer von TT 1 sowie in den Gesichtern ihres Sargensembles und ihrer Mumienmaske tritt uns Iineferti in einem alterlosen Schönheitsideal entgegen, das generell die Menschendarstellung in der ägyptischen Kunst bestimmt. Es sollte die gewünschte physische Form der jenseitigen Existenz manifestieren und für die Ewigkeit garantieren. Aber trotz der zeitlosen Schönheit der Darstellungen: Auch die Ägypter alterten und hatten gesundheitliche Probleme. Von denen der Iineferti zeugt eine kleine Stele, die der britische Sammler William John Bankes 1818

auf seiner zweiten Ägyptenreise von dem damaligen britischen Generalkonsul und passionierten Antikenjäger Henry Salt erwarb und in seinem Stammsitz in Kingston Lacy ausstellte.[16] Die Stele stammt vermutlich aus Deir el-Medine und muss ursprünglich in einem Tempelbezirk aufgestellt gewesen sein. Sie zeigt den falkenköpfigen Sonnengott in einem Boot, angebetet von Iineferti, gefolgt von ihrem Sohn Anhotep, der auch in TT 1 abgebildet ist.[17] Der Text lautet:

»Lobpreis geben an den Mond, Thot, den großen Gott, der die Gebete erhört. / Die Erde küssen vor Pa-Schu (= der Sonne), dem großen Gott. / Seid gnädig. Ihr habt mich Finsternis sehen lassen bei Tage wegen jener Worte der Frauen. / Seid mir gnädig, auf dass ich eure Gnade sehe. / Von der Herrin des Hauses, Iineferti, gerechtfertigt.«

Iineferti war demnach erblindet, was mit der Formulierung »bei Tage Finsternis sehen« sehr anschaulich ausgedrückt ist. Den Grund für ihre Erkrankung bildeten ihrer Meinung nach die »Worte« – Klatsch oder Verwünschungen (?) – anderer Frauen.

Im Peabody Museum wurden die bereits stark beschädigten Leinenbinden von der Mumie der Iineferti entfernt und ihr Körper untersucht.[18] Er bestand nur noch aus dem Skelett, an dem wenige Hautreste hafteten. Die Frage, ob bei der Balsamierung die Eingeweide entnommen worden waren, ließ sich daher nicht mehr klären. In TT 1 wurde zwar ein Kanopenkasten der Iineferti gefunden, aber sein Inhalt ist weder dokumentiert noch erhalten, so dass er vermutlich leer war. Der Kopf der Mumie hatte sich von der Wirbelsäule gelöst. Auf der Suche nach Schmuckstücken hatte man bereits 1906 beide Hände aus der Umwicklung gelöst und tatsächlich zwei Siegelringe aus blauer Fayence daran entdeckt.[19] Der eine trägt den Thronnamen Amenhoteps III., der andere den des Gottes Amun.

Die Mumie war zwischen den Beinen, auf der Brust und an anderen Stellen mit Päckchen aus grobem Leinen, die mit Leinenstreifen an dem Körper festgebunden waren, ausgepolstert worden. Ein großes ölgetränktes Leinenpaket lag auf dem Becken. Die anschließende Umwicklung erfolgte spiralförmig mit Leinenbinden von etwa 9 cm Breite, die von einer um den Hals verlaufenden Binde zusammengehalten wurden. Darüber lagen ein grobes Leintuch, das die gesamte Mumie bedeckte, und darauf ein gefaltetes, von der Brust bis zu den Knöcheln reichendes Leintuch. Die Mumie war ursprünglich in eine Matte aus den Mittelrippen von Dattelpalmblättern gewickelt, die über der Brust zusammengeschlagen war. Von der Matte eingehüllt und darunter mit einer Mumienmaske geschmückt, ruhte sie unter dem kunstvoll in der »Gestalt der Lebenden« dekorierten Mumienbrett in dem mumienförmigen Sarg.

Die anthropologische Untersuchung des Skeletts zeigte, dass Iineferti sehr alt wurde, vielleicht sogar über 70 Jahre. Sie muss einmal schwer gestürzt sein, denn der rechte Unterarm wies einen verheilten Bruch im unteren Bereich des Radius auf. Bereits zu Lebzeiten hatte sie fast alle Zähne verloren und wurde außerdem von starker Arthritis geplagt. Ihre auf der Stele geschilderte Blindheit ließ sich am Skelett natürlich nicht mehr erkennen. Besonders stolz war Iineferti vielleicht auf ihr bis ins hohe Alter erhaltenes langes Haar. Es war an der Mumie in der Mitte gescheitelt und in Zöpfe geflochten.

89 **Stele der Iineferti**
Neues Reich, 19. Dynastie,
1279–1213 v. Chr.
Theben-West, Deir el-Medine
Kalkstein, bemalt
H. 49,5 cm; Br. 32 cm
The National Trust, Kingston Lacy,
Bankes Collection Nr. 6

Mumienmaske des Chonsu
Neues Reich, 19. Dynastie, 1279–1213 v. Chr.
Theben-West, Deir el-Medine (TT 1)
Holz, bemalt
The Metropolitan Museum of Art, New York

Seine goldgelbe Farbe ist auf einen postmortalen Oxidationsprozess des weißen Haares und nicht, wie vielfach angenommen, auf das Färben mit Henna zu Lebzeiten zurückzuführen.

Das gleiche Schicksal wie das der Iineferti – von den Särgen getrennt, deren aufwendige Dekoration den magischen Schutz im Jenseits sichern sollte –, im Peabody Museum aufbewahrt zu werden, traf auch ihren Sohn Chonsu. Sein Sargensemble ist auf zwei Museen verteilt: Der Sargschlitten befindet sich in Kairo, die beiden inneren Särge und die Mumienmaske ebenso wie der Kanopenkasten dagegen in New York.

An der Mumie des Chonsu ließ sich bei der Untersuchung 1933 die Arbeit der Balsamierer recht gut erkennen. Ein linksseitiger, weit offen stehender Einschnitt im Unterbauch diente zur Entnahme der Organe, die aber nicht im Kanopenkasten erhalten sind. Anschließend gossen die Balsamierer eine große Menge heute schwarz verfärbten Salböls über den ganzen Körper. Danach wurde das Körperinnere mit kleinen Leinenpäckchen ausgestopft und die Mumienkontur aufgepolstert. Alle Gliedmaßen wurden mit Leinenbinden sorgfältig separat umwickelt. Schon vor dieser Untersuchung war die ursprüngliche Armhaltung der Mumie gewaltsam gestört worden.

Auf der inneren Leinenschicht der Mumie fand sich eine Halskette aus blauen und gelben Fayenceperlen, deren Fäden vergangen waren, so dass die Perlen und der durchbrochen gearbeitete Fayenceanhänger in Gestalt des Gottes Heh lose am Hals lagen. Eine unter den Rücken gelegte und mit geflochtenen Leinenbändern am Körper befestigte Schilfmatte diente auch bei der Mumie des Chonsu als zusätzliches Stützelement. Sie war in diesem Fall jedoch in die Wicklung integriert: Über ihr befanden sich noch sechs weitere spiralförmige Lagen sowie fünf Lagen längs gewickelter Binden. Den Abschluss der Umhüllung bildeten zwei Lagen mittelfeiner Leinentücher, die die gesamte Mumie bedeckten.

Chonsu war ein kleiner Mann, selbst seine fertige Mumie maß nur 163 cm. Er erreichte ein Lebensalter von 50 bis 60 Jahren. Er litt unter Arthritis und vermutlich auch unter Zahnschmerzen, denn die Kaufläche seiner Zähne war stark abgenutzt und einige waren bereits ausgefallen.

Unklar ist der Verbleib der Mumie von Tamaket, der Frau des Chonsu. Ihr Sarg und ihr Mumienbrett gelangten nach Deutschland. Über Albert Daninos Pascha, einen ägyptischen Ägyptologen algerischer Herkunft, der als Assistent am Kairener Museum und nebenbei auch im Antikenhandel tätig war, wurde das Ensemble 1889 zusammen mit einer Holzstatue des Alten Reiches für 18.103 Mark an das Berliner Ägyptische Museum verkauft. Zunächst übernahm jedoch der Bankier Hermann

Walter, vermutlich um die Finanzierung abzuwickeln, die Stücke; erst 1891 kamen sie in das Museum. Im Inventarbuch wurden der Sarg und das Mumienbrett verzeichnet[20] – unter der Nummer des Mumienbretts findet sich von späterer Hand der Zusatz »Mumie«. Ob dieser Nachtrag bedeutet, dass auch die Mumie der Tamaket nach Berlin gelangt war, lässt sich aber nicht mehr feststellen. Während des Zweiten Weltkrieges wurde das Sargensemble der Tamaket zusammen mit anderen Objekten des Berliner Museums in das Schloss Sophienhof in Mecklenburg ausgelagert. Dort verbrannte es in den Wirren des Kriegsendes 1945. Die sehr detaillierten Auslagerungslisten für Sophienhof erwähnen keine dazugehörige Mumie.[21] Auch bei einer Revision des 1988 in den damals zwei Berliner Ägyptischen Museen vorhandenen Mumienbestandes fehlte jede Spur von ihr – und so muss die Mumie der Tamaket als verschollen gelten.

Geblieben sind von der einst so sorgfältig geplanten Bestattung des Sennedjem und seiner Familie nur die Mumien des Grabherrn, seiner Frau, eines Sohnes und einer Schwiegertochter. Doch das künstlerische Werk, das diese Familie mit ihrem Grab und der Grabausrüstung hinterlassen hat, ist ein einmaliges Zeugnis der ägyptischen Kultur, das jährlich zehntausende Menschen mit Staunen und Ehrfurcht betrachten.

Tongefäß

Neues Reich, 19. Dynastie, 1279–1213 v. Chr.
Theben-West, Deir el-Medine (TT 1)
Ton, bemalt
The Metropolitan Museum of Art, New York

1 Maspero 1887, 201–208. Die Tür befindet sich heute im Kairener Museum (JE 27303). **2** Zum Grab des Sennedjem und seinem Inventar siehe Näser 2002, 145–174. **3** Gardiner/Weigall 1913. TT steht für *Theban Tomb.* **3** Bruyère 1959. **4** Das Pyramidion dieser Kapelle befindet sich heute im Turiner Museum (Inv. Cat. 1622). **6** Capart 1936, 358. **7** Toda 1887. In Französisch in einer leicht gekürzten Fassung bei Daressy 1920, 145–160. **8** Llagostera Cuenca, 1978, 15; González y Arema, Unpubl. Manuskript. **9** Reiser-Haslauer 1990, 5–98. **10** Bruyère 1937. **11** Hawass 2004, 34. **12** Kairo 1967, 173–177, Nr. 4249–4252. **13** Wahrscheinlich zeigt das oben erwähnte Foto die Mumie der Isis in ausgewickeltem Zustand; siehe Anm. 11. **14** Daressy 1928, 7–11. **15** Capart 1936, 359. **16** James 1993/94, 27. Mahmoud 1999, 317 spricht von 1825. **17** Cerny 1958, Nr. 6; Mahmoud 1999, 319. **18** Wir danken Dr. Dorothea Arnold und Dr. Marsha Hill für die Überlassung einer Kopie des Untersuchungsberichts und für die Genehmigung, daraus zu zitieren. Vergleiche auch Mahmoud 1999, 315–316. **19** Der Untersuchungsbericht der Mumie erwähnt nur einen Ring. **20** Das Inventarbuch des Berliner Museums verzeichnet unter der Inventarnummer des Mumienbrettes, 10859, in der ersten Spalte: »Von Herrn Hermann Walter in Berlin zusammen mit 10858 [der Holzstatue des Per-her-nofret, 5.–6. Dynastie; d. A.] für 18103 Mark angekauft.« In der letzten Spalte findet sich der Eintrag: »Von Daninos-Pascha, der das Relief [gemeint ist sicher das Mumienbrett; d. A.] zuerst für 4000 £ angeboten hatte, mit No. 10832 [dem Sarg; d. A.] und .... [sic] für 8000 frcs. gekauft und vorläufig durch Bankier Walter übernommen«. **21** Wir danken Dr. Karl-Heinz Priese und Dr. Hannelore Kischkewitz für diese Information.

Objektteil Grabbeigaben

90 **Grabausstattung**
Neues Reich, 20. Dynastie,
1159 v. Chr.
Theben-West, Deir el-Medine
Ton
H. 30 cm; Br. 25 cm
Österreichische Nationalbibliothek Wien,
Papyrussammlung, P.Vindob. Aeg.O. 1

Das Ostrakon stammt aus Deir el-Medine aus dem 25. Regierungsjahr von Ramses III. und enthält den amtlichen Bericht über die Inspektion eines verfallenen Grabes und die darin befindlichen Gegenstände. In Anwesenheit zweier Bezirksvorstände, einiger Wächter und zweier Vorarbeiter verzeichnet der Schreiber Amennacht das Inventar des Grabes auf einer Tonscherbe. Neben zwei Särgen und einem Sarkophag sind es vorwiegend Möbelstücke und Alltagsgegenstände, die vorgefunden werden: ein Klappstuhl aus Elfenbein, zwei Betten, drei Kopfstützen, ein Schemel, Gefäße aus Alabaster und Granit sowie Toilettengeräte (Rasiermesser, Kamm, Augenpinzette). Der Bericht endet mit dem Vermerk, dass das Grab nach der Inspektion verschlossen und versiegelt wurde.

Goedicke 1963/64, 2; Zonhoven 1979, 89–98; Wien 2003, 89. H. F.

91 **Sarg eines Mädchens**
Neues Reich, späte 18.–19. Dynastie,
um 1300–1200 v. Chr.
Theben-West
Holz, stuckiert und bemalt
H. 68 cm; Br. 21 cm; T. 28 cm
National Museums of Scotland, Edinburgh,
A. 1887.597

Der Deckel des Sarges zeigt plastisch herausgearbeitet ein Mädchen in einem reich plissierten weißen Festtagsgewand, das die Körperformen durchscheinen lässt. Das fein geschnittene, von einer voluminösen schwarzen Perücke umrahmte Gesicht weist ebenso wie die Arme und Füße eine rötlich-braune Hautfarbe auf. Der rechte Arm hängt seitlich herab, der linke ist angewinkelt und über die rechte Brust gelegt. Der Schmuck des Mädchens besteht aus Ohrknöpfen, einem Halskragen und zahlreichen Armreifen; an den Füßen trägt sie Sandalen. Der Rand des Sargdeckels wird rechts und links jeweils durch ein Inschriftenband begrenzt, in dem der Name des Mädchens, Ta-ir-secheru, sowie einmal der ihrer Mutter, Iret-neferet, genannt wird. Sechs vertikale Schriftzeilen verbinden den Deckel und die Sargwanne optisch wie inhaltlich. Diese scheinen, ebenso wie die auf der Sargwanne aufgemalten weißen und roten Streifen, die äußere Wicklung der Mumienbinden nachzuahmen. Auf der Unterseite der Fußpartie sind zwei schwarzfigurige Motive auf gelbem Grund dargestellt. Im oberen Bereich ist die Göttin Isis abgebildet, im unteren ein Djed-Pfeiler. Der Sarg ist von hoher Qualität und ein markantes Beispiel für Särge, auf denen die Verstorbenen mittels ihrer Kleidung und Haltung als lebende Personen dargestellt werden. Die Herstellung solcher Särge lässt sich sehr wahrscheinlich auf die späte 18. und die 19. Dynastie beschränken.

Taylor 1989, 38–39; Ikram/Dodson 1998, 225, Abb. 285. D. v. R.

92 **Herz-Amulett**
Spätzeit, um 600 v. Chr.
Sudan, wahrscheinlich aus Sanam
Ägyptisch-Blau
H. 4,5 cm; Br. 4,25 cm
Kestner-Museum Hannover,
Inv.-Nr. 1949.276

Ägyptisch Blau ist die älteste synthetisch hergestellte Farbe der Welt. Es konnte im Alten Ägypten sowohl als pudernes Farbpigment in der Wandmalerei als auch als eine zu Objekten formbare Masse Verwendung finden. Aus letztgenannter besteht das Amulett in Form eines Herzens. Das Amulett ist innen hohl und könnte somit eine Substanz aufgenommen haben. An den zwei Schmalseiten der Öffnung ist der Rand von der Seite her mit kleinen Löchern durchbohrt, durch die eine die Gefäßöffnung versperrende Schnur gezogen wurde, mittels derer das Objekt z. B. um den Hals getragen werden konnte. Wie alle antiken Völker sahen auch die Ägypter das Herz als den Sitz des Verstandes und den Ort des Fühlens und Denkens an. Das Herz ist dementsprechend ein vollwertiger Stellvertreter des Verstorbenen. Aus diesem Grund sind Amulette in Herzfom bei den Ägyptern – und, wie die Herkunft unseres Objektes offensichtlich zeigt, auch bei ihren südlichen Nachbarn, den Nubiern – ganz besonders beliebt gewesen. Die leicht formbare Masse des Ägyptisch Blaus erlaubt durch Matrizenabdrücke das Herstellen von Massenwaren. Ob im vorliegenden Fall das Material den sonst für dieses Objekt vorgeschriebenen grünen Stein ersetzen soll, ist nicht zu klären.

Hannover 1991, 79, Nr. 46 (links); Loeben 2007, 52, Abb. 8. C. E. L.

93 **Tit-Amulett (»Isis-Knoten«-Amulett)**
Neues Reich, um 1250 v. Chr.
Herkunft unbekannt
Roter Jaspis
H. 6,2 cm; Br. 2,8 cm
Kestner-Museum Hannover,
Inv.-Nr. 2793

Unter den vielen Amuletten, die die Ägypter besaßen, waren besonders drei Gruppen beliebt: Amulette, die Gottheiten, deren heilige Tiere oder deren Symbole darstellen, Amulette, die menschliche Körperteile wiedergeben, und Amulette, die einen Gegenstand abbilden, der als Hieroglyphe auch ein ganzes Wort bedeuten kann. Sowohl in die erst- als auch die letztgenannte Kategorie gehört das weitverbreitete Amulett in Form der Hieroglyphe »Tit«, das soviel wie »Gestalt« und auch »Schutz« bedeuten kann. Das Zeichen ist aber ebenso ein Symbol für die Göttin Isis, das überall dort erscheinen konnte, wo eine menschliche Darstellung der Göttin zu erwarten wäre. Wegen seines Schlaufencharakters wird es modern auch »Isis-Knoten«-Amulett genannt, wobei bis heute fraglich ist, was genau die Schlaufe repräsentiert. Amulette waren häufig aus ganz genau vorgeschriebenen Materialien gefertigt. Das Tit-Amulett sollte laut einem Totenbuchspruch (Tb 156) aus rotem Jaspis gefertigt sein. Dieser Anweisung entsprechend, ist das vorliegende Exemplar aus diesem Material hergestellt worden. Auf seiner Vorderseite ist der Name seines Besitzers eingraviert: »Der Osiris (d. h. der Verstorbene), Aut-es, gerechtfertigt«.

Hannover 1991, 78, Nr. 44 (links); Loeben 2007, 51, Abb. 6. C. E. L.

94 **Udjat-Auge**
Spätzeit, 746–332 v. Chr.
Herkunft unbekannt
Fayence
H. 5 cm; L. 3,9 cm; Br. 0,6 cm
Musée Archéologique de Strasbourg,
Inv. 11.987.0.125

Das Amulett ist aus mehreren Udjat-Augen zusammengesetzt, die allesamt von beiden Seiten abgeformt sind. Die Vierzahl der Augen könnte auf die Himmelsrichtungen oder auf die oftmals vorgeschriebene Anzahl von Opferungen hindeuten. Über den drei kleinen Udjat-Augen lagert eine Löwin, die die Göttin Sachmet symbolisiert.

Strasbourg 1998, 56–57, Nr. 97. D. v. R

Die Form des Djed-Pfeilers erinnert an ein Pflanzenbündel, das etwas über der Mitte mehrfach umwickelt ist und dessen obere Hälfte durch Platten untergliedert wird, die vier wie Hohlkehlen ausgebildete Zwischenverbindungen voneinander absetzen. Feine Rillen kennzeichnen die Zwischenverbindungen. Dieser Djed-Pfeiler ist besonders detailliert und schön gearbeitet und gehört zu den nicht so häufigen Beispielen, bei denen oben ein Widdergehörn mit einer Atef-Krone aufgesetzt ist. Die kegelförmige Atef-Krone, an deren beiden Seiten Straußenfedern angebracht sind, ist die Krone des Osiris. Es könnte sich beim Djed-Pfeiler um ein Garben- oder Schilfbündel handeln, das für Fruchtbarkeit steht, worin sich die Bedeutung des Djed-Pfeilers mit einem wichtigen Aspekt des Gottes Osiris träfe. Spätestens ab der 18. Dynastie wurde dann auch der Djed-Pfeiler als ein Symbol für Osiris gesehen. Hier ist dieser Aspekt durch die Atef-Krone zusätzlich unterstrichen.

Unveröffentlicht. M. A. S.

95 Djed-Pfeiler
Spätzeit, vielleicht 26. Dynastie,
664–525 v. Chr.
Herkunft unbekannt
Glasierte Quarzkeramik
H. 11,5 cm; Br. 3,5 cm; T. 1,3 cm
Antikensammlung des Martin von Wagner Museums der Universität Würzburg,
Inv. Nr. K 324

Amulette in Form eines Papyrusstängels, Papyruszepters oder einer Papyrussäule stehen für Vegetation, Wachstum und Erneuerung. Dementsprechend wurde, wie auch für dieses Stück, als Material häufig grünliche Fayence gewählt. Dolde und Schaft sind durch Halskerben voneinander getrennt. Die Blätter der Schaftspitze und am Ansatz der Dolde sind fein herausgearbeitet. Nach einem Spruch des Totenbuchs (Tb 159) soll ein Papyrusamulett aus Feldspat an den Hals des Toten gegeben werden.

Unveröffentlicht. D. v. R.

96 Papyrussäule
Spätzeit, 746–332 v. Chr.
Herkunft unbekannt
Fayence
H. 12,7 cm; Dm. 3,8 cm
National Museums of Scotland, Edinburgh,
A. 1911.258

Das Anch-Zeichen gehörte zu den wichtigsten Symbolen im Alten Ägypten. Häufig wurde es als Amulett getragen, fand aber beispielsweise auch während der Neujahrsfeierlichkeiten in den Tempeln als Votivgabe Verwendung, um für das Wohlergehen des Königs zu bitten. Zahlreiche solcher großformatigen Votive wurden in Meroe, der Hauptstadt des südlich von Ägypten gelegenen Königreiches Kusch, gefunden. Auf dem Stiel ist, wie auch bei diesem Stück, beidseitig eine Widmung an den regierenden König angebracht, die meist nach einem sehr ähnlichen Schema konzipiert ist. Dieses modern restaurierte Anch-Zeichen wurde für den König Malonaqen angefertigt, wie die Inschrift auf der Vorderseite bezeugt: »Amun-Re, der Herr der Throne der beiden Länder, möge ein schönes Jahr eröffnen für den Sohn des Re, Malonaqen, er lebe ewig.«

Unveröffentlicht. D. v. R.

97 Anch-Zeichen
Ca. 1. Hälfte des 6. Jhs. v. Chr.
Herkunft unbekannt
Fayence
H. 21,3 cm; Br. 9,3 cm
The British Museum London, EA 65274

Das mit einer Öse versehene Amulett ist aus zwei Hieroglyphen zusammengesetzt. Im Vordergrund befindet sich ein Was-Zepter, Symbol für Glück, das auf einem Anch-Zeichen, Hieroglyphe für das Leben, aufliegt. Der untere Stiel des Anch-Zeichens ist ungewöhnlich breit. Es handelt sich um eine recht qualitätvolle Arbeit mit sorgfältiger Ausgestaltung der Hieroglyphen.

Strasbourg 1998, 66, Nr. 126. D. v. R.

98 Anch- und Was-Zeichen
Spätzeit, 746–332 v. Chr.
Herkunft unbekannt
Fayence; H. 5 cm; L. 2,2 cm; Br. 0,6 cm
Musée Archéologique de Strasbourg,
Inv. 11.987.0.27

99 **Pektoral in Form eines Naos**
Neues Reich, Ende 18. Dynastie bis Ramessidenzeit, um 1300–1070/69 v. Chr.
Herkunft unbekannt
Fayence
H. 7,9 cm; Br. 6,9 cm; T. 1,5 cm
Institut für Kunstgeschichte der Johannes Gutenberg-Universität Mainz, Landesmuseum Mainz, Inv.-Nr. PJG 506

Dieses aus weißer Fayence hergestellte rechteckige Pektoral ist an den Seiten leicht beschädigt, die Vorderseite weist eine gut erhaltene, jedoch eher flüchtig ausgeführte Bemalung auf. Der obere Abschluss deutet eine Hohlkehle an, die von der Bemalung aufgegriffen wird. Die Darstellung zeigt einen Götterschrein, in dessen Mitte eine von einem Leiterfries eingefasste Barke ist. Auf ihr sitzt ein falkenköpfiger Gott, der von einer Sonnenscheibe mit Uräus-Schlange bekrönt ist, ein Was-Zepter in der Hand hält und Re-Harachte als den im Osten erscheinenden, morgendlichen Sonnengott darstellen dürfte. Den unteren Bildabschluss bilden stilisierte, hängende Lotusblüten. Vier Durchbohrungen am oberen Rand weisen darauf hin, dass dieses Amulett auf der Brust der Mumie lag und dem Verstorbenen garantieren sollte, wie die Sonne jeden Tag neu geboren und damit in den tagtäglichen Sonnenlauf einbezogen zu werden.

MAINZ 2004, 49, NR. I.7.12. B. H.

100 **Ohrschmuck**
Neues Reich, späte 18.–19. Dynastie, Mitte 14. – Mitte 13. Jh. v. Chr.
Herkunft unbekannt
Glas, H. je 2,5 cm; Dm. 1,3 und 1,4 cm
Landesmuseum Württemberg, Stuttgart, Arch 98/W8

Das Tragen von Ohrschmuck ist erstmals unter Amenhotep III. (1388–1350/51 v. Chr.) belegt und hielt sich mehrere Jahrhunderte lang, bevor es nach der Ramessidenzeit wieder aus der Mode kam. Mumien mit durchbohrten Ohrläppchen belegen, dass Frauen und Männer gleichermaßen auf diese Art ihre Ohren schmückten. Auch in der darstellenden Kunst dieser Zeit wird Ohrschmuck gezeigt. Dieses Paar von Ohrsteckern hat annähernd die Form einer Papyrussäule, welche nach altägyptischer Vorstellung für Vegetation und Erneuerung stand. Vermutlich wurde der Schmuck direkt durch das durchbohrte Ohrläppchen gesteckt, denkbar ist allerdings auch eine Befestigung mithilfe von Drähten, die gleichermaßen durch die Ohrlöcher und den Schmuck gezogen wurden.

STERN/SCHLICK-NOLTE 1994, 136, NR. 8. C. H.

101 **Großer Käfer von einem Flügelskarabäus**
Spätzeit, 7.–6. Jh. v. Chr.
Herkunft unbekannt, alter Bestand
Fayence, dunkelblaue Glasur
L. 7,7 cm; Br. 4,7 cm; T. 1,6 cm
Kunsthistorisches Museum Wien, Ägyptisch-Orientalische Sammlung, Inv.-Nr. 2522

Der Rücken des Käfers ist etwas gewölbt, die Unterseite flach. Am Kopf sind die Augen deutlich angegeben, wie auch der gezackte Clypeus und die Wangenplatten. Die Flügeldecken sind gerieft. Die seitlich eng anliegenden Beine bilden zugleich die Umrahmung. Sechs Bohrlöcher dienten zum Befestigen der beiden Flügel und des Käfers am Perlennetz. Fliegende Skarabäen aus Fayence oder aus Perlennäherei sind in der Brustgegend auf Perlennetzen von Mumien eingearbeitet. Sie sind eine Gestalt des Sonnengottes.

HÜTTNER 1995, 95, TF. 7/4 E.H.

102 **Skarabäus**
2. Zwischenzeit, Hyksoszeit, 16. Jh. v. Chr.
Tell el-Ahmar
Steatit
L. 2,7 cm; Br. 1,97 cm; H. 1,18 cm
Kunsthistorisches Museum Wien, Ägyptisch-Orientalische Sammlung, Inv.-Nr. 8899

Die Ausführung des Käfers ist sehr schematisch. Die Teilung der Flügel von der Brust ist nur durch seitliche Kerben angezeigt. Auf der Siegelfläche sind diagonal zwei Krokodile Rücken an Rücken eingraviert. Die gepanzerte Haut ist durch Rasterung dargestellt. Unterhalb der Krokodile füllen Palmzweige den Hintergrund. In der Hyksoszeit waren Skarabäen eine beliebte Grabbeigabe, die oft in Ringen aus Silber oder Gold gefasst waren.

WIEN 1979, 62 F., NR. G 9, ABB. 47. E. H.

Das mumienförmige Uschebti für den Bürgermeister Chebeny sticht durch seine besondere Größe hervor, die sogar für die frühen Uschebtis außergewöhnlich ist. Es verkörpert einen Übergangstypus, der zwischen dem späten Mittleren und dem frühen Neuen Reich zu datieren ist. Während des Mittleren Reiches hatten Uschebtis durchweg die Gestalt von Mumien und trugen oft einen Bart. Im Neuen Reich hingegen kam ein anderer Typus auf, der den Eigentümer als lebendige Person zeigte, der Bart wurde dabei häufig weggelassen. Die Arme sind über der Brust gekreuzt, doch die Hände blieben immer noch leer. Erst im späteren Neuen Reich stattete man die Uschebtis mit Werkzeug aus. Die Inschrift aus in acht horizontalen Linien angeordneten Hieroglyphen nennt Name und Titel des Verstorbenen. Das Uschebti ist ungewöhnlich gut erhalten. Sogar die Farbe ist an manchen Stellen noch zu erkennen. Gesicht und Hände sind rot bemalt, Bart und Augen hingegen schwarz. Seltsamerweise weist die Perücke keine Farbspuren auf.

Leiden 1840, P 536; Schneider 1977, II.30, Nr. 2.2.1.3 mit Tf. 8 und 83; Hamm 1999, 101, Nr. 188.

M. J. R./N. S

103 Uschebti für Chebeny
2. Zwischenzeit/Neues Reich, späte 17. Dynastie/frühe 18. Dynastie, um 1550 v. Chr.
Eventuell aus Abydos
Kalkstein, bemalt
H. 58,5 cm; Br. 12,5 cm
Rijksmuseum van Oudheden, Leiden, Inv.-Nr. AST43

Die mumienförmige Figur ist sehr sorgfältig geschnitzt. Das Gesicht hat weiche Züge, die Augenumrandung ist sehr fein eingeschnitten. Die schön geschwungenen Brauen, Iris und Pupille sowie die Augenumrahmung mit lang ausgezogenen Schminkstrichen sind schwarz aufgemalt. Das Gesicht wird von der großen dreigeteilten Strähnenperücke der Götter umrahmt. Dazu gehört der lange Götterbart mit aufgerollter Spitze. Die beiden Fäuste schauen aus der Mumienwicklung heraus. Sie halten keine Werkzeuge. Auf der Vorderseite sind sechs Zeilen linksläufiger Hieroglyphen mit hellblauer Farbe aufgemalt. Die stark abgeriebene Schrift ist nur bei UV-Licht lesbar. In einer Opferformel für Osiris werden die Opfergaben für die Sängerin des Amun, Teti-nofret, aufgezählt.

Reiser-Haslauer 1990, 35–38.

E. H.

104 Uschebti für Teti-nofret
Neues Reich, Anfang 18. Dynastie, um 1550 v. Chr.
Herkunft unbekannt
Holz, bemalt
H. 24,7 cm; Br. 7 cm; T. 6,5 cm
Kunsthistorisches Museum Wien, Ägyptisch-Orientalische Sammlung, Inv.-Nr. 889

105 Uschebti in einem Holzsarg
Neues Reich, 18. Dynastie,
1550–1292 v. Chr.
Theben-West
Holz, bemalt; H. 33,5 cm; Br. 15 cm
National Museums of Scotland, Edinburgh,
A. 1956.197 A-B

Privatpersonen erhielten während der 18. Dynastie nur relativ wenige, häufig sogar nur eines oder zwei, Uschebtis als Grabbeigaben. Die Totenfiguren hatten noch nicht die primäre Funktion als Diener in der Unterwelt, sondern galten in erster Linie als magischer Ersatz für die Mumie, sollte dieser etwas zustoßen. Daher wurden sie ähnlich wie diese behandelt und in einen eigenen Sarg gelegt. Das eigentliche Uschebti ist schlicht gearbeitet. Dagegen weist der anthropoide Miniatursarg eine aufwendigere Dekoration auf. Vor allem sticht das von einer Strähnenperücke eingerahmte Gesicht durch die helle Bemalung hervor. Die restliche Oberfläche des Sarges ist schwarz gehalten, Inschriften und figürliche Darstellungen sind in gelber Farbe ausgeführt. Die Inschriften der Bänder im unteren Bereich des Sarges, die wahrscheinlich die äußeren Mumienbinden darstellen, enthalten auch den Namen des Verstorbenen: Piay.

Rhind 1862, 156–157; Edinburgh 1899, 499, 502, 523, Nr. 551. D. v. R.

106 Uschebti für Neb-su-menu
Neues Reich, 19. Dynastie,
1292–1186/85 v. Chr.
Herkunft unbekannt; Kalzit-Alabaster
H. 34,7 cm; Br. 13,0 cm; T. 8,8 cm
Badisches Landesmuseum, Karlsruhe,
Inv.-Nr. H 12

Den Besitzer dieses großen und qualitätvollen Uschebtis identifiziert die Inschrift als Neb-su-menu, Schreiber des Schatzhauses. In der 19. und 20. Dynastie treten Uschebtis auf, die nicht, wie sonst üblich, in ein Mumientuch gehüllt sind, sondern das zeitgenössische Gewand der Lebenden tragen, das hier aus einem eng anliegenden Untergewand mit weiten, an den Ellenbogen in Falten gelegten Ärmeln sowie einem langen plissierten, vorn ausgestellten Schurz mit Fransenkante besteht. Die vor dem Körper gekreuzten Hände halten rechts einen Djed-Pfeiler und links eine Tit-Schleife. Die gestufte Perücke, das Gesicht und die Inschriften zeigen noch Reste von schwarzer Farbe; ebenso sind Spuren von Ägyptisch Blau und Rot zu finden.

Karlsruhe 1992, 52, 95–96, Nr. 18. S. A.

In der 20. Dynastie kam ein Uschebti-Typ auf, den der französische Ägyptologe Raymond Weill als »albâtres à contours perdus«, (Alabaster[stücke] mit verlorenen Umrissen), bezeichnete. Es handelt sich dabei um immer aus Kalzit-Alabaster gefertigte Figuren, deren Konturen äußerst summarisch wiedergegeben sind. Meist sind sie mit Wachsmalerei in Grün und Rot dekoriert worden. Das Exemplar des Kestner-Museums ist durchaus noch als ein sehr detailreich gearbeitetes Beispiel dieser Gruppe zu bezeichnen, denn ein Gesicht mit Nase, die untere Kontur der über der Brust gekreuzten Arme sowie die in den Mumienbinden steckenden Füße sind als solche deutlich auszumachen. Andere Beispiele der Gruppe zeigen beinahe keine Konturen mehr und sind nur durch die erhaltenen Reste der Wachsmalerei als Uschebti-Figuren zu erkennen. In schwarzer Wachsmalerei sind die Augen und die Arbeitswerkzeuge in den Händen dieser Figur ausgeführt. Der senkrechte Streifen auf der Vorderseite des Stückes, der von horizontalen abwechselnd grün und rot gemalten Steifen eingerahmt wird, ist nicht dekoriert. Hier wäre eigentlich eine kurze hieroglyphische Beschriftung zu erwarten, die im Wesentlichen den Grabbesitzer nennen sollte. Da hier keine Spuren von schwarzer Farbe zu finden sind, kann davon ausgegangen werden, dass das Stück nicht beschriftet war. Datierbar ist diese Gruppe von einfachen Uschebtis nur durch den Umstand, dass sie auch zur Grabausstattung von ägyptischen Herrschern gehörten, nämlich den Pharaonen Ramses IV., VI., VII., IX., X., XI., die alle in der 20. Dynastie regierten und deren Gräber sich im Tal der Könige befinden.

UNVERÖFFENTLICHT. C. E. L.

107 Uschebti
Neues Reich, 20. Dynastie, um 1150 v. Chr.
Herkunft unbekannt
Kalzit-Alabaster mit Bemalungen
in Wachsmalerei; H. 16,3 cm; Br. 5,1 cm
Kestner-Museum Hannover,
Inv.-Nr. 1935.200.134

Totenfiguren konnten im Laufe der Zeit je nach Bedarf in ganz unterschiedlichen Behältern ins Grab mitgegeben werden. Während für einzelne Uschebtis oft ein Modellsarg zur Aufbewahrung diente, waren bei einer größeren Anzahl bemalte Holzkästen die Regel. In der Ramessidenzeit kam es außerdem eine Zeit lang in Mode, mehrere Figuren in einem runden, meist nur flüchtig bemalten Deckelgefäß zu deponieren. Der hohe, nach unten leicht ausladende Topf mit ringförmiger Standfläche enthält in einer senkrechten Schriftzeile den Anfang einer Gebetsformel und den Namen des Besitzers: »Worte gesprochen durch den Osiris, den Gottesvater Itju«. Zu beiden Seiten hocken je zwei der Horussöhne mit Blickrichtung auf die Textzeile. Auf dem Deckel liegt rundplastisch ausgearbeitet eine schwarz bemalte Schakalsfigur, wohl der Totengott Anubis.

HEIDELBERG 1986, 146, NR. 328; LINZ 1989, 212, NR. 195. B. G.-L.

108 Uschebti-Behälter
Neues Reich, 19./20. Dynastie,
um 1250–1100 v. Chr.; wohl aus der Gegend
von Abusir; Nilton mit weißlichem Überzug
und schwarzer Bemalung; H. 18,2 cm;
max. Dm. 18,8 cm (Gefäß); H. 9,8 cm;
Dm. 15 cm (Deckel); Gesamthöhe 27,8 cm
Sammlung des Ägyptologischen Instituts
der Universität Heidelberg, Inv.-Nr. 14

109 Zwei Aufseher-Uschebtis
3. Zwischenzeit, 21./22. Dynastie,
1070/69 – ca. 735/730 v. Chr.
Herkunft unbekannt; Fayence
H. 13,5 cm; Br. 4,9 cm; T. 3,7 cm (PJG 114) bzw.
H. 11,2 cm; Br. 3,8 cm; T. 2,6 cm (PJG 118a)
Institut für Kunstgeschichte der Johannes
Gutenberg-Universität Mainz, Landesmuseum
Mainz, Inv.-Nr. PJG 114 und PJG 118a

Uschebtis dienten dem Verstorbenen dazu, die ihm im Jenseits auferlegten Arbeiten zu verrichten. Seit dem Neuen Reich treten so genannte Aufseher-Uschebtis auf, die dafür zu sorgen hatten, dass jeder seiner Pflicht nachkam. Diese sind dadurch gekennzeichnet, dass sie die Tracht der Lebenden und eine Perücke tragen. Ein Arm ist in der Regel eng am Körper angewinkelt, in der Hand eine Peitsche, während der andere Arm herabhängt. Oftmals ist das knöchellange Gewand vorne mit einem leicht vorstehenden Schurz versehen. Im Idealfall wurden 365 Arbeiter sowie 36 Aufseher ins Grab gelegt. Bei den beiden hier abgebildeten Aufsehern wurden einzelne Details, wie das am Hinterkopf geknotete Stirnband, die Haarsträhnen, die Augen, die Kontur der Peitsche und die Namen, durch die Bemalung zusätzlich hervorgehoben. Als Besitzer werden Nes-anchef-en-maat (PJG 114, links im Bild) und Djedchonsu-iuef-anch (PJG 118a, rechts im Bild) genannt.

Schlick-Nolte/von Droste zu Hülshoff 1984, 131–133 und 134–135; Mainz 2004, 50, Nr. I.8.2. und I.8.1; Köln 1992, 46, Nr. 334 (eine genaue Parallele zu PJG 114). B. H.

110 Aufseher-Uschebti für Nes-ta-nebet-taui
3. Zwischenzeit, 21. Dynastie,
1070/69–946/45 v. Chr.
Wahrscheinlich aus Theben-West,
Deir el-Bahari, Bab el-Gasus
Fayence, blaue Glasur; H. 9,7 cm
Ägyptische Sammlung, Museum Schloss
Hohentübingen, Tübingen, Inv. 149

Diese Totenfigur zeigt die typischen Merkmale eines Aufseher-Uschebtis: Anstelle der Mumienumhüllung trägt sie die Tracht der Lebenden mit deutlich vorstehendem Schurz, auf dem der Name der Verstorbenen vermerkt ist. In der angewinkelten Linken hält der Aufseher eine Peitsche. Die Glasur sowie die schwarzen Konturlinien sind an vielen Stellen stark abgerieben. Unklar ist, ob dieses Stück zur Grabausstattung einer Sängerin des Amun namens Nes-ta-nebet-taui gehörte, von der sich neben zahlreichen Uschebtis auch das Sargensemble und ein Totenpapyrus erhalten haben. Diese Frau wurde in einem der Sammelgräber von Deir el-Bahari bestattet, die während der 21. Dynastie angelegt wurden. Einer genauen Zuweisung steht neben stilistischen Vorbehalten auch die Tatsache im Wege, dass dort mehrere Frauen mit diesem Namen beigesetzt waren.

Tübingen 1981, 278–279; Aubert 1998, 80; Janes 2002, 110–111. D. v. R.

111 Uschebti-Kasten
Neues Reich, wohl ramessidisch,
1292–1070/69 v. Chr.
Theben-West
Holz, stuckiert und bemalt
H. 24 cm; L. 27 cm, Br. 14 cm
National Museums of Scotland, Edinburgh,
A. 1972.31

Der rechteckige Kasten zur Aufbewahrung von Uschebtis weist auf allen Seiten eine polychrome Dekoration mit Motiven auf, die in dieser Epoche häufig auf Uschebti-Kästen angebracht sind. Auf den beiden Schmalseiten sind die Horussöhne abgebildet – auf der einen Seite Amset und Hapi, auf der anderen Duamutef und Kebehsenuef –, die Stoffstreifen darbringen. Die beiden Längsseiten zeigen die Verstorbene namens Tameret in Kontakt mit verschiedenen Gottheiten. Einmal ist sie mit einem Stabstrauß in der Hand vor dem thronenden Osiris und der hinter ihm stehenden Isis zu sehen. Auf der gegenüberliegenden Seite kniet sie vor der aus einer Sykomore kommenden Baumgöttin und erhält von ihr eine Wasserspende. Weibliche Gottheiten, vor allem Nut oder wie hier Hathor, erscheinen häufig inmitten eines Baums, um die Verstorbenen mit Speisen und Getränken zu versehen (Vignette zu Tb 59).

Unveröffentlicht. D. v. R.

112 Uschebti für Nes-chons
3. Zwischenzeit, 21. Dynastie,
ca. 1000–975 v. Chr.
Theben-West, Deir el-Bahari (TT 320)
Fayence, H. 16,5 cm; L. 5,6 cm; Br. 3 cm
Musée Archéologique de Strasbourg,
Inv. 11.987.0.105

113 Uschebti für Nes-ta-nebet-ischeru
3. Zwischenzeit, 21. Dynastie,
ca. 980–935 v. Chr.
Theben-West, Deir el-Bahari (TT 320)
Fayence, H. 15,2 cm; L. 5,4 cm; Br. 2,9 cm
Musée Archéologique de Strasbourg,
Inv. 11.987.0.103

Nes-chons, Ehefrau des Hohepriesters Pinodjem II. und oberste Vorsteherin des Harems des Gottes Amun, verstarb 974 v. Chr. Damit lassen sich die für sie hergestellten Totenfiguren relativ präzise datieren, müssen sie doch vor diesem Datum angefertigt worden sein. Das mumiengestaltige Uschebti hält in beiden Händen zwei Hacken, auf dem Rücken ist das Säckchen zu erkennen. In sechs horizontalen Zeilen ist der Uschebti-Spruch (Tb 6) angebracht. Für die Uschebtis der Nes-chons haben sich zwei Exemplare eines Dekrets erhalten, in dem deren vollständige Bezahlung erwähnt sowie die Wirksamkeit der Uschebtis für Nes-chons durch den Gott Amun gewährleistet wird.

Strasbourg 1998, 90–91, Nr. 178; Janes 2002, 103–106. D. v. R.

Das mumiengestaltige Uschebti weist eine leuchtend blaue Glasur auf. Die Augen, Augenbrauen, die Perücke sowie die Hacken und das Säckchen auf dem Rücken sind in schwarzen Linien nachgezogen. Im Gegensatz zu dem Uschebti ihrer Mutter Nes-chons ist die Inschrift mit dem Uschebti-Spruch (Tb 6) in sieben senkrechten Zeilen angebracht. Nes-ta-nebet-ischeru, wohl Tochter von Pinodjem II., wurde wie ihre Eltern in der königlichen Cachette von Deir el-Bahari beigesetzt. Ihre Mumie gehört mit zu den besterhaltenen aus diesem Grab.

Strasbourg 1998, 91–92, Nr. 179; Janes 2002, 107–109. D. v. R.

114 **Uschebti des Ahmose-sa-neith**
Spätzeit, 26./27. Dynastie,
ca. 550–500 v. Chr.
Wohl aus Saqqara
Fayence
H. 18,5 cm; L. 5 cm; Br. 3,8 cm
Hessisches Landesmuseum Darmstadt,
Inv.-Nr. HLMD-A-82-34

Die Totenfigur des Kammervorstehers Ahmose-sa-neith – hier in der Kurzform Ahmose wiedergegeben – ist ein qualitätvolles Beispiel für die aus Fayence hergestellten Uschebtis der Spätzeit. Die Gesichtspartien, der Bart, die Perücke sowie die Gerätschaften und das Säckchen auf dem Rücken sind fein aus der Matrize herausmodelliert. Auf dem unteren Teil ist in neun Zeilen der Uschebti-Spruch (Tb 6) angebracht. Von Ahmose-sa-neith sind weitere Grabbeigaben bekannt, aufgrund derer man dieses Uschebti an das Ende der 26. Dynastie bzw. an den Beginn der 27. Dynastie einordnen kann. Das ursprünglich blau glasierte Uschebti weist an vielen Stellen Verbrennungsspuren auf, die von einem Bombenangriff aus dem 2. Weltkrieg herrühren.

Schlick-Nolte/von Droste zu Hülshoff 1984, 29–31. D. v. R.

115 **Uschebti für Hor**
30. Dynastie/ptolemäsich, ca. 350–320 v. Chr.
Herkunft unbekannt; Fayence
H. 20 cm; L. 6 cm; Br. 4,8 cm
Musée Archéologique de Strasbourg,
Inv. 11.987.0.45

Hor war in der ausgehenden 30. Dynastie eine wichtige Persönlichkeit, so wird er in der Inschrift dieser Totenfigur unter anderem als General tituliert. Sein Status mag die hohe Qualität einiger seiner Uschebtis erklären, was sich in der Ausgestaltung der Gesichtspartie, der Perücke, der Arbeitsinstrumente sowie in der Inschrift mit dem Uschebti-Spruch (Tb 6) zeigt.

Strasbourg 1998, 97–99, Nr. 186. D. v. R.

116 **Mumie auf Löwenbahre**
Spätes Neues Reich bis Spätzeit,
1. Hälfte des 1. Jts. v. Chr.
Herkunft unbekannt
Kalzit-Alabaster
L. 16,8 cm; H. 5,3 cm; Br. 2,7 cm
Kestner-Museum Hannover,
Inv.-Nr. 1935.200.527

Eine Mumiengestalt ruht auf einer Totenbahre, die von zwei Löwenkörpern gebildet wird. Die für diese Art von Möbel unproportional riesigen Löwenköpfe erheben sich über dem Kopf des Aufgebahrten, der die dreiteilige Götterperücke und einen (Götter?-)Bart trägt. Der Verstorbene ist hier offensichtlich als der Totengott Osiris dargestellt. Dies erklärt auch, warum die Basisplatte der Skulptur weit über das Fußende der Bahre verlängert ist. Denn hier zu Füßen des Toten hockte einst eine noch in Fragmenten zu erkennende weibliche Figur: die um den Gatten trauernde Göttin Isis. Während Isis immer am Fußende der Bahre trauernd gezeigt wird, befindet sich parallel dazu am Kopfende meist ihre Schwester Nephthys. Auf sie wurde hier offensichtlich zu Gunsten der großen Löwenköpfe verzichtet. Das Objekt ist leider nicht beschriftet. Aus stilistischen Gründen sollte es ungefähr in den Zeitraum vom Ende des Neuen Reiches bis in die Spätzeit hinein, also in die erste Hälfte des 1. Jts. v. Chr. (20.–26. Dynastie) datiert werden. Diese Datierung schließt jedoch von vornherein zwei Dinge aus, die für dieses Objekt bisher in Betracht gezogen wurden. Es handelt sich offensichtlich nicht um ein Stück aus versteinertem Holz, obwohl dies die dunkelfarbige Maserung des Steines vermuten ließe. Altägyptische Objekte aus diesem Material sind nur extrem selten belegt und stammen durchweg aus der 18. Dynastie. Des Weiteren kann das Objekt nicht zur typologisch sehr verwandten Gruppe der so genannten Bahren-Uschebtis gehören. Neben den Uschebtis in Gestalt von Kornmahlenden Personen stellen auch die auf einer Bahre liegenden Uschebtis eine Sondergruppe der Totenfiguren dar, die bisher jedoch nur für die späte 18. und ganz frühe 19. Dynastie nachweisbar ist.

Hornemann 1957, 793; Loeben 1987. C. E.L.

117 Uschebti für Pharao Amenhotep III.
Neues Reich, 18. Dynastie,
1388–1351/50 v. Chr.
Vermutlich aus Abydos; Rosengranit
Erhaltene H. 39,5 cm; Br. 15,9 cm; T. 12,5 cm
Kunsthistorisches Museum Wien, Ägyptisch-Orientalische Sammlung, Inv.-Nr. 8188

Diese besonders große Figur ist aus Rosengranit gefertigt, einem Material, das Königen vorbehalten war. Wie alle Uschebtis ist sie mumienförmig, doch halten die Fäuste statt der Arbeitsgeräte zwei Anch-Zeichen, Symbol für das Leben. Das Gesicht zeigt die Charakteristika eines Porträts von Amenhotep III.: volle Wangen, große vorquellende und schräg stehende Augen sowie den Mund mit aufgeworfenen Lippen. Durch das Nemes-Kopftuch mit der Uräus-Schlange an der Stirn und den langen künstlichen Bart am Bartband ist er als Pharao gekennzeichnet. Die Inschrift enthält statt des Uschebti-Spruches eine für den König in Abydos spezifische Variante und wird daher Amenhotep III.-Formel genannt. Sie beginnt mit einer Anrufung an die Götter, die in der Gegenwart von Osiris sind, für den Verstorbenen zu bitten, dass er am Mahl der Götter teilnehmen könne. Danach folgt die Aufzählung der verschiedenen Arbeiten im Jenseits. Dieser Spruch erscheint auf den Uschebti-Figuren, die im Tempelbezirk des Osiris in Abydos aufbewahrt wurden, jedoch nicht im Grab des Königs. Im Namensring ist der Eigenname Amenhotep Heka-Waset (»Herrscher von Theben«) genannt. Der König tritt nicht als Herrscher mit der vollständigen Königstitulatur im Jenseits auf, sondern als Mensch, als die Person Amenhotep.

Reiser-Haslauer 1990, 103–106; Cleveland 1992, 326, Nr. 68; Wien 1997, 45–46, Nr. 55. E. H.

118 Uschebti für Pharao Sethos I.
Neues Reich, 19. Dynastie, 1290–1279 v. Chr.
Theben-West, Tal der Könige, KV 17
(Grab Sethos' I.); Holz, mit schwarzem
Firnis überstrichen, H. 20,5 cm
Kestner-Museum Hannover, Inv.-Nr. 2157

Die Masse der Uschebtis aus dem Grab Sethos' I. setzt sich aus kleineren Exemplaren aus Fayence, Alabaster und Holz zusammen. In die letztgenannten wurde der Text häufig nur sehr summarisch und ohne Trennlinien zwischen den waagerechten Textzeilen hineingeschnitten. Anschließend wurde die gesamte Figur mit einem schwarzen Firnis überzogen. Der Grund für diesen Lack, der den Text bis zur Unkenntlichkeit überdeckte, ist bis heute nicht geklärt. Von den zwei hölzernen Exemplaren des Kestner-Museums, die August Kestner (1777–1853) zusammen mit einem Wandfragment aus dem Grab von Sethos I. in Italien erworben hat, ist eines leider Kriegsverlust (Inv.-Nr. 2156). Auf dem noch existierenden Stück ist wegen des auf der Rückseite besonders gut erhaltenen Firnisses nur wenig von der Inschrift zu erkennen.

Unveröffentlicht. C. E. L.

Mit Beginn des Neuen Reiches sind Uschebtis auch in den Gräbern der Pharaonen zu finden. 1817 entdeckte Giovanni Battista Belzoni im Tal der Könige das Grab Sethos' I., das die größte Zahl an Uschebtis für einen Pharao des Neuen Reiches enthielt, möglicherweise mehr als 700, die sich in Material, Qualität und Größe unterscheiden und leider, wohl durch die Verwendung als Brennmaterial nach der Entdeckung, stark dezimiert wurden. Die meisten der etwa 350 erhaltenen Exemplare in Sammlungen weltweit sind wie dieses Beispiel von minderer Qualität und aus Holz gefertigt. Das Uschebti trägt eine dreigeteilte Perücke und ist in ein Mumientuch gehüllt, das nur die Hände freilässt. Die gesamte Statuette war mit Bitumen, einem schwarzem Lack, überzogen, der größtenteils abgeplatzt ist oder entfernt wurde. Dadurch ist die Inschrift stark beschädigt, aber die Kartuschen Sethos' I. sind noch auszumachen.

UNVERÖFFENTLICHT. S. A.

119 Uschebti für Pharao Sethos I.
Neues Reich, 19. Dynastie, 1290–1279 v. Chr.
Theben-West, Tal der Könige, KV 17
(Grab Sethos' I.); Holz, Bitumen
H. 19,5 cm; Br. 5,3 cm; T. 3,9 cm
Badisches Landesmuseum, Karlsruhe,
Inv.-Nr. H 204

Zu den Totenfiguren, die im Grab Pharao Sethos' I. gefunden wurden, gehörten auch zahlreiche Uschebtis aus Fayence. Das mumiengestaltige Uschebti trägt eine dreiteilige Perücke, einen Halskragen und Armreifen. In den Händen hält es jeweils eine Hacke. Details sind ebenso wie die mehrzeilige Inschrift in Schwarz aufgetragen. Bei der Gestaltung des Uschebtis wurde auf die Anbringung königlicher Insignien verzichtet. Einzig die in einer Kartusche geschriebenen Königsnamen zeigen, dass es nicht für eine Privatperson angefertigt wurde.

UNVERÖFFENTLICHT. D. v. R.

120 Uschebti für Pharao Sethos I.
Neues Reich, 19. Dynastie, 1290–1279 v. Chr.
Theben-West, Tal der Könige, KV 17
(Grab Sethos' I.); Fayence, blaue Glasur
H. 14 cm; Br. 5 cm; T. 2,5 cm
The British Museum London, EA 8897

Pinodjem war zu Beginn der 21. Dynastie Hohepriester des Gottes Amun in Theben. Auch wenn er zunächst König Smendes I. (1070/69–1044/43 v. Chr.), der in Tanis residierte, anerkannte, übte er in weiten Teilen Oberägyptens de facto die politische und militärische Macht aus und nahm später den Königstitel an. Dementsprechend weist dieses sehr flach ausmodellierte Aufseher-Uschebti in der Tracht der Lebenden und mit einer Peitsche in der angewinkelten Rechten zahlreiche königliche Attribute auf, so die mittig über der Stirn platzierte Uräus-Schlange und den kurzen Zeremonialbart. Darüber hinaus ist der Name des Pinodjem in eine Kartusche eingetragen.

LINZ 1989, 202, NR. 169; FRANKFURT 1991, 66–69, NR. 19. D. v. R.

121 Aufseher-Uschebti für Pinodjem I.
3. Zwischenzeit, 21. Dynastie,
um 1030/1020 v. Chr.; Theben-West, Deir el-Bahari (TT 320); Fayence, blaue Glasur
H. 12,2 cm; Br. 4 cm; T. 2,1 cm
Liebieghaus Skulpturensammlung,
Frankfurt am Main, Inv.-Nr. 1706

Das so genannte Seelenhäuschen entstand aus einfachen Opferplatten, die zu Beginn der 12. Dynastie in oder auf ärmlichere Gräber gelegt wurden. In der letzten Entwicklungsphase besaßen diese Modellhäuser die Form typischer Wohnhäuser und verfügten sogar über Details wie Treppen und Gärten. Dieses Seelenhäuschen zeigt eine Zwischenform und ähnelt wahrscheinlich einem in den Fels gehauenen Grab. Es ist charakteristisch für Deir Rife in Mittelägypten. Diese Modelle imitieren Felsgräber, in deren Nachbarschaft sie ausgegraben wurden. Der Eingang zum Grab wird durch vier Säulen gekennzeichnet. Im Innenhof sind verschiedene stilisierte Opfergaben dargestellt. Ein Ausguss in der Mitte diente dazu, flüssige Opfergaben ablaufen zu lassen, die über diese Darstellungen gegossen wurden. Auf der Rückseite des Hauses sind zwei kleine Fenster und am Dach der vorspringende Dachfirst zu sehen. Diese beiden Merkmale scheinen der Vermutung zu widersprechen, dass hiermit ausschließlich ein Grab dargestellt sei. Vereinzelte Spuren deuten darauf hin, dass das Objekt ehemals mit rotem Schlicker überzogen war.

Unveröffentlicht. M. J. R./N. S.

122 Seelenhäuschen
Mittleres Reich, 12. Dynastie,
1976–1794/93 v. Chr.
Deir Rife
Terrakotta
H. 13,5 cm; Br. 25,5 cm; T. 29 cm
Rijksmuseum van Oudheden, Leiden,
Inv.-Nr. F 1939/1.19

Im Gegensatz zu den steinernen, meist rechteckigen Opferplatten des Alten Reiches nehmen sich die runden, aus grob gemagertem Nilton modellierten Exemplare des Mittleren Reiches eher bescheiden aus und repräsentieren tatsächlich auch den Totenkult einer deutlich niedrigeren sozialen Gesellschaftsschicht als die der Mastaba-Besitzer der 4.–6. Dynastie. Neben den so genannten Seelenhäuschen gehören die tönernen Opferplatten zu den typischen Grabbeigaben einer zahlenmäßig recht beachtlichen »Mittelschicht« der 12. Dynastie. Ihren Aufstellungsort muss man sich innerhalb – heute nicht mehr erhaltener – Graboberbauten aus Ziegeln oder in einer Einfriedung um die Grabschächte denken, wo sie die Opferstelle markierten oder sogar eine Totenkultkapelle ersetzen konnten. Charakteristisch für diese einfachen Opferplatten sind ihre rechteckigen, runden oder ovalen Grundformen mit allseits hochgezogenem Rand, einem oder zwei vertieften Wasserbecken in der vorderen Hälfte und einer nach vorne ausgezogenen, offenen Ausgussrinne für das Abfließen der Wasserspende. Bei elaborierteren Exemplaren – wie dem hier gezeigten – findet man am rückwärtigen Rand der Platte, gegenüber dem Ausguss, eine Art Sitz oder Thron, der die Totenkultstelle markiert, an welcher man dem »Ka« des Verstorbenen zu opfern gedachte. Hinzu kommen meist grob geformte Modelle der erhofften Opfergaben, die auf der Platte appliziert wurden. Im vorliegenden Fall lassen sich nur wenige Gaben eindeutig bestimmen: der Kopf eines Rindes auf der rechten Seite und ein davor liegender Rinderschenkel sowie einige ausgelöste Fleischstücke und einige Brote.

Unveröffentlicht. F. K.-S.

123 Opferplatte
Mittleres Reich, 12. Dynastie,
1976–1794/93 v. Chr.
Herkunft unbekannt
gebrannter Ton mit roter Bemalung
H. 6,9 cm; Br. 30,6 cm; T. 35,5 cm
Ägyptisches Museum der Universität Leipzig,
(ÄMUL), 728

124 Modell eines Schlachters mit Rind
Frühes Mittleres Reich, 11. Dynastie, um 2000 v. Chr.
Herkunft unbekannt
Holz, bemalt
Kuh: H. 5,7 cm; L. 16,5 cm;
Mann: H. 13,2 cm; Br. 8,5 cm
Ägyptisches Museum der Universität Bonn, BoS L 1420 und 1420 a

Naturalien gehören zu den frühesten Grabbeigaben, wobei Fleisch, insbesondere das von Rindern, sehr begehrt war. Abbildungen von Schlachtungen sowie die Anlieferung von Fleischbeigaben sind klassische Szenen der Grabdekoration und finden sich vor allem auch als Opfergaben im Kontext der Hauptkultstelle. Statuetten und Figuren, die dem Toten mit ins Grab gegeben werden, haben nach ägyptischem Glauben magische Wirksamkeit im Jenseits. Aus diesem Grunde gibt man vor allem im Mittleren Reich dem Verstorbenen aus Holz gefertigte Modelle mit ins Grab, die eine Versorgung mit Naturalien, wie Rinder- oder auch Geflügelfleisch, und anderen erwünschten Dingen gewährleisten sollen. Selbst kleine Soldatentruppen, Webereiszenen, Darstellungen von Arbeiten im Kornspeicher oder auch Boote gehören zu den eindrucksvollen Funden dieser Zeit und bieten einen breiten Einblick in den Alltag am Nil.

UNVERÖFFENTLICHT. G. P

125 Modell eines Getreidespeichers
Mittleres Reich, 2046–1794/93 v. Chr.
Sedment, Grab des Mertetes (T. 2112)
Holz, bemalt
H. 18,6 cm; Br. 21,6 cm; T. 23,5 cm
National Museums of Scotland, Edinburgh, A. 1921.1661

Getreide, vor allem Emmer und Gerste, gehörte in Form von Brot und Bier zu den wichtigsten Grundnahrungsmitteln im Alten Ägypten. Die Ernteergebnisse waren von der Höhe der alljährlichen Nilüberschwemmung abhängig, so dass der Vorratshaltung in Speichern eine elementare Bedeutung zukam. Da auch die Verstorbenen im Jenseits mit ausreichend Nahrungsmitteln versorgt sein wollten, stellen zahlreiche aus Gräbern stammende Modelle die Herstellung oder Verarbeitung von Nahrungsmitteln dar. Von besonderer Wichtigkeit scheinen Modelle von Getreidespeichern gewesen zu sein, denn hierdurch war der Verstorbene symbolisch für alle Zeit mit Nahrung versorgt. Dabei handelt es sich meist um rechteckige Gebäude, die durch eine Tür in der Außenmauer Zugang zu einem Innenhof gewähren. Über eine Treppe gelangt man auf das Dach der Speicher, von wo aus sie über Öffnungen aufgefüllt werden konnten. Bei dem vorliegenden Modell könnte es sich um einen solchen Speicher handeln. Bis auf das nicht vorhandene Dach weist es ganz typische Merkmale dieser Bauten auf. Einer der dargestellten Arbeiter könnte einen Schreiber mit Schreibtafel wiedergeben, wie er auch für die anderen Speichermodelle ganz charakteristisch ist; er führt genau Buch über die gelieferten Getreidemengen.

PETRIE 1924, 12. D. v. R.

126 Modell einer Ente und eines Gänse- oder Enteneies
Mittleres Reich, 2046–1794/93 v. Chr.
Herkunft unbekannt
Kalzit-Alabaster
L. 10,6 cm; Br. 4,1 cm; L. 6,1 cm
National Museums of Scotland, Edinburgh, A. 1911.338 (Ente) und A. 1921.881 (Ei)

Anstelle realer, vergänglicher Lebensmittel stellte es in den Augen der Ägypter einen gleichwertigen Ersatz dar, den Verstorbenen Nahrung nur symbolisch zur Verfügung zu stellen, beispielsweise in Form von bildlichen Darstellungen an der Grabwand oder von Modellen. Dies hatte zudem den Vorteil, dass die Nahrungsmittel dauerhaft zur Verfügung standen. In diesem Zusammenhang sind auch die Modelle eines Eies und einer Ente zu sehen. Letztere ist naturgetreu ausgearbeitet und stellt das Tier in bratfertigem Zustand dar.

BOURRIAU 1988, 102, NR. 87A (ZUR ENTE). D. v. R.

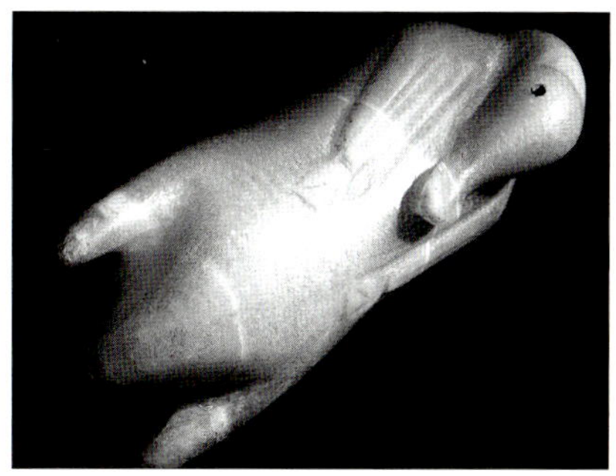

127 Zwei Scheingefäße der königlichen Amme Senetnaj
Neues Reich, 18. Dynastie, um 1425 v. Chr.
Theben-West, Tal der Könige, KV 42
Kalkstein, partiell bemalt
H. 12,4 cm und 16,7 cm
Kestner-Museum Hannover,
Inv.-Nr. 1935.200.255 und 256

Als der englische Archäologe Howard Carter 1900 das Grab Nr. 42 im Tal der Könige ausgrub, fand er unter anderem auch vier Kanopenkrüge einer Dame namens Senetnaj, die die Titel »Amme des Königs« und »Schmuck(stück) des Königs« trug. Sie war die Gattin des Bürgermeisters von Theben, Sennefer, und da mehrere Objekte mit diesen beiden Namen im Grab gefunden wurden, ging Carter anfänglich sogar davon aus, es würde sich bei dem Grab um das des Sennefer handeln. Inzwischen weiß man, dass Sennefer nicht im Tal der Könige, sondern in der Beamtennekropole von Sheich Abd el-Qurna bestattet wurde. Seine Gattin Senetnaj hingegen erhielt als Amme des Pharaos Amenhotep II., dem lang erwarteten Sohn und Thronfolger von Thutmosis III., das Privileg, im Tal der Könige bestattet zu werden. Das Kestner-Museum besitzt zwei der von Howard Carter gefundenen Kanopenkrüge der Senetnaj (Inv.-Nr. 1935.200.253 und 1018) sowie zwei Scheingefäße unterschiedlichen Typs. Die Scheingefäße sind massiv aus Kalkstein gefertigt und nicht wie echte Gefäße innen hohl. Sie sollen als steinerne, besonders haltbare und damit »ewige« Stellvertreter der echten Gefäße dienen, die im Falle der zwei vorliegenden Typen normalerweise aus einem vergänglicheren Material wie Ton oder Fayence gefertigt waren. Die Inschriften auf beiden Scheingefäßen sind identisch: »Die bei Osiris Versorgte, die Amme des Königs, Senetnaj, gerechtfertigt«.

Hildesheim 1987, 304, Nr. 257; London 1996, 69 ; Loeben 2005.a; Loeben (im Druck 2). C. E. L.

128 Schwarzen Porphyr imitierendes Keramikgefäß
Neues Reich, späte 18.–frühe 19. Dynastie, um 1300 v. Chr.
Wahrscheinlich aus Theben
Keramik, bemalt und gefirnisst
H. 15,2 cm; Dm. 13,2 cm
Kestner-Museum Hannover,
Inv.-Nr. 1935.200.350

Das Gefäß besteht aus rötlich gebranntem Ton und weist eine ausladende Fußplatte auf. Seine Wandung erweitert sich nach oben zu einer großen Öffnung mit vorgezogener, rechtwinklig umbrechender Lippe, die oben gewölbt und mit einem Dreiecksmuster bemalt ist. Die Oberfläche ist gänzlich mit einer dünnen weißen Stuckschicht bedeckt, die in der Gefäßinnenseite unbemalt blieb. Außen ist sie hauptsächlich schwarz bemalt. Sowohl die für Keramikgefäße ungewöhnliche Form eines Salbgefäßes als auch die Bemalung zeigen eindeutig, dass hier die Imitation eines wertvollen Steingefäßes vorliegt. Die Sprenkelung von länglichen weißen Elementen innerhalb der schwarzen Bemalung weist auf den für Steingefäße gern benutzten Schwarzen Porphyr als imitiertes Hartgestein hin. Die weiteren farbigen Elemente der Bemalung sollen wohl in den Stein eingearbeitete Einlagen aus anderen Mineralien andeuten: unterhalb der Lippe ein Kranz aus hängenden roten Knospen und grünen Blättern sowie in der Gefäßmitte ein Feld mit in Ägyptisch Blau ausgeführter hieroglyphischer Beschriftung, über das ein inzwischen gelblich verfärbter Firnis gestrichen wurde. In drei Kolumnen ist hier »Die bei Osiris Geehrte, die Hausherrin Henut, gerechtfertigt« genannt, aus deren Grabausstattung dieses Gefäß mit Sicherheit ursprünglich stammte. Auf einem um 1940 aufgenommenem Photo des Gefäßes ist noch zu sehen, dass die zwei rechten Kolumnen der Inschrift perfekt erhalten waren, jedoch die letzte mit der Nennung des Eigennamens schon damals den gleichen schlechten Zustand wie heute aufwies. Dies erweckt den Verdacht, dass der Besitzername des Gefäßes bereits in der Antike gezielt abgekratzt wurde.

Hildesheim 2006, 280–281, Nr. 322. C. E. L.

129 **Scheingefäße**
Altes Reich, 5. Dynastie,
ca. 2454–2297 v. Chr.; Gize
Kalzit-Alabaster
Kunsthistorisches Museum Wien,
Ägyptisch-Orientalische Sammlung

Waschschüssel; Inv.-Nr. 7861
H. 4,7 cm; Dm. 7,6 cm.
Wasserkanne; Inv.-Nr. 7776
H. 4,3 cm; Dm. 3,1 cm.
Krug; Inv.-Nr. 7782; H. 5,5 cm; Dm. 3,9 cm.
Sieben Salbtiegel; Inv.-Nr. 7826, 7827, 7828, 7829, 7830, 7832, 7833
H. 5–6,55 cm; Dm. 2,55–3,25 cm.
Gefäße mit annähernd zylindrischem Körper wurden für die verschiedenen Salböle verwendet. In den Opferlisten werden sieben Arten von Salbölen genannt.
Vier Vorratsgefäße
Inv.-Nr. 7693, 7773, 7774, 7775
H. 4,2 cm–4,7 cm; Dm. 3,2 cm–3,6 cm.
Zwei Gefäße mit Standring
Inv.-Nr. 7694, 7772
H. 5 cm bzw. 5,2 cm; Dm. 2,7 cm.
Die hohen Gefäße stellen vermutlich Weinkrüge dar, die auf einem Ringständer stehen.
Zwei Weingefäße auf Gefäßständer,
Inv.-Nr. 7695, 7696
H. 6,7 cm bzw. 6,8 cm; Dm. 2,8 cm bzw. 9 cm.
Zwölf Schüsseln; Inv.-Nr. 7680, 7681, 7682, 7685, 7686, 7687, 7688, 7689, 7690, 7691, 7692, 7706, 7709
H. 0,9 cm–1,6 cm; Dm. 3,7 cm–5,2 cm.
Sieben Schalen; Inv.-Nr. 7683, 7684, 7690, 7702, 7703, 7704, 7705
H. 0,8 cm–1,6 cm; Dm. 3,8 cm–6,9 cm.
Drei Teller; Inv.-Nr. 7707, 7708, 7710
H. 1,2–1,4 cm; Dm. 4,8–7,4 cm.

Eine große Anzahl von Gefäßen in Miniaturformat wurde zusätzlich zu den Vorratsgefäßen mit den Speisen ins Grab mitgegeben. Sie werden nicht nur wegen der geringen Größe als Scheingefäße bezeichnet, sondern auch weil sie nicht hohl sind und stattdessen nur eine Eintiefung an der Mündung besitzen. Sie standen stellvertretend für die echten Gefäße aus Keramik oder Stein. Die Vielzahl sollte die Versorgung des Toten für die Ewigkeit garantieren. Dazu gehörten auch die Waschschüssel mit der Wasserkanne und die Salbgefäße. Vor Beginn des Mahles war die Reinigung des Körpers, das Salben und das Räuchern notwendig. Dies geht auch aus den Opferlisten hervor. Trotz der schematischen Ausführung lassen sich die Formen einzelner Gefäßtypen erkennen, die auf eine unterschiedliche Verwendung hindeuten.

Schallaburg 2004, 312–313, Nr. 150. E. H.

130 **Modell eines Brauers**
Mittleres Reich, 2046–1794/93 v. Chr.
Vielleicht aus Beni-Hassan
Holz, bemalt
H. 20,3 cm; L. 21,6 cm; Br. 7,6 cm
National Museums of Scotland, Edinburgh, A. 1912.295

Die Versorgung der Verstorbenen mit Bier war fast ebenso bedeutsam wie die mit Brot, was das Bierbrauen zu einem beliebten Motiv der Grabmodelle werden ließ. Wie auch in diesem Fall steht ein Brauer häufig hinter einem hüfthohen Bottich. In diesem befindet sich ein Sieb, darunter ein Ausguss. Der Brauer wird in dem Augenblick dargestellt, in dem er die Maische, die aus zerstückeltem, leicht angebackenem Brot und vergorener Dattelessenz besteht, durch das Sieb presst. Unter Hinzufügung von Wasser wurde die Braumasse dann in Amphoren gefüllt, in denen sie zu Bier gären konnte.

Unveröffentlicht. D. v. R.

Mit diesem Spielbrett ließ sich das im Alten Ägypten sehr beliebte Senet-Spiel spielen. Man spielte zu zweit, wobei es das Ziel war, als Erster mit seinen Spielsteinen ins Ziel zu gelangen. Jeder Spieler verfügte über fünf bis sieben Spielfiguren. Diese unterschieden sich in Form oder Material, so konnten die des einen Spielers kegel-, die des anderen spulenförmig sein. Wie weit man ziehen durfte, wurde meist durch Wurfstäbe entschieden. Das Brett besteht aus 30 Feldern, die in drei Reihen angeordnet sind und durchwandert werden müssen. Die genauen Spielregeln sind nicht bekannt. Wie bei diesem Exemplar sind die letzten fünf Felder oft mit Hieroglyphen versehen, bei denen es sich vermutlich um Spielanweisungen handelt. Dieses Spielbrett zeichnet sich durch einen figürlichen Dekor in Form einer gefleckten Pantherkatze an der rechten Schmalseite aus, worin vielleicht eine Umdeutung des Riegels für das Schubfach, in dem die Spielfiguren aufbewahrt wurden, zu sehen ist. Das Senet-Spiel fand häufig als Grabbeigabe Verwendung und wurde öfters in Gräbern abgebildet. Seit dem Neuen Reich wird dem Spiel eine religiöse Bedeutung zugeschrieben und aus diesem Grund wird es auch im Totenbuch erwähnt (Tb 17). Man verglich das Spiel mit der Reise durch die Unterwelt und der siegreiche Ausgang gewährte dem Gewinner die Wiedergeburt.

Höhr-Grenzhausen 1978, 112; zum Riegel vgl. Pusch 1979, 309. D. v. R.

131 **Spielbrett**
Neues Reich, 19. Dynastie, um 1200 v. Chr.
Herkunft unbekannt
Fayence, blaue Glasur
L. 41 cm; Br. 13 cm; H. 3,5 cm
Museum Wiesbaden, Sammlung Nassauischer Altertümer, Wiesbaden, Inv.-Nr. DS 30; Dauerleihgabe im Senckenberg Forschungsinstitut und Naturmuseum, Frankfurt am Main

132 **Zwölf Spielsteine**
Byzantinische Zeit, 395–642 n. Chr.
Herkunft unbekannt
Fayence, blau und grün
H. 1 cm–2,4 cm
Adelhausermuseum, Natur- und Völkerkunde Freiburg, Inv.-Nr. Ae 749 a-d

133 Pyramidion von Ptahemwia
Neues Reich, späte 18. Dynastie,
um 1325 v. Chr.
Saqqara
Kalkstein
H. 42 cm; Br. 28 cm; T. 28 cm
Rijksmuseum van Oudheden, Leiden,
Inv.-Nr. AM 7bis

Als die Pyramidenform für königliche Gräber in der 18. Dynastie aufgegeben wurde, führte man Pyramiden aus Nilschlammziegeln ein, um Gräber von Privatpersonen zu kennzeichnen. Diese kleinen Bauten wurden von einem Pyramidion aus Stein gekrönt. Während die Teile aus Ziegeln größtenteils vergangen sind, haben zahlreiche aus Kalk- oder Sandstein gefertigte Pyramidia überdauert. Beispiele aus härterem Gestein sind ebenfalls bekannt. Die größte Zahl kann dem Neuen Reich zugerechnet werden, auch wenn die Pyramidia erst nach der ptolemäischen Epoche endgültig verschwanden. Die meisten wurden in Theben (Deir el-Medine) und Saqqara gefunden. Die Verzierung dieser Objekte erfolgte im Großen und Ganzen nach solaren Motiven. Auf der Vorderseite dieses Exemplars ist der verstorbene Ptahemwia in Gebetshaltung dargestellt. Der Hieroglyphentext ist Re-Harachte und Osiris gewidmet. Über dem Verstorbenen ist der Gott Anubis als Schakal zu erkennen. Die Frau des Verstorbenen und ihre drei Kinder sind in andächtiger Pose auf der rechten und zwei weitere Frauen auf der Rückseite abgebildet. Auf der linken Seite sind die Götter Re-Harachte und Osiris zu erkennen.

Leiden 1912, Nr. 2, Tf. I und XV; Rammant-Peeters 1983, Dok. 35; Schneider 1998, Abb. 88. M. J. R./N. S.

134 Stelophor des Userhat
Neues Reich, 1550–1070/69 v. Chr.
Herkunft unbekannt
Sandstein, bemalt
H. 41 cm; Br. 12 cm; T. 16 cm
The British Museum London, EA 2294

Stelophoren (Stelenträger) gehören zu den Neuschöpfungen in der Privatplastik während der 18. Dynastie. Der meist knienden, oder wie hier stehenden, Statue ist eine Stele vorangestellt, die die dargestellte Person verdeckt; lediglich der Kopf schaut über der Stele hervor. Letztere wird von den erhobenen Armen des Inhabers gehalten oder nur leicht berührt. Während des Neuen Reiches enthält der Stelentext vorwiegend einen Hymnus an den Sonnengott, und Stelophoren waren oft in die architektonische Gestaltung von Privatgräbern eingebunden. Sie waren direkt über dem, im Idealfall nach Osten ausgerichteten, Grabeingang in einer Nische der das Grab bekrönenden Ziegelpyramide aufgestellt. Der Aufstellungsort und der Inhalt der Texte zeugen von der besonderen Bedeutung der aufgehenden Sonne für die Verstorbenen, wie auch der Hymnus dieses Stelophors verdeutlicht: »Re (= Sonnengott) anbeten bei seinem Aufgang, bis er wieder untergegangen ist als Lebender (und) als Versorgter (= Verstorbener), den, der in der Abendbarke ist, und den, der in der Morgenbarke ruht, durch Userhat, gerechtfertigt. Er sagt: ›Gegrüßt seist du, Re, Herr der Unendlichkeit, Herrscher der Ewigkeit. Ich gebe dir Lobpreis, ich huldige dir, ich ehre deine Macht für alle Zeit. Mögest du mich in der Nekropole ein- und ausgehen lassen, damit ich die Luft atme, die du tagtäglich gibst‹.«

Vandier 1958, 464; Stewart 1967, 37 und Tf. IV. D. v. R.

Jenseitsvorstellungen

»Der Tod steht heute vor mir«*

Der Übergang ins Jenseits und die Fortexistenz des Verstorbenen

Marcus Müller-Roth

Die Religion der Alten Ägypter ist uns aufgeklärten Mitteleuropäern häufig fremd und manchmal sogar unheimlich. Während die Dekoration ihrer Gräber besonders durch ihre Farbigkeit begeistert, irritiert uns der Anblick der vielen unterweltlichen Wesen, deren bedrohliche Gebärden und bisweilen fratzenhafte Gesichter uns erschrecken.[1] Dabei ist die altägyptische Grundkonzeption des Jenseits dem christlichen Weltbild keineswegs fern. Auch die Ägypter glaubten an die Unsterblichkeit der Seele und waren davon überzeugt, dass der Verstorbene im Jenseits seiner Lebensführung entsprechend belohnt oder bestraft wird.

Was den Zeitpunkt und die Auswirkung des Todes betrifft, herrschen dagegen große Unterschiede. Die natürlichen Vorgänge lassen den Tod als zweiphasigen Prozess erscheinen: Der erste Abschnitt beginnt mit dem Exitus und umfasst den Zeitraum der Verwesung; während des zweiten, zeitlich unbegrenzten Abschnitts sind vom Leichnam nur noch die Knochen übrig. Erst die moderne Medizin hat erkannt, dass der biologische Tod im Augenblick des Dahinscheidens eintritt. Für viele Kulturen ist die erste Phase dagegen noch kein Zustand des endgültigen Todes, sondern ein Übergangsstadium zwischen Diesseits und Jenseits und eine Phase der Halbexistenz. Deshalb bestatten diese Gesellschaften den Leichnam zunächst übergangsweise und betten die Überreste nach der vollständigen Verwesung an einen anderen Ort um (Sekundärbestattung).

Den Ägyptern war diese Sitte fremd. Stattdessen entwickelte man Methoden wie die Mumifizierung, um den Körper vor dem Verwesungsprozess und dem zweiten Stadium des Todes zu bewahren.[2] Diese Maßnahmen sind sowohl technischer wie ritueller Art. Der Verstorbene kann so in einem Totenreich weiterexistieren, in dem er im strengen Sinne nicht tot ist. Dem wahren Tod ist er entronnen und führt stattdessen ein jenseitiges »Leben«: »Für den Ägypter ist der Tod der Durchgang zu einer Fortsetzung des Lebens mit anderen Mitteln.«[3]

Genauso wie der Leichnam muss auch der psychische Teil des Verstorbenen geschützt werden. Der Aufwand dazu fällt nicht geringer aus als die Bemühungen um die körperliche Erhaltung. Dies hat seine Ursache unter anderem darin, dass die Seelenvorstellung der Ägypter keineswegs eindimensional war. Die überlieferten Texte und Darstellungen deuten auf mindestens ein halbes Dutzend nichtkörperliche Aspekte der Person, die annähernd das umfassen, was wir gemeinhin unter einer Seele verstehen (Polypsychismus).

Als Quelle dient beispielsweise das Totenbuch, eine Spruchsammlung aus knapp 200 Einzelsprüchen und dazugehörigen Abbildungen (Vignetten), von denen eine Auswahl dem Verstorbenen auf

135 **Ba-Vogel**
Spätzeit bis römisch, 746 v. Chr.–395 n. Chr.
Herkunft unbekannt
Holz, stuckiert
H. 14 cm; Br. 22 cm
The British Museum London, EA 29597

einer Papyrusrolle mit ins Grab gegeben wird.[4] Die Sprüche oder Kapitel des Totenbuchs (Tb) enthalten jedoch mehr als eine Beschreibung des Jenseits. Sie weisen auch konkret auf Gefahren hin und nennen dem Verstorbenen gleich den geeigneten magischen Spruch, den er zur Abwehr nur noch aufsagen muss. Obwohl das Totenbuch erst um 1600 v. Chr. entstand, ist sein Textgut und damit auch die Vorstellung der einzelnen Seelenkomponenten wesentlich älter. Ein Teil der Totenbuch-Kapitel geht nämlich unmittelbar auf die ältere Spruchsammlung der Sargtexte zurück, die ihrem Namen entsprechend vorwiegend auf Särgen des Mittleren Reichs verbreitet sind.[5] Die Schilderung der Sargtexte basiert fast ausschließlich auf textlichen Aussagen,[6] während das Totenbuch von Beginn an Illustrationen besitzt, die im Laufe des 2. Jts. v. Chr. an Bedeutung gewinnen und im 1. Jt. v. Chr. den Texten gleichwertig zur Seite stehen.[7] Die Sargtexte wurzeln wiederum in den Pyramidentexten, die bereits im Alten Reich belegt sind. Zu dieser Zeit verfügt der König noch exklusiv über derartiges Spruchgut.[8]

Zu den prominentesten Vorstellungen der Seele gehört der so genannte Ba.[9] Er wird oft als menschenköpfiger Vogel dargestellt, dessen Haupt idealerweise dem Bildnis des Verstorbenen nachempfunden ist. Die Vogelgestalt hängt damit zusammen, dass seine Eigenschaften vornehmlich der Beweglichkeit des Verstorbenen dienen. Zu Lebzeiten sind Körper und Ba noch miteinander vereint. Durch den Tod und spezielle Totenriten ist es dem Ba jedoch möglich, sich von seiner physischen Komponente zu trennen. Als Ba kann der Verstorbene sein Grab verlassen, um den alltäglichen Bedürfnissen nachzugehen, die er auch zu Lebzeiten verspürte: Er kann Nahrung aufnehmen, kommunizieren und sogar sexuell verkehren. Nachts kehrt er zu seinem Leichnam zurück, um sich mit ihm wieder zu vereinigen.

Das Totenbuch der Iahtesnacht zeigt einige dieser Vorgänge.[10] Eine der Vignetten zeigt die Verstorbene vor einer Kapelle stehend, in der ein Ba-Vogel schwebt.[11] Der Titel des dazugehörigen Spruchs (Tb 92) lautet: »Spruch, um das Grab zu öffnen für den Ba und den Schatten[12], um herauszugehen am Tage und Macht über die Füße zu haben.«[13] Direkt daneben hat der Ba bereits das Grab verlassen und fliegt davon. Die Überschrift zu Spruch Tb 91 lautet dementsprechend: »Spruch, damit der Ba eines Mannes nicht eingesperrt wird im Totenreich.«[14] Zwei Szenen rechts davon kehrt der Ba zu seinem Leichnam zurück. Das Bild fängt den Moment ein, in dem der Ba sich auf dem Leichnam niederlässt. Dazu gehört der »Spruch, um zu veranlassen, dass der Ba eines Mannes seinen Leichnam berührt im Totenreich«[15] (Tb 89).

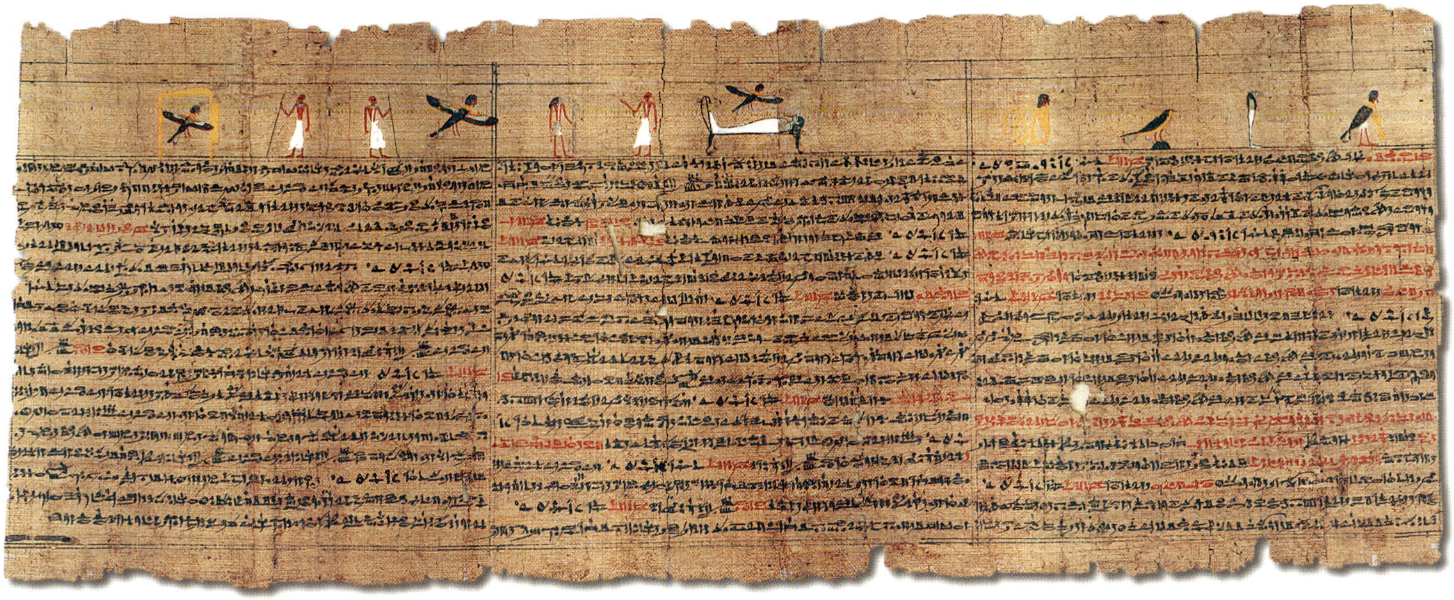

Totenbuch der Iahtesnacht (Kat.-Nr. 146)
Vignette zu Tb 85 bis 92

Bevor der Ba des Verstorbenen diesen Tätigkeiten nachgehen kann, muss er sich jedoch einer Prüfung unterziehen, um zu bestätigen, dass er sich rechtmäßig im Totenreich aufhält. Dies geschieht durch einen Gerichtsprozess, bei dem sich der Verstorbene rechtfertigen muss.[16] Im Alten Reich kam dieses Gericht nur zusammen, wenn jemand gegen den Verstorbenen Anklage erhob. Nach dem Motto »wo kein Kläger, da kein Richter« konnte das Gericht auch entfallen. Im Mittleren Reich gibt es bereits Hinweise, dass sich zumindest der König grundsätzlich vor einem Gericht verantworten musste.[17] Ab dem Neuen Reich überträgt sich dieser Gedanke auf alle Menschen (Demokratisierung).

Auch dieses Szenario schildert in Wort und Bild das Totenbuch der Iahtesnacht. Die Verstorbene, dieses Mal als große Männergestalt und zusätzlich als kleine Frauengestalt dahinter dargestellt, wird in die Gerichtshalle geführt, die zwei gelbe Türflügel begrenzen. Auf dem Richterstuhl sitzt Osiris, der Herrscher des Totenreichs. Ein 41-köpfiges Richterkollegium, das am oberen Rand aufgereiht ist, unterstützt ihn bei der Verhandlung.[18] Sein richtig und ordnungsgemäß geführtes Leben bezeugt der Verstorbene, indem er eine Liste von Unschuldsbeteuerungen vorträgt. Diese wird aufgrund ihrer Struktur »Negative Konfession« oder in Anlehnung an die christliche Gottesdienstliturgie »Negatives Sündenbekenntnis« genannt. Die Erklärungen betonen allgemeine Lebensregeln, beteuern die Einhaltung von Tabuvorschriften und versichern eine korrekte Amtsführung des Verstorbenen. Sie sind kanonisch festgelegt und in Tb 125 aufgezeichnet:

»Ich habe kein Unrecht gegen die Menschen vollbracht. / Ich habe keine Gruppe (von Leuten) bedrängt. / Ich habe nichts Krummes an die Stelle der Maat getan. / Ich weiß nicht von Sünden. / Ich habe kein böses Übel getan. / Ich habe nicht gelästert. / Ich war nicht schwach. / Ich habe nicht den Abscheu der Götter getan. / Ich habe keinen Diener vor seinem Vorgesetzen schlecht gemacht. / Ich habe nicht geschlagen.«[19]

Während der Aussage des Verstorbenen liegt sein Herz in der linken Schale einer Waage. Als Gegengewicht dient in der rechten Schale eine Frauenfigur mit Straußenfeder, das Symbol für Wahrheit, Gerechtigkeit und die rechte Weltordnung (ägyptisch Maat). Die Wägung überwachen der schakalköpfige Anubis und der falkenköpfige Horus. Zusätzlich achtet ein Pavian in der Mitte der Waage auf

Totenbuch der Iahtesnacht (Kat.-Nr. 146)
Vignette zu Tb 125, Szene des Totengerichts

136 **Herzskarabäus**
3. Zwischenzeit, 1070/69–714 v. Chr.
Herkunft unbekannt
Basalt
H. 2,3 cm; L. 4,8 cm; Br. 3,7 cm
Hessisches Landesmuseum Darmstadt, HLMD-A-2006-148

das Lot. Der ibisköpfige Thot protokolliert als Gerichtsschreiber das Ergebnis. Hält die Waage die Balance, spricht der Verstorbene die Wahrheit. Lügen beschweren dagegen sein Herz und lassen dessen Schale sinken. Bei diesem Ausgang verschlingt die Kreatur, die vor Thot auf einem Kasten sitzt, den Verstorbenen.[20] Diese »Totenfresserin«, so ihr ägyptischer Name, deren Körperteile teilweise die eines Krokodils und teilweise die eines Löwen sind, ist jedoch kein Wesen, das auf der Seite des Bösen steht. Sie gehört uneingeschränkt zur Seite des Guten, hält sie doch das Unreine aus der Welt der Toten fern.

Da das Herz während der Prüfung außerhalb des Körpers ist und sich damit auch der Kontrolle des Verstorbenen entzieht, bietet das Totenbuch auch einen passenden Spruch, um sich seines Herzens zu versichern (Tb 30B):

»*Mein Herz meiner Mutter, / mein Herz meiner Mutter, / mein Herz meiner Gestalten – / stehe nicht als Zeuge gegen mich auf! / Widersetze dich mir nicht im Gerichtshof! / Erweise mir keine Feindschaft vor dem Wägemeister! / Du bist mein Ka in meinem Leib, / mein Schöpfer (Chnum), der meine Glieder heil macht. / Mögest Du zu dem schönen Ort herausgehen, / der uns dort zugewiesen ist. / Mache meinen Namen nicht anrüchig für die Räte, / welche Menschen zu Auferstehenden machen! / Gut ist das für uns, gut für den Verhörenden, / eine Freude für den, der richtet. / Sage keine Lüge gegen mich bei dem Großen Gott, dem Herrn des Westens! / Siehe, erhoben bist du, so dass du gerechtfertigt bist.*«[21]

Dem Anlass entsprechend wird dieser Spruch gerne auf so genannte Herzskarabäen geschrieben, die dem Toten an der Stelle des ursprünglichen Herzens eingesetzt werden, wenn es selbst bei der Mumifizierung entfernt wird.[22] Nach bestandener Befragung hat der Verstorbene Zugang zum Totenreich. Zum Zwecke seiner Regeneration ist es dienlich, sich in zwei Konstellationen einzubinden, die wegen ihrer göttlichen Akteure zielsetzend sind: das Schicksal des Osiris und die Fahrt des Sonnengottes.

Wie der Mensch unterliegt auch der Sonnengott dem Schicksal von Werden und Vergehen. Die Ägypter verstanden den Sonnenaufgang als tägliche Neugeburt des Sonnengottes. Dementsprechend altert er, während er tagsüber in seinem Sonnenschiff den Himmel überfährt, und stirbt am Abend bei seinem Untergang.[23] Wie beim Menschen ist bei dieser Fahrt jedoch nur der Ba des Sonnengottes unterwegs, während sein Leichnam in der Erde bzw. in der Unterwelt ruht. Diese durchkreuzt der Sonnengott während der Nacht, in deren Verlauf sich sein Ba mit dem Leichnam wieder vereint.[24] Die Verbindung gibt dem Sonnengott Energie für einen weiteren Zyklus. Diese Regeneration des Sonnengottes ist täglich sichtbar und dem Verstorbenen zugleich Hoffnung und Vorbild. Auch er möchte den Tod überwinden und sein Leben stetig erneuern. Deshalb möchte er in den Sonnenlauf eingebunden werden und den Sonnengott auf seiner Reise begleiten.

Für diese Fahrt überlässt man dem Verstorbenen im Grab sogar Schiffe. Teilweise handelt es sich zwar um Arbeitsboote, die der Versorgung des Verstorbenen dienen oder seinen Status im Diesseits unterstreichen sollen. Andere sind dagegen Bestandteil der Bestattungsprozession oder besagte Sonnenschiffe.[25] Die bekanntesten Exemplare sind am Rande der Pyramiden von Gize gefunden worden, wo eines heute in einem separaten Museum zusammengebaut ausgestellt ist. Bereits aus der Frühzeit sind

solche Schiffsbeigaben in Originalgröße bekannt, sowohl aus dem königlichen als auch aus dem privaten Umfeld.[26] Während des Alten Reichs werden sie jedoch durch Modelle ersetzt.

Die zweite Gottheit, an deren Dasein sich der Verstorbene anlehnen möchte, ist Osiris, der als Richter dem Totengericht vorsitzt. Er herrschte einst als König auf der Erde, wurde aber von seinem Bruder Seth ermordet. Seine Schwester und Gemahlin Isis konnte ihren Gatten jedoch wiederbeleben, um mit ihm posthum ein Kind zu zeugen. Ihr gemeinsamer Sohn Horus zerrte später seinen Onkel und Vatermörder Seth vor Gericht, um dessen unrechtmäßige Königsherrschaft anzufechten. Nach einem wechselhaften Prozessverlauf wird Horus schließlich die Königswürde zugesprochen und damit sein Vater Osiris rehabilitiert. Seither regiert dieser im Totenreich, während sein Sohn Horus auf der Erde herrscht. Dementsprechend identifiziert sich der regierende Pharao mit dem Gott Horus. Der verstorbene Pharao hingegen identifiziert sich mit Osiris und möchte als solcher im Jenseits regieren und in die Göttergemeinschaft aufgenommen werden. Da der Göttermythos besonders eng mit der Königsideologie verbunden ist, setzte sich zunächst nur der König mit Osiris gleich. Dieses Modell übertrug sich aber wie die Vorstellung des Totengerichts nach und nach auf alle Menschen.

Nicht nur chronologisch zeigen sich Unterschiede zwischen königlichen und privaten Jenseitsvorstellungen. Grundsätzlich ging man davon aus, dass die hierarchischen Verhältnisse auch über das

137 **Modellboot**
Mittleres Reich, 2046–1794/93 v. Chr.
Sedment, Grab des Mertetes (T. 2112)
Holz, bemalt
L. 58 cm; H. 36,5 cm, Br. 14 cm (max.)
National Museums of Scotland, Edinburgh, A. 1921.1658

138 **Bronzestatuette des Osiris**
Spätzeit, wahrscheinlich 26. Dynastie,
664–525 v. Chr.
Vielleicht aus Theben
Bronze
H. 75 cm
Museum für Kunst und Gewerbe Hamburg
Inv. 1956.129/St. 12 (Stiftung zur Förderung der Hamburger Kunstsammlungen)

Diese ungewöhnlich große Statuette war in drei Teile gebrochen. Es fehlen der gesondert gegossene Schild der Schlange, Befestigungszapfen wie auch die farbigen Einlagen der Augen und des Bartes. Dieser ist gesondert gegossen und eingezapft. Der Gusskern wurde nicht entfernt. Dargestellt ist der Gott Osiris als Mumie mit der Krone Oberägyptens ohne die sonst üblichen Straußenfedern an den Seiten, Geißel und Krummstab in den vor dem Oberkörper verschränkten Händen. Auf der Krone windet sich die Uräus-Schlange. Osiris waren die Toten anvertraut. Um sich seiner Nähe zu versichern, gab man ihnen ein Abbild des Gottes mit ins Grab oder weihte es in einen Tempel, wovon zahlreiche Bronzestatuetten zeugen.
Hoffmann 1960, 72–73, Nr. 5 mit Abb. 7–8; Hoffmann 1961, 221–222; Hamburg 1997, 48–49 mit Abb. 36.
F. H.

Diesseits hinaus Bestand haben. Dem Hochgestellten blieb seine Dienerschaft also auch im Jenseits erhalten. Die konsequenteste Ausgestaltung dieser Vorstellung ist die Sitte der Totenfolge, die in frühdynastischer Zeit vielleicht auch in Ägypten herrschte. Hierbei wird mit dem verstorbenen König zugleich auch sein Hofstaat beigesetzt.[27] Auf diese Sitte wurde im Alten und Mittleren Reich verzichtet, stattdessen griff man auf Modelle zurück.

Seit der 1. Zwischenzeit lösten die so genannten Uschebtis die Dienerfiguren langsam in ihrer Funktion ab.[28] Sie sind zwar ähnlich groß wie die Dienerfiguren, werden aber in wesentlich größerer Stückzahl und meist in stereotyper Form mit ins Grab gegeben. Ihr Erscheinungsbild gleicht dem einer Mumie mit eng anliegendem Gewand und geschlossenem Beinpaar. Während des Neuen Reichs waren die Stückzahlen noch gering und sehr variabel, doch für die 3. Zwischenzeit und die Spätzeit lag das ideale Maß bei 401 Uschebtis, von denen 365 als Diener für jeweils einen Tag des Jahres zuständig waren und die restlichen 36 als Aufseher der Dienerschaft jeweils einer zehntägigen Woche (Dekade) vorstanden.[29] Wegen des gestiegenen Bedarfs aufgrund der hohen Anzahl pro Bestattung und der großen Beliebtheit wurden die Uschebtis im 1. Jt. v. Chr. regelrecht in Massenproduktion hergestellt. Die Bandbreite an Material und Größe ist beträchtlich. Sie spiegelt die vielschichtige Klientel wider, zu der neben Privatpersonen selbst Könige gehörten.

139 Uschebti für Djehutihotep
Neues Reich, frühe 18. Dynastie,
um 1550 v. Chr.
Kalkstein, bemalt
H. 24,7 cm; Br. 8,3 cm
Seminar für Ägyptologie, Universität zu Köln,
Köln, Inv.-Nr. Aeg. Col. 4

Kann man die Uschebtis auf der einen Seite als Personal des Verstorbenen verstehen, dienen sie ihm zugleich als Ersatzkörper und sind in dieser Funktion mit Grabstatuen vergleichbar. Die Uschebtis sind jedoch wesentlich zweckgebundener. Sie bieten dem Verstorbenen insbesondere dann einen Ersatzkörper, wenn er zu Dienstverpflichtungen herangezogen wird. Der Verstorbene bekommt nämlich, wie in Tb 30B schon angedeutet, ein Stück Land im Binsen- oder Opfergefilde zugewiesen, das er selbst bestellen muss, damit es ihm Nahrung im Jenseits liefert. Für diese Tätigkeit führen die Uschebtis oft landwirtschaftliche Geräte mit sich. Da sie in dieser Funktion mit dem Verstorbenen identisch sind, tragen sie in einer Inschrift auch seinen Namen. Daneben wird seit der 18. Dynastie ein Spruch des Totenbuchs hinzugefügt, der das Uschebti auffordert, den körperlichen Verpflichtungen im Jenseits nachzukommen (Tb 6).[30]

»Oh, ihr Uschebti, / wenn ich verpflichtet werde, irgendeine Arbeit zu leisten, / die dort im Totenreich geleistet wird, / wenn nämlich ein Mann dort zu seiner Arbeitsleistung verurteilt wird, / dann verpflichte du dich zu dem, was dort getan wird, / um die Felder zu bestellen und die Ufer zu bewässern, / um den Sand des Ostens und des Westens überzufahren. / ‚Ich will es tun, hier bin ich‘, sollst du sagen.«[31]

Früher ging man davon aus, dass das Uschebti für den Verstorbenen einen »Ersatzdienst« leistet, damit ihm selbst diese lästige und mühsame Arbeit erspart bleibt. Tatsächlich verstand der Ägypter diesen Dienst zunächst als vornehme und privilegierte Aufgabe, an der er als Uschebti teilnehmen konnte. Dieser Gedanke ging wohl erst im 1. Jt. v. Chr. verloren, in dem sich das Bild eher zu dem eines Sklaven wandelte.[32]

Die zwischenzeitliche Identifizierung mit dem Grabherren ließ für die Uschebtis aber noch eine zweite Verwendungsmöglichkeit zu: Wie Statuen konnten sie den Verstorbenen bei Festen repräsentieren. Dafür richteten Könige und hohe Beamte in bedeutenden Nekropolen wie Memphis und Abydos Depots ein.[33]

Neben Modellbooten und Dienerfiguren rüstete man das Grab des Verstorbenen je nach historischer Periode mit vielen weiteren Gegenständen aus, die meist dem täglichen Leben entstammten. So legte man Kleidung, Schmuck, Möbel, Waffen und Spiele mit ins Grab. An vielen Gegenständen sind Gebrauchsspuren zu erkennen, woraus sich schließen lässt, dass es sich zumindest teilweise um Utensilien handelt, die der Verstorbene selbst genutzt hat.

Nur eingeschränkt konnte man den Verstorbenen mit Nahrung versorgen, für die er im Jenseits durch die Bestellung seines Feldes teilweise auch selbst verantwortlich war. Wegen ihrer Verderblichkeit war es notwendig, dem Toten regelmäßig neue Nahrung zu bringen. Dieses Totenopfer, dessen ägyptischer Begriff »Herauskommen auf die Stimme« lautet, wurde beispielsweise an einer so genannten Scheintür durchgeführt.[34] Ihr Name weist darauf hin, dass die entsprechende Wandpartie zwar wie eine Tür gestaltet war und als Schnittstelle zwischen Diesseits und Jenseits verstanden wurde, die Stelle selbst aber massiv und für den Menschen undurchlässig war. Für einige Seelenaspekte des Verstorbenen war dies dagegen der Ort des »Herauskommens«, wenn der Totenpriester die Opfer darbrachte. Naturalien konnten dabei durch magisch aktivierte Opfer ersetzt werden. Dafür lag vor der Scheintür eine Opferplatte, auf der Gaben in Stein eingemeißelt waren.[35] Diese Nahrung konnte durch ein Wasseropfer auf die Tafel belebt werden.

Die Fürsorge des Totenopfers oblag der Familie des Verstorbenen, die bei schlechter »Grabpflege« von diesem auch heimgesucht werden konnte. Der verstorbene Angehörige konnte nämlich aus dem Jenseits heraus für oder gegen die Familie aktiv werden. Davon berichten uns unter anderem Briefe an die Toten, die sowohl Bitten als auch Beschwerden enthalten.[36]

Scheintür des Schepi, genannt Tjeti
6. Dynastie, um 2000 v. Chr.
Kalkstein, bemalt
Kestner-Museum Hannover

Die geschilderten Vorstellungen des Todes und der große Aufwand, mit dem die Ägypter die Bestattung und den Grabbau betrieben, vermitteln den Eindruck, dass sie ein sehr positives Bild des Jenseits hatten. Dies darf jedoch nicht darüber hinwegtäuschen, dass der Tod für den Ägypter keineswegs ein erstrebenswerter Zustand war. Kennzeichnend hierfür sind die Inschriften, in denen die Besucher einer Grabanlage als diejenigen angesprochen werden, »die ihr den Tod hasst und das Leben liebt.«

* Gespräch eines Lebensmüden mit seiner Seele, Papyrus Berlin 3024. **1** Zur Gestalt der Götter siehe Hornung 1993, 91–133 sowie Meeks 1986. **2** Dagegen Assmann 2001, 40 und 105. Assmann beurteilt die Einbalsamierung und ihre begleitenden Rituale während der 70-tägigen Bestattungsvorbereitungen als Mittel, um den Leichnam künstlich in die zweite Phase des Todes zu überführen, ohne ihn den natürlichen Prozessen zu überlassen. Zur Mumifizierung siehe in diesem Band den Beitrag von D. v. Recklinghausen, 53–61. Zum Sinn der Mumifizierung beachte auch den erweiterten Ansatz von Hornung 1983. **3** Assmann 2001, 527. **4** Einführung und Übersetzung bei Hornung 1979. Einen Einblick in den neuesten Forschungsstand bietet Backes/Munro/Stöhr 2006. **5** Zu anderen Textträgern vgl. Willems 1988, 19–34 sowie Gestermann 2005. **6** Grafische Zusätze bietet beispielsweise das Zweiwegebuch. Zuletzt Backes 2005. **7** Zur Entwicklung der Vignetten vgl. Milde 1991. Da Mildes Ausgangspunkt eine Handschrift aus der Zeit Ramses' II. ist, behandelt er leider nur etwa ein Drittel der überlieferten Vignetten. **8** Eine Einführung zu allen drei Spruchsammlungen bietet Hornung 1997, 5–33. **9** Vgl. Zabkar 1968. **10** Siehe Verhoeven 1993, Beilage 16. **11** Der Papyrus wurde ursprünglich für eine männliche Person erstellt, so dass die Verstorbene hier als Mann dargestellt ist. Vgl. Verhoeven 1993, 3 und 44. Nur zweimal erscheint Iahtesnacht als Frau, in der Vignette zu Tb 15 und beim Totengericht. Siehe Verhoeven 1993, Farb-Tf. A und C. **12** Der Schatten ist ebenfalls ein Seelenaspekt. Vgl. George 1970. In wenigen Fällen wird der Schatten in den Vignetten zu Tb 89 und Tb 92 als schwarze Kontur auch dargestellt. Siehe Munro 1994, Photo-Tf. 23 sowie Milde 1991, Tf. 41 (71). **13** Verhoeven 1993, 194 (Kol. 41, 19–20) sowie 62*. **14** Verhoeven 1993, 194 (Kol. 41, 17) sowie 62*. **15** Verhoeven 1993, 191 (Kol. 41, 3) sowie 61*. **16** Vgl. Grieshammer 1970; Seeber 1976; Spiegel 1935. **17** So die Lehre für den König Merikare. Vgl. Quack 1992, 35–36. **18** In der Regel besteht diese Gruppe aus 42 Mitgliedern. Ausnahmen siehe Seeber 1976, 137, Anm. 607. Die Zahl 42 ist wohl relevant, weil sie ein Vielfaches der heiligen Zahl 7 ist. Vgl. Bonnet 2000, 339. Matthias Rochholz geht in seiner Studie zur Zahl 7 auf diesen Sachverhalt leider nicht näher ein. Vgl. Rochholz 2002, 194 mit Anm. 979. **19** Auszug aus Verhoeven 1993, 229 (Kol. 53, 16–19) sowie 79*f. **20** Solche Schicksale werden in römischer Zeit vereinzelt auch dargestellt. Siehe Seeber 1976, 77, Abb. 23; 171, Abb. 69 und 186, Abb. 79; Kurth 1990, 66–67. **21** Hornung 1979, 96 (Übersetzung leicht verändert). **22** Siehe in diesem Band den Beitrag von D. v. Recklinghausen, 58. **23** Die Ereignisse der Tagesfahrt werden von Müller 2006, Kap. 9.2.1 zusammenfassend beschrieben. **24** Eine anschauliche Schilderung der Nachtfahrt bei Hornung 1991. **25** Vgl. Reisner 1913; Göttlicher/Werner 1971. **26** Vgl. Emery 1954, 138 (Saqqara); O'Connor 1995 (Abydos); Wilkinson 1996, 352–353 (Helwan). **27** Ob die Höflinge tatsächlich gleichzeitig mit dem Herrscher oder erst nach ihrem natürlichen Ableben bestattet wurden, bleibt letztlich offen. Flinders Petrie sah die Gleichzeitigkeit anhand des Befundes in Abydos bestätigt. Vgl. Petrie 1925, 8; siehe hierzu auch die Beiträge in ArchéoNil 10, 2000. **28** Vgl. Schneider 1977; Stewart 1995; Taylor 2000, 112–135. Der Begriff »Uschebti« ist erst im 1. Jt. v. Chr. gängig. Vorher heißen die Figuren Schabti oder Schawabti. **29** Vgl. Schneider 1977, 266–267. **30** Unabhängig von diesem Textträger besitzt Tb 6 bereits in Sargtextspruch 472 einen Vorläufer. **31** Hornung 1979, 48 (Übersetzung leicht verändert). Vgl. Schneider 1977, 81–158; Stewart 1995, 7–51. **32** Vgl. Taylor 2000, 116. **33** Vgl. Pumpenmeier 1998, 72–78; Schneider 1977, 268–276. **34** Vgl. Wiebach 1981. **35** Vgl. Hölzl 2002. **36** Vgl. Gardiner/Sethe 1928; Fischer-Elfert 2005, 21–24.

140 **Sitzender Schakal**
Ptolemäisch, um 300–100 v. Chr.
Herkunft unbekannt
Kalkstein
H. 51 cm; Br. 18 cm; T. 37 cm
The British Museum London,
EA 47991

Neben seiner Funktion als Gott der Einbalsamierung kam Anubis auch der Schutz der Nekropole zu. Dabei wird er oft als aufrecht sitzender Canide – eine genaue Bestimmung der Tierart ist schwierig – wiedergegeben, der am Eingang der Totenstadt Wache hält. Dahinter steht wohl die Vorstellung, auf magischem Wege in der Wüste und Nekropole herumstreunende Hunde davon abzuhalten, Begräbnisse aufzudecken und die bestatteten Leichname anzufressen. Solch eine Wächterfigur könnte auch diese Figur darstellen. Typisch für einen Schakal sind die großen aufrechten Ohren, die ein Sinnbild für erhöhte Wachsamkeit sind. Der Kopf zeichnet sich durch eine spitze Schnauze mit fein ausgearbeiteten Barthaaren sowie mandelförmige Augen aus. Relativ grob und summarisch ist dagegen der restliche Körper des Tieres ausgearbeitet.

SHAW/NICHOLSON 1995, 34. D. v. R.

1926
5-8
148
47991

Die mumiengestaltige Figur zeigt Osiris mit seinen typischen Insignien. Auf dem Kopf trägt er die oberägyptische Krone, die an beiden Seiten von Straußenfedern umrahmt ist. Den vorderen Teil der Krone nimmt eine sich schlängelnde Uräus-Schlange ein, die sich an der Stirn des Gottes in einer abwehrenden Schutzhaltung aufbäumt. Osiris ist mit einem Götterbart wiedergegeben. In den Händen, die unter der eng anliegenden Mumienhülle hervorkommen, hält er Krummstab und Wedel. Nach Aussage der Inschrift auf dem Sockel handelt es sich bei dieser Bronzefigur um eine Votivgabe zugunsten eines Mannes namens Anchharpokrates. Statuetten dieser Art wurden den Tempeln in großen Mengen, z. B. als Dank für die Erhörung eines Gebets, gestiftet. Die Inschrift auf dem Sockel besagt: »Osiris gebe Leben und Gesundheit (dem) Anchharpokrates, Sohn der Ptahirdis.«

Tübingen 1981, 54; Stuttgart 1984, 16; Tübingen 2002, 84, 87–88. D. M.-L.

141 Osiris
Spätzeit, 746–332 v. Chr.
Herkunft unbekannt
Bronze mit Silberauflage (Augen)
H. 28,5 cm (davon Sockel 3 cm)
Landesmuseum Württemberg, Stuttgart, Inv. 474 (alt: 19589); Dauerleihgabe in der Ägyptischen Sammlung, Museum Schloss Hohentübingen, Tübingen

Ein wichtiges Element ägyptischer Grabkunst bilden Darstellungen des Begräbnisses und der Trauernden. In diesen Themenkreis gehören die Schwestern Isis und Nephthys, die in der Tracht der Klagefrauen um den verstorbenen Osiris trauern. Die Figuren, die als Ensemble zusammengehören, sind vermutlich, wie aus zahlreichen Abbildungen hervorgeht, rechts und links von dem Betrauerten in einer Figurengruppe aufgestellt gewesen und waren ab der Spätzeit beliebte Grabbeigaben.

Isis: Die Figur der Isis, die ihren Namen in Form eines roten Sitzes auf dem Kopf trägt, kniet auf einem Sockel. Die Arme der Figur sind mit Zapfen angesetzt worden. Der rechte Arm, der sicherlich ursprünglich angehoben war, ist heute verloren. Der linke Arm ruht auf dem Oberschenkel. Isis trägt einen roten, knöchellangen, eng anliegenden Rock, der unter der Brust mit einem Gürtel abschließt. Das Gesicht ist ebenso wie die schmückenden Elemente (Haarband, Zopfbänder, Halskragen sowie Ober- und Unterarmband) vergoldet.

Nephthys: Auch Nephthys, die ihren Namen in Form einer grün angemalten Hieroglyphe auf dem Kopf trägt, kniet auf einem Sockel. Der rechte Arm ist angehoben, während ihr linker Arm auf dem Oberschenkel liegt. Der knöchellange, eng anliegende Rock ist grün gehalten und endet an einem Gürtel unter der Brust. Das Gesicht und der Schmuck (auch hier sind es Haarband, Zopfbänder, Halskragen sowie Ober- und Unterarmbänder) sind vergoldet.

Tübingen 1981, 250; Tübingen 2002, 135. D. M.-L.

142 Isis und Nephthys als Klagefrauen
Spätzeit oder eher ptolemäisch, 746–30 v. Chr.
Herkunft unbekannt
Stuckiertes Holz, bemalt und teilweise vergoldet
H. 32 cm (Isis); H. 34 cm (Nephthys)
Ägyptische Sammlung, Museum Schloss Hohentübingen, Tübingen, Inv. 339 (Isis) und 340 (Nephthys)

143 **Mumienkartonage**
Ptolemäisch, 3.–1. Jh. v. Chr.
Angeblich aus Gebelein,
wohl aus Achmim; Leinen, Stuck
H. 25,6 cm; Br. 32,6 cm; T. ca. 0,2–0,3 cm
Badisches Landesmuseum, Karlsruhe,
Inv.-Nr. H 1004a

Dieses Fragment einer Mumienkartonage wird von der Göttin Nut dominiert, die nach rechts gewandt mit weit ausgebreiteten Armen und Flügeln auf einer Basis kniet. Sie trägt ein Trägergewand, Brustkragen und Armschmuck, eine dreigeteilte Perücke und die sogenannte Geierhaube mit einer Sonnenscheibe darüber. In den Händen hält sie je eine Feder, das Symbol der Maat (Gerechtigkeit). Über den Armen der Göttin ist rechts und links ein Bildfeld zu sehen, in dem der männliche Tote vor dem thronenden Osiris steht, der in der grünen Körperfarbe des Totengottes erscheint. Der Gott hält jeweils in einer Hand ein Was-Zepter, während er die andere nach vorn zu dem Verstorbenen hin ausstreckt. Zwischen den beiden Figuren ist eine Sonnenscheibe mit zwei Uräus-Schlangen zu sehen. Solche Kartonagen liegen im Sarg direkt auf der Mumie und sollen Unheil von dem Toten abwehren, wobei der Abschnitt mit der geflügelten Nut normalerweise den Bauch der Mumie bedeckt.

Unveröffentlicht. S. A.

144 **Horussohn Kebehsenuef**
Spätzeit bis ptolemäisch, 746–30 v. Chr.
Angeblich aus Theben-West
Holz, stuckiert und bemalt
H. 29,5 cm; Br. 8,7 cm; L. der Basis 24,5 cm
Liebieghaus Skulpturensammlung,
Frankfurt am Main, Inv.-Nr. 1672

Seit der Spätzeit werden Verstorbenen Holzstatuetten der vier Horussöhne mit in das Grab gegeben. Diese sind als mumienförmige, aufrecht auf einer Basisplatte stehende Figuren dargestellt, die vor allem durch die Kopfgestaltung und manchmal durch eine inschriftliche Nennung voneinander zu unterscheiden sind. Bei dieser Statue handelt es sich um den falkenköpfigen Kebehsenuef, der für den Schutz der Gedärme zuständig war. Die Ausführung ist relativ oberflächlich; mit Ausnahme des ausmodellierten Schnabels sind weitere Details nur aufgemalt. Neben dem Falkengesicht fällt vor allem der breite Halskragen in den Blick. Auf Beinhöhe befinden sich zwei, auf dem Rückenpfeiler eine leer gelassene Inschriftenzeile. Vermutlich sollte der dort vorgesehene Text individuell auf den Verstorbenen abgestimmt und zu einem späteren Zeitpunkt angebracht werden. Die vier Figuren waren an den Ecken des Sarges aufgestellt, um so der Mumie einen besonderen Schutz zu gewähren. Sehr selten hat sich ein komplettes Ensemble dieser Figuren erhalten, meist sind wie hier nur Einzelstücke bekannt.

Frankfurt 1991, 226–229, Nr. 109. D. v. R.

145 **Anubisfigur von einem Sarg**
Spätzeit, 26.–30. Dynastie,
664–342 v. Chr.
Herkunft unbekannt
Holz, bemalt
L. 33,1 cm; H. 18,3 cm; Br. 6,7 cm
Museum für Kunst und Gewerbe Hamburg
Inv. 1996.162 (alter Museumsbestand)

Die Holzfigur zeigt einen liegenden Schakal mit überlängten Proportionen. Kopf, Hals und Schnauze sind offenbar nachträglich angesetzt worden. Hinten sind Reste eines abgesägten Holzeinsatzes erhalten, die eventuell zu einem Schwanz gehörten. Die großen Ohren sind steil aufgerichtet, die Vorderpfoten lang ausgestreckt. Rippenbögen, Maul und Pfoten wurden durch grobe Kerben angegeben. Auf der Unterseite finden sich drei Zapflöcher. Das Holz ist schwarz-braun gefärbt, am Hals sind Reste roter Bemalung erhalten. Wahrscheinlich lag der Schakal auf dem Deckel eines Pfostensarges auf. Der Schakal stellt Anubis dar, den Gott der Nekropole. Seiner Zuständigkeit untersteht das rituelle Vorbereiten des Leichnams, vor allem die Balsamierung und Mundöffnung sowie die Bestattungszeremonie. Der Gott geleitet den Verstorbenen vor Osiris, nimmt die Wägung des Herzens vor und führt den Toten in das Jenseits.

Hamburg 1997, 62–63 mit Abb. 60. F. H.

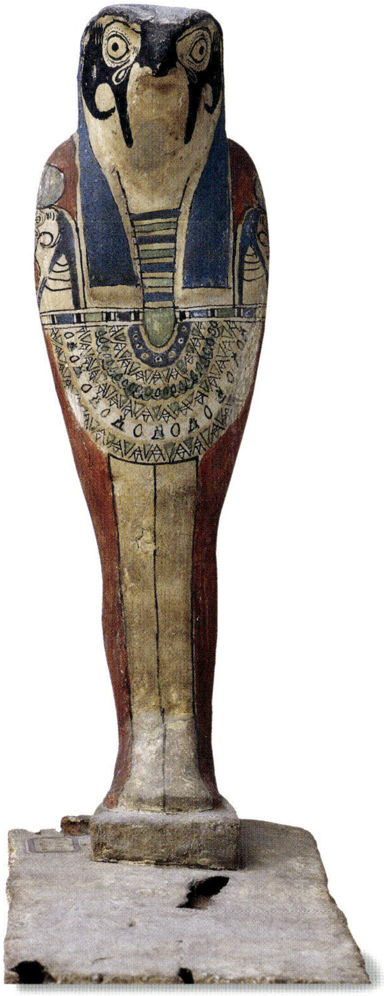

Das Totenbuch der Iahtesnacht stellt ein komplett erhaltenes Exemplar dieses Spruchkorpus aus der Saitenzeit (26. Dynastie) dar. Auf 152 Kolumnen von unterschiedlicher Länge finden etwa 160 Sprüche des Totenbuchs Platz. Zahlreiche Sprüche werden durch Vignetten illustriert, die bis auf wenige Ausnahmen oberhalb der Texte angebracht und von diesen durch schmale Doppelstriche getrennt sind. Aufgrund der formalen Gestaltung, der polychromen Farbgebung der Vignetten und des Stils der Schrift, an dem auch abzulesen ist, dass mehrere Schreiber an der Erstellung beteiligt waren, lässt sich der Papyrus in die 26. Dynastie datieren. Dies bestätigt auch die Gestaltung der beiden ebenfalls erhalten gebliebenen Särge der Iahtesnacht. In ihnen befanden sich noch Reste von Papyrus, die wohl zu diesem Totenbuch gehört haben. Dass dieses Exemplar ursprünglich nicht für die Verstorbene angefertigt worden war, ist an der Darstellung des Inhabers zu erkennen, der ausschließlich als Mann wiedergegeben ist. Nur an einigen wenigen Stellen folgt ihm eine Frau, die namentlich als Iahtesnacht bezeichnet wird.

Verhoeven 1993.

D. v. R.

146 Totenbuch der Iahtesnacht

Spätzeit, 26. Dynastie, um 600 v. Chr.
Herakleopolis magna
Papyrus
L. 23,575 m (Gesamtlänge);
H. 25–26 cm
Seminar für Ägyptologie,
Universität zu Köln,
Inv.-Nr. pCol. 10207

Oberes Bild
Totenbuch der Iahtesnacht, Tf. 2, Vignetten zu Totenbuchspruch (Tb) 15 (ganzseitig, rechts) und Tb 17 (Beginn, Mitte und links). Bei Tb 15 handelt es sich um einen Hymnus an die Sonne, daher steht der Sonnenaufgang im Mittelpunkt der Darstellung.

Mittleres Bild
Totenbuch der Iahtesnacht, Tf. 17, Vignetten zu Tb 110 (ganzseitig, rechts), Tb 112 (Mitte) und Tb 114 (links). Die Darstellung zu Tb 110 zeigt das Binsengefilde (»Iaru-Gefilde«).

Unteres Bild
Totenbuch der Iahtesnacht, Tf. 28, Vignetten zu Tb 147 (Ende, rechts) und zu Tb 148 (ganzseitig, links). Die sieben Kühe, der Stier und die vier Ruder in der Vignette zu Tb 148 sollen den Verstorbenen im Jenseits mit Nahrungsmitteln, wie Brot und Bier, versorgen und ihn beschützen.

147 **Mumienbinden mit Totenbuchsprüchen**
Griechisch-römisch,
332 v. Chr. – 395 n. Chr.
Herkunft unbekannt
Leinen
L. 41 cm; H. 8 cm
Ägyptische Sammlung, Museum Schloss Hohentübingen, Tübingen, Inv. 1535

148 **Mumienbinden mit Totenbuchsprüchen**
Griechisch-römisch,
332 v. Chr. – 395 n. Chr.
Herkunft unbekannt
Leinen
L. 101 cm; H. 3,5 cm
Ägyptische Sammlung, Museum Schloss Hohentübingen, Tübingen, Inv. 1832

149 **Mumienbinden mit Totenbuchsprüchen**
Ptolemäisch, um 300 v. Chr.
Abusir el-Meleq
Leinen
56 x 15,5 cm
Ägyptische Sammlung, Museum Schloss Hohentübingen, Tübingen, Inv. p2002

150 **Mumienbinden mit Totenbuchsprüchen**
Griechisch-römisch,
332 v. Chr. – 395 n. Chr.
Herkunft unbekannt
Leinen
25 x 8 cm (1542); 10 x 14 cm (1543)
Ägyptische Sammlung, Museum Schloss Hohentübingen, Tübingen, Inv. 1542/1543

Mumienbinden werden seit der Spätzeit oft mit Sprüchen und Vignetten des Totenbuches versehen. Auf den fünf präsentierten, oft nur fragmentarisch erhaltenen Stücken, sind die allesamt auf Hieratisch, der altägyptischen Kursivschrift, verfassten Texte sowie die Vignetten meist in mehreren Zeilen und Kolumnen angebracht. Auf einer besonders langen und sehr schmalen Mumienbinde findet sich dagegen nur eine einzige Textzeile (Kat.-Nr. 148). Die beiden mit Vignetten versehenen Binden (Kat.-Nr. 150, nur eine Binde ist abgebildet) gehörten einst zusammen, können aber heute nicht mehr direkt angeschlossen werden. Sie enthalten Teile eines Totenbuchspruchs (Tb 145). Eine weitere Mumienbinde (Kat.-Nr. 147) enthält einige Kolumnen Text mit Totenbuchsprüchen (Tb 140–142). Besonders prägnant sind die in fünf Kolumnen angeordneten Beiworte des Osiris, die immer mit der Nennung des Gottes beginnen. Bei einigen Exemplaren sind noch Reste von Mumienflüssigkeit zu erkennen, die davon zeugen, dass die Mumienbinden direkt auf dem Körper auflagen.

TÜBINGEN 1981, 206. D. v. R.

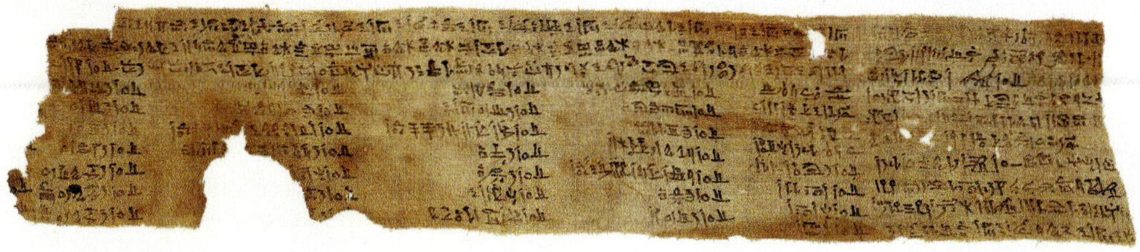

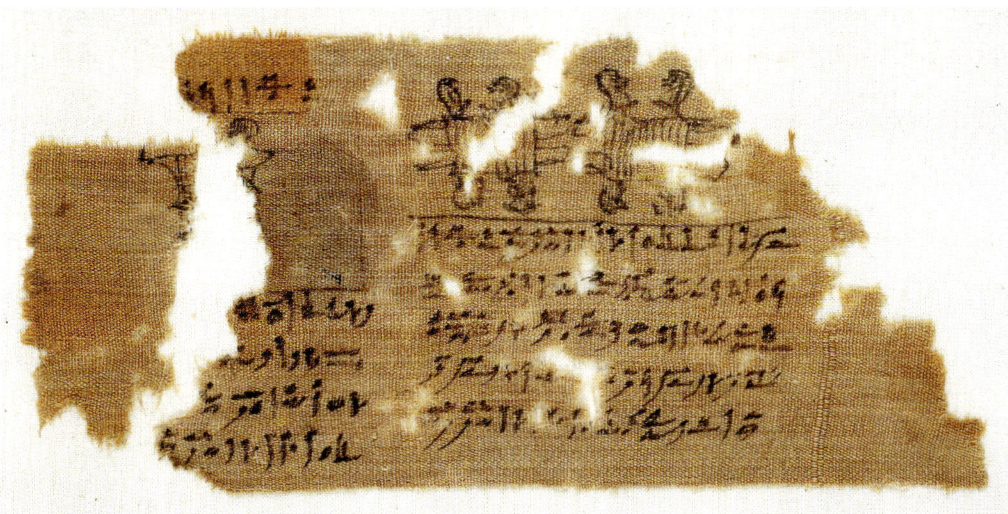

151 **Standbrett vom Sarg des Nes-imen**
Spätzeit, 25. Dynastie, nach 700 v. Chr.
Vermutlich aus Theben
Holz, Stuck, bemalt
H. 36,1 cm; Br. 27,5 cm; D. 2,4 cm
Kunsthistorisches Museum Wien, Ägyptisch-Orientalische Sammlung, Inv.-Nr. 912

Ein schwarz-weiß gefleckter Stier trägt auf dem Rücken die Mumie eines Mannes. Die schwungvolle Zeichnung des Tieres zeugt von der geübten Hand des Künstlers. Auffallend ist die Farbgebung mit dem rosa Streifen auf der Unterseite des Stieres sowie die blau-grüne Färbung an Perücke und Bart der Mumie, den kurzen Hörnern, den Hufen des Stieres, der Standlinie und der Schrift. Die Inschrift nennt als Sarginhaber Nes-imen, den Propheten des Month, des Herrn von Theben. Der Titel legt als Begräbnisort Theben nahe. Er war Mitglied einer Familie von Month-Priestern in Theben. Einem Mythos zufolge trug der Apisstier die Leiche des Osiris, daher wünschen sich die Verstorbenen, ebenfalls vom heiligen Stier zu Grabe getragen zu werden.

Stuttgart 1984, 80, Nr. 78; Satzinger 1994, 9, Abb. 3; Japan 2003, 88, Nr. 52. E. H.

152 **Uschebti-Kästchen des Nes-imen**
Spätzeit, um 675–650 v. Chr.
Theben
Holz, bemalt
H. 25 cm; L. 27 cm; Br. 14 cm
Kunsthistorisches Museum Wien, Ägyptisch-Orientalische Sammlung, Inv.-Nr. 961

Das Kästchen weist analog zu den Haussärgen dieser Zeit eine Hausform auf. Die Schmalseiten mit Rundgiebel sind als Stirnwände des Gewölbedaches hochgezogen. Der Deckel in Form eines gewölbten Daches ist ziemlich flach und mit einem Ruderboot bemalt. Zu diesem Kästchentyp gehörte ein zweites gleichartiges, auf dessen Dach ein Segelboot dargestellt war. Beide Bootstypen sollten die Bewegungsmöglichkeit in alle Richtungen erlauben und stehen als Symbol für die Fahrt nach Abydos. Auf der vorderen Längsseite befindet sich die Darstellung des Verstorbenen, der einer hockenden Gottheit ein Uschebti reicht. Bei den Figuren hinter dem Gott handelt es sich um Vignetten zum Totenbuch: das Krokodil auf einem Sockel (Tb 88: »Die Verwandlung in ein Krokodil, um dessen Macht zu besitzen«); die Schlange über dem Berg (Tb 108: »Das Ostgebirge, auf dem die riesige Schlange wohnt«). Auf der linken Schmalseite beginnt die Inschrift, die drei Seiten des Kästchens einnimmt. Es ist der Spruch des Semati-Priesters von Theben, Nes-imen, Sohn des Hor und der Hausherrin Ta-mit, Tochter des Amun-Priesters von Karnak Nacht-ef-mut. Es folgt eine verkürzte Version von Kapitel 5 des Totenbuches: »Ich kümmere mich um den Müden, ich komme heraus aus Hermopolis, ich lebe von den Herzen der Paviane.«

Taylor 1985, 35; Aston 1994, 34, 45, Tf. 6/3. E. H.

153 **Amulett fliegender Ba-Vogel**
Spätzeit, 7.–5. Jh. v. Chr.
Herkunft unbekannt
Gold, Edelsteine
Br. 5,7 cm; H. 2,55 cm; T. 0,45 cm
Kunsthistorisches Museum Wien, Ägyptisch-Orientalische Sammlung, Inv.-Nr. 5109

Auf der Oberseite sind auf ein Goldblech, das in der Kontur des Vogels geschnitten wurde, Stege aus schmalen Goldblechstreifen aufgelötet. Diese verlaufen entlang des Außenrandes und bilden die Umrahmung der einzelnen Federn. In Form geschnittene Plättchen aus Lapislazuli und Türkis sind eingesetzt. Auf der anderen Seite ist die aus Goldblech getriebene Unterseite des Vogels mit dem Menschengesicht und dem großen Schmuckkragen angelötet. Die halbkugelige Rückseite des Kopfes ist ebenfalls aus Goldblech getrieben und aufgesetzt. Der Ba ist die Seele, die Persönlichkeit des einzelnen Menschen. Er verlässt im Tod den menschlichen Körper, um nach der Wiedererweckung zum ewigen Leben in den Körper zurückzukehren. Die Vogelgestalt erlaubt ihm die freie Bewegung zwischen Erde und Himmel. Der Ba-Vogel wird als Amulett der Mumie mitgegeben, ist aber auch in Reliefs und Wandmalereien der Privatgräber, auf bemalten Särgen und als Rundplastik zu finden.

Speyer 1993, 188, Nr. 98; Wien 2001, 125, Nr. 150, Abb. auf S. 126. E. H.

Totenkult

Von der Einbalsamierung bis zum Führer im Jenseits

Ein Überblick zu den altägyptischen Totentexten

Christian Leitz

Der mit großem Abstand häufigste und infolgedessen auch bekannteste ägyptische Totentext ist das so genannte Totenbuch; die Zahl der in den Museen aufbewahrten Exemplare geht buchstäblich in die Tausende. Diese Omnipräsenz des Totenbuches überdeckt, dass es im Alten Ägypten noch eine Vielzahl anderer funerärer Texte gab, von denen die wichtigsten im Folgenden vorgestellt seien. Ein Grund für die scheinbare Dominanz des Totenbuches liegt darin, dass dieses Werk – anders etwa als das gleich zu besprechende Balsamierungs- und Mundöffnungsritual – dem Verstorbenen mit in sein Grab in der Wüste gegeben wurde und so massenhaft erhalten blieb, während die anderen Texte in den meisten Fällen im Fruchtland verblieben und somit wesentlich schlechtere Konservierungschancen hatten.

Das Balsamierungsritual:
Mit zu den bekanntesten Phänomenen der altägyptischen Kultur gehört die Einbalsamierung der Verstorbenen. Mumien gab es in Ägypten in ungeheuren Mengen, die Anzahl, die heute in den Museen in aller Welt liegen, ist nur ein ganz kleiner Bruchteil davon, da im Mittelalter und in der frühen Neuzeit ganze Schiffsladungen von Mumien ein beliebter Exportartikel Ägyptens waren. Für all diese Millionen von Leichnamen muss seinerzeit ein Balsamierungsritual durchgeführt worden sein. Die Darstellungen der Balsamierung, in denen u. a. der schakalsköpfige Anubis, der sich über eine Löwenbahre mit der Mumie des Verstorbenen beugt, dargestellt wird, gehen in die Hunderte. Aus diesem Grund ist man einigermaßen überrascht, dass man nur ganz wenige schriftliche Quellen zur Balsamierung besitzt. Für das eigentliche Balsamierungsritual wurden bislang nur zwei Papyri aus der Römerzeit gefunden;[1] hinzu kommt ein in Wien aufbewahrter hieratisch-demotischer Papyrus aus der späten Ptolemäerzeit, der ein Balsamierungsritual des heiligen Apis-Stieres enthält[2]. Auch das ist wenig, denkt man an die überwältigende Menge von Tiermumien, die man in Ägypten gefunden hat und immer noch findet. Nur um Zahlen zu nennen: Sowohl in Tuna el-Gebel wie in Saqqara liegen noch heute deutlich mehr als eine Million Ibismumien, und es gibt auf jeden Fall eine höhere dreistellige Anzahl unterschiedlichster Tierfriedhöfe.

Von dem Balsamierungsritual sind insgesamt elf Kapitel erhalten, jeder Abschnitt besteht seinerseits aus zwei unterschiedlichen Teilen: Der erste enthält praktische Handlungsanweisungen für den Balsamierer, z. B. »Danach nun werde sein Kopf mit wirklich vorzüglicher Myrrhe gesalbt«. Der zweite Teil ist meist wesentlich umfangreicher und magischen sowie religiösen Inhalts. Er enthält die liturgischen Sprüche, die nach den oder während der eigentlichen Balsamierungshandlungen zu rezitieren

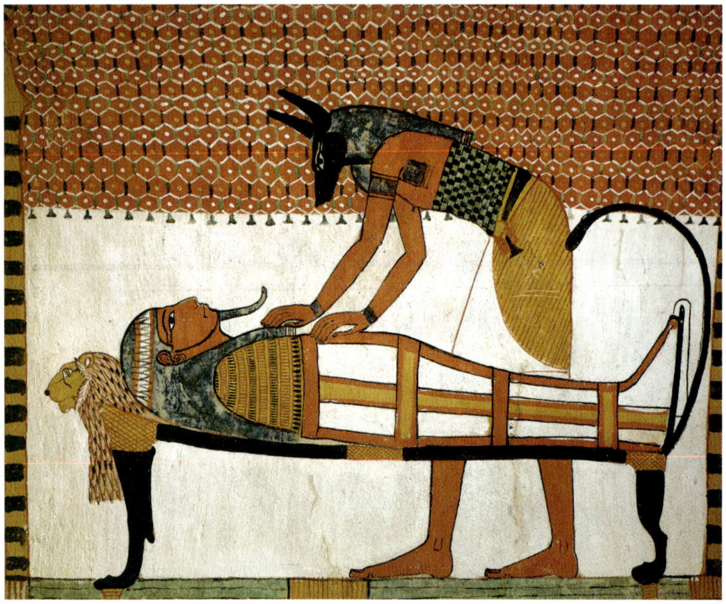

Anubis über der Mumie des Sennedjem
Grab des Sennedjem, Nordwand

sind. Als Beispiel diene der kurze erste Abschnitt: Der Text beginnt mit »O Osiris«, der Platz für den Namen des Verstorbenen (NN) ist zum späteren Ausfüllen freigelassen. Dann kommt: *»Myrrhe ist für dich bestimmt, die aus (dem Weihrauchland) Punt gekommen ist, um deinen Duft mit dem Gottesduft zu vervollkommnen. Der Ausfluss ist für dich bestimmt, der aus (dem Sonnengott) Re hervorgekommen ist, um zu vervollkommnen [...] in der Halle der beiden Wahrheiten deinen Duft in die Halle des (Erdgottes) Geb. Der Duft des großen Gottes beräuchert dich, der vollkommene Duft, ohne dass seine Vermischung (?) gibt, deine Gestalt, ohne dass sie zugrunde geht ...«.* Was leider völlig fehlt, sind Zeitangaben, wie lange dieser und jener Teil der Balsamierung dauert, in diesem Bereich ist das Ritual zur Balsamierung des Apis-Stieres um einiges mitteilsamer.

Die Myrrhe selbst erfüllt wie andere aromatische Stoffe zunächst einmal den ganz profanen Zweck, die Leichenausdünstungen zu überdecken. Darüber hinaus wird aber auch der Leichnam aus seiner irdischen Welt in eine Verbindung mit der göttlichen gebracht, da es sich um keine gewöhnliche Substanz handelt, sondern um ein Produkt, das aus Re selbst entstanden ist – wie man aus anderen Texten weiß, aus den Tränen des Sonnengottes.

Wenn wir exemplarisch das zweite Kapitel betrachten, so kommt zunächst das Salben des ganzen Körpers mit Ausnahme des Kopfes. Der Text spricht davon, dass zehn Salben zum Einsatz kommen. Die Zahl zehn *(medj)* ist dabei kein Zufall, sondern soll ein Wortspiel mit dem ägyptischen Wort für »Salbe« *(medj)* ergeben; ein Stilmittel, das sich noch bei einer ganzen Reihe anderer Texte beobachten lässt. In der Rezitation wird der als Osiris bezeichnete Verstorbene aufgefordert, die verschiedenen Öle in Empfang zu nehmen: *»Empfange das Öl und vereine dich mit der großen Sonnenscheibe. Möge sie sich mit dir vereinen und deinen Körper vollständig machen, damit du dich vereinst mit Osiris in der großen Halle.«*

Während dieses Abschnitts der Balsamierung werden sämtliche Salbungen in eine Beziehung zum jenseitigen Leben des Verstorbenen gesetzt, insbesondere zu seinem Verhältnis zum Sonnengott und zum Totengott Osiris. Im Einzelnen bewirken die Salbungen Folgendes: Das erste Öl ermöglicht dem Verstorbenen die Vereinigung mit dem Sonnengott und Osiris; diese Wirkung kommt zustande über ein Wortspiel zwischen der Bezeichnung des Öls und dem Wort für »vereinigen«. Das zweite, das so genannte Ladanum, lässt ihn in die Unterwelt gelangen. Was hier die genaue Begründung ist, ist schon weniger gut zu erkennen. Da gesagt wird, dass der Stoff aus Re kommt und er den Verstorbenen in Frieden in die Unterwelt gelangen lässt, könnte diese Salbung mit einer vom Sonnengott stammenden Essenz den Verstorbenen in die Lage versetzen, sich genauso wie Re auf seiner täglichen Bahn zu bewegen, die ihn bei Sonnenuntergang in die Unterwelt zu Osiris führt. Das treffliche Föhren- oder

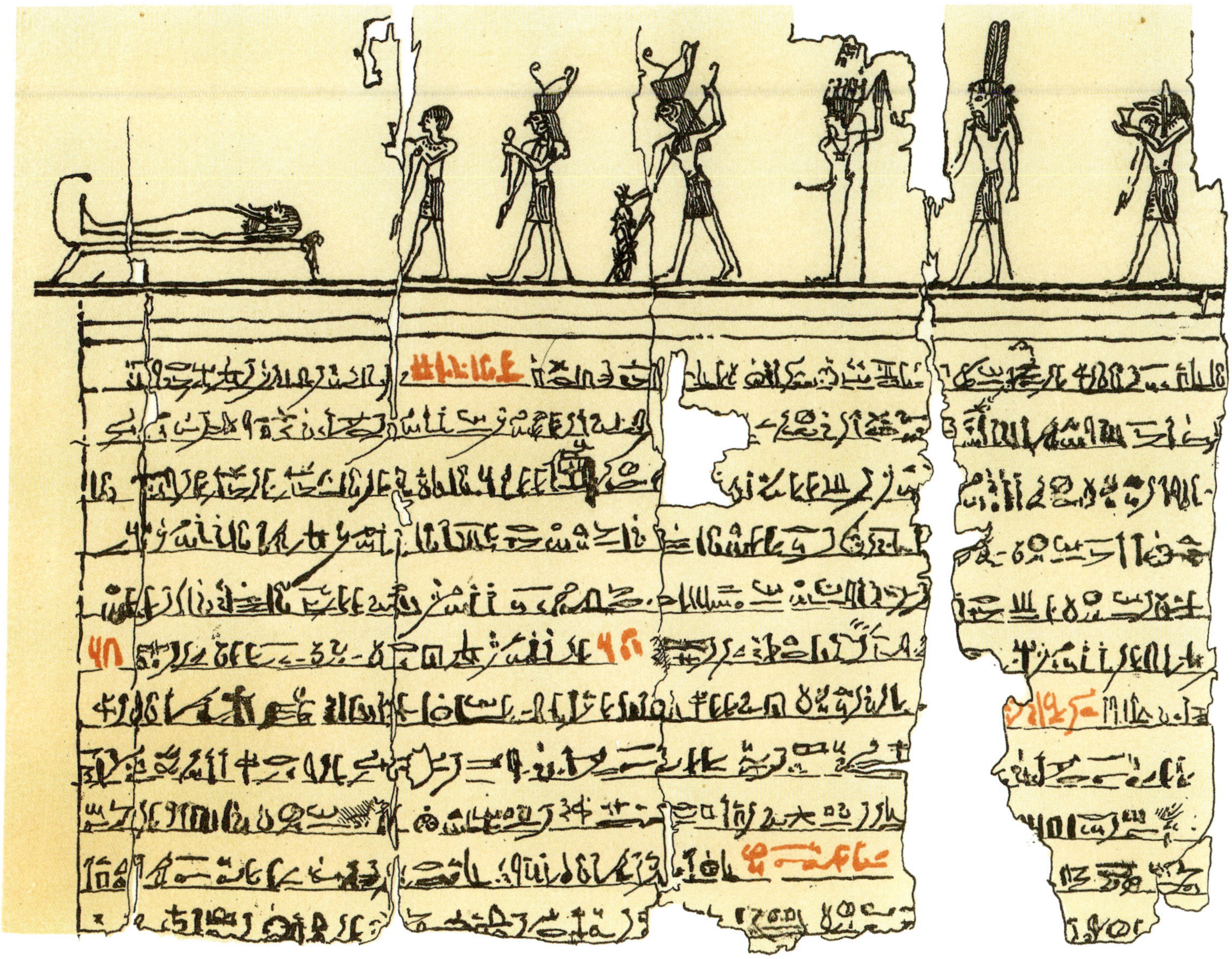

Ausschnitt aus dem Balsamierungsritual
Papyrus Louvre 5158

Das Mundöffnungsritual
Grab des Rechmire

Zedernöl bewirkt aus unbekannten Gründen seine Rettung vor den Feinden. Das Öl des Westgebirges, von dem paradoxerweise gesagt wird, dass es aus dem Osten stammt, ermöglicht ihm den Eintritt in den Himmel. Sein Ba (»Seele«) wird sich am Himmel aufhalten und sein Leichnam in der Unterwelt. Zusammenfassend lässt sich ein roter Faden durchaus erkennen: Mit der zweiten Salbung gelangt der Verstorbene in die Unterwelt, bei der vierten gelingt es seinem Ba, den Himmel zu erreichen, während sein Leichnam weiterhin in der Unterwelt verbleibt. Die fünfte Salbung verschafft ihm Bewegungsfreiheit in der Unterwelt, die sechste den Schutz des Re für seine Glieder und die siebte sieht ihn in der Rolle eines Herrschers. Er soll in den beiden Ländern das tun, was er will, das Fett seiner Feinde soll an ihn dringen, und sein Herz soll glücklich sein mit dem Blut derer, die sich gegen ihn aufgelehnt haben. D. h. jede Salbung erfüllt den Verstorbenen mit mehr Macht und mehr Fähigkeiten und hilft ihm, von einem wehrlosen Toten zu einem mächtigen Herrscher zu werden.

Auch die folgenden Abschnitte beschäftigen sich mit den verschiedenen Wicklungen und Salbungen, die in einem übertragenen Sinn dem Verstorbenen die Funktionsfähigkeit seiner Sinnesorgane wiedergeben sollen und ihn zu einer Vielzahl von Handlungen im göttlichen Jenseits befähigen. Er wird damit völlig unter die Götter aufgenommen und kann sich nach Belieben durch ganz Ägypten bewegen. Gegen Ende des Balsamierungsrituals wird dann noch ein neues Thema angesprochen, das Wasser. Während des Balsamierungsaktes wurde ja alles unternommen, um dem Körper während einer Dauer von 70 Tagen jegliche Flüssigkeit zu entziehen. Gleichzeitig war aber für die Ägypter das Wasser das lebenspendende Element schlechthin. Da es aus praktischen Gründen unmöglich war, die einmal ausgetrocknete Mumie nun real mit Wasser zu versorgen, musste dies auf magischem Weg geschehen; zum einen durch eine Figur des Nilgottes auf einer Stoffbinde in der Hand des Verstorbenen zum anderen durch den folgenden Text, der das verwendete Öl in Wasser umdeutet: *»Du mögest das prächtige Öl* *an deinen Händen empfangen. ... Es kommt zu dir der Nilgott, der Größte der Götter, um deine Opfergaben mit einer Wasserspende zu versehen. Möge er dir Wasser geben, das aus Elephantine kommt, den Nil, der aus den beiden Quelllöchern entspringt, das Urwasser, das aus den beiden Bergen heraustritt, die Flut, die aus der Höhle hervorkommt und den Strudel, der aus der kühlen Flut herauskommt, damit du davon trinken kannst und du dich davon sättigen kannst. Deine Kehle wird voll mit dem verjüngenden Wasser sein, dein Schädel wird voll mit der Flut sein, dein Schlund wird überflutet sein, denn du bist (der Gott des Urwassers) Nun, der Große, der Vater der Götter.«*

Die Mundöffnung

Vignette aus dem Totenbuch des Hunefer
Papyrus British Museum EA 6678

Das Mundöffnungsritual:
Beim Mundöffnungsritual ist man mit einer Vielzahl von Quellen konfrontiert, der allergrößte Teil davon stammt aus den Privatgräbern des Neuen Reiches, hinzu kommen zwei Königsgräber, nämlich das Grab Sethos I. und das der Tauseret, mehrere Gräber der Saitenzeit im Asasif, die Kapelle der Amenirdis in Medinet Habu sowie einige Papyri; der späteste davon stammt sogar aus römischer Zeit. Die Tradition des Statuenrituals, das einen Teil des Mundöffnungsrituals bildet, reicht mindestens bis zu den Pyramidentexten zurück, vermutet wird sogar eine wenigstens teilweise Entstehung in der Thinitenzeit.[3]

Das Mundöffnungsritual besteht aus 75 Einzelszenen; insgesamt geht es dabei um Folgendes: Von der Situation des Neuen Reiches aus betrachtet, sind zwei Themen zu unterscheiden. Das eine ist die Mundöffnung, die an Statuen vollzogen wird, und das andere ist die Mundöffnung an der Mumie. Man ist sich darüber einig, dass das Statuenritual das ursprüngliche Thema war, aber schon sehr früh, während der ersten beiden Dynastien, eine Übertragung in den funerären Bereich erfolgt ist. Bleiben wir zunächst einmal bei der Statue: Welchen Zweck hat das Öffnen des Mundes einer Statue, ein auf den ersten Blick doch eher fremdartiger Gedanke?

Auf den zweiten Blick ist dies jedoch gar nicht mehr so merkwürdig, wenn man sich vor Augen hält, dass eine Statue ja die Nachbildung eines menschlichen (oder gar göttlichen) Körpers ist, die an den unterschiedlichsten Kulthandlungen teilnehmen soll. Auf der anderen Seite war jede Statue zu Anfang ein einfacher Block aus Stein, der dann durch die Arbeit der verschiedenen Handwerker mehr und mehr anthropomorphe Gestalt erhielt. An irgendeiner Stelle dieses Prozesses musste eine Verwandlung erfolgen, die aus einem Stein ein beseeltes, für Kulthandlungen geeignetes Wesen machte. Ganz ähnlich ist die Situation bei der Mumie. Am Anfang steht der Tote, der durch die Mumifizierung die Möglichkeit erhält, an einem jenseitigen Leben teilzuhaben. Auch dieser Prozess musste irgendwann zum Abschluss kommen, und genau für diese Verwandlung vom unbelebten in den belebten Seinszustand war das Ritual der Mundöffnung gedacht. Das Öffnen des Mundes an der Mumie erfüllte dabei gleich zwei Zwecke: Zum einen konnte der Verstorbene im Jenseits wieder sprechen, zum anderen natürlich auch Nahrung aufnehmen.

154 **Pektoral mit Perlenkette**
Wohl Neues Reich oder Spätzeit, 1550–332 v. Chr.; Herkunft unbekannt
Fayence, tlw. vergoldet; H. 7,5 cm; Br. 9,5 cm (Pektoral); L. 70 cm (Kette)
Ägyptische Sammlung, Museum Schloss Hohentübingen, Tübingen, Inv. 1730

Beim Mundöffnungsritual handelt es sich um eine komplexe Komposition, die sich aus Elementen von insgesamt sechs verschiedenen Ritualen zusammensetzt (Statuenritual, Opferritual, Balsamierungsritual, Bestattungsritual, Schlachtritual und Tempelritualen), ohne dass es möglich wäre, jede einzelne Szene exakt einem dieser sechs Rituale zuzuweisen.

Die handelnden Personen des Rituals lassen sich in drei Gruppen einteilen: Priester, Handwerker und Klagefrauen. Die beiden Hauptpersonen sind der Vorlesepriester und der so genannte Sempriester. Bei Letzterem handelt es sich um eine seit der 1. Dynastie überlieferte Bezeichnung, die in der ägyptischen Frühzeit anscheinend den Sohn meinte, der dem Vater am nächsten stand. Seit dem Beginn des Alten Reiches wird der Sem aber zu einem Amtstitel für jemanden, der u. a. als Hofbeamter zuständig für die Kleidung des Königs war. Im Bestattungs- und Mundöffnungsritual spielt der Sem weiterhin die Rolle des Sohnes; eine Verbindung zu Memphis bleibt bis in die Spätzeit bestehen. Charakteristisch für ihn ist das Leopardenfell, das er seit der Frühzeit trägt. Bei den Handwerkern sind die Lesungen und damit auch die Übersetzungen der Titel teilweise unklar, die beiden wichtigsten sind aber der Statuenbildhauer und der Schlächter. Des Weiteren spielen wie im Bestattungsritual auch die beiden Klagefrauen in Gestalt je eines Raubvogelweibchens eine Rolle; dies sind Verkörperungen der Göttinnen Isis und Nephthys.

Während des Rituals kam eine erstaunliche Vielzahl von Geräten zum Einsatz: Dechsel, Meißel, Klingen, Stoffe, Salbgefäße und andere Objekte. Weit übersichtlicher sind hingegen die Schauplätze des Rituals, da während der ganzen Zeremonie nur vier verschiedene Orte genannt werden. Dies ist zum einen das »Goldhaus« als Bezeichnung der Werkstatt zur Herstellung der Statue, dann das »Natronhaus« als Reinigungsgemach, der Opferhof als Ort für die Schlachtungen und zuletzt eine Kapelle für den Ort, an dem der so genannte Statuenschrein aufgestellt war, der schließlich die Statue aufnahm. Ob es sich dabei tatsächlich um vier auch räumlich deutlich voneinander getrennte Örtlichkeiten handelte, ist jedoch fraglich. Eberhard Otto vergleicht die Situation mit einer Art Bühne, da es ziemlich wahrscheinlich ist, dass die tatsächliche Durchführung des Rituals vor oder im Grab stattgefunden hat. Da sich in den thebanischen Gräbern die Darstellung mit der Mundöffnung häufig in dem vorderen Querraum befindet, wäre es vernünftig anzunehmen, dass dort auch das Ritual vollzogen wurde. Als Objekt der Zeremonie diente entweder die Statue oder der anthropoide Sarg; Otto vermutet, dass die Mundöffnung letztendlich an beiden vollzogen wurde.

Die beiden Bücher vom Atmen:
Nach dem Totenbuch sind die beiden Bücher vom Atmen die wichtigsten funerären Texte in den späteren Epochen der ägyptischen Geschichte. Alle bisher bekannt gewordenen Exemplare stammen aus dem thebanischen Raum. Formal unterscheidet man ein erstes Buch vom Atmen, das der Göttin Isis zugeschrieben wird,[4] und ein zweites, das eine durchdachtere und komplexere Struktur aufweist, welches den Mondgott Thot als Autor haben soll. Alle Handschriften dieses zweiten Buches stammen vom

Isis und Nephthys als Raubvogelweibchen
Grab des Sennedjem, Südwand

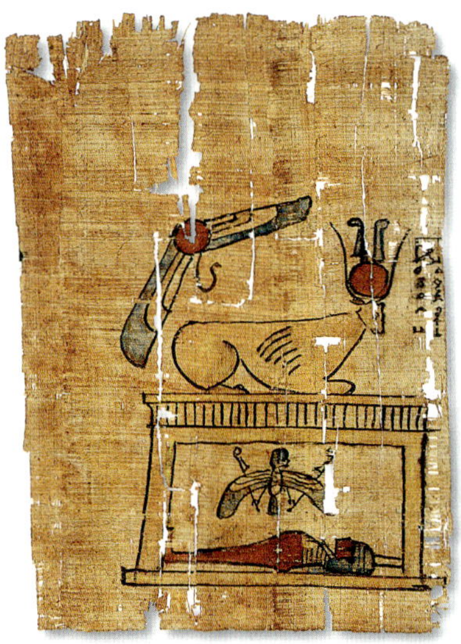

Ende des 1. oder dem Anfang des 2. Jhs. n. Chr. Das erste Buch ist älter, die meisten Handschriften datieren in die ptolemäische Zeit, einige könnten auch aus der 30. Dynastie stammen. Eine demotische Erzählung, die selbst in die Zeit des römischen Kaisers Augustus datiert, erwähnt die Bücher vom Atmen für die Zeit Psammetich I., also aus der 26. Dynastie.

Der Titel des ersten Buches lautet: »*Anfang des Buches vom Atmen, das Isis gemacht hat für ihren Bruder Osiris.*« Nach der Überschrift kommt die Angabe des Verwendungszwecks: »*... um seinen Leichnam zu beleben, um all seine Glieder von neuem zu verjüngen, damit er sich mit dem Horizont vereint zusammen mit seinem Vater Re, um seinen Ba am Himmel als Mondscheibe erscheinen zu lassen, um seinen Leichnam als Orion am Leib der (Himmelsgöttin) Nut leuchten zu lassen, um zu veranlassen, dass dasselbe geschehe für den Osiris, den Gottesvater und Gottesdiener des Amun-Re, des Königs der Götter, den Diener der weißen Krone, den Diener des Horus mit großen Kobras, den Gottesdiener dessen mit großer Stärke, den, der über dem Geheimnis ist, den Reinigungspriester NN, den Gerechtfertigten, den Sohn des Gleichbetitelten ...*« usw. Dann sei ein kurzes Stück übersprungen und am Ende des ersten von insgesamt 15 Abschnitten steht: »*Halt es geheim, halt es geheim! Lass nicht zu, dass es irgendein Mensch laut liest! Es ist nützlich für einen Mann im Totenreich. Dann lebt er von neuem. Wirklich wahr, millionenfach erprobt.*«

Mit § 2 beginnt der eigentliche Text. Das Thema ist die Reinheit des Verstorbenen, die durch zwei Natronarten und eine Waschung mit dem Wasser des Opfergefildes erreicht wird, das sich im Norden des Heuschreckengefildes befinden soll. Dies soll dem Verstorbenen ermöglichen, die Gerichtshalle, d. h. die Halle der beiden Wahrheiten, zu betreten. Dem Eintritt des Verstorbenen in die Unterwelt ist § 3 gewidmet. Er erhält weitere Reinigungen in der Halle des (Erdgottes) Geb und der Halle des Sonnenlichts. Er sieht (den Sonnengott) Re bei seinem Untergang und (den Sonnengott von Heliopolis) Atum am Abend. Er betritt gemeinsam mit Re den Horizont und sein Ba wird zusammen mit Osiris in der *neschemet*-Barke empfangen. Der kurze § 4 beschäftigt sich mit den Persönlichkeitsbestandteilen des Verstorbenen: Der Name dauert fort, der Leichnam ist dauerhaft und die Mumie ist stark. In § 5 empfängt er Nahrungsmittel von seinem Sohn und vom Gott Thot bekommt er ein mindestens ebenso wertvolles Geschenk. Dieser hat nämlich für den Verstorbenen eigenhändig ein Buch vom Atmen geschrieben, damit dessen Ba auf ewig atmen möge. Die Verfügung über die Sinnesorgane und die Bewegungsfreiheit behandelt § 6: »*Mögest du sehen mit deinen Augen, mögest du hören mit deinen Ohren, mögest du sprechen mit deinem Mund, mögest du gehen nach deinem Herzen*« oder nach einer anderen Lesung: »*... mit deinen Beinen, während dein Ba göttlich ist am Himmel, um jede Gestalt anzunehmen, die er wünscht.*« In § 7 wird der Verstorbene der Erste der Westlichen genannt, und der große Nilgott kommt aus Elephantine, der Gegend des 1. Kataraktes, zu ihm, um ihn mit Speisen zu versorgen. In § 8 gibt es keine Unterschiede mehr zwischen dem Verstorbenen und Osiris, er hält sich an den gleichen Orten auf, etwa Busiris und Abydos, wie Osiris, und alle Götter von Ober- und Unterägypten huldigen ihm. Er ist damit natürlich auch genauso gefährdet wie Osiris, deswegen treten in § 9 alle

155 **Erstes Buch vom Atmen des Djed-Chons-iuef-anch**
Griechisch-römisch, 1. Jh. v. Chr.–1. Jh. n. Chr.
Theben
Papyrus
H. 32–34 cm; L. 199 cm
Ägyptische Sammlung, Museum Schloss Hohentübingen, Tübingen, Inv. p2016

möglichen kriegerischen Gottheiten, wie z. B. Sachmet und Haroeris, auf, um ihn vor seinen Feinden zu beschützen. In § 10 wird noch einmal die Zauberkraft des Buches vom Atmen betont: Mit Hilfe dieser Schrift lebt der Ba des Verstorbenen und seine Augen öffnen sich jeden Tag. In § 11 erscheint er in der Begleitung des Re und des Osiris und § 12 berichtet von einem Königsdekret des Osiris zugunsten des Verstorbenen. Der letzte § 15 fehlt in einigen Handschriften, ist aber noch einmal interessant, da er eine Handlungsanweisung enthält, was mit dem Buch vom Atmen genau geschehen soll. Demzufolge soll man dem Verstorbenen bei seiner Bestattung ein Buch vom Atmen mitgeben, das auf beiden Seiten beschriftet und in ein Stück Königsleinen eingewickelt ist. Dann soll man es ihm unter seinen linken Arm geben, genau an die Stelle, wo sich sein Herz befindet. Wenn all dies genau eingehalten wird, dann wird der Verstorbene wieder atmen.

Das zweite Buch vom Atmen, das von Thot angefertigt wurde, beginnt mit einem Text, der die verschiedenen Särge betrifft. Er besteht aus insgesamt sieben Anrufungen an Osiris NN, d. h. an den Verstorbenen. In jeder Anrufung wird ein anderes Material thematisiert. Die ersten beiden betreffen das Gold und das Silber, die anderen fünf verschiedene Holzarten, darunter Wacholder, Pinie und Sykomore; sie alle wurden wenigstens nach dem Buch vom Atmen für die verschiedenen Särge verwendet und besaßen auf Grund ihrer Zuordnung zu unterschiedlichen Gottheiten natürlich schützende Eigenschaften. Der zweite Text gibt gleich zu Anfang den Hinweis, dass der Papyrus unter den Kopf des Verstorbenen zu legen sei. Dieser Teil besteht dann aus zahlreichen Identifikationen des Verstorbenen mit Atum, Re, Osiris und anderen hohen Göttern, die ihm die Ehrerbietung weiterer Götter und Wächter des Totenreiches einbringen sollen. Es folgt ein Abschnitt, um wieder Verfügungsgewalt über alle Körperfunktionen zu erlangen.

156 Skarabäus
Griechisch-römisch, 1. Jh. v. – 1. Jh. n. Chr.
Herkunft unbekannt
Glas, L. 5,9 cm; Br. 3,9 cm; H. 0,7 cm
Landesmuseum Württemberg, Stuttgart, Arch 98/W121

Das Buch vom Durchwandeln der Ewigkeit:

Der Titel des folgenden Werkes, dessen Haupthandschrift sich im Rijksmuseum van Oudheden in Leiden befindet,[5] lautet in einem größeren Zusammenhang: »*O Osiris NN: Dein Ba möge am Himmel leben bei Re, dein Ka möge göttlich sein vor den Göttern // Dein Leichnam möge andauern in der Unterwelt bei Osiris, deine Mumie möge prächtig sein vor den Lebenden // Dein Erbe möge fest sein in der Erde bei Geb, dein Nachfolger möge vor den Lebenden sein // Dein Name sei dauerhaft im Mund der Existierenden (= der Lebenden) durch dieses Buch des Durchwandelns der Ewigkeit.*« Schon diese kurze Passage lässt das deutlichste Merkmal des Textes klar erkennen, die Gliederung in Zweizeiler. Zugleich könnte man dem vierten Doppelvers entnehmen, dass das Buch des Durchwandelns der Ewigkeit von den Hinterbliebenen rezitiert wurde; das erste Mal vielleicht bei der Bestattung und weitere Male bei den zumindest jährlich stattfindenden Totenfesten.

Der Verstorbene unternimmt mit Hilfe dieses Buches eine virtuelle Reise durch Ägypten und nimmt an den jahreszeitlich gebundenen Festen teil; insgesamt handelt es sich um fünf oder sechs verschiedene Zyklen. Im Gegensatz zu den meisten anderen Büchern liegt das Jenseits dieses Textes im

Diesseits, der Verstorbene hofft nicht darauf, in eine andere Welt hinüberzugehen, sondern in diese Welt zurückzukehren, so eine Formulierung von Jan Assmann[6]. Die Einleitung ist gerade schon zitiert worden, der nächste kleine Abschnitt mit neun Doppelversen ist der Wiedergewinnung der Lebensfunktionen des Verstorbenen gewidmet, erst danach kann die Reise durch Ägypten und das Jahr beginnen. *»Du mögest am Tag hervorgehen, du mögest dich mit der Sonnenscheibe vereinen, ihre Strahlen mögen auf dein Gesicht scheinen.«* In diesem Vers liegt eine Anspielung auf Spruch 1 des Totenbuches, das Hervorgehen am Tage; dieser Satz nimmt programmatisch die gesamte jenseitige Existenz vorweg. Der Text fährt fort: *»Deine Nasenmuscheln mögen das vom (Luftgott) Schu stammende Parfüm einatmen, deine Nase möge den Nordwind riechen. Der Wind, er hat deine Kehle geöffnet, das Leben hat sich mit deinem Leib vereint. Du mögest deinen Mund öffnen, wenn du zu den zwei Göttern sprichst, wohltuend ist das, was du sagst vor den Verklärten. Du mögest Brot essen und Bier trinken, so dass deine Majestät als lebender Ba hervorgehe. Öffne deine Augen, öffne deine Ohren, damit du mit ihnen siehst und hörst! Dieses dein ib-Herz bleibt an seiner Stelle, dein haty-Herz bleibt an seinem Platz. Deine Eingeweide sind an dem Ort, wo sie sein sollen, die Kinder der Götter (gemeint sind die vier Horussöhne als Schutzgottheiten der Eingeweide) sind ihr Schutz. Deine Hände packen zu und deine Füße wandern, deine Arme verrichten ihre Arbeit.«*

Nach der Wiedergewinnung der Lebensfunktionen beginnt der Verstorbene, sämtliche kosmischen Dimensionen im wahrsten Sinne des Wortes auszuschreiten: *»Du mögest dich niederlassen im Sturm, du mögest emporfliegen im Schatten, du mögest Gestalten annehmen nach dem Wunsch deines Herzens. Du mögest zum Himmel auffliegen, ohne dass dein Arm abgewehrt wird, du mögest dich in der Unterwelt niederlassen, ohne dass du abgewiesen wirst. Du mögest auf dem Weg der Götter und Horizontbewohner gehen, du mögest deinen Platz einnehmen bei den Westlichen. Du mögest den Himmel durchwandern im Gefolge der Sterne, du mögest den Himmel umkreisen zusammen mit den Sternen. Du mögest gehen als Bote der Herren des Horizonts, du mögest denen folgen, die in der Nekropole sind. Vereinige dich mit der neheh-Zeit, wenn er aufgeht am Tage, mit der djet-Zeit, wenn er eintritt in der Nacht.«* Der Rest des Textes beschäftigt sich mit der speziellen Topografie Ägyptens; der Verstorbene besucht zahlreiche Heiligtümer Ägyptens und nimmt an den unterschiedlichsten Kulthandlungen und Festen teil.

1 Sauneron 1952; Übersetzung bei Goyon 1972 und Sternberg 1986–1991. **2** Vos 1993. **3** Otto 1960; vollständige Übersetzung auch bei Goyon 1972. **4** Horrack 1877; Coenen und Quaegebeur 1995. **5** Herbin 1994. **6** Assmann, in: Herbin 1994, VII.

Objektteil Totenkult

157 **Totenstele für eine Frau**
3. Zwischenzeit, 22. Dynastie,
um 945–900 v. Chr.
Wohl aus Theben
Holz, bemalt
H. 23,3 cm; Br. 16,6 cm
National Museums of Scotland, Edinburgh,
A. 1956.147

Die Stele zeigt eine Frau bei einem Libationsopfer vor dem Gott Re-Harachte. Sie gießt aus einer Hes-Vase Wasser auf einen zwischen ihr und dem Gott stehenden Altar, auf dem sich ein Nemset-Krug und eine Lotusblüte befinden. Die Frau ist mit einem faltenreichen Gewand bekleidet, das ihre üppige Figur durchscheinen lässt. Auf dem Kopf trägt sie einen Salbkegel und eine Lotusblüte, Symbol für die Wiedergeburt. Der falkenköpfige und mit einer Sonnenscheibe bekrönte Re-Harachte ist mumiengestaltig dargestellt, in seinen Händen hält er ein Zepter und ein Flagellum. Im Giebel befindet sich unter einer Himmelshieroglyphe, die von zwei Was-Zeptern getragen wird, eine geflügelte Sonnenscheibe (Behedeti). Über dem Altar besagt eine Inschrift: »Worte zu sprechen von Re-Harachte, dem großen Gott, dem Herrn des Himmels. Er möge geben Opfergaben und -speisen für Osiris, (nämlich für die) Hausherrin, Sängerin des Amun, Ta-ka, gerechtfertigt, sie heißt (auch) Anches-(en-)aset, gerechtfertigt.« Die Stele ist ein typisches Beispiel für thebanische Totenstelen aus der 22. Dynastie, die auffallend häufig für Sängerinnen des Amun angefertigt wurden.

Edinburgh 1899, 491, Nr. 439. D. v. R.

158 **Stele des Hori**
Neues Reich, 19. Dynastie,
um 1250–1200 v. Chr.
Saqqara
Kalkstein
H. 145 cm; Br. 95 cm
Rijksmuseum van Oudheden, Leiden,
Inv.-Nr. AP 50

Diese Stele trägt eine Inschrift zu Ehren des Wab-Priesters und Vorlesepriesters Hori, der im Tempel von Ptah (zweifelsohne in Memphis) tätig war. Seine Frau Takatgeba trägt den Titel einer Musikerin von Nebethetepet. Letztere war ursprünglich eine Lokalgöttin der Stadt Heliopolis und wurde später mit Hathor gleichgesetzt. Die rechteckige Stele wird von einem Pyramidion bekrönt. Im Pyramidion ist das Bild eines Djed-Pfeilers eingemeißelt, den der Verstorbene anbetet. In der Hohlkehle sind fünfmal Name und Titel des Hori geschrieben. Die Stele selbst ist in drei Register unterteilt. Im oberen werden der Verstorbene und seine Eltern bei der Anbetung dargestellt: Links ist Hori vor Re-Harachte, rechts sind seine Eltern vor Osiris zu sehen. Das mittlere Register zeigt Hori und seine Frau, wie sie vor einem Opfertisch sitzen, während sein Sohn und seine drei Töchter Opfergaben darreichen. Im unteren Register ist eine ähnliche Opferhandlung zu erkennen, diesmal mit zwei anderen Söhnen und Töchtern. Auf dem linken Pfosten steht schließlich eine Opferformel für Osiris, Re-Harachte und Atum, während der rechte Pfosten Ptah-Sokar-Osiris gewidmet ist.

Leiden 1840, V 57; Leiden 1907, E.I.19; Leiden 1913, 9 und Tf. XX, Nr. 30. M. J. R./N. S.

159 **Kultgerät für Weihrauchopfer (Räucherarm)**
3. Zwischenzeit bis Spätzeit, 22.–25. Dynastie,
ca. 946/45–656 v. Chr.
El-Hibe, Pfeilerhalle des Amun-Tempels
Bronze und Holz
L. 60,5 cm; H. des Räuchertopfs 5 cm
Sammlung des Ägyptologischen Instituts der
Universität Heidelberg, Inv.-Nr. 2419

Beim Räucherarm handelt es sich um ein metallenes Gerät in Form eines menschlichen Unterarms, das zum Darbringen von Weihrauchopfern im Tempel- und Totenkult diente. Der Stiel mit dem in der Mitte befestigten Behälter für die Weihrauchkügelchen enthält einen Holzstab zur Stabilisierung, ein nach vorn umgebogener Falkenkopf am Ende fungierte als Gegengewicht. Vor der wie eine Manschette wirkenden Papyrusdolde wird eine flach ausgestreckte Hand sichtbar, auf der eine Schale mit dem Räuchernapf aufliegt. Diese Schale ist in Form eines ringförmigen Schutzsymbols (»Schen-Ring«) gestaltet. Bei der Opferhandlung ergriff der Priester das Gerät und warf einige der Kügelchen auf die im Räuchernapf glimmende Holzkohle. Der Räucherarm wurde zusammen mit anderem Tempelinventar unter einer Bodenplatte gefunden, wo die Objekte wohl aus Sicherheitsgründen versteckt worden waren.

Ranke 1926, 44; Beinlich 1978, 15–31; Heidelberg 1986, 116, Nr. 261. B. G.-L.

Das sehr gut erhaltene Bügelsistrum besticht künstlerisch durch seine Liebe zum Detail. So sind z. B. die Metallstäbe des Rasselinstruments an den Enden mit geschwungenen Enten- bzw. Gänseköpfen verziert. Oben auf dem Bügel sitzt in geduckter Haltung eine kleine Katze, wie sie in ähnlicher Form – zum Teil umgeben von ihren Jungen – auf zahlreichen Sistren überliefert ist. Die Gestaltung hatte allerdings nicht nur einen dekorativen Zweck, sondern vielmehr auch einen religiösen Hintergrund. Durch die Katzendarstellung sollte z. B. an die Verwendung des Sistrums im Tempel- und Prozessionsritual der Göttin Bastet erinnert werden. Denn besonders in deren Kult und im Kult der Hathor ist seine Verwendung nachgewiesen. Der Klang des Sistrums geht auf den Brauch zurück, Papyrusdolden durch rituelles Schütteln in rauschende Bewegung zu versetzen. Man unterscheidet Naos- und Bügelsistren, wobei letztere stilistisch jünger sind.

Gotha 1996, 70. U. W.

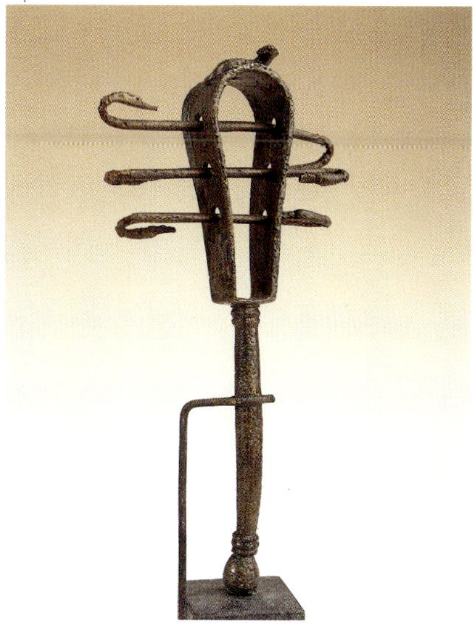

160 Bügelsistrum
Spätzeit, 6.–4. Jh. v. Chr.
Herkunft unbekannt
Bronze
H. 19 cm
Stiftung Schloss Friedenstein Gotha, Schlossmuseum, Inv.-Nr. ABr 85

Neben so genannten Nemset-Krügen, die eine eher bauchige Form haben, stellen die hohen und schlanken Hes-Vasen einen häufig verwendeten Gefäßtyp für eine Libation (rituelles Trankopfer) im Götter- oder Totenkult dar. Oft waren diese Gefäße mit einem Deckel ausgestattet und mit einem Ausguss versehen. Das hier gezeigte Stück ist dagegen schlicht gehalten.

Unveröffentlicht. D. v. R.

161 Hes-Vase
Altes Reich, ca. 2657–2166 v. Chr.
Vielleicht aus Alexandria
Kalzit-Alabaster; H. 15,3 cm
Skulpturensammlung, Staatliche Kunstsammlungen Dresden, Inv.-Nr. Z.V. 2600 E 12 (237)

162 Grabstele des Amenemhat
Mittleres Reich, 12. Dynastie, ca. 1902 v. Chr.
Wahrscheinlich aus Abydos
Kalkstein
H. 69,5 cm; Br. 39 cm
Kestner-Museum Hannover, Inv.-Nr. 2927

Das größere Text- und das kleinere Bildfeld dieser Stele sind in den beiden unterschiedlichen Relieftechniken gearbeitet. Die Hieroglyphen der neunzeiligen, von rechts nach links zu lesenden Inschrift sind in die Steinoberfläche hineingeschnitten, während die Darstellung des Ehepaars, Amenemhat und seine Frau Kem, im so genannten erhabenen Relief gearbeitet sind. Bei dieser Technik wird der Stein um das darzustellende Element herum weggemeißelt, das somit aus der Steinoberfläche heraus erhaben stehen bleibt. Die erstgenannte Technik des »Versenkten Reliefs« ist die schneller auszuführende, die andere, weitaus aufwendigere erlaubt jedoch, detailreicher zu modellieren. Dementsprechend fein ist die Darstellung der Personen und Opfergaben im Bildfeld der Stele gelungen, wofür als Beispiel nur die Gestaltung der Perücken und Halskragen des Ehepaares sowie der Wadenmuskulatur von Amenemhet heranzuziehen wären. Die Opfergaben auf dem niedrigen Opfertisch rechts – Brote, Obst, Gemüse und Teile eines Rindes – aber auch das Waschgeschirr unterhalb des Tisches sind alle als einzelne, komplett zu sehende Objekte ohne Überschneidungen wiedergegeben. Dies entspricht ganz der Darstellungskonvention. Als Neuerung ist jedoch der Umstand anzusehen, dass beinahe die gesamte Opfertischszene durch den Stab, den Amenemhat in seiner linken Hand hält, überschnitten wird. Es scheint fast so, als ob er dadurch eine bewusste Barriere zwischen den Opfergaben und dem Betrachter schafft. Denn der Grabbesucher soll durch das Lesen und das damit unweigerlich verbundene Aussprechen der hieroglyphischen Inschrift der Stele die Opfergaben für Amenemhat und Kem »beleben/ aktivieren«. Die Magie des Wortes, die nach der festen Vorstellung der Ägypter dieses bewirken kann, könnte natürlich auch gegen einen Opferempfänger eingesetzt werden, denn jeder, der die Macht hat zu geben, könnte sie natürlich auch einsetzen, um zu nehmen.
Die Übersetzung der Inschrift lautet: »Regierungsjahr 12 unter der Majestät des Königs von Ober- und Unterägypten Nub-kau-Re (= Amenemhat II.), der ewiglich leben möge. Sein (des Königs) wahrhafter Diener, der an den Platz seines Herzens gehörig ist und der im Verlaufe eines jeden Tages all das macht, was er (der König) preist, (nämlich) der Aufseher über das Horn- und Hufvieh, die Vögel und Fische, der Aufseher über das Kleinvieh im ganzen Land, der Sohn des Kemsij, der (wiederum) der Sohn des Intef ist, Amenemhat. Er spricht: ›Ich bin ein Vater für die Waise, ein Gatte für die Witwe, ein Windschutz für den Frierenden. Ich gab Brot dem Hungernden und Kleidung dem Nackten und ich rettete einen Mann vor dem Spruch der Richtstätte, indem ich für den Mann sprach, ohne dass er es wusste. Nicht war gering (geschätzt) ein Mann vor dem Gesicht seines Oberhauptes. Nicht gab es Tote unter meiner Amtsführung. Oh ihr Lebenden auf der Erde, die (ihr) vorbeikommen (werdet) an dieser reinen Stätte (= Grab oder Scheingrab mit dieser Stele), ihr möget aussprechen: Tausende von Broten, Bier(krügen), Fleisch und Geflügel sowie Kuchen mögen sein auf dem Opfertisch für den Vordersten der Westlichen (= die Toten), dem Herrn von Abydos (= Osiris) und (somit) für den Versorgten, dem Aufseher über das Kleinvieh, Amenemhat, gerechtfertigt, dem Herrn der Versorgtheit, (sowie für) seine geliebte Frau, die an den Platz seines Herzens gehörig ist, Kem, gerechtfertigt‹.«

Drenkhahn 1989, 72–74, Nr. 21. C. E. L.

163 **Statuengruppe des Kai-pu-ptah und der Ipep**
Altes Reich, 5. Dynastie, um 2400 v. Chr.
Gize, Westfriedhof, Mastaba G. 4461, Eingang zur Kultkammer;
Grabung Hermann Junker 1912
Kalkstein, bemalt
H. 49,7 cm; Br. 26,8 cm; T. 22,3 cm
Kunsthistorisches Museum Wien, Ägyptisch-Orientalische Sammlung, Inv.-Nr. 7444

Vor einer Rückenplatte stehen ein Mann und eine Frau. Der Mann hat einen kräftigen, etwas gedrungen wirkenden Körper, seine Beine stehen in Schrittstellung, beide Fäuste sind geballt. Der schlanke Körper der zierlichen Frau wirkt im eng anliegenden Kleid nackt. Sie hält den Mann mit dem rechten Arm umschlungen und berührt mit ihrer linken Hand seinen linken Arm. Diese Haltung ist typisch für die Darstellung von Ehepaaren, dadurch sollte die enge familiäre Beziehung ausgedrückt werden. Die runden Gesichter der beiden zeigen den gleichen Typus, Augen und Mund sind sehr fein geschnitten. Sie tragen die für das Alte Reich charakteristischen Perücken, der Mann die kurze Löckchenperücke, die Frau schulterlanges gesträhntes Haar. Zur einfachen Tracht gehört der große Schmuckkragen. Das Inkarnat des Mannes ist rotbraun, das der Frau hellgelb, wodurch ihr zarter Teint betont wird. Auf der Basisplatte sind die Namen Kai-pu-ptah und Ipep eingraviert. Der Name steht für Identität. Das Auslöschen des Namens bedeutet Auslöschen der Person.

JAROS-DECKERT/ROGGE 1993, 26–31; SCHALLABURG 2004, 270–272, NR. 88; HÖLZL 2007, 44–45. E. H.

164 **Opfertafel der Sat-intef**
Mittleres Reich, 11./frühe 12. Dynastie, um 2050–1950 v. Chr.
Vielleicht aus dem memphitischen Raum
Kalkstein
L. 41,6 cm; Br. 29,8 cm; H. 6,1 cm
Badisches Landesmuseum, Karlsruhe, Inv.-Nr. H 410

Seit dem Alten Reich markieren Opfertafeln die Kultstelle im Grab, an der Opferrituale für die Toten vollzogen wurden, um deren Versorgung im Jenseits zu garantieren. Form, Dekoration und Inschriften der Opfertafeln spiegeln die Zeremonien und Opfergaben wider. Die Opfertafel für die Verstorbene Sat-intef, Tochter der Senet, setzt sich aus zwei großen und zwei kleineren, durch Kanäle verbundene Becken zusammen, die zur Aufnahme der Reinigungs- bzw. Spendenflüssigkeit dienten. Am vorstehenden Ausguss sickerte die Flüssigkeit schließlich in den Boden. Der große stilisierte Napfkuchen im oberen Becken symbolisiert das Opfer selbst und zeigt eine so genannte Speisetischszene mit dargebrachten Opfergaben wie Brot, Gemüse, Geflügel und Fleischstücken, die auch in den Opferformeln der Inschriften auf dem Rand genannt werden. Das Waschgeschirr aus Kanne und Schüssel unterhalb des Speisetisches symbolisiert die Reinigungszeremonie, mit der das Ritual begann und endete.

FISCHER 1977, 164–166 MIT ABB. 7; KARLSRUHE 1992, 36, 86–87, NR. 7; HÖLZL 2002, 34, 73, 191 (IRRTÜMLICH MIT INV.-NR. H 416). S. A.

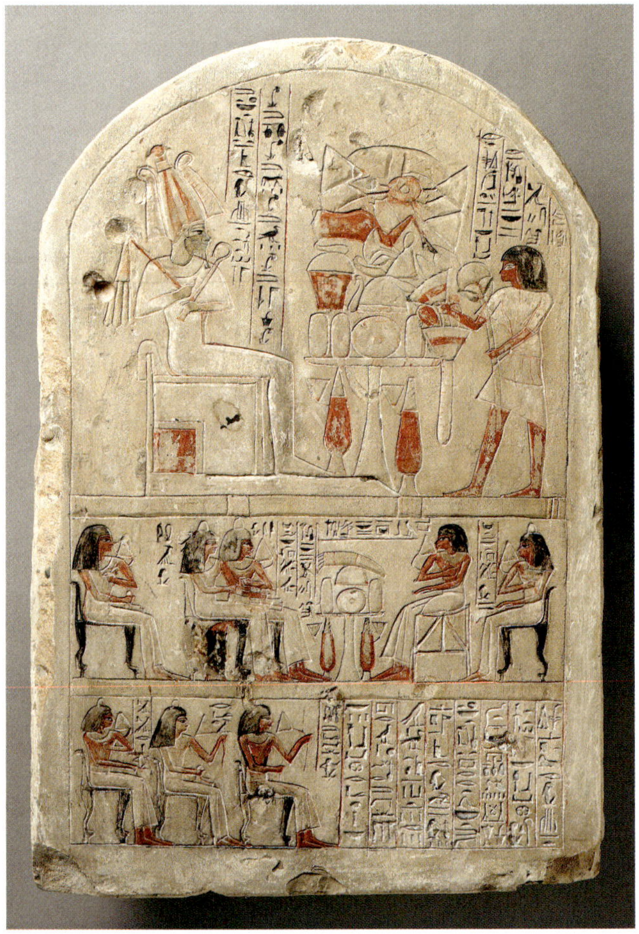

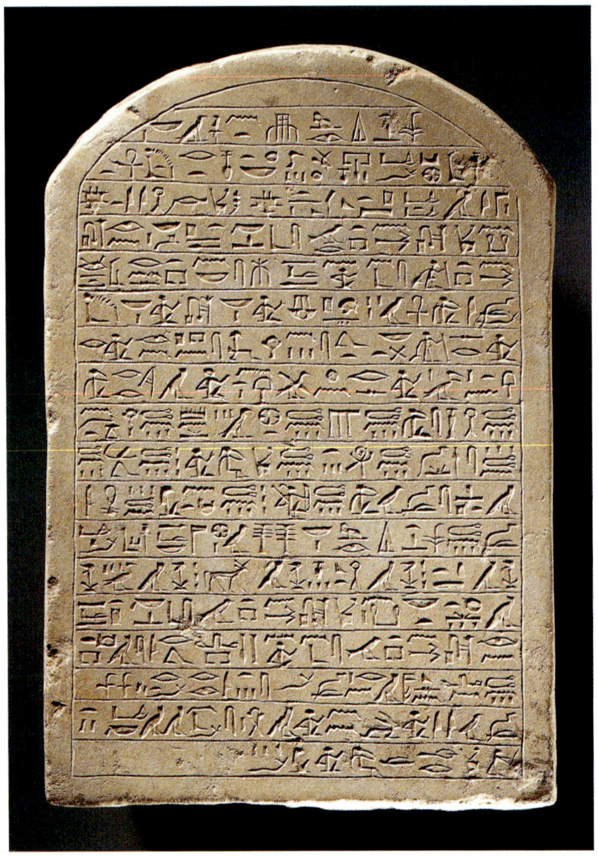

165 Stele des Senbef
Mittleres Reich, späte 12. Dynastie, um 1800 v. Chr.
Abydos
Kalkstein, Spuren von Bemalung
H. 45,5 cm; Br. 35,0 cm; T. 7,0 cm
Kunsthistorisches Museum Wien, Ägyptisch-Orientalische Sammlung, Inv.-Nr. 109

Zentrales Motiv der Stele ist ein großes Anch-Zeichen in einem rechteckigen Fenster. Beidseitig stehen mumienförmige Figuren von Männern in Nischen, im Giebelfeld darüber eine weibliche Mumie mit Hathor-Frisur, die Mutter des Senbef. Auf ihren Körpern sind die Namen eingraviert. Der Oberkörper der Männer ist in der Art der Mantelstatuen dieser Zeit gestaltet. Der linke Arm ist verhüllt, die rechte Hand hält den Mantelsaum vor der Brust fest. Die linke männliche Mumie stellt Senbef dar. Zwei weitere männliche Familienangehörige sind, auf Sesseln mit niedriger Lehne sitzend, im unteren Teil der Stele nur in Gravur dargestellt. Die Inschrift besagt, dass Senbef diese Stele anfertigen ließ, um sie auf der Terrasse des Großen Gottes, des Herrn des Lebens, des Ersten von Abydos (= Osiris), aufstellen zu lassen. In Abydos befindet sich das Kenotaph (Scheingrab) des Gottes Osiris.

HEIN/SATZINGER 1992, 17–19; SPEYER 1993, 136, NR. 64; HÖLZL 2007, 44–45. E. H.

166 Stele des Armeeschreibers Qasi
Neues Reich, 18. Dynastie, Zeit Thutmosis' IV./Amenhoteps III., 1397–1351/50 v. Chr.
Vermutlich aus Abydos
Kalkstein, bemalt
H. 50,3 cm; Br. 34,3 cm; T. 9 cm
Kunsthistorisches Museum Wien, Ägyptisch-Orientalische Sammlung, Inv.-Nr. 141

In der oberen Hälfte der Stele thront Osiris vor einem reich mit Opfergaben gedeckten Speisetisch. Das Opfer wird durch den Armeeschreiber Qasi vollzogen, der mit Stabsträußen auf Osiris zukommt. Das Blumenopfer besteht vor allem aus Papyrus und Lotusblüten, den Symbolen für Grünen und Leben, Wiedergeburt. Die untere Hälfte zeigt in zwei Registern die Familie. Links sitzen Qasi und seine Frau Mutui nebeneinander. Die enge Verbindung wird dadurch deutlich, dass die Frau ihren linken Arm um die Schultern ihres Gemahls gelegt hat und mit der rechten Hand seinen rechten Arm fasst. Bei den anderen Personen handelt es sich um Familienmitglieder. Hier sind jedoch nur die Namen angegeben, nicht aber das Verwandtschaftsverhältnis. Familienstelen wurden in Abydos, der Kultstätte des Osiris, aufgestellt.

HÜTTNER/SATZINGER 1999, 55–60; JAPAN 2003, 115, NR. 88. E. H.

167 Stele des Sobekhotep
Mittleres Reich, späte 12.–13. Dynastie, 18. Jh. v. Chr.
Wahrscheinlich aus Abydos
Kalkstein
H. 43 cm; Br. 30 cm; T. 7 cm
Landesmuseum Württemberg, Stuttgart, Inv. 458 (alt: 4); Dauerleihgabe in der Ägyptischen Sammlung, Museum Schloss Hohentübingen, Tübingen

Die Stele des großen Gefängnisschreibers Sobekhotep ist auf der Vorderseite mit einem 18-zeiligen Hieroglyphentext bedeckt. Der Inhalt ist typisch für eine Grabstele: Zunächst wird dem Verstorbenen mittels einer Opferformel ein vollkommenes Totenopfer zugesprochen. Ein zweiter Teil enthält die »Anrufung an die Lebenden«. Hierbei wird jede Person, die an der Grabkapelle – dem Aufstellungsort der Stele – vorübergeht, aufgefordert, für den Verstorbenen die Opferformel aufzusagen. Der Text weist darauf hin, dass man dies auch zu seinem eigenen Wohl tue und Sobekhotep sich erkenntlich zeigen werde. Stelen, auf denen nur ein Text ohne Abbildung angebracht wurde, sind relativ selten bezeugt. Sie waren in der Nekropole wohl im Verbund mit weiteren Stelen aufgestellt, welche Darstellungen des Verstorbenen und der Totenopfer enthielten.

TÜBINGEN 1981, 87–88; STUTTGART 1984, 118, NR. 96; SILVERMAN 2002, 421–433. D. v. R.

Mumifizierung im Wandel der Zeit

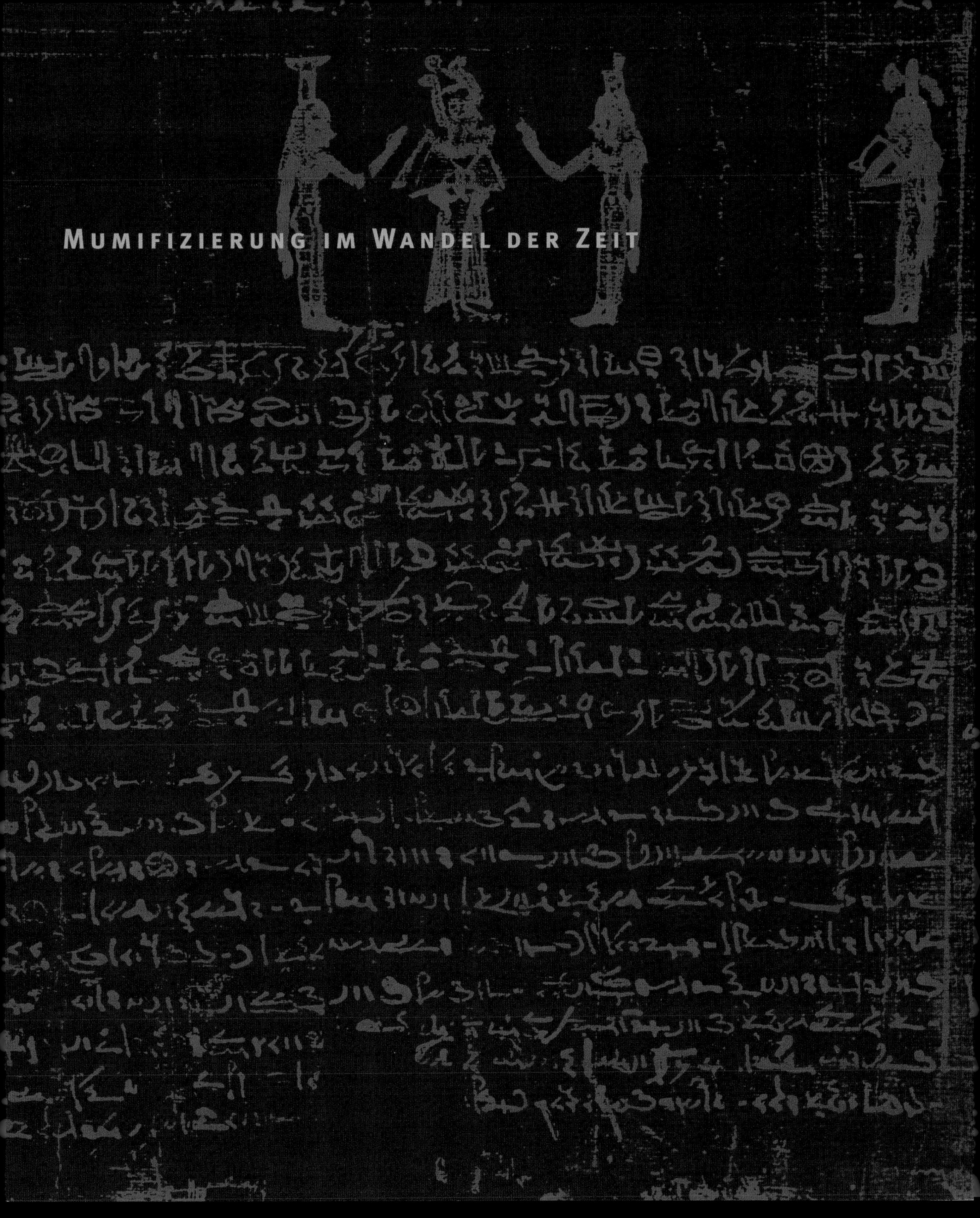

Objektteil Mumifizierung im Wandel der Zeit

168 Amulett in Gestalt eines Stierkopfes
Prädynastisch, Naqada II,
ca. 3500–3200 v. Chr.
Herkunft unbekannt
Karneol
H. 3,8 cm; Br. 3,5 cm; T. 2 cm
Roemer- und Pelizaeus-Museum, Hildesheim,
Pelizaeus-Museum Inv.-Nr. 5159

Der Stierkopf ist im Umriss angedeutet, als Details sind nur Augen und Hörner herausgearbeitet. Eine Durchbohrung auf der Rückseite weist auf die Verwendung als Anhänger an einer Kette hin. Schmuckstücke dieser Form, auch aus anderen Steinarten oder Elfenbein hergestellt, sind häufig in prädynastischen Gräbern gefunden worden, wo sie zur Ausstattung des Verstorbenen für die Reise ins Jenseits und für das Leben nach dem Tod gehörten. In historischer Zeit verbanden die Ägypter mit dem Stier Aspekte wie Macht, Stärke und Fruchtbarkeit. Nimmt man diese Assoziationen auch schon als gültig für die vorgeschichtlichen Kulturen Ägyptens an, so stellte das Stierkopfamulett einen wirkungsvollen Schutz für seinen Träger im Leben wie im Tode dar.

Hildesheim 1993, 13, Abb. 6. B. S.

169 Figur eines Falken
Prädynastisch, um 3000 v. Chr.
Herkunft unbekannt
Rosengranit
L. 13 cm; Br. 4 cm; H. 3,7 cm
Kunsthistorisches Museum Wien,
Ägyptisch-Orientalische Sammlung,
Inv.-Nr. 1186

Der Vogelkörper ist stark stilisiert, nur seitlich sind die Flügel durch eine Rille abgesetzt. Die gebohrten Augenhöhlen waren vermutlich mit Bein ausgelegt. An der Unterseite befinden sich in der Mitte zwei Bohrungen nebeneinander zum Einsetzen der Beine, die aus einem anderem Material gefertigt waren. Bisher sind nur wenige Falkenfiguren aus Stein in dieser Größe aus prähistorischer Zeit bekannt. Solche Steinfalken waren wahrscheinlich auf Stelen in Form der Palastfassade aufgesetzt, wie wir es aus Zeichnungen und dreidimensionalen kleinformatigen Darstellungen kennen. Das ist die erste Form des Horus-Namens des Königs: Der Gott Horus sitzt in Falkengestalt auf dem Königspalast, in den der Name des Königs geschrieben ist.

Speyer 1993, 64, Nr.12; Japan 2003, 68, Nr. 38. E. H.

170 **Reibkiesel**
Prädynastisch, 4. Jht. v. Chr.
El-Kubnije Süd, Grab 25.e.5,
Grabung Hermann Junker
Gelblichbrauner Speckstein
L. 5,53 cm; Br. 3,4 cm; H. 2,5 cm
Kunsthistorisches Museum Wien, Ägyptisch-Orientalische Sammlung, Inv.-Nr. 8871

Der walzenförmige Kiesel hat gerundete Enden, die Unterseite ist etwas abgeflacht. Glatte Kiesel wurden zum Zerreiben mineralischer Farbstoffe auf Paletten aus Stein, meist Schiefer, verwendet. Das Farbpulver wurde vor allem für Schminke verarbeitet. Paletten samt Reibkiesel gehörten schon in prähistorischer Zeit zu den Grabbeigaben. Im Grab 25.e.5 waren auch der Schminkstein mit Resten von Farbe, Malachit und Schmuck mitgegeben.

Junker 1919, 138, 25.e.5, Tf. XXXIII. E. H.

171 **Schminkplatte in Fischform**
Prädynastisch, Naqada II,
ca. 3500–3200 v. Chr.
Herkunft unbekannt
Grau-grüner Schiefer
L. 21,3 cm; Br. 11,7 cm
Museum für Kunst und Gewerbe Hamburg
Inv. 1924.54

Die nahezu ovale Schminkplatte weist eine kleine Absplitterung auf der Vorderseite oberhalb der Schwanzflosse auf. Die Dicke der Schieferplatte verjüngt sich zum Rand, auf der Oberfläche sind deutliche Schleifspuren zu erkennen. Die Schwanzflosse ist schematisch durch zwei starke Einkerbungen in den Rand der ovalen Plattenform angedeutet, die sich als keilförmige, allmählich flacher werdende Rillen auf beiden Seiten fortsetzen. Das Auge ist auf beiden Seiten durch eine eingeritzte Kreislinie gekennzeichnet, ein kleiner Einschnitt markiert das Maul. In der Mitte der Schwanzflosse befindet sich ein gebohrtes Loch, um die Platte aufhängen zu können. Während in der Zeitstufe Naqada I eher rautenförmige Schminkplatten zu finden sind, entwickelte sich ab Naqada II die ovale Form, die später immer reicher verziert werden konnte.

Unveröffentlicht. F. H.

172 Palette mit zwei Vogelköpfen
Prädynastisch, Naqada II a, ca. 3500 v. Chr.
Herkunft unbekannt
Schiefer
L. 8 cm; Br. 11,2 cm; D. 0,6 cm
Ägyptisches Museum der Universität Bonn, BoS 330

Zu den wichtigsten Grabbeigaben des 4. Jt. v. Chr. gehören Schieferpaletten, die teilweise zum Anreiben von Schminke benutzt wurden. Zunächst nur in einfacher geometrischer Form ausgeführt, werden sie später variantenreicher gestaltet, wobei insbesondere Tierformen wie Fische, Vögel oder Schildkröten sehr beliebt waren. Die Bonner Palette ist mit zwei nach außen gewendeten Vogelköpfen versehen, deren Augen durch Bohrungen angegeben sind. In der Mitte befindet sich an einem Steg eine Öse zur Anbringung eines Trageriemens, der dann durch die zwei seitlichen Kerben aufgewickelt werden konnte. Aufgrund der Form sowie der gänzlich fehlenden Gebrauchsspuren kann davon ausgegangen werden, dass die Palette als Zierstück und nicht zum Anrichten von Augenschminke verwendet wurde.

Regner 1996, 66–67, Tf. 11. G. P.

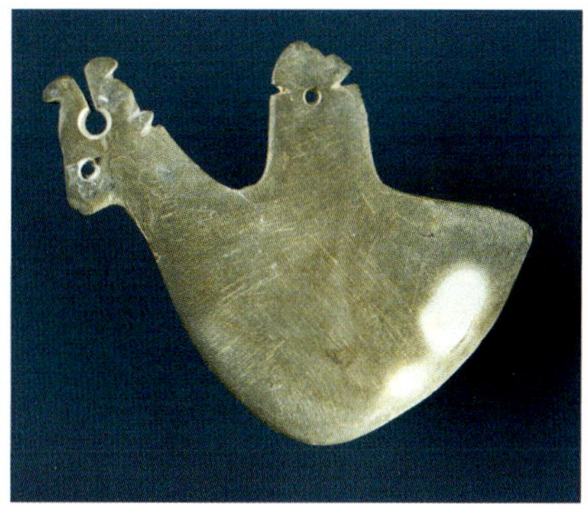

173 Schminkpalette
Prädynastisch, Naqada II, ca. 3500–3200 v. Chr.
Herkunft unbekannt
Schiefer
H. 9,2 cm; Br. 11,7 cm; D. 0,6 cm
Ägyptisches Museum der Universität Leipzig (ÄMUL), 5149

Die hier gezeigte Palette besteht aus einer halbkreisförmigen Reibeplatte und war ursprünglich sicherlich mit zwei Tierköpfen konzipiert. Allerdings scheint schon bei der Bearbeitung das Pendantstück abgebrochen zu sein, was die deutlichen Bearbeitungs- und Schleifspuren im ehemaligen Ansatzbereich des zweiten Tierhalses nahelegen. Da Abriebspuren oder eine genutzte Vertiefung auf beiden Seiten der Palette fehlen, kann nicht entschieden werden, welche als die Vorder- oder Rückseite des Objektes anzusprechen ist. Vielleicht wurde das Objekt nur als magisches Amulett genutzt, denn wie fast alle prädynastischen Schminkpaletten ist auch diese in der Mitte mit einer durchbohrten Aufhängevorrichtung an einem nach oben verlängerten Fortsatz versehen. Der Tierkopf mit dem lyraförmig ausgearbeiteten Gehörn dürfte eventuell ein Rind darstellen, wofür nicht nur die zwei eingekerbten Nackenfalten sprechen, sondern auch der auf der einen Seite mit einem dunklen Material eingelegte äußere Augenwinkel. Die kreisförmige Bohrung um das Auge war ursprünglich sicherlich mit Elfenbein oder Knochen ausgelegt, wie zahlreiche Parallelen belegen.

Unveröffentlicht. F. K.-S.

174 **Stoffstück**
Frühdynastisch, 1. Dynastie,
ca. 2982–2803 v. Chr.
Tarchan, Grab 2038
Weißlich-gelbes Leinen
L. 16,7 cm; Br. 9,2 cm
Sammlung des Ägyptologischen Instituts
der Universität Heidelberg, Inv.-Nr. 739a

Das Stück feiner Leinwand ist modern zu einer rechteckigen Probe zugeschnitten worden und aufgrund der jahrtausendelangen Lagerung leicht verfärbt. Das älteste Stück Leinen stammt aus einem Grab, das etwa 600 Jahre älter ist. Die Webkunst war also zur Entstehungszeit dieses Stoffes bereits eine alte Tradition. Das Stück besteht aus sehr fein und gleichmäßig gesponnenen Fäden. Da aus Leinen alle Arten von Kleidung, aber auch Decken, Laken, Handtücher und andere Textilien hergestellt wurden, stellte Stoff über alle Phasen der ägyptischen Geschichte hinweg eine wichtige Grabbeigabe dar.

Stoffstück
Frühdynastisch, 1. Dynastie,
ca. 2982–2803 v. Chr.
Tarchan, Grab 2050
Weißliches Leinen; L. 20 cm; Br. 14,9 cm
Sammlung des Ägyptologischen Instituts
der Universität Heidelberg, Inv.-Nr. 740

Auch dieses Stück weißer Leinwand ist modern rechteckig zugeschnitten worden. Aufgrund der jahrtausendelangen Lagerung ist es beige-braun verfärbt. Die Fadenstärke ist bei diesem Stück etwas gröber, die Fäden sind aber trotzdem sehr gleichmäßig gesponnen und gewebt und zeugen von hoher Geschicklichkeit der Herstellerin. Bis zum Neuen Reich waren es Frauen, die an den Webrahmen arbeiteten.

Heidelberg 1986, 23, Anm. zu Nr. 82; Donadoni Roveri 2001 (zu Stoffen und Weberei). D. F.

175 **Langzinkiger Steckkamm mit rechteckigem Griff**
Prädynastisch, Naqada I,
ca. 4000–3500 v. Chr.
Abydos
Elfenbein; L. 11,5 cm; Br. 3,6 cm; D. 0,3 cm;
Sammlung des Ägyptologischen Instituts
der Universität Heidelberg, Inv.-Nr. 241

In der frühen Vorgeschichte sind Kämme entweder mit Tiermotiven verziert oder weisen einen schlichten, rechteckigen Griff auf. Dieser zählt mit seinen zehn Zinken und dem einfachen Griff zur zweiten Kategorie. Die Länge der Zinken weist darauf hin, dass er dazu diente, die Haare hochzustecken oder Haarteile an der Frisur zu befestigen. Sehr frühe Darstellungen und Skulpturen zeigen, dass sowohl Männer als auch Frauen lange Zopffrisuren tragen konnten. Kämme aus Bein und Elfenbein wurden den Toten sehr häufig als Grabbeigaben mit ins Jenseits gegeben.

Heidelberg 1986, 20, Nr. 51. D. F.

176 **Halskette**
Frühdynastisch, 1. Dynastie,
ca. 2982–2803 v. Chr.
Tarchan, Grab 725
Fayence, Steatit; L. 53 cm
Sammlung des Ägyptologischen Instituts
der Universität Heidelberg, Inv.-Nr. 733

Die Kette besteht aus verschieden großen Perlen aus Fayence und Steatit und einem etwas größeren Anhänger. Da sie modern aufgefädelt wurde, könnte die Zusammenstellung der Perlen im Originalzusammenhang anders gewesen sein. Der türkisfarbene und grünliche Schmuck soll aufgrund der altägyptischen Farbsymbolik dem Träger Frische und Jugend verleihen und ist daher gleichzeitig ein magischer Schutz gegen Alterung und Verfall.

Heidelberg 1986, 24, Nr. 93. D. F.

177 **Halskette**
Frühdynastisch, 1. Dynastie,
ca. 2982–2803 v. Chr.
Tarchan, Grab 1776
Fayence, Karneol, Steatit; L. 41,5 cm
Sammlung des Ägyptologischen Instituts
der Universität Heidelberg, Inv.-Nr. 735

Die Perlenkette besteht aus verschiedenfarbigen Kugel-, Tonnen-, Scheiben-, Walzen- und Röhrenperlen. Sie wurden zwar zusammen in einem Grab gefunden, doch ist nicht sicher, ob die moderne Fädelung den ursprünglichen Zustand wiedergibt. Die Alten Ägypter verwendeten in ihrem Schmuck gerne rötlichen Karneol, da die Farbe Rot in ihren Augen Übel abwehrende Wirkung hatte. Zusammen mit Grün (zum Schutz vor Verfall) ergibt sich einerseits ein reizvoller Farbkontrast, andererseits gleichzeitig ein auf magische Weise schützender Halsschmuck.

Heidelberg, 24, Nr. 95. D. F.

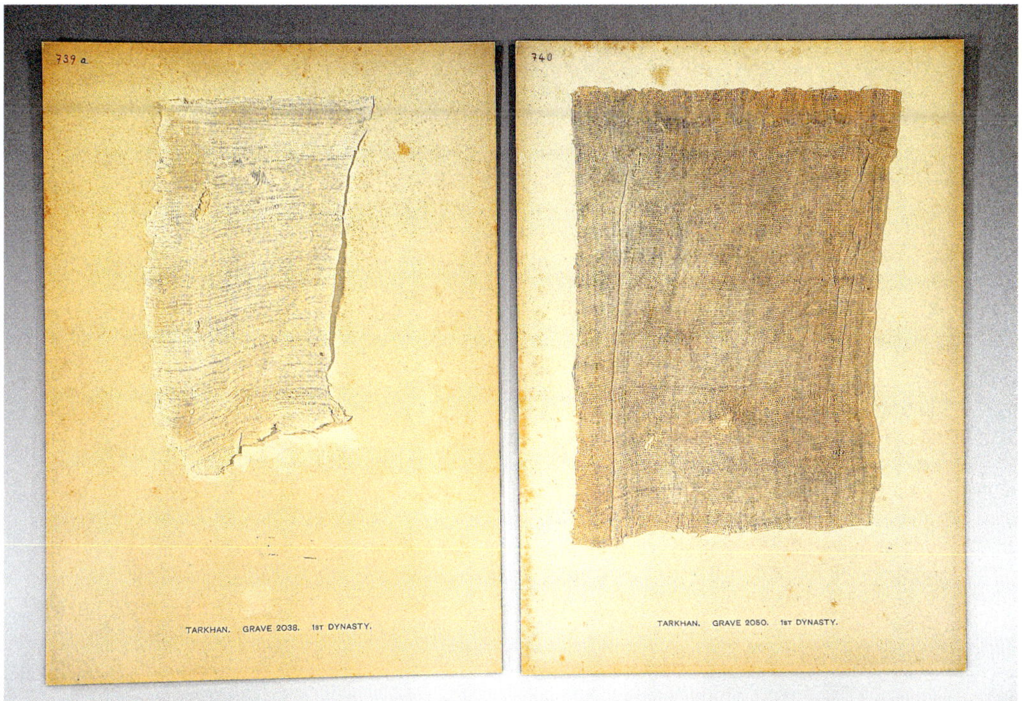
739 a
TARKHAN. GRAVE 2038. 1ST DYNASTY.
740
TARKHAN. GRAVE 2050. 1ST DYNASTY.

Das so genannte Fischschwanzmesser wurde in der Neuzeit aus zwei großen und einigen kleineren Stücken zusammengeklebt. Es weist zwei unterschiedliche Zonen auf: einmal die sehr fein gezähnte, gegabelte Klinge, deren extrem sorgfältig hergestellte Sägeränder an die Struktur von Haifischzähnen erinnern. Diese haben ebenfalls ganz fein gezähnte Ränder, welche das Abreißen und Durchtrennen von Fleisch und Knochen erleichtern. Der andere Bereich des Messers, der nur eine einfache Spitze aufweist, ist am Rand wesentlich gröber gearbeitet. Dieser Teil saß in einem Griff aus Holz oder Bein, in den die Klinge mit Harz eingeklebt war. Von dem Harz sind noch dunkle Flecken erhalten geblieben, die in den Vertiefungen der so genannten Retuschen sitzen. In diesem Bereich ist der Stein an sich heller, da er hier nach der Schäftung keinen Witterungseinflüssen mehr ausgesetzt war. Feuerstein (oder Flint bzw. Silex) weist eine glasartige Härte auf und wurde seit frühester Zeit (ca. 10000 v. Chr.) vom Menschen für Werkzeuge aller Art benutzt, vor allem für Schneidwerkzeuge. In der Zeit, aus der dieses Messer stammt, gelang den Menschen die so genannte Oberflächenretusche in höchster Vollendung. Fischschwanzmesser wurden vor allem in der Stufe Naqada I mit ins Grab gegeben. Sie sind der Form nach die Vorläufer von einem *Peseschkaf* genannten Gerät, das später bei Ritualen zur Wiederbelebung der Mumie, wie z. B. der Mundöffnung, eingesetzt wurde (vgl. Kat.-Nr. 83 und 85).

Heidelberg 1986, 12, Nr. 14. D. F.

178 Fischschwanzmesser
Prädynastisch, Naqada I,
ca. 4000–3500 v. Chr.
Herkunft unbekannt
Feuerstein
L. 12,1 cm; Br. 7,9 cm; D. 0,6 cm
Sammlung des Ägyptologischen Instituts der Universität Heidelberg, Inv.-Nr. 301

Waffen als Grabbeigaben gehören in vorgeschichtlicher Zeit zu den regelmäßigen Funden, wobei neben so genannten Tellerkeulen mit scheibenähnlicher Form auch birnengestaltige Exemplare aus Hartgestein auftreten, die charakteristisch für den oberägyptischen Raum sind. Der reale Gebrauch als Waffe geht bereits vor der dynastischen Zeit, um 3150 v. Chr., stark zurück, jedoch behalten Keulen über die folgenden Jahrtausende hinweg ihre Funktion als Zeichen königlicher Macht. Vor allem die Birnenkeule findet bei rituellen Vorgängen Verwendung, wie dem in regelmäßigen Abständen begangenen Sed-Fest, das der Regeneration und dem Machterhalt des Pharao diente. Bei symbolischen Darstellungen, die den König beim Erschlagen der Feinde zeigen, gehören sie zu den zeremoniellen Waffen, mit denen der Herrscher seine Stärke demonstriert und Gefahren abwendet.

Unveröffentlicht. G. P.

179 Birnenförmiger Keulenkopf
Prädynastisch, Naqada II a,
ca. 3500 v. Chr.
Herkunft unbekannt
Schwarzer Granit, Holzstil modern
H. 5,54 cm; Dm. 5 cm
Ägyptisches Museum der Universität Bonn, BoS 356

Der kleinformatige Keulenkopf besteht aus einem schwärzlich-grauen, von weißen Adern durchzogenen Stein. Er weist eine vertikale Bohrung auf. Im Querschnitt erweitert sich die Form bogig bis zur unteren Abschlusskante. Die Unterseite ist glatt belassen. Schleifspuren in verschiedene Richtungen überziehen die Oberfläche. Der obere Scheibenrand ist unregelmäßig und nicht exakt kreisförmig gearbeitet. Aufgrund seiner Form wird das Objekt als Tellerkeule bezeichnet. Auf einem Holzschaft angebracht, diente es ursprünglich als Waffe und war über seine eigentliche Funktion hinaus auch ein Symbol der Macht über Leben und Tod.

Sauerlandt 1931, 10–11. F. H.

180 Tellerkeule
Prädynastisch, Naqada II,
ca. 3500–3200 v. Chr.
Herkunft unbekannt
Stein, vielleicht Breccia
H. 2,6 cm; Dm. ca. 8 cm
Museum für Kunst und Gewerbe Hamburg
Inv. 1931.60

181 Hoher, rot polierter Becher mit schwarzer Randzone
Prädynastisch, Naqada I,
ca. 4000–3500 v. Chr.
Angeblich aus Saqqara
Sehr feine Niltonkeramik
H. 25,2 cm; Dm. 13 cm;
Sammlung des Ägyptologischen Instituts der Universität Heidelberg, Inv.-Nr. 660

Das Gefäß gehört zu einer Keramikgattung, die »black-topped« genannt wird. Der Becher mit geradem Boden wurde von Hand, also ohne Drehscheibe oder Drehuntersatz, hergestellt und dann vor dem Brand mit einem feinen roten Überzug versehen, der mit einem glatten Kiesel glänzend poliert wurde. Der unregelmäßige schwarze Rand entsteht dadurch, dass das fertig gebrannte, noch heiße Gefäß aus der Brennstelle genommen und umgekehrt in Sägemehl gestellt wurde. Der dicke schwarze Rauch, der dabei entsteht, enthält sehr viel Kohlenstoff. Dieser dringt in die Gefäßporen ein und bewirkt die tiefschwarze, manchmal schon metallisch glänzende Färbung des oberen Gefäßteils. Diese Sorte von Keramik war in der vorgeschichtlichen Zeitstufe Naqada I besonders beliebt und gehörte mit zur gängigen Grabausstattung. Wahrscheinlich wurden darin Getränke mit ins Jenseits gegeben.

Heidelberg 1986, 17, Nr. 34. D. F.

182 Rot polierte Flasche
Prädynastisch, Naqada II,
ca. 3500–3200 v. Chr.
Herkunft unbekannt
Sehr feine Niltonkeramik
H. 21 cm; Dm. 11 cm
Sammlung des Ägyptologischen Instituts der Universität Heidelberg, Inv.-Nr. 658

Das Gefäß entstammt der vorgeschichtlichen Stufe Naqada II, in der die schmalen flachen Böden bei der rot polierten Keramik allmählich außer Gebrauch kommen und stattdessen spitze bis runde Böden üblich werden. Auch wird die geschwärzte Randzone seltener und man geht zu einer Form über, die in etwa einem auf die Spitze gestellten Ei gleicht, d. h. man gibt den Gefäßen eine Schulter, indem ihre Öffnung verengt wird. Die Flasche weist innen unterhalb des Randes einen Absatz auf, auf den man einen Deckel setzen konnte. Auch dieses Gefäß wurde von Hand, d. h. ohne Drehscheibe, hergestellt. Im so genannten lederharten Zustand wurde ein feiner Tonschlicker aufgestrichen, der mit einem Kiesel bis zum Hochglanz poliert wurde. Die extrem gute Qualität der Keramik zeugt von arbeitsteiliger Gesellschaft mit Ansatz zur industriellen Fertigung.

Heidelberg 1986, 17, Nr. 38. D. F.

183 Bemalte Schale
Prädynastisch, Naqada I c, ca. 3550 v. Chr.
Naqada oder Ballas
Nilton, bemalt
H. 9,5 cm; Dm. 17,7 cm
Ägyptisches Museum der Universität Bonn, BoS 224

Einer der wichtigsten Kulturkreise der vordynastischen Zeit, die sich im 4. Jahrtausend v. Chr. in Oberägypten ausbreiten, wird nach dem Hauptfundplatz als Naqada bezeichnet. Zu den charakteristischen Grabbeigaben gehören vor allem noch ohne Töpferscheibe geformte Gefäße von unterschiedlichster Größe und Form. Sie dienen im Wesentlichen der Aufnahme von Nahrungsmitteln und Getränken. Die älteren Keramiken dieser Zeit sind durch einen rotbraunen, geschlemmten und polierten Ton mit weiß-beiger Bemalung gekennzeichnet, vorwiegend werden dabei geometrische Muster verwendet. Die aus Naqada selbst oder dem Nachbarort Ballas stammende Schale zeigt einen dünn aufgemalten Kreis auf dem inneren Gefäßboden sowie fünf Dreiecke mit schraffierter, gekreuzter und ineinandergesetzter Linienzeichnung auf der inneren Wandung. Diese einfachen Formen werden als stilisiert wiedergegebene ägyptische Hügellandschaft interpretiert.

Regner 1998, 82, Nr. 59, Tf. 10. G. P.

184 Bemaltes Doppelgefäß
Prädynastisch, Naqada II b–d, ca. 3200 v. Chr.
Herkunft unbekannt
Mergelton, bemalt
H. 9,1 cm; Br. 13,5 cm; Dm. 5,9 und 6,1 cm
Ägyptisches Museum der Universität Bonn, BoS 219

Im Gegensatz zu den älteren Gefäßen der Naqada-Zeit, werden ab ca. 3500 v. Chr. Gefäße aus hellem, ungeschlemmtem Mergelton mit dunkelroter Bemalung üblich. Die Oberfläche ist nun zum Teil nicht mehr poliert, sondern gut geglättet. Die aufgemalten Darstellungen sind sehr vielfältig und reichen von verschiedenen Tieren, wie Steinböcken oder Flamingos, bis hin zu Menschen oder geometrischen Mustern. Das Bonner Stück setzt sich aus zwei an der Schulter verbundenen Gefäßen zusammen, die jeweils mit einer kleinen Schnuröse versehen sind. Da beide Formen ohne Standfläche gearbeitet sind, steht das Doppelgefäß nur, wenn man es in den Sand setzt, einen Ständer benutzt oder es mithilfe der Ösen aufhängt. Über beide Gefäßkörper wurden waagrechte Wellenlinien in dunkelroter Farbe gezogen, die Wasserlinien andeuten.

Regner 1998, 104–105, Nr. 81, Tf. 13. G. P.

185 Steingefäß
Prädynastisch, Naqada I,
ca. 4000–3500 v. Chr.
Herkunft unbekannt
Schwarzer Basalt
H. 23,4 cm; Dm. 11,5 cm
Landesmuseum Württemberg, Stuttgart, Inv. 970 (alt: 4923); Dauerleihgabe in der Ägyptischen Sammlung, Museum Schloss Hohentübingen, Tübingen

Wie die meisten prädynastischen Steingefäße wird auch dieses aus einer Grabausstattung stammen. Das Material und die Form (hohe Vase auf Standfuß mit durchbohrten Schnurösen im Schulterbereich und deutlich abgesetztem, oben flachem Gefäßrand) verweisen auf die erste Phase der vorgeschichtlichen Naqada-Kultur, deren Verbreitungsgebiet die Region zwischen den oberägyptischen Stätten Naqada und Abydos war. Das Gefäß wurde wahrscheinlich zum Gebrauch mit Schnüren durchzogen, z. B. zur Befestigung eines Deckels oder als Tragevorrichtung, bevor es als Grabbeigabe Verwendung fand. In solchen Gefäßen wurden Salben und Öle für medizinische oder kosmetische Zwecke aufbewahrt, die nicht nur zu Lebzeiten verwendet wurden, sondern auch den Verstorbenen als Versorgungsmaterial zur Verfügung stehen sollten.

Tübingen 1981, 8; Tübingen 2002, 24. D. M.-L.

186 Krug
Prädynastisch, Naqada II,
ca. 3500–3200 v. Chr.
Herkunft unbekannt
Bemalter Ton
H. 12,5 cm; Dm. 6,2 cm
Ägyptische Sammlung, Museum Schloss Hohentübingen, Tübingen, Inv. 177

Neben Steingefäßen gehört auch hochwertige Tonware zur Ausstattung von vordynastischen Gräbern. Dabei tritt hellrote Keramik mit dunkelroter Bemalung in großen Mengen auf. Dieser Keramiktyp ist typisch für die zweite Phase der Naqada-Kultur. Das hier abgebildete tonnenförmige Gefäß hat einen abgeflachten Boden, zwei Schnurösen zur Befestigung einer Kordel und einen abgesetzten, oben flachen Gefäßrand, der rot bemalt ist. Besonders häufig in der Bemalung dieser Tonware ist das Motiv »Schiff mit Kajüte«. Und so ist auch der Körper dieses Gefäßes mit je einem großen Ruderboot mit zahlreichen Rudern und zwei Kajüten mit Palmwedeln und Fächerpalmen auf jeder Seite bemalt. Die Funktion der kleineren verzierten Tongefäße dürfte ähnlich gewesen sein wie die der weniger großen Steingefäße, die zur Aufbewahrung von Salben und Ölen gedient haben.

Brunner-Traut 1975; Tübingen 1981, 10; Tübingen 2002, 27. D. M.-L.

187 Schnurösengefäß mit Spiraldekor
Prädynastisch, Naqada II,
ca. 3500–3200 v. Chr.
Herkunft unbekannt
Ton, handgeformt
H. 18,8 cm; größter Dm. 21,9 cm; T. 15,8 cm
Badisches Landesmuseum, Karlsruhe, Inv.-Nr. H 892

Das bauchige Gefäß besitzt zwei breite durchbohrte Henkel, so genannte Schnurösen. Der gesamte Gefäßkörper inklusive der Henkel wird von mehreren Reihen roter Kreisspiralen unterschiedlicher Größe überzogen, die dicht gedrängt angeordnet sind und sich teilweise leicht überlappen. Die breite Lippe ist etwas trichterförmig eingezogen und auf der Ober- wie auf der Unterseite mit einfachen Strichmustern dekoriert (oben stark abgerieben). Die Form des Gefäßes imitiert wesentlich kostbarere Steingefäße. Solche bauchigen Gefäße aus hellem Ton mit rotem Dekor sind typisch für die Naqada II-Periode und waren weit verbreitet.

Karlsruhe 1992, 26, 83, Nr. 2. S. A.

188 Zylindrischer Krug
Frühdynastisch, 1. Dynastie,
ca. 2982–2803 v. Chr.
Abu Roasch, Grab 348
Kalzit-Alabaster; H. 44,5 cm; Dm. 19,5 cm
Rijksmuseum van Oudheden, Leiden,
Inv.-Nr. F 1960/12.209

Dieser große zylindrische Krug mit leicht konkaven Seiten ist unterhalb des Randes mit einer Kordel verziert. Der Krug ist aus einem durchgehenden Stück Kalzit-Alabaster hergestellt, seine Oberfläche glatt poliert. Er wurde 1958 bei den niederländischen Ausgrabungen in Abu Roasch auf einem Friedhof mit flachen Gräbern gefunden, der während der frühdynastischen Zeit genutzt wurde. Zur damaligen Zeit diente Abu Roasch als Nekropole für eine bedeutende Verwaltungselite. Die Namen zweier Könige der 1. Dynastie, Aha und Den, fanden sich als Inschriften auf anderen Funden dieser Gegend. Die meisten Gräber dieses Friedhofs wurden geplündert und die Oberbauten zerstört, doch Gefäße aus Ton und Stein waren meist noch vorhanden. In der frühdynastischen Zeit entstanden Steingefäße, die der Form nach Keramikgefäße oder florale Motive als Vorbilder hatten. Da ihr Material besonders langlebig war, wurde es für die ewige Versorgung der Verstorbenen mit Speise und Trank in das Grab mitgegeben. Leider ist nichts über den ursprünglichen Inhalt derartiger zylindrischer Krüge bekannt.

KLASENS 1958, 43, ABB. 15, TAFEL XXI.3. M. J. R./N. S.

189 Waschkanne
Frühdynastisch, 1. Dynastie,
ca. 2982–2803 v. Chr.
El-Kubanije Süd, Grab 19.j.3
Gebrannter Ton, poliert
H. 15,5 cm; Dm. 16 cm
Kunsthistorisches Museum Wien,
Ägyptisch-Orientalische Sammlung,
Inv.-Nr. 6963

Auf der Schulter des gequetscht kugeligen Gefäßes mit breiter Standfläche sitzt eine rechtwinklig gebogene Ausgusstülle. Der enge konische Hals hat eine kleine Öffnung mit breit ausladender scheibenförmiger Lippe. Die Oberfläche der Kanne ist poliert, wodurch der rot gebrannte Ton einen metallischen Glanz bekam. Die Polierstriche sind deutlich sichtbar. Kannen waren Bestandteil des Waschgeschirrs, das zur Grabausstattung gehörte. Es ist auch wiederholt in Relief und Malerei in den Gräbern dargestellt.

JUNKER 1919, 67, ABB. 29, TYP I, TF. XXIV; SCHALLABURG 2004, 235–236, NR. 27. E. H.

Die sanft ausladende Schale mit eingezogenem Rand ist von vollendeter Form und weist eine hervorragende Glättung der Oberfläche auf. In ihrem Innern ist am Boden eine kreisförmige, ca. 5 mm breite Bohrrille erkennbar, deren konzentrische Schleifspuren noch deutlich sichtbar sind. Diese leicht vertiefte Kreisspur entspricht dem Gesamtdurchmesser des äußeren Bodens von 7 cm, wobei die äußere Wandung fließend in die Standfläche übergeht. Die Schale wurde in einem frühzeitlichen Schachtgrab mit unregelmäßig aus dem Fels ausgehauener Kammer im Gräberfeld von Abusir zusammen mit einem zylindrischen Gefäß aus Kalzit-Alabaster und einer Perlenkette aus Karneol geborgen.

Bonnet (ohne Jahr), 52, Tf. 16 und 25, Nr. 171. F. K.-S.

190 Schale
Frühdynastisch, um 3030–2700 v. Chr.
Abusir, Grab 9 A-5
Diorit; H. 7,3 cm; Dm. 21,6 cm
Ägyptisches Museum der Universität Leipzig (ÄMUL), 3184

Der zur Massenware zählende Topf wurde von Hand aus Tonplatten grob und unsorgfältig zusammengesetzt. Der Ton selbst wurde mit grobem Häcksel und Sand gemagert, damit nach dem Brennen große Poren entstanden. Durch diese sollte Feuchtigkeit nach außen dringen und an der Oberfläche verdunsten können, damit Verdunstungskälte den Inhalt, nämlich das darin aufbewahrte Bier, kühlen konnte. Um aber zu verhindern, dass der Topf nach dem Befüllen sofort auslief, wurde auf die Innenseite eine Schicht aus sehr fettem, feinem Ton aufgetragen, der zusätzlich zur Klärung des Biers beitrug. Nach dem Einfüllen wurde der Biertopf mit einer Scherbe abgedeckt und mit Ton luftdicht verschlossen. Der Tondeckel erhielt in etwa dieselbe Form wie der lang ausgezogene Fuß, so dass der fertige, verschlossene Topf aussah wie eine Rübe mit zwei Griffen daran. Das altägyptische Bier wurde aus Wasser, Datteln und Brot hergestellt und war aufgrund der Inhaltsstoffe und dieser Art von Lagerung maximal drei Tage haltbar. Bier gehörte von Anfang an zu den Grundnahrungsmitteln, die sich jeder Grabinhaber für die ewige Versorgung im Jenseits wünschte.

Heidelberg 1986, 23, Nr. 75; Faltings 1998 (zum Bier). D. F.

191 Biertopf
Frühdynastisch, 1./2. Dynastie, ca. 2982–2657 v. Chr.
Abusir el-Meleq; grobe Niltonkeramik
H. 38,4 cm; Dm. 14,1 cm
Sammlung des Ägyptologischen Instituts der Universität Heidelberg, Inv.-Nr. 664

Der Wein für die Elite Ägyptens wurde in der späten Vorgeschichte und am Anfang der dynastischen Zeit zunächst aus Kanaan eingeführt. Dafür wurden die sehr stabilen und schweren Gefäße mit Strohgeflechten umwickelt oder in dicke Netze verpackt, um sie vor dem Zerbrechen zu schützen. Das Verrutschen der Befestigungsschnüre versuchte man durch Bänder oder Leisten zu verhindern, die unten und oben am Gefäßkörper saßen. In der Frühzeit wurden dann Weinpflanzen nach Ägypten importiert und der Königshof begann, im Delta eigene Weingüter anzulegen. Als technisches Rudiment blieben anfangs an den Weingefäßen noch die Bänder erhalten, so dass dies als eine Art Erkennungszeichen für »Weintransportgefäß« betrachtet werden kann. Sie waren aber nur bis in die frühe 3. Dynastie (bis ca. 2670 v. Chr.) in Gebrauch. Bei diesem Gefäß war bei der Auffindung noch der Tondeckel erhalten, vom Wein war allerdings nichts mehr übrig.

Ranke 1926, 12 und Tf. 5.6; Kaiser 1961, 40; Heidelberg 1986, 29, Nr. 121. D. F.

192 Gefäß zum Transport von Wein
Frühdynastisch, 1./2. Dynastie, ca. 2982–2657 v. Chr.
Aulad el-Scheich, Grab 3
Dickwandige, schwere, sehr dichte Mergeltonkeramik; H. 73 cm; Dm. 11,5 cm
Sammlung des Ägyptologischen Instituts der Universität Heidelberg, Inv.-Nr. 531

Die Pharaonen der 1. Dynastie, die über ein um 2900 v. Chr. aus Ober- und Unterägypten vereinigtes Reich regierten, ließen sich in der Wüste beim oberägyptischen Ort Abydos in großen unterirdischen Gräbern bestatten. Um diese Grablegen herum wurden kleine Kammergräber für Angestellte des Königshauses angelegt. Durch die auf diesen Nebengräbern aufgestellte Steinstelen (Grabsteine) sind uns ihre Hoffunktionen und/oder Eigennamen überliefert. Insgesamt sind aus Abydos 258 solcher Stelen bekannt, die zu den ältesten Schriftzeugnissen aus Ägypten gehören. Die vorliegende Stele nennt einen Zwerg namens Ser-Inpu, d. h. »Anubis ist ein/der Herrscher«. Zwerge, die meist aus Nubien nach Ägypten geholt wurden, waren während der gesamten pharaonischen Zeit besonders beliebtes Personal am Hofe Pharaos. Aus Abydos sind zehn Zwerge durch Inschriften bekannt, davon vier durch Stelen, darunter auch die hier besprochene, die alle aus der unmittelbaren Umgebung der Bestattung von Pharao Den (2814–2772 v. Chr.) stammen. Im Kontext der 136 Nebenbestattungen des Grabes von Den wurde Ende des 19. Jhs. eine Gruppe von insgesamt 84 Stelen gefunden. Im Inventar des Kestner-Museums sind noch fünf weitere aus dieser Gruppe verzeichnet, von denen eine jedoch im 2. Weltkrieg vernichtet wurde.

Drenkhahn 1989, 72–74, Nr. 21; Dasen 1993, 252, Nr. 5; München 2000, 76–77, Nr. 164. C. E. L.

193 Grabstele des Ser-Inpu
Frühdynastisch, 1. Dynastie,
um 2800 v. Chr.
Abydos, Umgebung des Grabes
von Pharao Den
Kalkstein
H. 32,5 cm; Br. 11,7 cm; T. 4 cm
Kestner-Museum Hannover,
Inv.-Nr. 1935.200.33

Bei der Sargwanne handelt es sich um einen kurzen rechteckigen Tonsarg, der für eine Hockerbestattung verwendet wurde. Die Wände sind auf den Boden aufgesetzt, die Ansatzstellen grob verschmiert. Die Oberkante ist waagerecht abgestrichen, die Ecken sind wenig abgerundet. In den Boden wurden Löcher gebohrt, damit die beim Verwesungsprozess der Leiche entstehenden Flüssigkeiten ablaufen konnten. Der rot gebrannte Ton ist an Außen- und Innenseite seit einer alten Restaurierung gelb übermalt. Derartige Tonsärge wurden sowohl in einfachen Sandgräbern als auch in gemauerten Gräbern gefunden. Dem Leichnam waren manchmal in den Sarg Schminkutensilien, Schmuck und auch ein Trinkgefäß mitgegeben. Die anderen Beigaben, vor allem Speisen in großen Gefäßen, befanden sich außerhalb des Sarges.

Junker 1912, 22. E. H.

194 Sargwanne
Prädynastisch, um 3100 v. Chr.
Tura, Grabung Hermann Junker 1909/10
Gebrannter Ton
H. 34 cm; L. 84 cm; Br. 52 cm
Kunsthistorisches Museum Wien, Ägyptisch-Orientalische Sammlung, Inv.-Nr. 6815

195 **Sargensemble einer vornehmen Dame**
3. Zwischenzeit, 21. Dynastie,
1070/69–946/45 v. Chr.
Theben-West, Deir el-Bahari, Bab el-Gasus
Sykomorenholz, stuckiert und bemalt
Außensargdeckel (AE 10.1):
L. 195 cm; Br. 55 cm; H. 30 cm;
Außensargwanne (AE 10.2):
L. 194,5 cm; Br. 62 cm; H. 43,5 cm;
Innensargdeckel (AE 10.3):
L. 180 cm; Br. 50,2 cm; H. 30 cm;
Mumienbrett (AE 10.5):
L. 167 cm; Br. 40,5 cm; H. 9,8 cm
Ethnografische Sammlung am
Historischen Museum Bern, AE 10.1–5

Das Sargensemble einer vornehmen Dame stammt aus dem intakten Sammelgrab von Bab el-Gasus, das 1891 von französischen Ägyptologen in Theben-West unweit des Hatschepsut-Tempels in Deir el-Bahari entdeckt wurde. Der reiche Fund von mehr als 150 prachtvoll bemalten Särgen aus der 21. Dynastie veranlasste den ägyptischen Vizekönig Abbas Hilmy II., eine Anzahl davon befreundeten Regierungen zukommen zu lassen. Zu den 17 beschenkten Ländern gehörte auch die Schweiz. Sie erhielt vier Särge, die auf die Museen von Appenzell, Bern, Genf und Neuenburg verteilt wurden. Das Berner Ensemble bestand ursprünglich aus zwei ineinander verschachtelten anthropoiden Särgen und einem Mumienbrett, das direkt auf dem Körper der verstorbenen Person lag. Die Wanne des Innensarges gelangte 1893 jedoch irrtümlicherweise nach Wien und befindet sich heute im Kunsthistorischen Museum. Die vorliegende Ausstattung ist ein eindrucksvolles Beispiel für die einzigartige Bildfreudigkeit in der Sargmalerei der 21. Dynastie. Sie zeigt eine Fülle von wirkungsmächtigen Darstellungen, die – in unmittelbarer Nähe der Mumie angebracht – ein ewiges Weiterleben im Jenseits ermöglichen sollten. Die beiden Deckel und das Mumienbrett bestechen durch die ungewöhnlich aufwendig verzierten Perücken mit rundem Ohrschmuck sowie die breiten Halskragen, die in einem Fries offener Lotusblüten enden. Blumen haben hier nicht nur dekorative Funktion, sondern sind auch ein Symbol des sich ewig erneuernden Lebens. Auch die Gesichter mit weit geöffneten Augen und leicht lächelndem Mund sind sorgfältig gearbeitet und mit ihren anmutigen Zügen als Idealbildnisse der Verstorbenen zu verstehen. Der Name der Besitzerin wird auf dem Ensemble nicht erwähnt, doch die Qualität der Malerei und die nahezu korrekt verfassten Inschriften machen deutlich, dass sie aus einer der angesehenen Familien von Amun-Priestern stammte, die um 1000 v. Chr. in Theben regierten.

Niwinski 1988, 111, Nr. 40; Küffer/Renfer 1996; Küffer 2007, 44–77. A. K.

Unterteil eines Innensarges
3. Zwischenzeit, 21. Dynastie,
1070/69–946/45 v. Chr.
Theben-West, Deir el-Bahari, Bab el-Gasus
Sykomorenholz, stuckiert und bemalt
L. 180 cm; Br. 51 cm; T. 29,5 cm
Kunsthistorisches Museum Wien,
Ägyptisch-Orientalische Sammlung,
Inv.-Nr. 6267 b

Auf der Außenseite sind Bildfelder durch Schriftkolumnen voneinander getrennt. In Kiosken thronen Götter, die von anderen Gottheiten begleitet werden. Osiris werden Kronen dargebracht. Eine wichtige Szene ist die Darstellung der Göttin des Westens in einem Baum, die dem weiblichen Ba-Vogel Trank und Speisen reicht. Auf der linken Längsseite ist mehrfach der Ba-Vogel dargestellt, Gottheiten anbetend. Am linken Fußende befindet sich die Darstellung des Grabes im Wüstenberg, aus dem Hathor in Kuhgestalt heraustritt. Auf der Innenseite wird das Kopfende durch die Darstellung des Ba-Vogels mit ausgebreiteten Flügeln beherrscht. Auf dem Boden ist die große Figur der Isis im Federkleid zu erkennen, an den Seitenwänden thronende Götter und die vier Horussöhne. Durch Einwirkung von Feuchtigkeit ist die Bemalung des Bodenteils des Sargkastens beschädigt. Der Deckel des Innensarges befindet sich im Historischen Museum Bern samt zugehörigem Außensarg und Mumienbrett.

Egner/Haslauer 1994, 190–216; Küffer/Renfer 1996, 75–76. E. H.

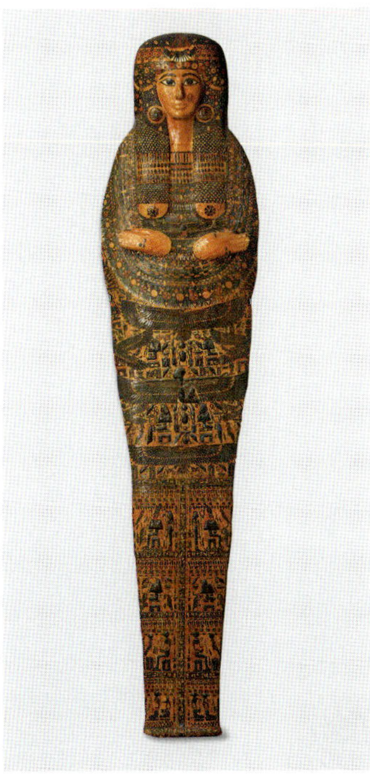

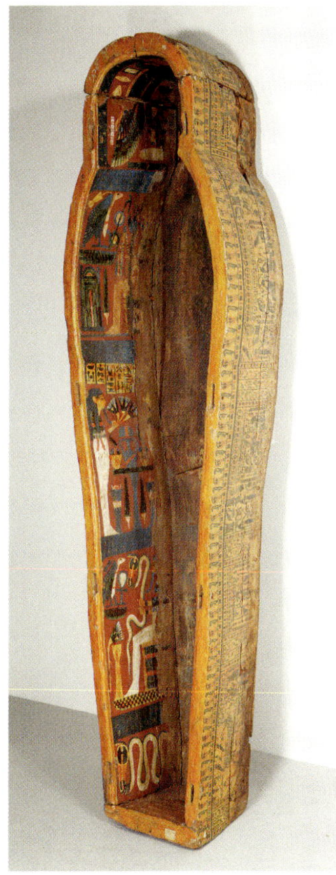

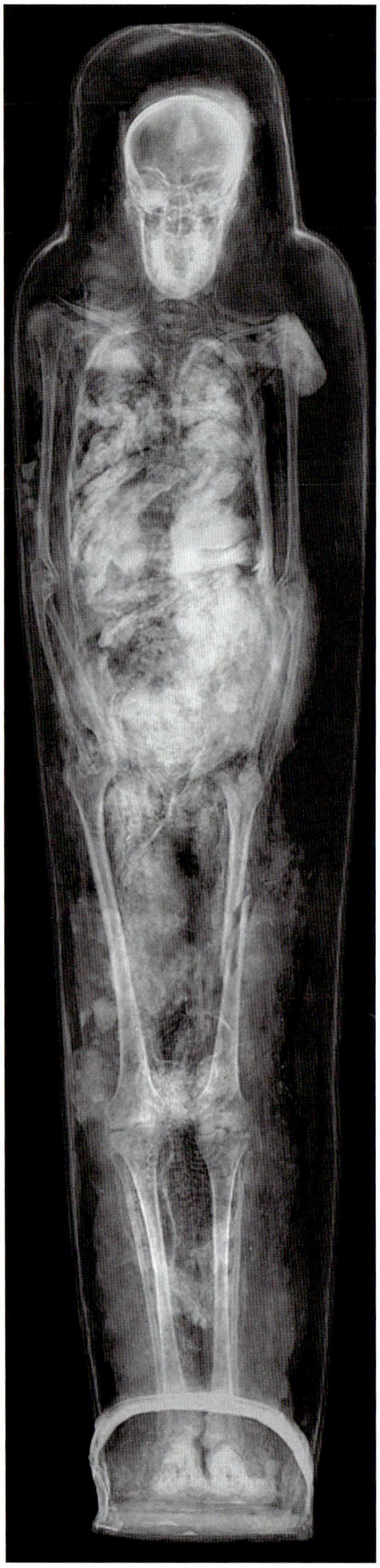

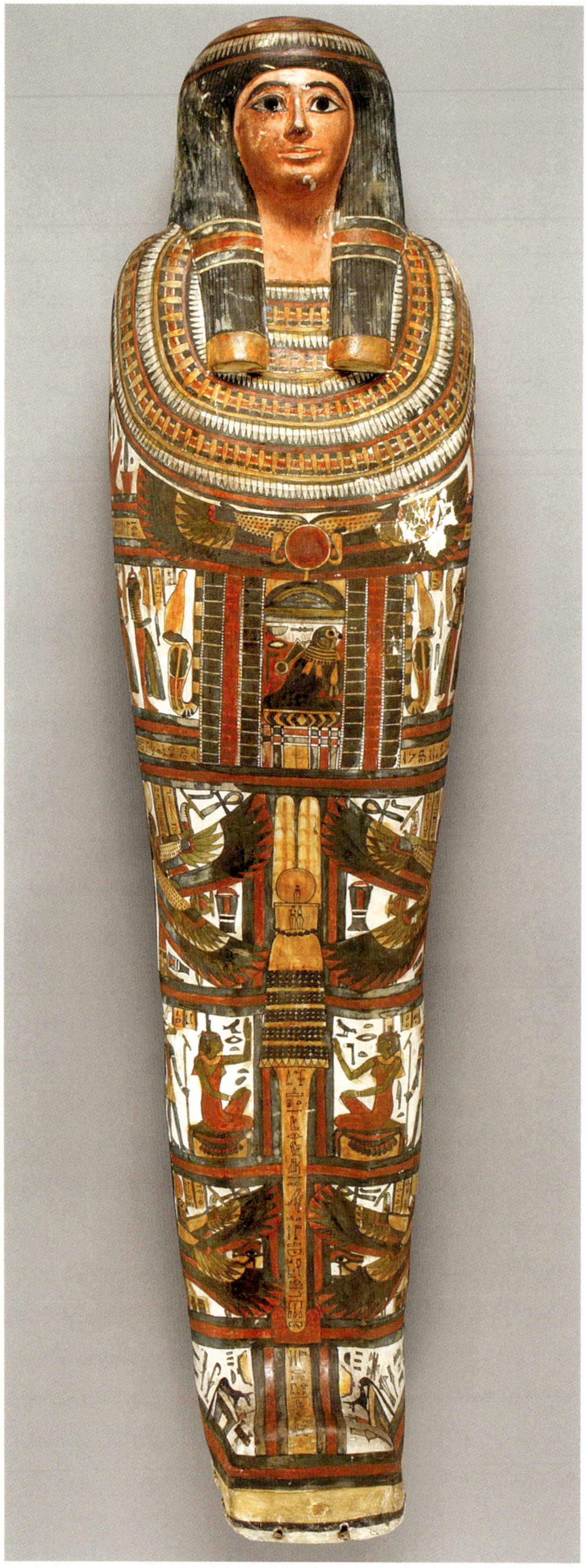

Die Mumie steckt in einer Kartonagehülle aus Leinen, die in der Mitte der Rückseite über die gesamte Länge verschnürt und am Fußende durch ein Brett abgeschlossen ist. Die Vorderseite der Kartonage ist reich bemalt. Ein Kranz aus Blütenblättern liegt auf der Stirn. Die Strähnen der Perücke sind mit Bändern geschmückt. Ein großer Schmuckkragen und die Flügelsonne bedecken die Brust. Die Vertikale wird durch Sokar in Vogelgestalt und den Abydos-Fetisch des Osiris gebildet. Osiris wird durch verschiedene Gottheiten, wie Isis und Nephthys in Gestalt von Weihen mit vorgesteckten Flügeln und als Klagefrauen sowie durch den Horus von Edfu geschützt. In den Inschriften wird nur der Titel »Hausherrin« jedoch nicht der Name der Verstorbenen genannt. Zu dieser Mumie gehören ein mumienförmiger Außen- und Innensarg, durch deren Inschriften diese als Hausherrin Nes-chons, Tochter des Setja-imen-hotep benannt werden kann (Kat.-Nr. 197).

Untersuchungen ergaben, dass es sich um eine erwachsene Frau handelt, die im Alter zwischen 25 und 35 Jahren verstorben ist. Die kleinen Wirbelgelenke im Kreuz weisen leichte Abnutzungserscheinungen (Arthrosen) auf. Die Schrägfraktur des linken Oberschenkelknochens kann nach dem Tod bei der Einbalsamierung erfolgt sein oder aber auch kurz vor dem Tod. Das Gehirn wurde durch die Nase entnommen, der Bauchschnitt zur Entnahme der Eingeweide erfolgte hier, anders als üblich, rechts. Einige Zähne wurden während der Mumifizierung gelockert und disloziert. Im Brustraum befinden sich eine zweischichtige Ausgussmasse und geknüllte Leinwand. Bei den dichten Bündeln im Bauchraum handelt es sich vermutlich um Eingeweidepakete. Zwischen den Beinen befinden sich zwei Kleinkinder: Das erste liegt über dem Becken, der Schädel ist zerdrückt, das zweite liegt zwischen den Beinen, mit dem Kopf oberhalb der Knie. Sein Kopf ist zertrümmert. Die Körper sind platt und ohne Wicklung. Sie starben im Zeitraum vom 9. Lunarmonat bis zum Neonatalmonat, es könnten Zwillinge sein. Der Körper der Frau samt den Kindern ist mit dichten Lagen aus Mumienbinden umwickelt, Hohlräume sind mit geknüllter Leinwand ausgefüllt.

Wien 1998a, 39, Abb. auf S. 32.

E. H.

196 Mumienhülle mit Mumie der Hausherrin Nes-chons

Spätzeit, 25. Dynastie, 8. Jh. v. Chr.
Vermutlich aus Theben
Leinen, Stuck, Bemalung
L. 154,5 cm; Br. ca. 38 cm
Kunsthistorisches Museum Wien, Ägyptisch-Orientalische Sammlung, Inv.-Nr. 233

197 **Mumienförmiger Innensarg der Hausherrin Nes-chons**
Spätzeit, 25. Dynastie, 8. Jh. v. Chr.
Vermutlich aus Theben
Holz, Leinen, Stuck, Bemalung
L. 170,5 cm; Br. 46 cm; T. 40 cm
Kunsthistorisches Museum Wien, Ägyptisch-Orientalische Sammlung, Inv.-Nr. 218

Das Gesicht wird von der Geierhaube umrahmt. Auf dem Scheitel sind der Horizont mit der aufgehenden Sonne und darüber der Skarabäus mit der Sonnenscheibe zwischen zwei Standarten des Westens aufgemalt. Beide sind Symbol für den Kreislauf der Sonne. Auf dem Brustbereich ist ein für diese Zeit übliches Perlennetz dargestellt, auf welchem die Himmelsgöttin Nut ihre Flügel schützend ausbreitet. Zierstreifen ahmen das Schema der äußeren Mumienbinden nach. Im ersten Darstellungsfeld wird die Verstorbene durch Thot den Göttern Osiris, Isis, Nephthys und den vier Horussöhnen, den Beschützern der Eingeweide, vorgeführt. Auf der Waage wird ihr Herz gewogen. Über der aufgebahrten Mumie schwebt der Ba-Vogel, unter der Bahre stehen die vier Eingeweidekrüge. Isis und Nephthys in Gestalt von Greifvögeln beschützen die Mumie. Beischriften nennen die Hausherrin Nes-chons, Tochter des Setja-imen-hotep. Es folgen Sokar-Osiris als mumifizierter Falke und die Klagefrauen Isis und Nephthys. Der Abydos-Fetisch des Osiris bildet die Beinteilung. Zu beiden Seiten sind die Eingeweidegötter und eine Gottheit mit Nilpferdkopf dargestellt. Auf den Füßen hockt Isis mit ausgebreiteten Schwingen als Schutzgöttin. Zu diesem Sarg gehört die Mumie in Kartonagehülle (Kat.-Nr. 196).

JAPAN 2003, 82–83, NR. 50. E. H.

198 **Kornmumie in Sarg für Sokar-Osiris**
Spätzeit, um 600 v. Chr.
Vielleicht aus dem Fayum
Holz, Wachs, Leinen, Erde, Spelzgerstenkörner
L. 48 cm; Br. 18 cm
Museum der Brotkultur, Ulm, Inv.-Nr. O-755

Figuren eines Korn-Osiris waren seit der Spätzeit beliebte Grabbeigaben. Oft bestehen sie aus einem mumienförmigen Leinenbündel, in dem sich Erde und Getreidekörner befinden. Dieses Bündel wurde meist in einem Sarg deponiert. Durch Hinzufügung von Wasser brachte man die in ihm befindlichen Getreidekörner zum Sprießen, wodurch sie die Wiederauferstehung des Osiris symbolisierten. Bei diesem Exemplar befindet sich über dem Kopfteil der Kornmumie eine Maske aus Wachs, welche das mit der Atef-Krone bekrönte Haupt des Osiris darstellt. Die Kornmumie liegt in einem Sarg, dessen Oberfläche mit schwarzem Pech überzogen wurde, das falkengestaltige Gesicht ist vergoldet. Wie sich bei einer vor einigen Jahren durchgeführten radiologischen Untersuchung ergab, wurden beide Sargteile aus demselben Baumstamm gefertigt. Darüber hinaus wurde nachgewiesen, dass ein Großteil der Getreidekörner tatsächlich gekeimt war. Neuere Überlegungen bringen dieses Exemplar mit einer Gruppe von Korn-Osiris-Figuren bzw. -Särgen in Zusammenhang, deren Herkunft im Fayum vermutet wird.

Sokiranski/Adrario/Zwaka/Pirsig 2003, 137–142; Fritz 2006, 116–118. D. v. R.

199 **Ziegel mit eingetiefter Silhouette des Osiris**
3. Zwischenzeit bis Spätzeit, 1070/69–332 v. Chr.
Herkunft unbekannt
Ton, gebrannt, mit Resten hellen Überzugs
L. 21,5 cm; Br. 10,5 cm; H. 6 cm
Roemer- und Pelizaeus-Museum, Hildesheim, Pelizaeus-Museum Inv.-Nr. 4550

Ziegel dieser Art sind nur selten erhalten geblieben, kein Beispiel stammt aus einem archäologischen Kontext. Funktion und Datierung sind daher nicht mit letzter Sicherheit zu bestimmen. In einigen Ziegeln fand man aber Reste des ursprünglichen Inhalts, mit Getreidekörnern vermischte Erde, einmal auch den zugehörigen flachen Deckel. Die eingetiefte Figur, eine Profilansicht des Totengottes Osiris mit Atef-Krone, Krummstab und Wedel, weist das Objekt eindeutig seinem Kult zu. Man nimmt heute an, dass im Zusammenhang mit dem Jahresfest des Osiris solche Ziegel hergestellt wurden, die mit Erde und Getreidekörnern als Symbol für Werden und Vergehen in der Natur gefüllt, dann mit einem Deckel versehen und rituell beigesetzt wurden. Es liegt hier also eine ähnliche Praxis vor wie beim so genannten Korn-Osiris oder Osiris-Bett. Schon in den Sargtexten des Mittleren Reiches sagt der Tote in Analogie zu Osiris von sich: »Ich lebe, ich sterbe, ich bin die Gerste, nicht vergehe ich.«

Linz 1989, 154, Nr. 119; Hildesheim 1990, 82, Nr. T 28; Tooley 1996, 167–168, Nr. 1, Tf. 13.1 B. S.

200 **Bronzebehälter in Gestalt des Totengottes Osiris**
Spätzeit, 26.–30. Dynastie, 664–342 v. Chr.
Herkunft unbekannt
Bronze, zweiteiliger Guss in verlorener Form
H. 38,3 cm; Br. 12 cm; T. 15 cm
Roemer- und Pelizaeus-Museum, Hildesheim, Pelizaeus-Museum Inv.-Nr. 64

Das zweiteilige figürliche Gefäß gibt Osiris wie üblich als Mumie wider: Sein Körper ist eng in Binden und ein Tuch eingehüllt, nur Kopf und Hände schauen daraus hervor. Osiris ist mit Atef-Krone und Götterbart ausgestattet; seine Hände halten Krummstab und Wedel, die ihn als Herrscher der Toten ausweisen. Die Funktion solcher Gefäße ist nicht eindeutig zu bestimmen. Es gibt Hinweise darauf, dass sie als Miniatursärge für die separate Beisetzung eines männlichen Gliedes dienten. Damit wäre der Fruchtbarkeitsaspekt des Osiris angesprochen: Der Mythe nach wurde er ermordet; seiner Frau Isis gelang es, ihn wiederzubeleben und einen Sohn von ihm zu empfangen. Osiris' Sterben und Auferstehen symbolisierten ewiges Leben und den nie endenden Kreislauf der Natur. Denkbar wäre aber auch die Funktion als Behältnis für einen Papyrus, analog zu den hölzernen Ptah-Sokar-Osiris-Figuren.

Roeder 1937, 24–25, § 106, Tf. 14 e-g; Hildesheim 1973, 103; Linz 1989, 151, Nr. 115. B. S.

201 Mumiengestaltiger Kartonagesarg
3. Zwischenzeit, frühe 22. Dynastie,
ca. 945–900 v. Chr.
Wahrscheinlich aus Theben
Leinenbinden, Stuck, polychrome Bemalung und Firnis auf weiß-grauer Grundierung, schwarze Harzschicht
L. 167 cm; Br. 37 cm; T. 27 cm (Hauptteil);
L. 149 cm; Br. 23 cm; T. 14 cm (Seitenteil)
Sammlung des Ägyptologischen Instituts der Universität Heidelberg, Inv.-Nr. 1014

Einteilige Ganzkörperkartonagen formte man mithilfe gummierter Leinenbinden über einem Kern aus Lehm und Stroh. Die verfestigte Hülle wurde durch einen Längsschnitt an der Rückseite geöffnet, der Inhalt entfernt und die Mumie hineingelegt. Danach wurden die Löcher wie bei einem Korsett verschnürt und das Fußteil mit einer Holzplatte verschlossen. Nach der Bemalung legte man den Kartonagesarg in einen Holzsarg und vollzog manchmal wie hier ein Ritual, bei dem durch Übergießen mit Harzen und Ölen die Dekoration bis auf die Rückseite und die Partien zwischen den herabgetropften Laufspuren verdeckt wurde. Vergleiche mit anderen Kartonagen, eine anonyme Zeichnung und Infrarotfotografien erlauben, die Bemalung in etwa zu rekonstruieren. Die Gesichtspartie umschließt eine gestreifte Perücke mit Lotusblüten, die sich an der Stirn unter der Harzschicht abzeichnen. Der Kopfschmuck aus farbigen Dekorstreifen sowie ein Halskragen aus geometrischen Schmuckgliedern und aufgereihten Lotuspetalien lassen sich erkennen. Seitlich trennt ein roter, gelb gesäumter Farbstreifen Vorder- und Rückseite; horizontale Farbbänder stellen die Mumienbinden vor und unterteilen die Bildfelder. Neben Schutzgottheiten (Anubis, Nilpferdgöttin) finden sich Erneuerungssymbole, Götterstandarten und die Weststandarte als Symbol für das Totenreich; vorne ein Flügelskarabäus mit Sonnenscheibe und Ewigkeitssymbol (»Schen-Ring«). Die Rückseite zeigt einen Djed-Pfeiler mit Abydos-Fetisch als Personifikation des Gottes Osiris. Auf den Schultern hocken Torwächter der Unterwelt mit Messern: rechts mit Nilpferdkopf und Sonnenscheibe; links löwenköpfig. Bei Entfernung der Mumie – nach dem Schädelbefund eine etwa 18jährige junge Frau – zerbrach die Hülle in zwei Teile. B. G.-L.

Die Konservierung und Restaurierung des Kartonagesarges an der Hochschule für Bildende Künste Dresden umfasste im Wesentlichen folgende Maßnahme: Konsolidierung der Malschicht und der Kerngrundierungsreste, Stabilisierung von Geweberissen mit Textilkaschierungen, Zusammenfassen auffächernder Textillagen an der Fußschnürung durch Klebemitteleintrag, Stabilisierung der Textilränder an der rückseitigen Längsschnürung mit reversibel befestigten, eingefärbten Textilstreifen, Oberflächenreinigung und minimale Retuschen. Der Schwerpunkt der Bearbeitung beinhaltete den Entwurf und die Anfertigung einer inneren Stützkonstruktion zur Stabilisierung des Kartonagesarges: Der Kartonagesarg liegt auf mehreren gepolsterten Stützschuhen auf, die der Objektform angepasst sind. Ihre Position und Größe ist entsprechend geeigneter Auflageflächen ausgewählt. Die Stützschuhe sind über weitere variabel einstellbare Elemente auf einem horizontalen Mittelsteg montiert, der starr mit der Grundplatte verbunden ist. Die Textilhinterspannung der Fehlstelle im Gesicht ist ebenfalls in die Stützkonstruktion integriert. Der Kartonagesarg wird leicht schwebend präsentiert, geschädigte Bereiche werden entlastet, das Gewicht gleichmäßig verteilt. Die Stützkonstruktion leistet damit einen wichtigen Beitrag zur präventiven Konservierung des Objekts. H. W.

Niwinski 1992, 459 mit Tf. 28; Korkhaus/Otto 1975, 694–706 (als Mumie H II mit falscher Zuschreibung an die Besitzerin des Sarges HD Inv.-Nr. 1015); Taylor 2003, 104–107; Krekeler 2007, 14–15 mit Abb. 6; 19 und 29–30 Anm. 5, 36 und 46.

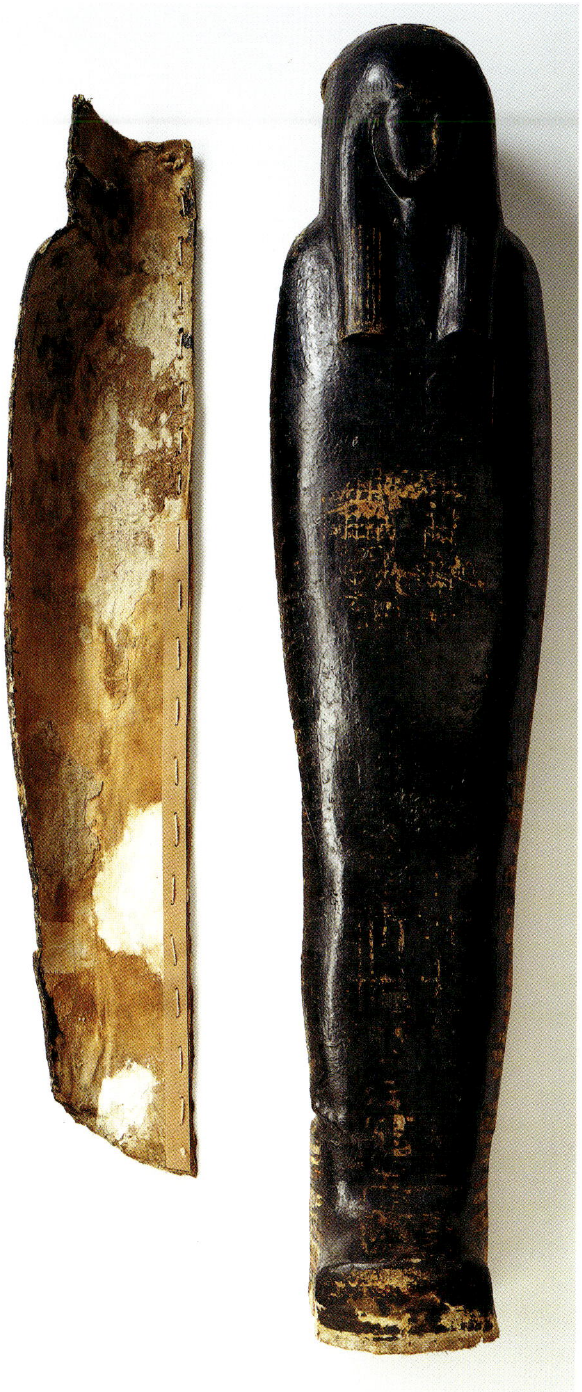

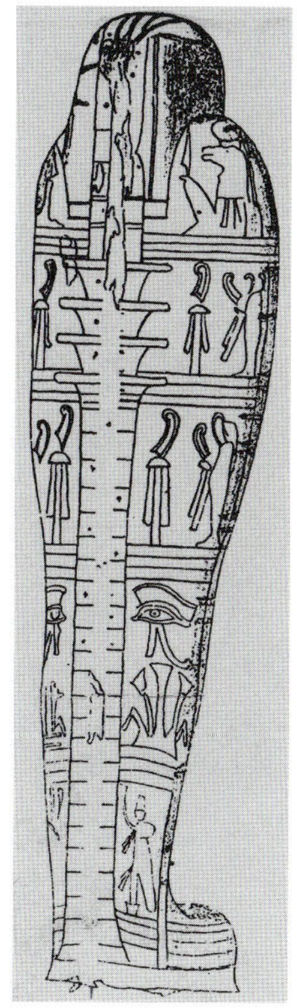

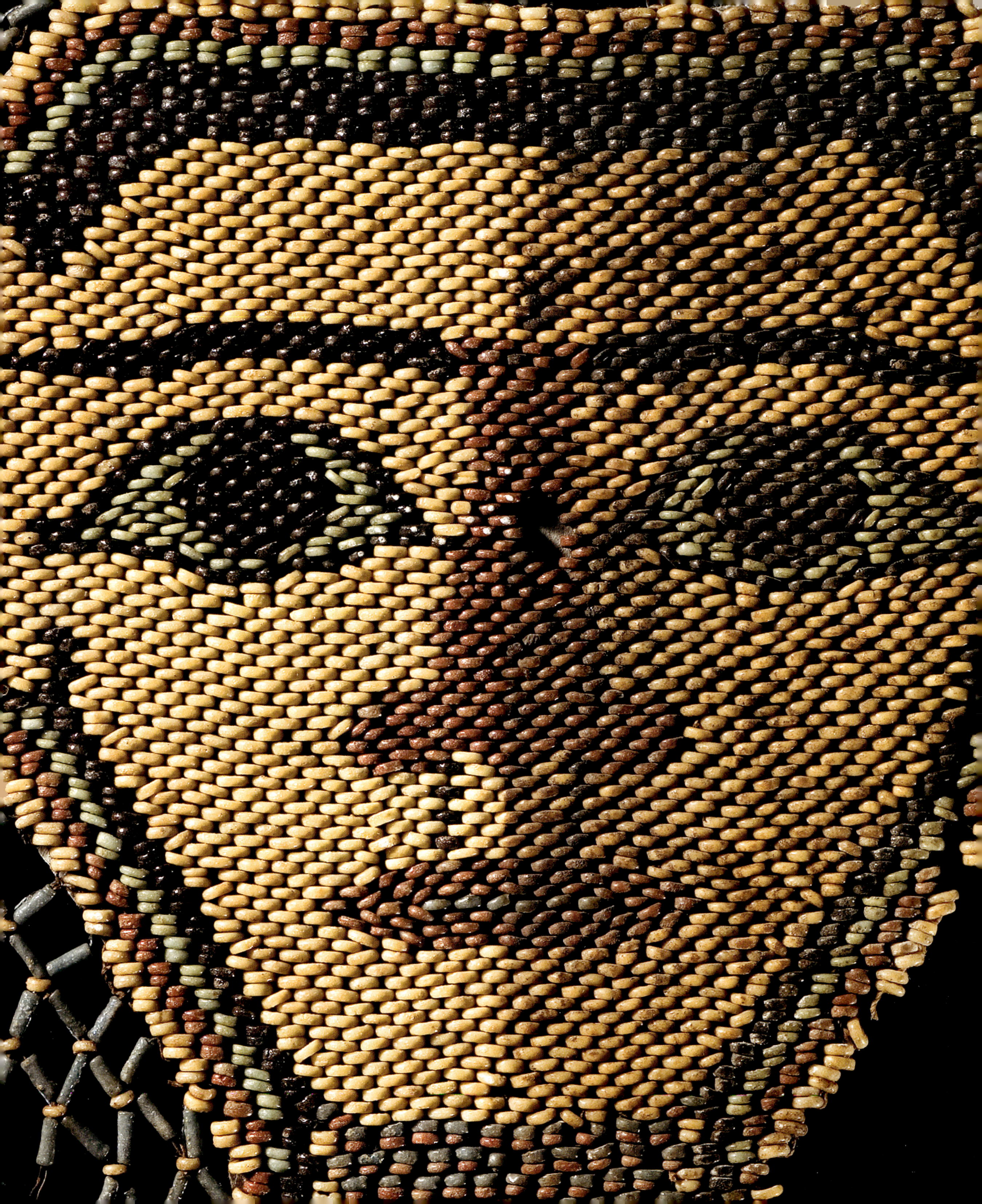

Eine innovative Restaurierung – eine neuartige Präsentation

Das altägyptische Perlennetz aus El-Hibe

Carolina Strecker/Peter Heinrich

Während der so genannten Badischen Grabungen stieß man am 24. März 1914 im Gebiet der Stadtruinen von El-Hibe in nur wenigen Metern Tiefe auf eine aus mehreren Räumen bestehende Grabanlage mit übereinander getürmten, teilweise zerstörten Holzsärgen und Steinsarkophagen.[1] In einer separaten Felskammer lagen als zusammengehöriges Ensemble ein viereckiger Holzsarg, zwei kleine Kästen mit Uschebtifigürchen (vgl. Kat.-Nr. 203) und eine Ptah-Sokar-Osiris-Statuette.[2] Bei Öffnung des viereckigen Holzsarges kam ein reich verzierter, anthropoid gestalteter Sarg zutage (Kat.-Nr. 204). In diesem befand sich die Mumie, auf der ein Perlennetz aus ägyptischer Fayence unmittelbar auflag. Das Netz erwies sich von hoher Qualität und war in einem hervorragenden Erhaltungszustand (Kat.-Nr. 202). Neben der eigentlichen, rautenförmigen Netzstruktur, die aus blauen Röhren- und gelben Ringperlen gebildet wird, ist das Netz mit zahlreichen figürlichen Darstellungen versehen, die vor allem eine Schutzfunktion besaßen. Das für seine Zeit in seiner Zusammensetzung recht typische Grabensemble lässt sich ungefähr in das 2./1. Jh. v. Chr. datieren. Das Perlennetz erreichte durch die Grabungspublikation einen relativ hohen Bekanntheitsgrad.[3] Dadurch erklärt sich, dass es oft als Paradebeispiel für Perlennetze mit figürlichen Darstellungen herangezogen wurde.[4] Allerdings geriet die in der Grabungspublikation nicht erwähnte Zugehörigkeit zum Sargensemble in Vergessenheit.[5] Wie der innere Sarg (der äußere wurde offenbar vor Ort zurückgelassen), der Uschebti-Kasten sowie zahlreiche weitere Funde aus El-Hibe wurde das Perlennetz durch Fundzuteilung der Universitätssammlung Freiburg zugesprochen; 1924 gelangten sie in das Museum für Völkerkunde (heute Adelhausermuseum, Natur- und Völkerkunde).[6] Im Laufe der Zeit, vielleicht sogar schon kurz nach der Auffindung,[7] muss das äußerst fragile Netz vor allem aufgrund des sich auflösenden Leinenfadens auseinandergefallen sein. In diesem Zustand wurde es 1991 in Freiburg wiederentdeckt und konnte als das in El-Hibe gefundene Netz identifiziert werden.[8]

Da anlässlich der Großen Landesausstellung »Ägyptische Mumien« altägyptische Bestände in Sammlungen des südwestdeutschen Raums verstärkt in das Bewusstsein der Öffentlichkeit gerückt werden sollen, kam die Idee auf, dieses Perlennetz von einst herausragender Qualität und zudem durch den gesicherten Fundzusammenhang von wissenschaftlicher Bedeutung in der Ausstellung zu präsentieren. Es stellte sich jedoch schnell heraus, dass es großer restauratorischer Anstrengungen bedürfen würde, das Perlennetz wieder annähernd in seinen ursprünglichen Zustand zu versetzen.[9]

Durch die verschiedenen Transporte und Lagerungsbedingungen, denen das Stück seit seiner Entdeckung im Jahre 1914 bis heute unterlag, befand sich das Exponat in einem sehr fragilen und frag-

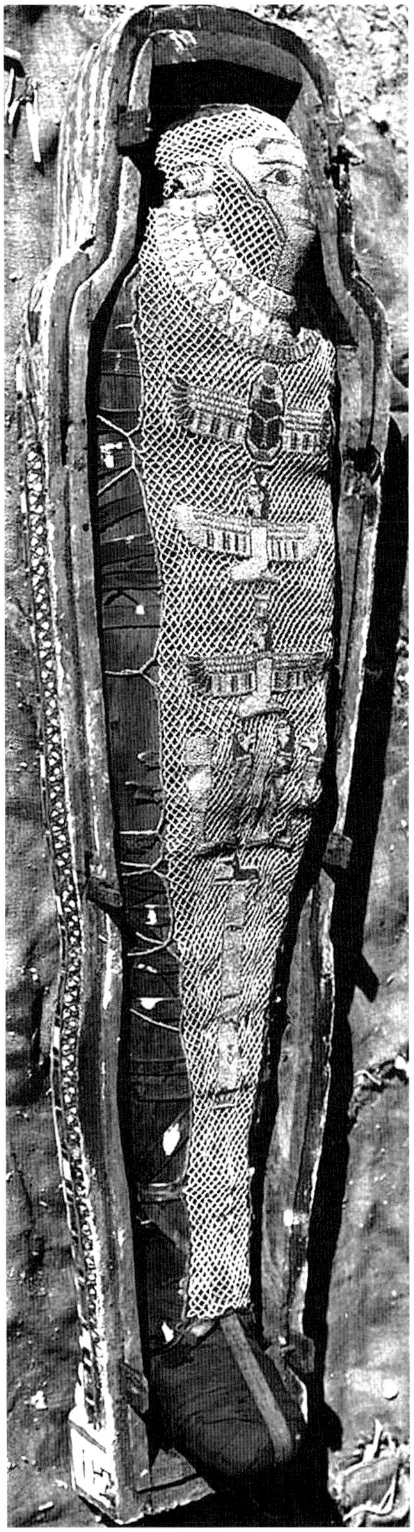

Perlennetz auf Mumie
Fundsituation im März 1914

mentarischen Zustand. Aus diesem Grund war eine konservatorische und restauratorische Behandlung dringend geboten. Die geringe Belastbarkeit des weitgehend abgebauten Leinenfadens, auf dem die ägyptischen Fayenceperlen [10] aufgefädelt waren, erforderte die Anfertigung einer Sonderverpackung, durch welche die Position der Einzelfragmente auch während des Transportes gewährleistet wurde.

Um das Ausmaß der durchzuführenden Konservierungsmaßnahmen einschätzen zu können, wurde eine intensive Dokumentation und Bestandsaufnahme der noch erhaltenen figürlichen Motive und der losen Röhren- und Ringperlen erstellt. Das grobmaschige Netz ist nur noch in wenigen Fragmenten, hauptsächlich an den Rändern der Darstellungen, erhalten. Von der ursprünglichen Anzahl an Perlen, die zur Herstellung des Netzes verwendet wurden, sind ca. 95% der Röhrenperlen und ca. 85% der gelben Ringperlen vorhanden. Bei den figürlichen Darstellungen sind unterschiedliche Erhaltungszustände festzustellen. Das Gesicht, zwei der Schutzgottheiten und die Inschriftenzeile sind fast vollkommen intakt, während die restlichen Motive nur fragmentarisch überdauert haben. Insgesamt liegen bis zu ca. 65 % der Perlen vor, die einst zu den Figuren gefädelt worden sind.

Die ursprünglichen Maße des Netzes konnten anhand der Ausgrabungsfotos mit unterschiedlichen Berechnungsmethoden auf eine Länge von 143 cm bis 167 cm und eine Breite von 37 cm bis 43 cm bestimmt werden.

Anhand der Beobachtungen zu den diversen Herstellungsverfahren von ägyptischen Perlennetzen, der Überprüfung der ursprünglichen und noch vorhandenen Anzahl von Perlen sowie der Beschäftigung mit bisherigen Restaurierungsverfahren, die bei ägyptischen Perlennetzen aus verschiedenen Museen im In- und Ausland zur Anwendung kamen,[11] wurde ein Restaurierungskonzept entwickelt. Folgende Ziele sollten erreicht werden:

- Die in weiten Bereichen noch vorhandenen Fäden sollten erhalten bleiben. Die ursprüngliche Funktion des Netzes als Bedeckung einer Mumie sollte wieder erkennbar werden.
- Die einstige Farbigkeit der Perlen sollte nach den Reinigungsmaßnahmen wieder sichtbar werden.
- Ein durch den fragilen Zustand der Fäden zu befürchtender Verlust von Perlen soll in Zukunft vor allem auch bei Transporten verhindert werden.
- Die Fixierung der Perlen sollte reversibel sein, also wieder rückgängig gemacht werden können.
- Eine Rekonstruktion sollte nur an nachvollziehbaren Bereichen mit originalen Perlen erfolgen und vom Original deutlich zu unterscheiden sein.
- Um Verwechslungsmöglichkeiten mit einer Mumie vorzubeugen und es in verschiedene Ausstellungskonzeptionen eingliedern zu können, sollte die Farbe des Trägers, auf dem das restaurierte Perlennetz eingebettet ist, neutral sein.

Der erste Restaurierungsschritt bestand aus der Reinigung der Perlen. Auf diesen konnten vier verschiedene Ablagerungen[12] identifiziert werden. Davon war eine herstellungsbedingt und durfte daher weder entfernt noch beschädigt werden. Zur Auswahl passender Lösemittel waren die Untersuchungs- und Analyseberichte zu den diversen Ablagerungen entscheidend. Leichte Auflagerungen auf den losen

Das Perlennetz aus El-Hibe (Kat.-Nr. 202)
Detail: Gesicht und Halskragen
vor der Restaurierung

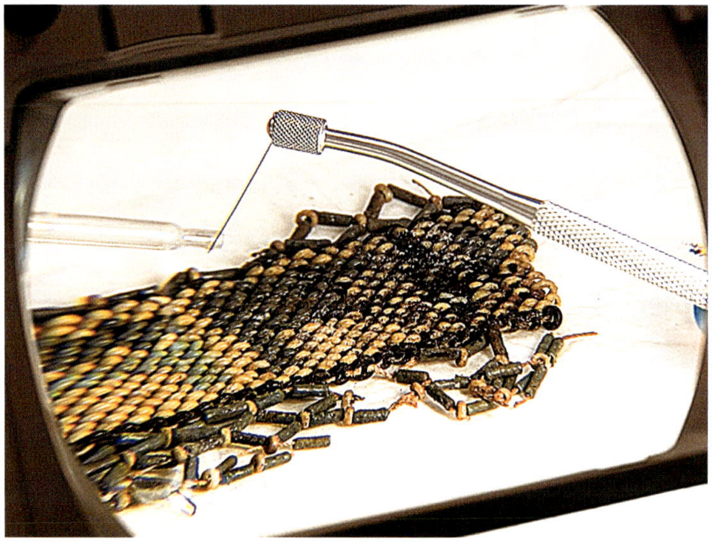

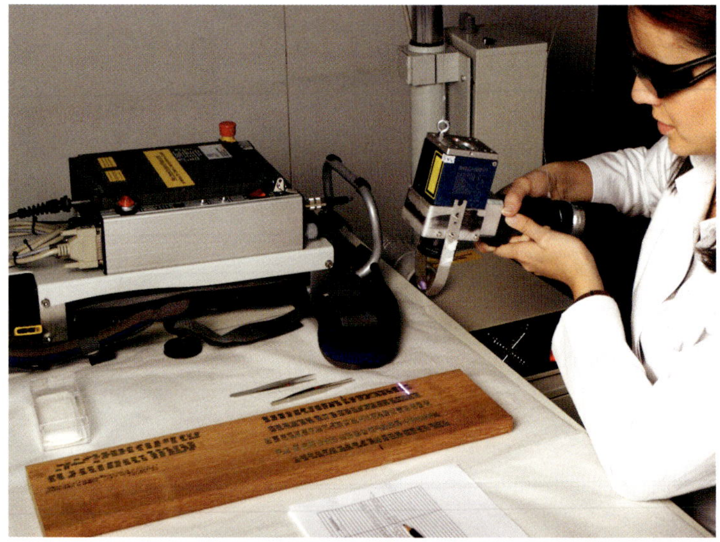

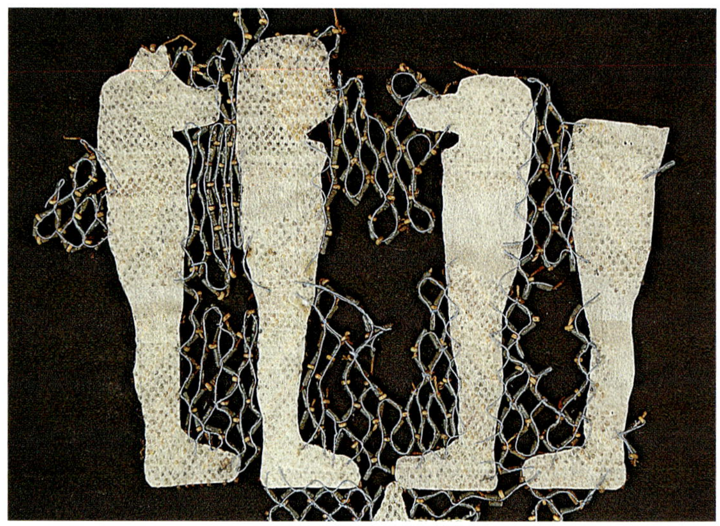

Das Perlenetz aus El-Hibe
Inschriftenzeile während der Reinigung

Reinigung der Fayenceperlen mit einem Lasergerät

Eine zur Hälfte gereinigte Röhrenperle

Von der Rückseite gesicherte Fragmente

Perlen sowie auf den gefädelten Fragmenten konnten mechanisch entfernt werden. Härtere Verkrustungen ließen sich mit Lösemittel [13] entfernen. Ein kleiner Anteil der blauen Röhrenperlen wies jedoch eine dunkle Schicht auf, die mit keinem der gängigen Lösemittel beseitigt werden konnte. Nach umfassenden und erfolgreichen Testreihen an vergleichbaren glasartigen Objekten wurde ein Nd-Yag Lasergerät [14] zur Reinigung der dunklen Schicht auf den Perlen eingesetzt. Wegen der Gefahr der möglichen Beschädigung der fragilen Faser wurde diese Methode nur für lose Perlen angewandt. Zum Schutz der erhaltenen Faser sollte eine Bewegung der Perlen vermieden werden. Daher wurde bei der Reinigung der figürlichen Darstellungen nur die Ober- und Unterseite der Perlen mit Lösemitteln abgetupft.

Die Sicherung bzw. Klebung der Motive stellte eine weitere Herausforderung dar. Zum einen sollte die Befestigung jeder einzelnen Perle gewährleistet, zum anderen durfte die noch vorhandene Faser nicht belastet werden. Um die Wirkung der Sicherungsmethode abschätzen zu können, wurden aus originalen Perlen in der ursprünglichen Technik zehn Musterproben angefertigt. Diese Perlen wurden im aufgefädelten Zustand gereinigt und anschließend auf unterschiedlich dicke, handgeschöpfte Japanpapiere geklebt. Fünf verschiedene Klebemittel wurden in Bezug auf Adhäsion [15], Reversibilität [16] und andere Eigenschaften geprüft und verglichen. Das Japanpapier wurde so ausgewählt, dass die Haftung des Klebstoffes an der netzartigen Papieroberfläche höher war als auf der Perlenoberfläche.

Aufgrund der positiven Erfahrungen mit den Musterproben wurden die noch erhaltenen Figuren von der Rückseite auf das Japanpapier mit dem ausgesuchten Acrylkleber [17] geklebt. Die mit den Motiven noch verbundenen und fragmentierten Partien des grobmaschigen Netzes wurden dagegen auf einen blauen Faden geklebt. Durch die Eigenschaften des besonderen Klebstoffes, welcher zur Sicherung beider Partien verwendet wurde, konnten sowohl das Japanpapier als auch die blauen Fäden nach der Klebung problemlos entfernt werden. Dank der punktuellen Applikation des Klebstoffes auf der Rückseite jeder einzelnen Perle konnte der Kontakt mit dem originalen Faden verhindert werden.

Ein für museale Zwecke geeigneter anthrazitfarbener Polyethylen-Schaumstoff [18] wurde als Träger für die Montage des Netzes ausgewählt. Nach dem Zuschneiden einer Mumienkontur, die auf dem Grabungsfoto basierte, arbeitete man mittels spanabhebender Verfahren aus einem quaderförmigen Block eine dreidimensionale Mumienform heraus. Die Maße der nicht mehr erhaltenen Mumie ließen sich mit Hilfe der Ausgrabungsfotos und der ursprünglichen Maße des Perlennetzes rekonstruieren. Die Innenmaße des dazugehörigen Sarges und die anthropologischen Untersuchungen, welche 1990 an der Mumie vorgenommen worden waren, bestätigten die Richtigkeit der Berechnungen. Die Abmessungen der »Schaumstoffmumie« betragen in der Länge 161 cm, in der Breite 42 cm und in der Höhe 25 cm. Bei der Neumontage der einzelnen Teilstücke des Perlennetzes auf dem Träger wurden die verschiedenen Erhaltungszustände und Restaurierungsebenen folgendermaßen dargestellt.

- Das grobmaschige Netz, welches entlang des Mumienkörpers ein Rautenmuster aus blauen Röhren- und gelben Ringperlen bildet, wurde mit originalen Perlen auf einem farbechten Leinenfaden neu aufgefädelt, wobei ca. 90 % des ursprünglichen Netzes rekonstruiert

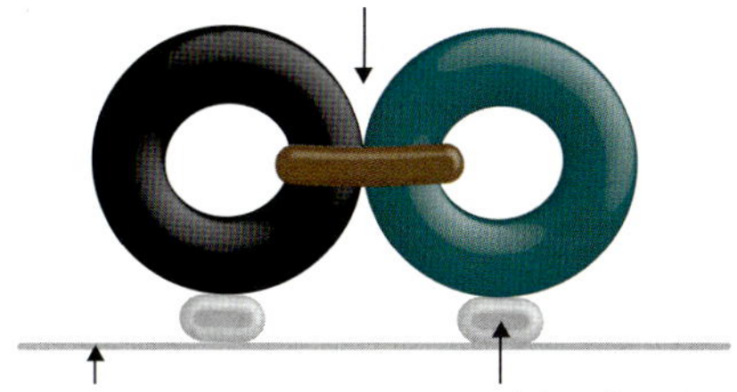

Die Sicherungsmethode der Perlen
Skizze

Die Anbringung des Perlennetzes auf dem Träger
Skizze

Die Auffädelungstechnik des grobmaschigen Netzes
Skizze

Die Auffädelungstechnik der figürlichen Darstellungen
Skizze

werden konnten. Das neu gefädelte Netz ist auf der obersten Ebene des Trägers fixiert.

- Die noch original erhaltenen figürlichen Darstellungen und die damit verbundenen Fragmente des grobmaschigen Netzes, die bereits von der Rückseite gesichert wurden, sind in leicht eingetiefte Mulden eingelassen.
- Bereiche der figürlichen Darstellungen, die nicht mehr erhalten sind, ließen sich anhand der Ausgrabungsfotos an der Hochschule der Medien in Stuttgart computertechnisch rekonstruieren und wurden als Ausdruck im Oberflächenniveau der gesicherten Fragmente auf dem Träger geklebt.
- Ebenfalls unter Verwendung der Ausgrabungsfotos war die Möglichkeit gegeben, kleine fehlende Bereiche der figürlichen Darstellungen mit originalen Perlen zu ergänzen. Diese wurden mit der gleichen Methode wie die originalen Partien direkt auf demselben Japanpapier festgeklebt. Zur Unterscheidung von den original gefädelten Perlen sind diese mit einem weißen Markierungspunkt versehen.

Die Befestigung des Netzes auf der »Schaumstoffmumie« erfolgte durch feine lange Nadeln. Die auf dem Japanpapier befestigten Darstellungen lassen sich dadurch separat entnehmen.

Im Laufe der Bearbeitung konnten mehrere Informationen über die Herstellungsweise des Netzes in Erfahrung gebracht werden. Um blaue Röhrenperlen aus ägyptischer Fayence anzufertigen, modellierten die ägyptischen Handwerker die tonartige Masse im feuchten Zustand in Zylinderform um einen Grashalm.[19] Nach dem Trocknen der Rohmasse teilte man den geformten Zylinder in verschieden lange Segmente, die überarbeitet und anschließend gebrannt wurden. Dabei verglühte der Halm vollkommen. An den blauen Röhrenperlen, die das grobmaschige Netz bildeten, waren einige Hinweise zur Brennmethode und Formgebung zu erkennen. Auf einer Seite konnte eine glänzende runde, auf der anderen Seite eine leicht raue abgeplattete und sandige Oberfläche festgestellt werden. Die raue Seite deutet darauf hin, dass die Perlen auf einer flachen Unterlage gesintert wurden.

Die verschiedenfarbigen Ringperlen weisen dagegen rundum einen glasartigen Glanz auf. Möglicherweise wurden sie in den Brennofen eingehängt.

Die feinen blauen Röhrenperlen[20] – ursprünglich circa 5.700 Stück – besitzen eine Länge zwischen 5 mm und 7 mm sowie einen Außendurchmesser von 1,5 mm bis 2 mm. Die verschiedenfarbigen Ringperlen[21] – ursprünglich circa 22.000 – besitzen einen Außendurchmesser von 3 mm bis 5 mm. Die niedrige Variationsbreite der Außendurchmesser lässt erkennen, dass die Formgebung der Perlen durch einen routinierten Handwerker erfolgte.

Das Netz lässt sich in zwei Auffädelungstechniken gliedern, die deutlich unterscheidbar sind. Das eigentliche Netz besteht aus den blauen Röhrenperlen und gelben Ringperlen. Um die altägyptischen Auffädelungstechniken nachvollziehen und rekonstruieren zu können, wurden anhand loser Originalperlen verschiedene Modelle angefertigt. Beim Herstellen des grobmaschigen Netzes wurde der Faden abwechselnd durch eine blaue zylindrische und eine gelbe runde Ringperle gefädelt. Diese

1. Grobmaschiges Netz
Dieses wurde zu ca. 90 % neu aufgefädelt und ist auf der oberen Ebene des Trägers zu erkennen.

2. Figürliche Darstellungen
Die noch original gefädelten Fragmente wurden von der Rückseite gesichert und in tiefer gelegenen Mulden platziert. Einzelne fehlende Perlen wurden mit eingeklebten originalen Perlen ergänzt und mit einem weißen Punkt an der Perlenoberfläche versehen.

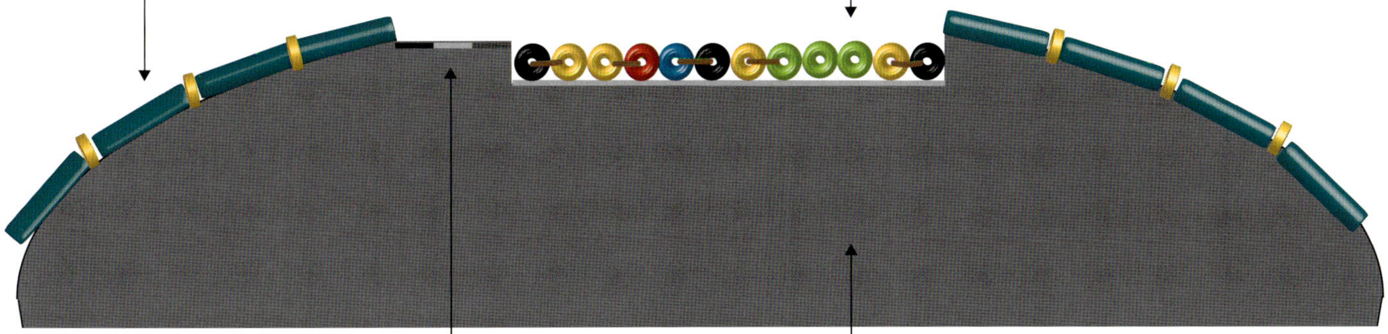

3. Fehlende Bereiche
Diese wurden computertechnisch rekonstruiert und als Aufdruck auf derselben Höhe der figürlichen Darstellungen auf den Träger befestigt.

4. Träger
Aus säurefreiem Schaumstoff wurde ein dreidimensionaler Träger in der ursprünglichen Mumienform gefertigt.

Verlauf Faden

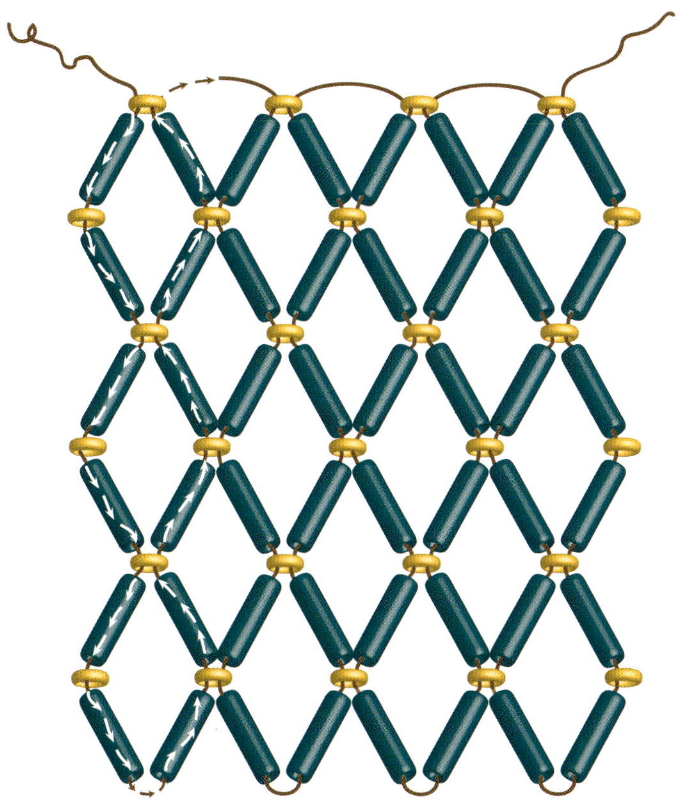

Frontalansicht

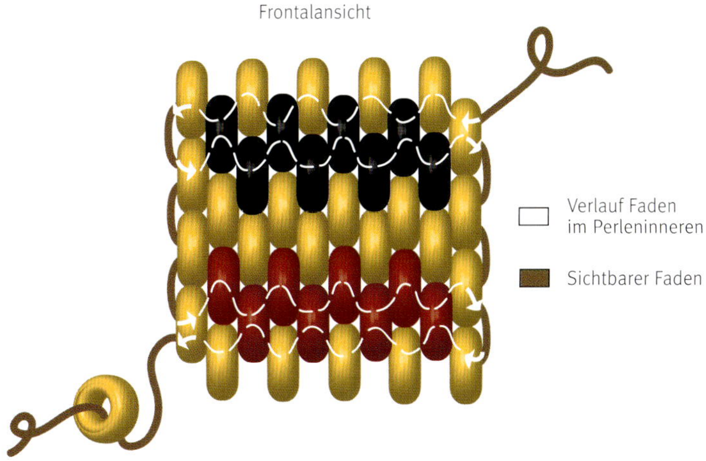

Das Perlennetz aus El-Hibe (Kat.-Nr. 202)
nach der Restaurierung

Aneinanderreihung erfolgte solange, bis die gewünschte Länge erreicht war. Dann wurde der Faden in die entgegengesetzte Richtung zurückgefädelt, wobei er durch jede zweite gelbe Ringperle der vorherigen Reihe geführt wurde. Bei jeder entstehenden Reihe musste der mit Perlen aufgefädelte Faden an bestimmten Punkten fixiert werden, um die gewünschte Netzform zu erreichen.

Die gelben Ringperlen, die die Kreuzungspunkte der Rauten des Netzes bilden, wurden in verschiedenen Bereichen des Netzes in horizontaler oder in vertikaler Ausrichtung aufgefädelt. Der Wechsel der Ausrichtung ist auf den Ausgrabungsfotos, z. B. an den Randbereichen des Perlennetzes, deutlich zu erkennen. Bei erhaltenen Fragmenten des Netzes konnten mehrere Knoten an den Fäden beobachtet werden. Dies deutet darauf hin, dass kein einzelner fortlaufender langer Faden, sondern mehrere Fäden zur Auffädelung der Perlen verwendet wurden. Am Original ist zu erkennen, dass die Fäden, die für das Auffädeln des Netzes verwendet wurden, an dessen Randbereichen auf unterschiedlichen Höhen zu Schnüren zusammenliefen (vgl. das Grabungsfoto auf S. 218). Sie dienten zur Befestigung des Perlennetzes an der Mumie.

Die figürlichen Darstellungen waren in einer anderen Auffädelungstechnik aus dicht nebeneinander angeordneten, verschiedenfarbigen Ringperlen zusammengesetzt. Die figürlichen Darstellungen wurden mit einem Faden gefädelt, der zweimal durch jede Perle verläuft; das erste Mal in eine Richtung und das zweite Mal in die entgegengesetzte. Jede zweite Perle ist um eine halbe Perlenhöhe versetzt, so dass sowohl vertikale als auch diagonale Muster entstehen können. Durch das Auslassen von Perlen bzw. Schrägstellen einzelner Perlen konnten die Motive sehr lebendig gestaltet werden. Dieses ist unter anderem an den Augenrändern des Gesichtes und an den geometrischen Mustern des Kragens zu erkennen. Es ist davon auszugehen, dass man einen langen fortlaufenden Faden zur Auffädelung der Motive verwendete, da keine Knoten in diesen Bereichen festgestellt werden konnten.

Der Faden des grobmaschigen Netzes verzahnt sich mit den Randperlen der figürlichen Motive und verbindet auf diese Weise beide Partien miteinander. Der Leinenfaden[22], der zur Auffädelung sowohl des Netzes als auch der figürlichen Motive verwendet wurde, ist mehrfach in verschiedene Richtungen gezwirnt und war dadurch sehr stabil.

Als Resümee kann festgestellt werden, dass es gelungen ist, ein altägyptisches Perlennetz einer Mumie mit neuen Methoden zu restaurieren. Im Gegensatz zu den bislang üblichen restauratorischen Verfahren der Neuauffädelung und Flachmontage erlaubte die angewandte Verklebungs- und Sicherungstechnik, ein fragmentiertes Perlennetz erstmals auf einem dreidimensionalen Träger ästhetisch ansprechend zu präsentieren. Der Eindruck der einstigen Pracht des Perlennetzes sowie die Möglichkeit, dessen ursprüngliche Funktion als Mumienauflage nachzuvollziehen, bleibt hierdurch für die Zukunft erhalten.

1 Abel, in: Ranke 1926, 49; Nauerth 1996, 77. 2 Aus Grabungsstelle IV: Abel, in: Ranke 1926, 50; Nauerth 1996, 77. 3 Ranke 1926, 49 und Tf. 11. 4 Bosse-Griffiths 1978, 99–106 (= 2001, 152–164); Silvano 1980, 83–97; Hüttner 1995, 10; Arnst 1998, 79–93; siehe auch Nauerth 1996, 76–78. Zu weiteren Perlennetzen aus El-Hibe vgl. Botti 1958, 185–193. 5 Abel,

in: Ranke 1926, 49. Als Erste hat Kate Bosse-Griffiths die Zusammengehörigkeit wieder erkannt, siehe Bosse-Griffiths 1978, 101, Anm. 6. **6** Freiburg 1990, 3. **7** Vgl. Abel, in: Ranke 1926, 49, dazu auch Nauerth 1996, 77–78. Ob allerdings tatsächlich dieses Perlennetz angesprochen ist, ist nicht eindeutig zu klären. So heißt es bei Abel, in: Ranke 1926, 49, dass sich lediglich »das Gesicht und die vier Totengötter« erhalten hätten, was den Erhaltungszustand nur sehr ungenau beschreiben würde. **8** Nauerth 1996, 77. **9** Der gesamte Restaurierungsvorgang wurde von der Filmakademie Ludwigsburg dokumentiert. Zusätzlich ist das vollständige Herstellungsverfahren des Netzes in einer Computeranimation, die von Studenten der Hochschule der Medien in Stuttgart erstellt wurde, nachzuvollziehen. Für die großzügige finanzielle Unterstützung dieses Projektes bedanken wir uns bei der Berthold Leibinger Stiftung GmbH, Ditzingen. **10** Glasige Sinterkeramik. Dieses Zwischenprodukt – Fritte – entsteht durch Sinterung des Rohstoffgemisches, welches hauptsächlich aus Quarzsplitt, zerstoßenem Sand und zu 5% aus Tonerden, Kalk und Metalloxiden besteht. Als Flussmittel wurde Natron oder Pflanzenasche beigemengt. **11** Wir bedanken uns herzlich bei Dr. Gabriele Pieke, Kuratorin des Ägyptischen Museums der Universität Bonn, für fachliche Informationen und bei Dipl.-Rest. Ulrike Scheibe, Ägyptisches Museum Berlin, für die freundliche Bereitstellung ihrer unpublizierten Diplomarbeit. **12** Für die vertiefenden Untersuchungen und Interpretation der Ablagerungen danken wir Dr. Heike Stege, Leiterin der naturwissenschaftlichen Abteilung, und Frau Ursula Baumer, chemisch-technische Assistentin des Doerner Instituts in München. **13** Ethanol-Wasser-Gemisch im Verhältnis 70:30. **14** Neodym dotierter Yttrium-Aluminium-Granat-Laserstrahl mit einer Wellenlänge von 1064 nm. Für die Reinigung der dunklen unauflösbaren Schicht bewährten sich die Geräteeinstellungen (Scanbreite 8/Scanfrequenz 8/Pulsfrequenz 2) bei 20 Watt Leistung und 10 Überfahrten. **15** Die Adhäsion, auch Anhangskraft genannt, bezeichnet die Zusammenhangskräfte zwischen den Molekülen zweier verschiedener Stoffe bzw. das Haften zweier Stoffe oder Körper aneinander. **16** Unter Reversibilität versteht man in diesem Falle die Umkehrbarkeit von Restaurierungsmaßnahmen, die aufgehoben bzw. rückgängig gemacht werden können. **17** Acrylkleber 360 HV (Kontaktkleber) und HV 498 der Schweizer Firma Lascaux. **18** Der verwendete Plastazote geschlossenzellige vernetzte Polyethylen-Schaumstoff MAF 241 der Firma Innosell erfüllte die Anforderungen des Photographic Activity Test (P.A.T.) nach ISO 14523. **19** Kassel 1999, 17. **20** Die Bestandteile der Perlen wurden 1990 von Prof. Dr. Jürgen Otto am Mineralogisch-Petrographischen Institut der Universität Freiburg untersucht. Freiburg 1990, 3. **21** Freiburg 1990, 3. **22** Für die durchgeführten Materialanalysen der Faser danken wir Herrn Prof. Dr. Christoph Krekel, Staatliche Akademie der bildenden Künste in Stuttgart, sowie für die Weiterleitung zu vertiefenden Analysen an das Doerner-Institut in München.

202 Perlennetz
Ptolemäisch, 2./1. Jh. v. Chr.
El-Hibe
Fayence, Leinen
L. 143–167 cm; Br. 37–43 cm
(ursprüngliche Maße)
Adelhausermuseum, Natur- und
Völkerkunde Freiburg, Inv.-Nr. Ae 150

Dieses Perlennetz stellt ein hervorragendes Beispiel altägyptischer Perlenknüpfkunst dar. Neben einfache Typen, die nur aus blauen Röhrenperlen zusammengesetzt waren (vgl. Kat.-Nr. 78), treten auch solche mit in die eigentliche Netzstruktur eingearbeiteten figürlichen Motiven. Da die Perlennetze direkt auf der Mumie auflagen, sollten die Figuren vor allem dem Schutz der Mumie dienen. Auf Kopfhöhe ist das Gesicht des Verstorbenen dargestellt, das der entsprechenden Hieroglyphenform (siehe links) nachempfunden ist. Den Halsbereich schmückt ein breiter Halskragen, der mit Lotusblüten dekoriert ist und an den Seiten von zwei Falkenköpfen abgeschlossen wird. Unter dem Halskragen war ein Flügelskarabäus mit Sonnenscheibe ungefähr auf gleicher Höhe mit seinem Pendant auf dem Sarg (Kat.-Nr. 204) angebracht, von dem nur noch ganz geringe Reste erhalten sind. Die Figuren darunter – zwei hockende, geflügelte Göttinnen – sind besser erhalten. Durch ihren Kopfschmuck sind sie eindeutig als Isis und Nephthys, die Schwestern und Beschützerinnen des Osiris, ausgewiesen. Es folgen die vier mumiengestaltigen Horussöhne, die Beschützer der Eingeweide, worauf ihre Platzierung in der Bauchregion anspielt. Die Mumienbinden werden nach einem für alle vier Figuren gleich festgelegten Muster durch verschiedene Farben angedeutet. Den unteren Abschluss bildet eine senkrechte Inschriftenzeile mit einem darüber befindlichen Schakal, einer Erscheinungsform des Anubis. Damit sind alle wichtigen funerären Schutzgottheiten beziehungsreich in das Perlennetz integriert. Der Text der Inschriftenzeile lautet: »Ein Opfer, das der König gibt, (für) Osiris, den großen Gott, den Herrn des Himmels. Er möge ein vollkommenes Begräbnis veranlassen in (der Nekropole).«

ABEL, IN: RANKE 1926, 50 UND TF. 11, 6; SILVANO 1980, 85, ABB. 3, 92, TYP C; NAUERTH 1996, 76–78; VGL. ZUR INSCHRIFTENZEILE: VAN HAARLEM 1998, 38. D. v. R.

203 Uschebti-Kasten
Ptolemäisch, 2./1. Jh. v. Chr.
El-Hibe; Holz; L. 27 cm; Br. 17 cm; H. 17,5 cm
Adelhausermuseum, Natur- und
Völkerkunde Freiburg, Inv.-Nr. Ae 171/177

Das relativ grob gearbeitete Kästchen diente einst zur Aufbewahrung von kleinen Uschebti-Figuren, von denen sich keine erhalten haben. Das Kästchen weist einen abgeschrägten, dachförmigen Oberbau auf. Darin befindet sich eine Aussparung, in der ein separat gefertigter Obelisk aus Holz eingefügt ist. Dieses aus El-Hibe stammende Stück bildete zusammen mit einem weiteren Uschebti-Kasten und einer Statuette des Gottes Ptah-Sokar-Osiris die Grabausstattung, zu der auch zwei Särge und ein Perlennetz gehörten.

ABEL, IN: RANKE 1926, 49; NAUERTH 1996, 79 UND TF. 43. D. v. R.

Bei seiner Auffindung befand sich dieser Sarg in einem weiteren, kastenförmigen Holzsarg und barg eine komplett erhaltene Mumie, auf der ein Perlennetz auflag (Kat.-Nr. 202). Der Sargdeckel zeigt ein von einer dreiteiligen Perücke umrahmtes, hellbraunes Antlitz mit weit geöffneten Augen. Brust und Oberkörper schmückt ein breiter Halskragen. Darunter werden in sechs Registern wichtige Aspekte für das Schicksal des Verstorbenen bildlich dargestellt. Im oberen Register erkennt man einen geflügelten Skarabäus, der die Sonnenscheibe vor sich herschiebt. Wie die zu beiden Seiten der Register im Anbetungsgestus abgebildeten vier Paviane weist dies auf die enge Beziehung zum Sonnenlauf hin, an dem der Verstorbene teilnehmen möchte. Die weiteren Register zeigen einen Opfertisch, der von den Horussöhnen und weiteren Gottheiten flankiert wird. Darunter ist der so genannte Abydos-Fetisch, Symbol für Osiris, flankiert von geflügelten und trauernden Schutzgottheiten, abgebildet. Es folgt die Mumie auf einer Löwenbahre mit Anubis und Horus. Das nächste Register nimmt eine Barke ein. Auf dem Fußteil sind zwei einander gegenüber hockende Achom-Falken dargestellt. Sie stehen auf dem Kopf, damit der Verstorbene sie richtig herum sehen kann. Auf der Rückseite der Sargwanne findet sich die großformatige Darstellung einer in ein Netzgewand gekleideten Göttin mit Sonnenscheibe sowie Straußenfeder auf dem Kopf, bei der es sich vermutlich um die Westgöttin handelt. Die Inschriften im Sockelbereich erwähnen auf jeder Seite eine Opferformel an den Gott Osiris-Chontamenti. Der Sarg ist ein typisches Beispiel für die in El-Hibe aufgefundenen Särge aus ptolemäischer Zeit, deren Ausgestaltung und Dekorationsschemata sich auffallend ähneln. Dies spricht dafür, dass sie ungefähr zeitgleich unter Verwendung von Skizzenbüchern in derselben Werkstatt dekoriert wurden. Sehr enge Parallelen zur Dekoration des Sargdeckels des Freiburger Exemplars finden sich in Hildesheim und Krakau.

Abel, in: Ranke 1926, 50 und Tf. 10, 4; Freiburg 1990; Nauerth 1996, 77; Krakau 2000, 118–121, Nr. 64 (zum Sarg aus Krakau); Hildesheim 2006, 270–271, Nr. 308 (zum Sarg aus Hildesheim). D. v. R.

204 Mumiengestaltiger Holzsarg
Ptolemäisch, 2./1. Jh. v. Chr.
El-Hibe
Holz, stuckiert und bemalt
L. 179 cm; Br. 53,5 cm; T. 39 cm
Adelhausermuseum, Natur- und Völkerkunde Freiburg, Inv.-Nr. Ae 150

Zeugnisse römischer Mumiendekoration aus Ägypten

Ernst von Sieglin und seine Sammlung

Nina Willburger

Das Gros der griechisch-römischen Antiken aus Ägypten im Landesmuseum Württemberg sowie einige koptische Textilien und altägyptische Exponate stammen aus der Sammlung des gebürtigen Stuttgarters Ernst von Sieglin, der zu Beginn des 20. Jhs. einer der großen Mäzene der Stadt war.

Geboren am 21. April 1848 als Sohn eines Apothekers, genoss Ernst Sieglin eine humanistische Erziehung und besuchte wie seine drei Brüder das Gymnasium illustre (heute Eberhard-Ludwig-Gymnasium) in Stuttgart.[1] Anders als diese schlug er jedoch zunächst keine akademische Laufbahn ein, sondern entschied sich für die Ausbildung zum Kaufmann, die er bei einer Stuttgarter Firma absolvierte. Schließlich ging er nach London, wo er am University College Vorlesungen in Chemie besuchte.

Zusammen mit Richard Thompson, einem Chemiker, der für die Wollindustrie von Manchester und Leeds flüssige Seife entwickelte, arbeitete Sieglin an der Entwicklung von pulverisierter Seife, die als »Dr. Thompson's Seifenpulver« große Bekanntheit erlangte.[2] Zurück in Deutschland, begann er – zunächst im kleinen Stil – in Aachen mit der Produktion des Seifenpulvers. Dem Erlangen des alleinigen Vertriebsrechts für Deutschland, Belgien und die Niederlande im Jahre 1880 folgten Werksgründungen in Wittenberg, Berlin und Verviers (Belgien), 1897 wurde das Hauptwerk in Düsseldorf eröffnet.

Im Jahre 1898 entschloss sich Sieglin, den Lebensmittelpunkt seiner Familie zurück nach Stuttgart zu verlegen, und erwarb die Villa Weißenburg. Auf Anregung seines Bruders Wilhelm, inzwischen Ordinarius für Historische Geografie an der Universität Berlin, und Wilhelm Dörpfelds, Direktor des Deutschen Archäologischen Instituts in Athen, begann er im selben Jahr mit der Finanzierung von Ausgrabungen in Alexandria, die bis 1902 unter Leitung des Leipziger Archäologen Theodor Schreiber durchgeführt wurden.[3] Eigentliches Ziel war die Entdeckung des Grabes Alexanders des Großen. Stattdessen brachten die Ausgrabungen im Westen der Stadt jedoch die mehrstöckig unter der Erde liegende Nekropole von Kom Esch-Schukafa zutage, die als größte und bedeutendste römische Grabanlage in Ägypten gilt. Weitere archäologische Untersuchungen fanden unter anderem auf dem Areal des Serapis-Heiligtums, im Königsviertel und im modernen Stadtteil Hadra statt. Die Ergebnisse wurden, ebenfalls durch Sieglin finanziert, in mehreren monumentalen Bänden mit dem Titel »Expedition Ernst von Sieglin. Ausgrabungen in Alexandria« vorgelegt.[4]

Widmeten sich die Ausgrabungen in Alexandria der Erforschung des griechisch-römischen Ägyptens, so stand bei der zweiten großen, von Sieglin geförderten Expedition das pharaonische Ägypten im Vordergrund. Unter Leitung des Leipziger Professors für Ägyptologie Georg Steindorff wurden in den

Ernst von Sieglin im Tempel von Philae

Reklameschild
für »Dr. Thompson's Seifenpulver«
Landesmuseum Württemberg, Stuttgart

Jahren zwischen 1909 und 1914 unter anderem Grabkammern in Gize und Saqqara ausgegraben.

Resultierend aus den Ausgrabungen in Ägypten, gelangte Sieglin in den Besitz einer umfangreichen Sammlung, die er durch den Erwerb von Antiken im Kunsthandel und den Ankauf von Privatsammlungen erweiterte.[5] Die Objekte waren zunächst in der Villa Weißenburg ausgestellt, bevor Sieglin im Jahre 1906 einen Teil der Sammlung König Wilhelm II. von Württemberg schenkte. Dieser überantwortete sie wiederum 1907 der Königlichen Staatssammlung Vaterländischer Altertümer, die schließlich im Württembergischen Landesmuseum, dem heutigen Landesmuseum Württemberg, aufging. Weitere Schenkungen folgten an die Universitäten Tübingen und Leipzig sowie an das Albertinum in Dresden. 1913 gelangten noch einmal einige Stücke aus den alexandrinischen Grabungen in den Besitz der Königlichen Staatssammlung.[6]

Sieglins kulturhistorisches Interesse beschränkte sich nicht nur auf Ägypten, sondern er finanzierte auch die Ausgrabung des Asklepios-Heiligtums auf Kos. Für die Universitätsbibliothek Tübingen erwarb er wertvolle armenische Handschriften, für das Archäologische Institut der Universität Tübingen die bedeutende Vasensammlung Paul Arndts, für das Konservatorium für Musik eine Orgel. Ferner unterstützte er unter anderem das Landesgewerbemuseum, die Landesbibliothek, das Lindenmuseum und zeigte großes Engagement in sozialen Bereichen, z. B. der Kriegswohlfahrt.[7] Zahlreiche Ehrungen wurden ihm für seine Verdienste zuteil: So war er Ehrenmitglied des Deutschen Archäologischen Instituts, Ehrendoktor und Ehrensenator der Universität Tübingen; der König gewährte ihm den Rang eines geheimen Hofrates verbunden mit dem persönlichen Adelstitel. Darüber hinaus besaß er das Ehrenkreuz der Württembergischen Krone, das Komturkreuz des sächsischen Albrechtsordens, das Kommandeurkreuz des schwedischen Gustav-Wasa-Ordens, den türkischen Medjidje-Orden, das Offizierskreuz des Großherzogs von Oldenburg und das Wilhelm-Charlottenkreuz für Verdienste im Krieg.[8]

Ganz im Sinne des Mäzenatentums des ausgehenden 19. und frühen 20. Jhs. setzte Sieglin seinen Wohlstand neben großem sozialen Engagement insbesondere auch für die Erhaltung und Erforschung von Kunst und Kultur ein und betrachtete seine Sammlung nicht als persönliches Eigentum, sondern ließ die Öffentlichkeit daran teilhaben. Nicht zu Unrecht schrieb Peter Goessler in einem Nachruf auf den am 3. Oktober 1927 Verstorbenen: »Mit Ernst von Sieglin ist ein Förderer von Kunst und Wissenschaft dahingegangen, der in unserem Land einzig dasteht.«[9]

Noch heute bildet Sieglins Stiftung hellenistisch-römischer Kunst aus Ägypten – darunter Marmorbildnisse, Bronzen und Terrakotten höchster Qualität – einen Schwerpunkt der Antikensammlung des Landesmuseums Württemberg. Von besonderem Interesse sind an dieser Stelle jedoch die Mumienporträts und -masken, da sie unmittelbare Zeugnisse des Totenkults im römischen Ägypten darstellen.

Bei Mumienporträts handelt es sich um auf dünne Holztafeln gemalte Porträts, die in den Kopfteil von Mumien eingebunden waren. Die Gesichter und Oberkörper sind frontal bzw. leicht gedreht abgebildet. Für die dünn geschliffenen Tafeln wurden verschiedene Holzarten verwendet; bei den sechs Exemplaren des Landesmuseums zum Beispiel Lindenholz. Vor der Bemalung wurde die Oberfläche zum Teil grundiert. Verschiedene Maltechniken sind nachgewiesen: Zum einen die so genannte Enkaustik, hier wurden in Wachs gebundene Pigmente heiß auf die Malfläche aufgetragen. Zum anderen gab es die Temperatechnik, dabei wurden Pigmente mit Wasser und einem Öl- oder Fettzusatz, wie z. B. Ei oder Leim, vermischt. Auch Mischtechniken waren gebräuchlich. Gelegentlich wurde über die Malerei auf einigen Partien Goldfolie angebracht.[10]

Die Mumien zu den Porträts sind meist nicht mehr erhalten. Der Grund hierfür liegt darin, dass ein Großteil der heute bekannten Exemplare zu einer Zeit entdeckt wurde, als meist nur die bemalten Tafeln der Aufbewahrung für würdig empfunden und daher von den Mumien – in der Regel ohne weitere Dokumentation – heruntergerissen wurden.

Die erste bekannte Porträtmumie kam 1615 in der Nekropole von Saqqara zutage. Sie wurde von Pietro Della Valle, einem römischen Edelmann, der den Orient bereiste, zusammen mit einer weiteren nach Italien verschifft und im 18. Jh. schließlich vom sächsischen Kurfürsten August dem Starken erworben.[11] Beide befinden sich noch heute in Dresden.

Wirklich ins Bewusstsein rückte diese Gattung jedoch erst im 19. Jh. Im Jahre 1887 gelangten Mumienporträts aus Raubgrabungen in Er-Rubayat in den Besitz des Wiener Kunsthändlers Theodor Graf, der in der Folgezeit über 300 solcher Bildnisse erwarb und sie in verschiedenen Städten Europas ausstellte.[12] Annähernd gleichzeitig entdeckte der britische Ägyptologe William Matthew Flinders Petrie bei seinen Ausgrabungen in der Nekropole von Hawara im Südosten des Fayum ebenfalls Porträtmumien.[13] Anders als die Exemplare von Graf, von denen lediglich der Fundort, jedoch nichts über den Kontext bekannt ist, dokumentierte Petrie seine Beobachtungen der Fundsituation. Er stellte unter anderem fest, dass nur ein bis zwei Prozent der Mumien Porträts aufwiesen und dass sie überwiegend ohne Beigaben in Sandgruben bestattet wurden, wobei keine oberirdische Kennzeichnung der Gräber erfolgte.[14] Einige kamen in Grabschächten pharaonischer Zeit zutage. Auch im Falle der von Petrie entdeckten Porträtmumien wurden zu einem großen Teil die bemalten Tafeln von den Mumien entfernt. Bis heute stammen die meisten bekannten Mumienporträts aus diesen beiden Orten im Fayum. Weitere Fundorte sind z. B. Antinoopolis und einige andere mittelägyptische Orte, im Norden Ägyptens El-Alamein. Insgesamt bleibt jedoch festzustellen, dass die Sitte der Porträtmumien nur von einem sehr kleinen Teil der Bevölkerung angenommen wurde. Selbst in Hawara stellen sie den Beobachtungen Petries nach lediglich einen verschwindend kleinen Prozentsatz unter den gefundenen Mumien dar.

205 **Mumienporträt einer Frau,**
so genanntes Safranmädchen
Römisch, um 40 n. Chr.
Herkunft unbekannt
Enkaustik auf Lindenholz
H. 35 cm; max. Br. 16 cm; D. 0,1 cm
Landesmuseum Württemberg, Stuttgart, Inv. 7.1

206 Mumienporträt der Eirene
Römisch, um 40/50 n. Chr.
Herkunft unbekannt
Enkaustik auf Lindenholz
H. 37 cm; max. Br. 16 cm; D. 0,1 cm
Landesmuseum Württemberg, Stuttgart, Inv. 7.2

Porträt der Agrippina Minor
um 50 n. Chr.
Marmor
Landesmuseum Württemberg, Stuttgart

Mumienporträts sind eine Neuschöpfung des römischen Ägyptens. Die frühesten Exemplare datieren in die Zeit des Kaisers Tiberius (14–37 n. Chr.).[15] Ihre Entstehung muss mit dem Aufeinandertreffen der Jenseitsvorstellungen und des Totenkults der gemischten ägyptisch-hellenistischen Bevölkerung mit der römischen Bildnistradition zusammenhängen. Die religiösen Vorstellungen hinter den Mumienporträts lassen sich dabei nicht weiter bestimmen, zumal sie nur von einem recht kleinen Teil der Bevölkerung angenommen wurden. Auch die Frage des Totenkultes muss offen bleiben; verschiedentlich wird eine »Ausstellung« der Mumien in Grabanlagen[16] oder im Hause der Angehörigen angenommen,[17] bevor sie endgültig beigesetzt wurden.

Bei den Verstorbenen handelte es sich um Angehörige einer ethnisch gemischten, finanziell starken Mittel- und Oberschicht,[18] welche diese Neuschöpfung annahmen und sich durch die Darstellung auf den Tafeln romanisiert zeigten. Die ethnische Zuordnung der Einzelnen ist, trotz gelegentlicher Nennung des Eigennamens,[19] nicht bestimmbar. Die Frisuren sowohl der Männer als auch der Frauen entsprechen vorwiegend den so genannten Modefrisuren, deren Vorbilder die Angehörigen des Kaiserhauses waren, wie etwa die Stirnlocken der Eirene denen Agrippina Minors, der Mutter Neros, gleichen. Die Kleidung entspricht der römischen bzw. der im Osten des Römischen Reiches getragenen Tracht. Schmuck wie Halsketten oder Ohrringe ist in der Regel der im Römischen Reich übliche.[20] Gelegentlich findet man ägyptische Elemente wie im Falle des Porträts eines Jungen aus der Sammlung Sieglin, auf dessen Tafel eine kleine Darstellung von Anubis, der Leinenbinden für die Mumifizierung in der Hand hält, erkennbar ist. Dies steht im Gegensatz zu den bekannten Dekorationen der eigentlichen Mumien, wo ägyptische Elemente überwiegen.[21]

Vereinzelt liefern die aufgetragenen Inschriften nähere Informationen zur Person. So wird bei der Stuttgarter Eirene nicht nur ihr Name, sondern auch der ihrer Eltern überliefert.[22] Von einem Porträtfragment aus dem Asasif in Theben-West ist ein Reeder namens Antinoos bekannt.[23] Auf einigen Tafeln tragen die dargestellten Männer ein Schwertband, was sie als Offiziere ausweist.[24]

Kontrovers wird das Ende der Verwendung von Mumienporträts diskutiert: In der älteren Forschung wird das 4. Jh. n. Chr. als Ende der Produktionszeit angesehen und dieses mit dem Verbot aller heidnischen Kulte durch Kaiser Theodosius I. im Jahre 391/392 n. Chr. in Verbindung gebracht.[25] Dagegen postuliert die jüngere Forschung[26] ein Ende im 2. Viertel des 3. Jhs. n. Chr., bedingt durch wirtschaftliche und soziale Veränderungen. Die Datierung stützt sich auf den Vergleich der Haartracht der Dargestellten mit den Modefrisuren, welche anhand der plastischen Bildnisse gut erforscht sind. Trotz einer sehr überzeugenden Argumentation blieb dieser Forschungsansatz jedoch nicht ohne Widerspruch.[27]

Ebenfalls Uneinigkeit besteht darin, ob die Porträts bereits zu Lebzeiten der Verstorbenen gemalt wurden und zunächst im Haus aufgehängt waren.[28] Hier wird unter anderem mit den individuellen und lebensnahen Zügen der Bilder argumentiert. Auch die zur Einpassung in die Mumien seitlich beschnittenen Holztafeln werden als Beweis für eine sekundäre Verwendung im Totenkult herangezo-

207 Mumienporträt eines Jungen
Römisch, 2. Jh. n. Chr.
Herkunft unbekannt
Enkaustik auf Lindenholz
H. 31 cm; max. Br. 12 cm; D. 0,1 cm
Landesmuseum Württemberg,
Stuttgart, Inv. 7.4

208 Mumienmaske eines Mannes
Römisch, um die Mitte des 2. Jhs. n. Chr.
Herkunft unbekannt
Stuck mit Farbauftrag
H. 29 cm
Landesmuseum Württemberg,
Stuttgart, Inv. Arch 85/1

gen. Auffallend ist jedoch die Ähnlichkeit einiger Porträts: Lediglich durch den Einsatz einfacher zeichnerischer Mittel wurde ein individuelles Aussehen erreicht. Diese typisierte Standardisierung führt zu einer nur scheinbaren Individualität und spricht gegen die erstgenannte Theorie. Jedoch wird auch dieser Disput in der Forschung fortgeführt.

Trotz aller Unklarheiten und Diskussionen innerhalb der Forschung zählen Mumienporträts zu den bedeutendsten künstlerischen Hinterlassenschaften des römischen Ägyptens: Sie gestatten uns einen Einblick in die ansonsten verlorene Tafelmalerei der Antike. Bedingt durch die klimatischen Bedingungen Ägyptens, haben sich die Tafeln samt ihrer Farbigkeit bestens erhalten.

Wie die Mumienporträts wurden die meist aus Stuck, jedoch auch aus Ton, Holz oder Leinwand bzw. Kartonage[29] gefertigten Masken am Kopfende der Mumie befestigt. Jedoch trifft der Begriff Maske streng genommen nicht zu, da das Gesicht des Verstorbenen damit nicht unmittelbar bedeckt wurde.

Für die Herstellung der Stuckmasken wurden wiederverwendbare Model benutzt, in die man den feuchten Werkstoff drückte. Es folgte ein Überzug mit einer dünnen Stuckschicht, die bemalt wurde, gelegentlich finden sich vergoldete Partien. Für die Augen wurden zum Teil auch Glas- bzw. Steineinlagen verwendet, Haare und Ohren sind nachträglich angestückt; selbiges gilt für die unterschiedlichen Attribute, wie etwa Schmuck oder Kränze. Bei Masken aus Meir (Mittelägypten) gestalteten einige Werkstätten die Haare gelegentlich naturalistisch aus Tierhaar.[30]

Die Masken wurden mit separat hergestellten Brustteilen aus Stuck oder Holz zusammengefügt, auf welchen die Kleidung und die Hände wiedergegeben waren. Diese sind jedoch meist nicht mehr erhalten, da auch die Masken wie die gemalten Porträts nach der Auffindung von den Mumien getrennt wurden.

Die römischen Mumienmasken aus Ägypten sind eine Weiterentwicklung der Masken ptolemäischer Zeit,[31] jedoch sind diese frühen Exemplare noch durchweg der ägyptischen Tradition verpflichtet, d. h. die Gesichter sind gänzlich idealisiert, ohne Angabe individueller Merkmale. Unter römischem Einfluss erfolgte indes eine Individualisierung – auch wenn die Masken traditioneller Art noch einige Jahrzehnte lang nach der Eroberung Ägyptens parallel liefen. Die Individualisierung allerdings beschränkt sich häufig im Wesentlichen auf die Wiedergabe der Haare und Bärte, auch hier spielt die

Zeitmode wiederum eine Rolle.[32] Ein gutes Beispiel hierfür ist die Stuckmaske eines bärtigen Mannes aus der Antikensammlung des Landesmuseums Württemberg,[33] dessen lockiges Haar und Vollbart sich gut mit plastischen Porträts aus der Zeit um die Mitte des 2. Jhs. n. Chr. vergleichen lassen. Die Gesichtszüge bleiben jedoch meist stilisiert und wirken daher zunächst kaum porträthaft, erst im 3. Jh. n. Chr. finden sich echte Porträtzüge. Die Masken gewannen zunehmend an Plastizität: Waren sie zunächst noch recht flach, sind sie ab ca. 200 n. Chr. rundplastisch ausgeführt und ragen frei über dem Kopf der Mumien auf.[34] Die Verwendung von Masken scheint bis ins 4. Jh. n. Chr. zu reichen.[35]

Die auf den Brustteilen dargestellte Kleidung entspricht der römischen, jedoch finden sich häufiger als bei den Mumienporträts ägyptische Elemente wie Schmuck und Amulette. Die in einigen Fällen überlieferten Eigennamen erlauben wiederum nicht, die Verstorbenen einer bestimmten Ethnie zuzuweisen.[36] Auch hier bleibt lediglich die allgemeine Feststellung, dass es sich um Angehörige einer ethnisch gemischten, wohlhabenden Schicht handelte. Jedoch implizieren die Mumienmasken eher konservative Tendenzen der damit Bestatteten im Gegensatz zu den Verstorbenen, die auf Mumienporträts zurückgriffen.

Für Unterägypten sind Mumienmasken in erster Linie im Fayum belegt, dort aber spätestens ab dem frühen 2. Jh. n. Chr. nicht mehr nachgewiesen.[37] Insgesamt konzentrieren sich die Fundorte auf Mittelägypten und dort vor allem auf die Nekropole von Hermopolis, heute Tuna el-Gebel, sowie auf Meir und Antinoopolis.

Von den Masken aus dem Landesmuseum Württemberg ist nur der Fundort eines Exemplars aus der Sammlung Theodor Grafs bekannt. Sie stammt aus Hermopolis. Die Provenienz der drei Masken von Ernst von Sieglin ist unbekannt.

1 Baracs-Deltour 1917. **2** Siehe dazu Thompson-Siegel 1977, 13–16. **3** Zu den Ausgrabungen siehe Brunner-Traut 1982, 9–10; Fischer 1994, 13–17. **4** Schreiber 1908; Pagenstecher 1913; Pagenstecher 1923; Vogt 1924; Watzinger 1927. **5** Fischer 1994, 13–16. **6** Fischer 1994, 17. **7** Zum kulturellen und sozialen Engagement siehe Baracs-Deltour 1917. **8** Zu den Orden siehe Baracs-Deltour 1917; Goessler 1927, 3. **9** Goessler 1927, 3. **10** Parlasca 1966, 59–60; Borg 1996, 121–122. **11** Borg 1998, 5–7. **12** Bernhard-Walcher 1998, 27–35; Borg 1998, 11–15; Seemann 1999, 11–12. **13** Borg 1998, 15–17; Seemann 1999, 12–13. **14** Roberts 1997, 19–25; Borg 1998, 15–17. **15** Borg 1996, 29–30; Parlasca 1999, 33. **16** Daszewski 1997, 64. **17** Parlasca 1966, 120; Borg 1996, 196–203; Borg 1997, 26–32. **18** Borg 1996, 150–176. **19** Borg 1996, 151–156; Borg 1998, 40–45. **20** Platz-Horster 1999, 89–91. **21** Borg 1996, 129–149. **22** Die demotische Aufschrift lautet: »Eirene, Tochter des Silvanos, ihre Mutter ist Senpnoutis. Möge ihre Seele leben vor Osiris-Sokar, dem großen Gott, dem Herrn von Abydos, ewiglich.« **23** Borg 1996, 153 und 156. **24** Speidel 1999, 87. **25** Parlasca 1966, 200–202. **26** Borg 1996, 80–84; Borg 1998, 88–101; Walker 1999, 76. **27** Siehe z. B. Parlasca 1999, 33–37; Parlasca 2000, 171–186; siehe dazu auch die Zusammenfassung der Chronologie-Diskussion bei Walker 2000b, 34–36 und Riggs 2002, 93–95. **28** Zu den unterschiedlichen Argumentationen siehe Parlasca 1966, 59–66; Borg 1996, 191–195; Walker 2000c, 23–25; Schenke 2001, 81–289. **29** Zu den unterschiedlichen Materialien siehe Grimm 1974, 14–15. **30** Siehe Frankfurt 1999, 308 Nr. 205. **31** Grimm 1974, 102. **32** Zusammenfassung der Entwicklung siehe Grimm 1974, 102–106. **33** Dieses Stück stammt nicht aus der Sammlung Sieglin, sondern wurde 1985 erworben. **34** Grimm 1974, 105; Parlasca 1999, 30. **35** Grimm 1974, 59–101. **36** Borg 1996, 179. **37** Grimm 1974, 44–54.

209 Mumie einer Frau mit Mumienmaske
Römisch, um Christi Geburt
Herkunft unbekannt
Mumie einer Frau sowie Leinen, Stuck, Blattgold, Glas
H. ca. 24 cm; Br. ca. 36 cm; L. ca. 164 cm
Ägyptisches Museum der Universität Leipzig (ÄMUL), 7813

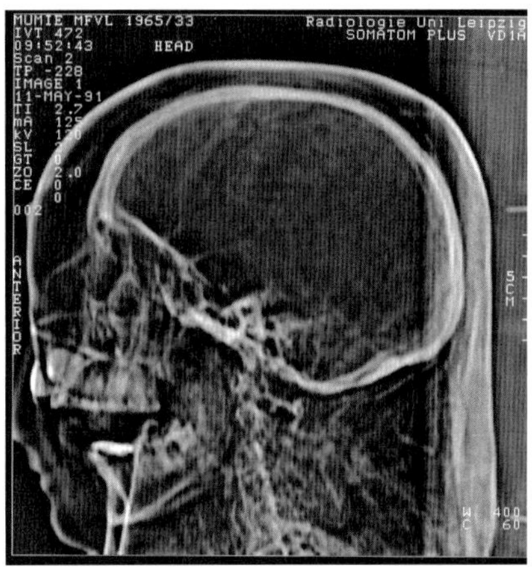

Die mit einer stuckierten und vergoldeten Kartonagemaske geschützte Mumie einer Frau wird aufgrund der bereits in Andeutungen kassettenartig ausgeführten Bandagierungsweise sowie der Gestaltung ihrer Maske und der aus mehreren Einzelteilen bestehenden bemalten Mumienauflagen aus Leinen um die Zeitenwende datiert. Hinzu kommt, dass bei der computertomografischen Untersuchung der Mumie eine Münze im Unterkieferbereich festgestellt werden konnte, was auf den griechischen Brauch der Beigabe des »Fährgeldes« für das Übersetzen ins Jenseits hindeutet und daher nicht in Verbindung mit älteren ägyptischen Praktiken gebracht werden kann. Während die mit Götter- und Dämonenfiguren bemalten Leinenauflagen im Fuß- und Bauchbereich aufgrund der dicht verschnürten Mumienbinden und der modernen Restaurierungsbandage kaum mehr sichtbar sind, kann man die charakteristischen Merkmale der Muminemasken dieser Zeit gut erkennen. Hierzu gehören neben dem strähnig angedeuteten Haar der Perücke die ponyartig kurzen Haarsträhnen über der Stirn, das vergoldete Gesicht mit den großen eingelegten Augen, das in vergoldeter Stuckauflage angefertigte Udjat-Auge am Haarband über der Stirn und der ebenso gearbeitete Halsschmuck mit Amulett unter dem Kinn sowie die aufgemalten geflügelten Falkengottheiten auf den seitlichen Perückensträhnen.

Germer/Nickol/Schmidt/Wilke 1995, 149–151; Hamburg 1997, 121–124; Leipzig 1992, 25–27. F. K.-S.

210 Mumienmaske
Griechisch-römisch, wohl 2. Hälfte des 1. Jhs. v. Chr.;
Vermutlich aus Hawara
Stuckierte Leinenkartonage mit Bemalung und teilweiser Blattvergoldung
H. 43,2 cm; Br. 25,5 cm; T. 20,5 cm
Antikensammlung des Martin von Wagner Museums der Universität Würzburg, Inv.-Nr. A 1311

Die Maske umschloss ehemals den Kopf der Mumie wie ein Helm und bot ihr dadurch auch magischen Schutz. An diesen ursprünglichen Fundkontext erinnern noch heute die Mumienbinden, die kreuzweise aufgelegt auf der Brustplatte erhalten sind und die mit einer schwarzen, harzigen Substanz – vielleicht Bitumen – getränkt wurden. Sowohl die Binden als auch die großflächige Aufbringung schwarzer, heute nicht mehr mit Sicherheit zu bestimmender Substanzen verdecken große Teile der Bemalung, von der auf der Brustplatte nur noch einzelne sitzende Gottheiten zu erkennen sind. In diesem Zustand dominieren nun das blattvergoldete Gesicht und die ebenfalls blattvergoldeten Perlen sowie das Udjat-Auge oberhalb der Stirn den optischen Eindruck. Während bei anderen Exemplaren die Augen und Augenbrauen nur aufgemalt sind, sind sie hier aus farbigem Glas und Stein eingelegt. Die rote Konturlinie, die das Gesicht einrahmt, ist für Mumienmasken aus Hawara charakteristisch.

Stadler 2004, 96–97, Nr. 11. M. A. S.

211 Figur eines Ptah-Sokar-Osiris
Ptolemäisch, 306–30 v. Chr.
Sedment
Holz, bemalt, tlw. vergoldet
H. 78,5 cm; L. 38 cm; Br. 13,5 cm, 11,5 cm (Basis)
National Museums of Scotland, Edinburgh, A. 1910.111.2 (Statue), A. 1910.111.2 A (Basis)

Die hervorragend erhaltene Statue zeigt den Gott Ptah-Sokar-Osiris. Das vergoldete Gesicht wird von einer dreiteiligen Perücke eingerahmt, auf der eine Doppelfederkrone mit Sonnenscheibe und Widdergehörn aufsitzt. Den mumiengestaltigen Körper bedeckt ein blaues Perlennetz. Auf der Vorderseite schließt sich unter dem Gesicht ein breiter Halskragen an. Darunter befindet sich eine Darstellung der geflügelten Himmelsgöttin Nut, gefolgt von einer zweizeiligen Inschrift, die eine Opferformel mit zahlreichen Beiworten des Gottes Osiris und einem Totenopfer enthält. Links und rechts sind die vier Horussöhne abgebildet. Die Rückseite wird größtenteils von einer Inschriftenzeile mit einer weiteren Opferformel eingenommen. Darüber ist eine auf einer Löwenbahre liegende Mumie dargestellt, die von Anubis versorgt wird. Ptah-Sokar-Osiris-Figuren gehören von der Spätzeit bis in die ptolemäische Epoche zu den wichtigsten Grabbeigaben. Sie symbolisieren die Auferstehung des Osiris und sollen so auch die des Verstorbenen garantieren. Viele dieser Figuren sind auf einen Sockel montiert; Figur oder Sockel sind häufig ausgehöhlt und waren für die Aufnahme von Papyri mit Totentexten oder Bestandteilen von Kornmumien bestimmt.

Raven 1978–1979, 251–296, Typ IV C. D. v. R.

212 Modellsarg mit Ba-Vögeln und Anubis
Griechisch-römisch, 332 v. Chr. – 395 n. Chr.
Achmim
Holz, stuckiert und bemalt
H. 14 cm; Br. 21 cm; T. 11 cm
The British Museum London, EA 18162

Bei diesem – einem Pfostensarg nachempfundenen – Modellsarg sitzt auf den vier Eckpfosten des Sarges jeweils ein separat gefertigter Ba-Vogel auf. Die Ba-Vögel tragen einen Götterbart sowie eine Sonnenscheibe auf dem Kopf. Auf dem abgeschrägten Sargdeckel liegt ein Schakal, die Verkörperung des Gottes Anubis; die Ohren weisen kleine Beschädigungen auf. Die Schrägen des Deckels sind beidseitig mit einer bildlichen Darstellung verziert, die fünf mit einer Straußenfeder versehene Figuren in hockender Haltung zeigt. Der untere Bereich des Sarges ist mit alternierend angeordneten Djed-Pfeilern und Tit-Schleifen – Zeichen für Osiris und Isis – verziert. Oft bildeten solche Modellsärge mit Ptah-Sokar-Osiris-Statuen ein Ensemble. Sie waren auf einem gemeinsamen Sockel vor der eigentlichen Statue montiert, wobei der Schakal der Gottheit zugewandt war. Sehr häufig waren solche Modellsärge ausgehöhlt und sie enthielten Papyri oder einer Tierbestattung.

Gessler-Löhr 1995, Loseblatt Nr. 8.3 (nur Abbildung). D. v. R.

213 Porträtmumie eines vier- bis sechsjährigen Kindes
Römisch, 2. Hälfte des 1. Jhs. n. Chr.
Abusir el-Meleq
Mumie: Organisches Material (Knochen, mumifiziertes Weichgewebe); Leinentücher und Leinenbinden, teilweise gebleicht oder gefärbt
Porträt: Tempera auf Leinen
L. 85 cm; Br. 25 cm; H. 17,5 cm
Sammlung des Ägyptologischen Instituts der Universität Heidelberg, Inv.-Nr. 1021

Das gut erhaltene Knabengesicht weist diese Mumie der seltenen, überwiegend frühkaiserzeitlichen Gruppe mit qualitätvollen Leinwandporträts anstelle von Holztafeln zu. Mit ernstem Gesichtsausdruck schaut der blasse, leicht nach links gewendete Knabe den Betrachter an und vermittelt den Eindruck eines viel älteren Kindes, als es die Röntgenuntersuchung für das Skelett ergab. Die dunkle Kurzhaarfrisur wird durch schwarze Pinselstriche in Andeutung von Löckchen und Haarsträhnen aufgelockert. Unterhalb des linken Ohres wird eine lang in den Nacken herabfallende Locke sichtbar, welche die normalerweise rechts getragene Jugendlocke darstellen dürfte. Inwieweit die Haartracht als Merkmal für die Zugehörigkeit zur sozialen Elite bis zum Eintritt in das Erwachsenenalter oder als Kennzeichen eines sehr jungen Anwärters auf den Stand der in den Mysterienkult der Göttin Isis eingeweihten Isismysten zu gelten hat (Horuslocke), ist noch nicht endgültig geklärt. Das Skelett des Kindes ist wohl aufgrund der groben Behandlung durch die Balsamierungspriester stark verlagert und teilweise auseinander gefallen; eine Geschlechtsbestimmung ist ebensowenig möglich wie die Feststellung der Todesursache. B. G.-L.

Der Leichnam wurde vollständig mit Leinenstreifen unterschiedlicher Qualität sehr exakt in Kassettentechnik eingewickelt. Das Mumienporträt, in Temperafarben auf ein Leinentuch gemalt, wurde in die Rautenwicklung integriert. Diese besteht im überwiegenden Teil aus sechs Lagen, deren Zentren jeweils nach oben verschoben sind. Ein rosafarbenes Leintuch von feinerer Qualität scheint unter der Wicklung durch. Die Leinenstreifen wurden je Lage in vier Schritten diagonal von oben nach unten versetzt übereinandergelegt. Jede Lage besteht aus je zwei Arbeitsgängen in »Z-Richtung« (von links unten nach rechts oben) und »S-Richtung« (von links oben nach rechts unten). Das Muster wird durch Verschiedenfarbigkeit der Streifen betont, die ehemals sehr intensiv gewesen sein muss, heute jedoch nicht mehr gut zu identifizieren ist: gebleichtes Leinen, verschiedene Brauntöne und rosa eingefärbte Leinenstreifen. Vier verschiedene Arten der Leinenbinden sind sichtbar: einmal gefaltete Streifen, so dass sich eine saubere Kante an der Kassetteninnenseite ergibt. Die Streifen der letzten Lage und der Schmuckwicklungen in Brusthöhe und auf den Beinen sind beidseitig eingeschlagen. Im Brustbereich befindet sich ein 3 cm breiter Leinenstreifen aus Rohleinen über der eigentlichen Wicklung. Es ließ sich nachweisen, dass es sich um eine ehemals neunstufige Kassettenwicklung handelte, wobei das Abdecktuch für den Rücken durch die letzte Lage gehalten wird. Die Bänder, die ehemals den Kopf umfassten, konnten wieder in die ursprüngliche Position gebracht werden. Sie sind nahezu vollständig erhalten. Der Fußbereich konnte ebenfalls geordnet werden. Das rosafarbene Abdecktuch für den Rücken zeigte sich vollständig erhalten. Es konnte wieder ausgebreitet und nahezu authentisch positioniert werden. Analysen ergaben, dass das untere und obere Abdecktuch sowie eine in den unteren Schichten liegende Wicklung nicht mit Farbstoffen gefärbt, sondern mit Mennige/Blei bearbeitet waren. B. B.

HEIDELBERG 1986, 129, NR. 286; FILER, IN: BIERBRIER 1997, 121 UND 125, ANM. 7 (VERWEIS AUF DIE 1990 ERFOLGTE RÖNTGENUNTERSUCHUNG; AUSWERTUNG DURCH M. SCHULTZ); BORG 1998, 55–56, 68–69; PARLASCA 1999, 23 UND 46, ANM. 4; PARLASCA/FRENZ 2003, 131, N. 44; BEISENKÖTTER (IN VORBEREITUNG).

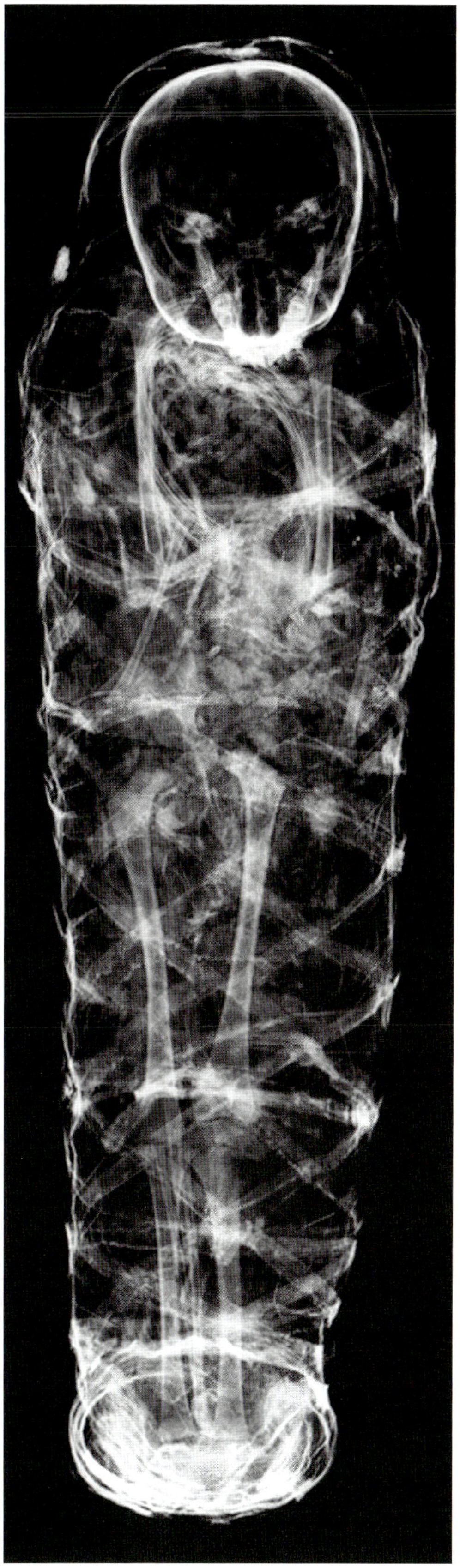

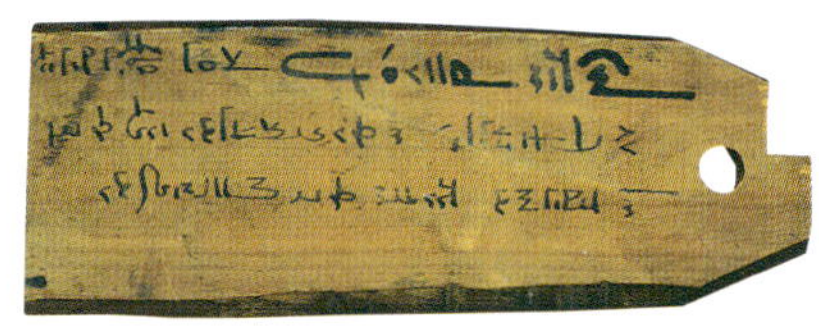

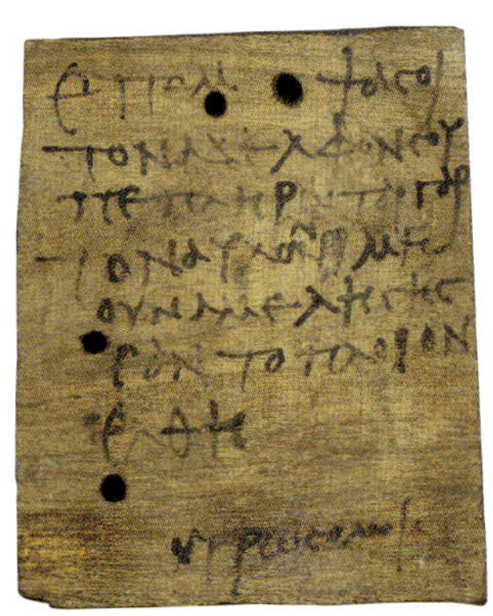

214 Mumienporträt eines Mannes
Römisch, 40–50 n. Chr., Herkunft unbekannt
Enkaustik auf Lindenholz
H. 35 cm; max. Br. 16 cm; D. 0,1 cm
Landesmuseum Württemberg,
Stuttgart, Inv. 7.3

Auf der Holztafel ist vor hellblauem Hintergrund das Porträt eines älteren Mannes in leichter Drehung nach rechts dargestellt. Das stark gelängte Gesicht, die hohe, leicht in Falten gelegte Stirn sowie die buschigen Augenbrauen und die großen Ohren weisen einen starken Realismus auf und wirken individuell. Die Haut des Gesichts wird durch Schattierungen in Hell-, Dunkel- und Rotbraun strukturiert. Vereinzelt wurden Lichtreflexe in Weiß gesetzt. Die Lippen sind rot, die Augen mit den schwarzen Pupillen schwarz umrandet. Im Gegensatz zu den schwarzen Augenbrauen ist das zurückgehende Haar in einem dunklen Braunton gemalt. Der Mann trägt ein weißes, mit einem schwarzen *clavus* (Streifen) verziertes Untergewand und darüber einen Mantel in gleicher Farbe. Die bemalte Holztafel weist mehrere Sprünge auf. Am Rand sind teilweise Abdrücke der Leinenumwicklung zu erkennen.

Pagenstecher 1923, 6–7, Tf. 6; Parlasca 1969, Rep. 33; Borg 1996, 12, 91, 106, 192. N. W.

215 Leichentuch eines Kindes
Römisch, wohl severisch, ca. 193–235 n. Chr.
Wohl aus Antinooplis
Leinen, Bemalung in Tempera,
teilweise stuckiert und vergoldet
H. 104 cm
The Manchester Museum,
The University of Manchester,
Inv.-Nr. 11309

Das Leichentuch zeigt ein kleines Kind, vermutlich ein Mädchen in voller Gestalt. Das sorgfältig gemalte, runde Gesicht wird von großen Augen dominiert. Der kleine Mund weist ein leichtes Lächeln auf. Die Ohren wirken groß. Das Haar ist geschnitten. Auffallend reich ist der Schmuck: Außer Ohrringen und einem Fingerring an der linken Hand, trägt das Kind goldene Fußringe sowie einen goldenen *torques* (Halsring). In der linken Hand hält es einen Kranz, seine Rechte ist zum Betrachter hin erhoben. Bekleidet ist es mit einem weißen, mit breiten *clavi* (Streifen) verzierten Chiton. Das geometrische Muster, welches ab Höhe des Bauches bis kurz oberhalb der Fußknöchel läuft, erinnert an Mumienbinden. An den Füßen trägt es Sandalen. Die auf beiden Seiten des Kindes anschließenden Darstellungen mit religiösen Motiven sind nur noch im Ansatz zu erkennen. Leichentücher dienten dazu, die Mumien komplett zu umhüllen. Sie stehen in enger Verwandtschaft zu den Mumienporträts, denn auch hier wird das Porträt frontal bzw. leicht gedreht wiedergegeben.

Doxiadis 1995, 120, Nr. 93, 215, Nr. 92, 93. N. W.

216 Mumienetikett
Römisch, 2. Hälfte des 1. Jhs. n. Chr.
Herkunft unbekannt; Holz
L. 14,1 cm; Br. 5,1 cm; T. 1,1 cm
Papyrussammlung, Österreichische
Nationalbibliothek, Wien, P.Vindob. MT 14

Auf dem Holztäfelchen stehen der Name der Verstorbenen und die Namen ihrer Eltern auf einer Seite in Griechisch und auf der anderen Seite in Demotisch: »Senharyotis, die Ältere, Tochter des Petenenteris, ihre Mutter ist Tapsais.« In der demotischen Version steht am Beginn der Zusatz: »Ihr Name möge bleiben vor Osiris-Sokar, dem großen Gott, dem Herrn von Abydos.«

Klos 1956, 240–241. H. F.

217 Mumienetikett
Römisch, 2. Jh. n. Chr.
Herkunft unbekannt; Holz
L. 8,7–9,4 cm; Br. 11,1 cm; Stärke 1,3 cm
Papyrussammlung, Österreichische
Nationalbibliothek, Wien, P.Vindob. MT 27

Dieses Holztäfelchen war für den Transport der Mumie bestimmt. Der Absender teilt dem Adressaten – Namen werden nicht genannt – mit, dass er ihm die Mumie seines Bruders geschickt und den Fährlohn (ναυλόν) schon bezahlt hat. Er fordert ihn auf, nicht nachlässig zu sein, wenn das Schiff ankommt. Die vier Löcher dienten wahrscheinlich zur Befestigung des Täfelchens an der Mumie. Vielleicht gab es auch noch ein zweites Etikett mit dem Namen und der Herkunft des Verstorbenen.

Klos 1956, 249–250; Wien 2003, 96. H. F.

218 Mumienmaske des Mareis
Römisch, um 20–40 n. Chr.
Hawara; Kartonage, vergoldet und bemalt
H. 52 cm; Br. 38 cm
The British Museum London, EA 21807

Das Gesicht der vergoldeten Mumienmaske weist durch das quadratische Kinn einen leicht individuellen Charakter auf. Die Augen treten durch die Einlegearbeit aus Obsidian und Kalkstein besonders hervor. Auf der Stirn sind unterhalb der Kopfbedeckung nach römischer Manier die plastisch gestalteten Haare in Form von kurzen nach vorne gekämmten Locken sichtbar, die gut mit der Stirnhaarbehandlung von Porträts der julisch-claudischen Zeit zu vergleichen sind. Die in Registern angeordneten Bildfelder der Perücke, deren Enden bis auf Brusthöhe reichen, zeigen den Verstorbenen vor mumifizierten Stieren und verschiedenen Gottheiten wie Osiris, Isis und Nephthys. Auf dem Oberkopf befindet sich eine Inschrift, die den Verstorbenen als Mareis ausweist, der ein Alter von 21 Jahren erreicht hat. Auf dem Sockelstreifen ist zentral Anubis dargestellt, während er den Verstorbenen einbalsamiert. Links und rechts davon sind hockende, mumiengestaltige Gottheiten abgebildet, rechts sehr wahrscheinlich die Horussöhne. Die Maske des Mareis ist ein typisches Beispiel für die von Flinders Petrie in Hawara entdeckten Mumienmasken.

Parlasca 1966, 105, Anm. 87; Grimm 1974, 126 A3, Tf. 4,3; Walker/Bierbrier 1997, 79, Nr. 56. N. W

219 Fußteil einer Mumie
Griechisch-römisch,
332 v. Chr. – 395 n. Chr.
Herkunft unbekannt
Kartonage, bemalt und vergoldet
H. 21 cm; Br. 18 cm; T. 21 cm
The British Museum London, EA 29473

In der griechisch-römischen Zeit wurde bei vielen Mumien die äußere Bindung von Kopf bis Fuß mit Dekorationselementen aus Kartonage bedeckt. Daneben band man eine Mumienmaske und ein Fußteil aus Kartonage direkt in die Mumienbindung ein (vgl. Kat.-Nr. 225); auch konnte die Mumie von einem Leichentuch, das zwischen der Maske und dem Fußteil eingespannt war (vgl. Kat.-Nr. 220), komplett umschlossen werden. Bei diesem Fußteil sind neben den Füßen, an denen die Riemen von Sandalen zu erkennen sind, zahlreiche weitere Details vergoldet, wodurch sie sich stark von dem schwarzen Untergrund abheben. Links und rechts der Füße sind die Göttinnen Isis und Nephthys im Trauergestus, über den Füßen zwei liegende Schakale wiedergegeben. In der Mitte der Kartonage befindet sich eine Textzeile mit Hieroglyphen, deren Leserichtung so angeordnet ist, dass der Verstorbene sie lesen konnte.

Gessler-Löhr 1995, Loseblatt Nr. 8.1 (nur Abbildung). D. v. R.

Das Tuch sollte einst den Brust- und Bauchbereich einer Mumie bedecken, denn der normalerweise unter dem Kinn liegende Halskragen ist auf dem Tuch als oberstes Bildfeld wiedergegeben. Darunter folgen vier weitere Felder, von denen zwei den in einer Barke thronenden Osiris zeigen, begleitet von einer weiteren Gottheit und der eine Sonnenscheibe auf dem Kopf tragenden Mumie des Verstorbenen. Dazwischen zeigt ein Bildfeld Anubis bei der Mumifizierung des auf einer Bahre liegenden Verstorbenen, links von Nephthys und rechts von Isis betrauert. Darunter ist dargestellt, wie der vor einer löwenköpfigen Göttin thronende Osiris den Toten, der von Anubis und einer falkenköpfigen Gottheit, wahrscheinlich Horus, vorgestellt wird, im Jenseits empfängt. Links steht der mumifizierte Tote vor einer Gottheit mit Nilpferdkörper und Löwenkopf. Von einer ähnlichen Gottheit, jedoch mit Krokodilskopf, wird die Szene rechts abgeschlossen. In beiden nilpferdgestaltigen Wesen ist die aus den Totengerichtsszenen bekannte »Fresserin« zu erkennen. Sie ist ein Ungeheuer mit Krokodilskopf sowie einer Kombination aus Löwen- und Nilpferdkörper. Es spricht für die Kenntnis und das Können des dekorierenden Handwerkers, dass er aus diesem einen Wesen die zwei die Szene rahmenden Gestalten geschaffen hat, in der sich sowohl die drei genannten Tiere als auch eine knappe Anspielung auf den guten Ausgang des Totengerichtes finden. Die äußeren Bildfelder zeigen den Verstorbenen sowohl als Opfernden vor zwei Gottheiten (oben) als auch als Standartenträger im Gefolge des barkenfahrenden Osiris (unten). Dazwischen sind links zweimal Osiris sowie rechts Horus und Thot dargestellt. Das gesamte Tuch wird von einer Borte mit gelb und schwarz alternierenden Feldern eingerahmt. In diesem Rand befinden sich auch acht längliche Schlitze, durch die Schnüre gezogen wurden, mittels derer das Leichentuch auf der Mumie befestigt war.

Munro 1973, 323–324, Nr. 12; Hannover 1991, 93, Nr. 80.

C. E. L.

220 Leichentuch
Römisch, 1./2. Jh. n. Chr.
Herkunft unbekannt
Leinen, stuckiert und bemalt
H. 105 cm; B. 64 cm
Kestner-Museum Hannover, Inv.-Nr. 1970.29

221 Kartonagemaske von einer weiblichen Mumie
Römisch, 1. Hälfte des 1. Jhs. n. Chr.
Balansura, Ankauf aus der Sammlung Theodor Graf; Leinen, Stuck, bemalt
L. 60 cm; Br. 26 cm; H. 39 cm
Kunsthistorisches Museum Wien, Ägyptisch-Orientalische Sammlung, Inv.-Nr. 6608

Die Maske besteht aus dem Kopf mit senkrechtem Nacken- und Seitenteil und einem langen flachen Bruststück. Zur Frisur mit Mittelscheitel gehören drei Reihen kleiner Korkenzieherlöckchen auf der Stirn und zwei Reihen mit je vier großen Korkenzieherlocken hinter den Ohren. Auf dem Scheitel liegt der »Kranz der Rechtfertigung« in Form einer hier sehr schematisch ausgeführten Blütengirlande. Hinter dem Blütendiadem befindet sich die Darstellung einer Göttin in halbem Schneidersitz, die nach beiden Seiten aus Libationsgefäßen Wasser zu hockenden Figuren ausgießt. Der Ohrschmuck und die große Halskette verweisen auf den Reichtum der Verstorbenen. Unterhalb der Brüste sind die Hände plastisch aufgesetzt. Schlangenspiralarmreifen schmücken die Handgelenke, ovale Siegelringe die linke Hand. Die hellrote Tunika mit schwarzen clavi entspricht der Tracht in römischer Zeit. Am senkrechten Nackenteil schwebt ein Ba-Vogel mit Frauenkopf, beidseitig finden sich gegengleiche Darstellungen: ein Opferständer mit einer großen Schnabelkanne, von zwei Kanopengöttern flankiert – links der affenköpfige Hapi und der falkenköpfige Kebehsenuef, rechts der schakalsköpfige Duamutef und der menschenköpfige Amset.

Grimm 1974, Tf. 31.3, 130.3; Wien 1998b, 70–71, Nr. 8 a; Wien 2001, 136, Nr. 176, Abb. auf S. 137. E. H.

222 Kartonagemaske von einer männlichen Mumie
Römisch, 1. Hälfte des 1. Jhs. n. Chr.
Balansura, Ankauf aus der Sammlung Theodor Graf
Leinen, Stuck, bemalt
L. 58 cm; Br. 29 cm; H. 42 cm
Kunsthistorisches Museum Wien, Ägyptisch-Orientalische Sammlung, Inv.-Nr. 6609

Traditionelle ägyptische Elemente wurden hier mit römischen vermischt. Die Kurzhaarfrisur und die weiße Tunika mit violetten clavi entsprechen der Mode in römischer Zeit. Als Ägyptisch gelten die »Perückensträhnen«, zwischen deren unteren Enden ein waagrechter Musterstreifen – der Rest des großen Schmuckkragens – eingefügt ist. Auf der Brust liegen die Hände übereinander versetzt auf, die rechte Hand ist flach ausgestreckt, die linke hält in der Faust ein Blattbüschel. Bei dem ovalen Siegelring am kleinen Finger der Faust handelt es sich vermutlich um einen Ring mit Skarabäus. Auf dem Scheitel breitet eine Flügelsonne ihre Schwingen aus. Von der Sonnenscheibe hängen Uräus-Schlangen mit Anch-Zeichen. Auf dem senkrechten Nackenteil schwebt in der Mitte ein Falke mit zwei Straußenfedernzeptern. Zu beiden Seiten stehen je zwei Kanopengötter vor einem Opferständer mit Schnabelkanne: Auf der linken Seite ein menschen- und ein falkenköpfiger Gott, rechts ein schakals- und ein affenköpfiger.

Grimm 1974, Tf. 31.3, 130.3; Wien 1998b, 72–73, Nr. 8 b; Haslauer 2006, 237–238. E. H.

Die unterlebensgroße Maske war Bestandteil einer üblichen Mumiendekoration, die noch die Brust und die daraufgelegten Hände zeigte. Das idealisierte, leicht dreieckige Gesicht mit einem recht breiten Kinn und dem leicht geöffneten Mund wird auf der Stirn von in Wellen gelegtem Haar und an den Seiten von Korkenzieherlöckchen gerahmt. Auf dem Kopf sitzt ein dunkelgrüner, wulstiger Kranz, der so genannte Kranz der Rechtfertigung. Die mit Kugelohrringen geschmückten Ohren stehen ab, das linke ist dabei etwas kleiner als das rechte. Der Hals weist Venusringe auf. An Gesicht und Hals sind Reste der hautfarbenen Fassung noch zu erkennen, an den Lippen und Nasenlöchern Reste roter Farbe. Die zu hoch sitzende Brust wird von einem dünnen, weißen Gewand bedeckt, welches am Hals gelb gesäumt ist. Unterhalb der Brust ist der Rest der Dekoration abgebrochen, kleinere Beschädigungen finden sich an den Haaren und am Gesicht.

Pagenstecher 1923, 17. Tf. 16, 17; Grimm 1974, 76, 103, 122 mit Anm. 202, Tf. 63,2. N. W.

223 Mumienmaske einer jungen Frau
Römisch, 2. Viertel des 1. Jhs. n. Chr.
Herkunft unbekannt
Stuck mit Farbauftrag
H. 20,5 cm; Br. 10 cm; T. 10,5 cm
Landesmuseum Württemberg, Stuttgart, Inv. 1.51

Die unterlebensgroße, in flachem Relief gearbeitet Maske hat gewelltes Haar, seitlich fallen so genannte Korkenzieherlöckchen auf die Schulter. Auf dem Haar sitzt ein wulstiger, roter Kranz. Der Oberkopf ist gelb bemalt, es lassen sich auch farbige Streifen erkennen, was in der Literatur bisweilen als gemalte Sonnenscheibe interpretiert wurde. Als weiteren Schmuck trägt sie Kugelohrringe. Das füllige Gesicht mit dem spitzen Kinn und dem leicht geöffneten Mund weist keine individuellen Züge auf. Die rosa gehaltene Hautfärbung ist an vielen Stellen abgeplatzt. Die Lippen lassen noch Reste roter Farbe erkennen. Die Pupillen und die Augenumrahmung sind schwarz gehalten, ebenso die Brauen und Haare. Bis auf Bestoßungen am Rand und der zum Teil abgeplatzten Farbfassung ist die Maske gut erhalten.

Pagenstecher 1923, 17, Tf. 16, 17; Grimm 1974, 76, 103, 122 mit Anm. 202, Tf. 66,2; Frankfurt 1999, 318, Nr. 212. N. W.

224 Mumienmaske einer jungen Frau
Römisch, 2. Viertel des 1. Jhs. n. Chr.
Herkunft unbekannt
Stuck mit Farbauftrag
H. 16 cm; Br. 9,5; T. 8,5 cm
Landesmuseum Württemberg, Stuttgart, Inv. 1.52

225 Mumie eines Mädchens
Römisch, um 100–120 n. Chr.
Hawara
Leinenumhüllung, Kartonage,
bemalt und teilweise vergoldet
L. 92 cm; Br. 33 cm; T. 26 cm
National Museums of Scotland, Edinburgh,
A. 1911.210.3

Die 1911 von Flinders Petrie in Hawara aufgefundene Mumie eines Mädchens gehört zu den typischen Beispielen der Balsamierungstechnik römischer Zeit. Obwohl das Alter des Mädchens durch Untersuchungen per Computertomografie auf ca. fünf bis sechs Jahre bestimmt werden konnte, stellen das vergoldete Antlitz der Mumienmaske ebenso wie die Brüste eine erwachsene Frau dar. Das Gesicht weist ein leichtes Lächeln auf, das Haar schaut über der Stirn und an den beiden Seiten unter der Perücke hervor. Als Schmuck sind Ohrringe und ein Lunula-Anhänger, Symbol für Fruchtbarkeit, zu erkennen. Die Szenen auf der Mumienmaske links und rechts des Gesichtes zeigen u. a. den Ba-Vogel vor Isis und Nephthys, die im Trauergestus wiedergegeben sind. Die Kopf- ebenso wie die Fußregion werden durch Kartonageumhüllungen geschützt, welche mithilfe zahlreicher Lagen von Leinenbinden in die eigentliche Wicklung integriert sind. Letztere besteht auf der Vorderseite aus dünnen Stoffstreifen aus Leinen, die in bis zu sieben Lagen rhombenförmig angeordnet sind. In deren Zentren sind vergoldete Gipsknöpfe mittig platziert. Über dieser Kassettenwicklung befinden sich weitere Schmuckbänder. Von den anderen Seiten wird die Außenhülle der Mumie durch ein einfaches Leinentuch zusammengehalten, welches auch die Kassettenwicklung der Vorderseite an den Seitenrändern umschließt.

Petrie 1911, 20 und Tf. 14; Grimm 1974, 22, 48–50, 117, 127, Tf. 11, 4; Walker/Bierbrier 1997, 82. D. v. R.

Die Entdeckung der Mädchenmumie durch Flinders Petrie stellte nicht nur aufgrund des besonders guten Erhaltungszustandes der Mumie einen Glücksfall dar, sondern gerade auch wegen der erhaltenen Grabbeigaben, die auf der ganzen Mumie verteilt waren. Dabei fällt auf, dass offenbar einige der Beigaben, ähnlich wie auch die Maske der Mumie, für eine ältere Person hergestellt wurden. So haben zahlreiche Gefäße und Salbfläschchen aus Glas sowie zwei Sets von Spiegeln aus Kupfer, die in Holzdosen aufbewahrt wurden, vielleicht kosmetischen Zwecken gedient. Weitere Behältnisse wie ein Holzkästchen mit Deckel und ein rundes Gefäß aus Bein waren bei der Auffindung leer. Zu den Grabbeigaben zählen des Weiteren ein Figürchen aus Kalkstein in Gestalt eines Löwen sowie eine kleine Statuette des Harpokrates aus blauer Fayence, der hockend wiedergegeben ist. Neben der Locke an der rechten Kopfseite deutet der zum Mund erhobene Zeigefinger der rechten Hand auf den jugendlichen Charakter des Gottes hin. Von besonderem Interesse ist eine beidseitig verzierte Holztafel. Während auf der einen Seite eine Frau bei der Niederkunft (diese Seite lag obenauf) dargestellt ist, zeigt die andere einen Mann, vielleicht einen Arzt; einer anderen Auffassung nach ist es ein Schneider. Dies könnte darauf hindeuten, dass es sich hierbei um ein Schutzamulett für die Geburt handelte.

Petrie 1911, 20 und Tf. 14; Walker/Bierbrier 1997, 82–84; Bowman 1996, 111, Abb. 65 (zur Holztafel).

D. v. R.

226 Grabbeigaben für ein Mädchen
Römisch, um 100–120 n. Chr.
Hawara
National Museums of Scotland, Edinburgh,
A. 1911.210.4 A-R

Holztafel
Holz, bemalt; H. 15,9 cm; L. 8,7 cm; T. 0,6 cm

Statuette des Harpokrates
Fayence; H. 11,2 cm; Dm. 6,4 cm

Statuette eines Löwen
Kalkstein; H. 7,5 cm; L. 11,3 cm; T. 4,4 cm

Spiegel
Holz, Kupfer; H. 2,5 cm; Dm. 7 cm (Kasten)

Spiegel
Holz, Kupfer; H. 2,5 cm; Dm. 6,3 cm (Kasten)

Elfenbeinkästchen
Elfenbein; H. 3,1 cm; Dm. 2,8 cm (Basis),
2 cm (Oberkante)

Salbgefäß
Glas; H. 9,4 cm; Dm. 3,1 cm (Basis)

Salbgefäß
Glas; H. 5 cm; Dm. 2,5 cm

Salbgefäß
Glas; H. 6,5 cm; Dm. 2,5 cm

Salbgefäß
Glas; H. 3,6 cm; Dm. 2,6 cm

Glasflasche mit Verzierung
Glas; H. 4,6 cm; Dm. 4,8 cm

Glasflasche
Glas; H. 4,5 cm; Dm. 3,2 cm

Holzkästchen
Holz, Knochen; H. 4,9 cm; L. 7,6 cm; T. 4,7 cm

227 Holzsarg einer Frau
Römisch, 1. Hälfte des 2. Jhs. n. Chr.
Theben-West
Sykomorenholz, bemalt
H. 181,5 cm; Br. 28,5 cm
Landesmuseum Kärnten, Klagenfurt,
Inv.-Nr. AE I/1-2

Der anthropoide Sarg wurde aus Holzbrettern gefertigt und mit Holzdübeln zusammengefügt. Die Darstellung einer in ein federartiges Gewand gehüllten weiblichen Gottheit auf der Außenseite des Sargdeckels spricht dafür, dass er für eine Frau hergestellt wurde. Das Gesicht wird von einer Perücke umrahmt, auf welcher der so genannte Kranz der Rechtfertigung angebracht ist. Die Innenseite der Sargwanne ist mit einer Darstellung der Himmelsgöttin Nut verziert. Stilistisch weist der Sarg große Ähnlichkeiten zu den Särgen der so genannten Soter-Gruppe auf. Damit werden Grabfunde, hauptsächlich Särge und Leichentücher, bezeichnet, die aus der thebanischen Nekropole stammen und allesamt in das 2. Jh. n. Chr. zu datieren sind. Zwar stammen sie nicht alle aus einem Fundkomplex, weisen aber zahlreiche Gemeinsamkeiten in Herstellung und Dekoration auf. Die gewählten Motive deuten darauf hin, dass die altägyptischen Jenseitsvorstellungen während des 2. Jhs. n. Chr. in Theben weiterhin ungebrochen waren.

Linz 1999, 58–61; Hamernik 2003, 185–198; Riggs 2005, 186–194, 286–287 und Tf. 10. D. v. R.

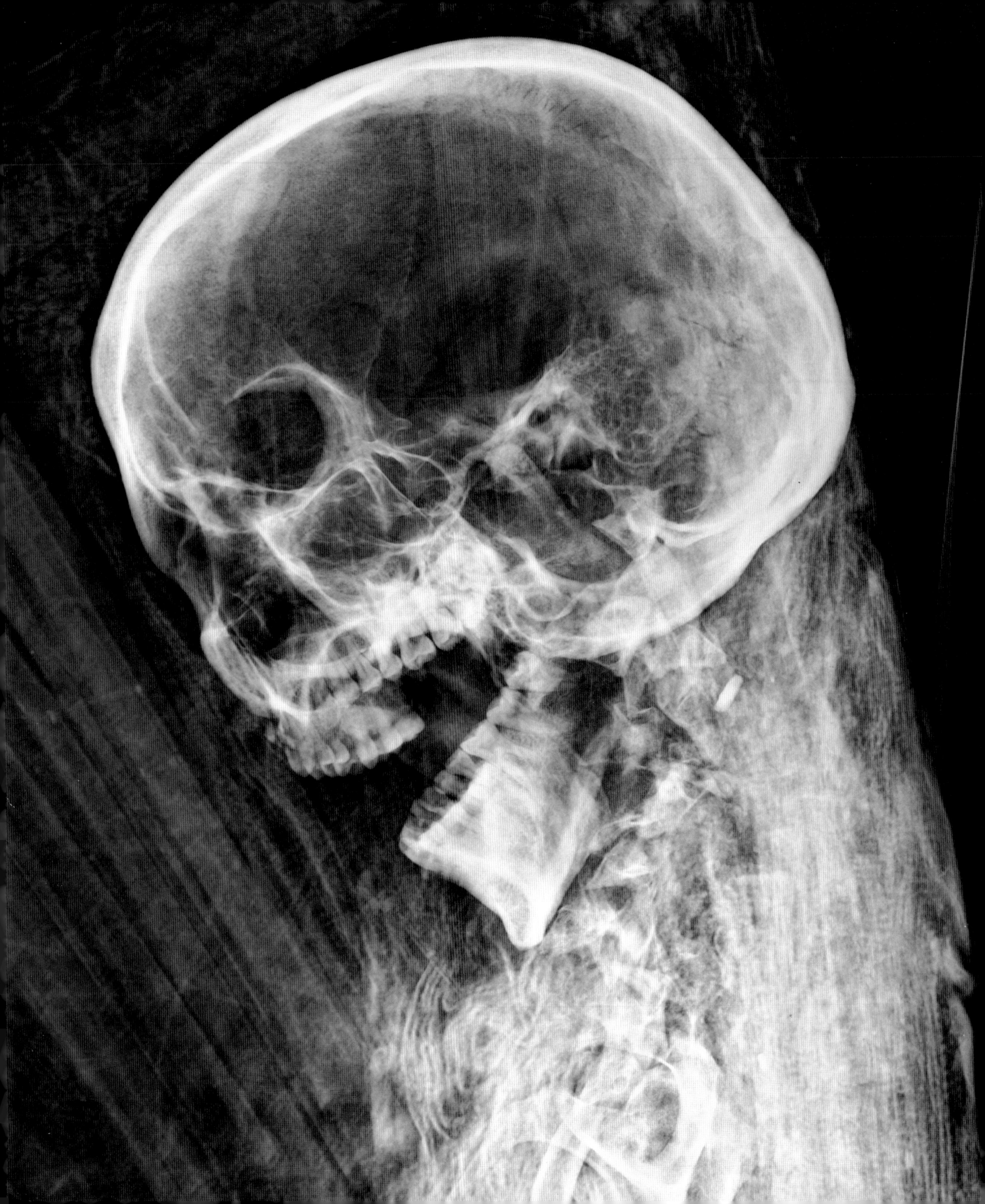

Ausklang: Eine koptische Mumie aus christlicher Zeit

Beatrix Gessler-Löhr/Eckhardt Grabbe/Björn-W. Raab/Michael Schultz[1]

Das Ende der Mumifizierungspraxis in Ägypten

Beatrix Gessler-Löhr, Ägyptologisches Institut der Universität Heidelberg

Während der römischen Kaiserzeit hatte die ägyptische Bestattungsweise mit Mumienporträts, Stuckmasken und bemalten Leichentüchern noch einmal eine glanzvolle Blütezeit erfahren. Allerdings stehen die aufwendige Gestaltung und die kunstfertige Wicklung der Mumienbinden oft in krassem Gegensatz zu der wenig sorgsamen Behandlung der Leichname. Im Laufe des 3., spätestens während des 4. Jhs. n. Chr. hörte infolge komplexer religiöser, kultureller und ökonomischer Veränderungen die Ausstattung von Mumien mit einem Abbild der Toten ganz auf. Dagegen wurden einfache Maßnahmen zur Konservierung von Leichen und die voluminöse Umhüllung mit Textilien noch über Jahrhunderte hinweg praktiziert. Mittlerweile lässt sich aufzeigen, dass der allgemein mit dem Erlöschen der Porträtmumien und dem Vordringen des Christentums in Verbindung gebrachte Niedergang des ägyptischen Totenbrauchtums durchaus nicht so kontinuierlich vor sich ging, wie bisher angenommen. Dies gilt selbst für die insgesamt abnehmende Qualität der Mumifizierungstechniken, wobei weiterhin von erheblichen regionalen wie sozialen Unterschieden auszugehen ist. Auf die äußere Gestaltung der Leichname legte man immer noch großen Wert und entwickelte sogar neue, originelle Ausstattungsformen. Eine künstliche Mumifizierung mit Gehirnentfernung, Herausnahme der inneren Organe und nachfolgender Einbalsamierung fand dagegen nur noch partiell statt und unterblieb schließlich ganz. In der Regel dürfte es sich nach dem 4. Jh. n. Chr. um Naturmumien handeln, bei denen der vom heißen Wüstenklima verursachte, rasche Austrocknungsprozess im Boden durch die reichliche Zugabe von Salz in verschiedenen Stadien der Einwicklung unterstützt wurde. Zur weiteren Konservierung dienten manchmal Harzbrocken (z. B. Weihrauch), außerdem eingestreute Wacholderbeeren und aromatische Kräuter.

228 Salzbrocken aus einer koptischen Grablege
Byzantinische Zeit, 395–642 n. Chr.
Koptischer Friedhof bei Karara
Grau-weißes, kristallines Kochsalz (NaCl) mit sandigen Verunreinigungen
L. 5,5 cm; Br. 4,1 cm; D. 2,6 cm
Sammlung des Ägyptologischen Instituts der Universität Heidelberg, Inv.-Nr. 1712

Obwohl sich das Christentum in Ägypten seit dem 1. Jh. n. Chr. ausbreitete, wurden die letzten Göttertempel erst nach dem im Jahr 392 n. Chr. erlassenen Edikt Kaiser Theodosius' I. mit dem ausdrücklichen Verbot der heidnischen Kulte und jeglicher Bilderverehrung geschlossen. Da die Mumifizierung nicht explizit untersagt war, konnten auch die christliche Bevölkerung und selbst die Mönchsgemeinschaften an dem überkommenen Begräbniswesen im Prinzip festhalten.[2] Eine ganze Reihe von Klosterfriedhöfen mit durchweg schlichten Bestattungen bezeugt diese Entwicklung bis ins 8. Jh. hinein; der im Jahr 395 n. Chr. verstorbene Patriarch Timotheus von Alexandria wird in einer illustrierten Papyrushandschrift sogar als eingewickelte Mumie abgebildet. Trotz der weitgehenden Christianisierung des Landes gab es weiterhin einen paganen Bevölkerungsanteil und in dem von Magie durchsetzten Volksglauben blieben ägyptische, orientalische und hellenistisch-römische Elemente lebendig.

Die koptische Mumie kurz nach der Auffindung in Karara

229 Schöpfkelle
Byzantinische Zeit, 395–642 n. Chr.
Koptischer Friedhof bei Karara
Bronze
L. 60 cm; Dm. maximal 4,7 cm
Sammlung des Ägyptologischen Instituts der Universität Heidelberg, Inv.-Nr. 803

Im Laufe des 4. Jhs. n. Chr. kommt neben der Umwicklung mit Tüchern und Mumienbinden eine weitere Bestattungssitte in Mode und bleibt bis weit in islamische Zeit hinein bestimmend: die Beisetzung in zu Lebzeiten getragenen Gewändern der Alltags- und Festtagskleidung.[3] Wichtigstes Kleidungsstück für Männer, Frauen und Kinder war die im gesamten römischen Weltreich verbreitete und auch noch im byzantinischen Ägypten übliche, mit Borten und Zierstücken geschmückte Tunika aus naturfarbenem Leinen. Ein Großteil der farbenfrohen koptischen Stoffe in den Museen stammt von solchen Gewändern, bei denen die Besatzteile entweder eingewebt oder separat gefertigt und auf den Grundstoff appliziert wurden. Je nach Wohlstand hat man den Leichen mehrere Tuniken und Manteltücher übereinander angezogen. Dabei konnten bis zu sechsundzwanzig Stofflagen aus Kleidung, ausgemusterten Vorhängen und anderen Textilien aufeinander geschichtet werden. Mehrere Hauben oder Wollmützen, Schals, Socken und Lederschuhe oder Sandalen ergänzten die Ausstattung bisweilen zu einer kompletten Garderobe. Die fertig umhüllten, oft unförmigen Bündel wurden außen von einem Tuch zusammen gehalten, verschnürt und außerhalb der Siedlungen beigesetzt.

Eine außergewöhnliche Rarität stellt die zweite Gruppe koptischer Mumien dar, die bisher nur wenig Beachtung gefunden hat.[4] Bei den 1913/14 im Zuge der »Badischen Grabungen« bei Karara in Mittelägypten entdeckten, von den Ausgräbern als »Wickelleichen« bezeichneten Mumienfunden gab es nach den Grabungsfotos ganz unterschiedliche Varianten mit individuell gestalteten Mustern.[5] Die Besonderheit dieses Mumientyps beruht vor allem auf der merkwürdigen Gestaltung des Kopfbereichs in Form eines aus Palmblattrippen und Stoffknäueln konstruierten, satteldachähnlichen Aufbaus. Auf der ebenfalls betonten, kompakten Fußpartie war häufig ein Paar Ledersandalen befestigt. Als weiteres Merkmal ist die zur Befestigung und Dekoration über dem äußeren Leichentuch angebrachte, geometrische Wicklung in Rauten- bzw. Kassettenmuster mit farbigen, gewebten Bändern hervorzuheben. Die im Verhältnis zum Kopf- und Fußteil flach wirkenden Leichname waren in mehrere Lagen dünner Tücher, zuweilen auch in Kleidungsstücke gehüllt und oft durch zusätzlich eingewickelte Palmblattrippen versteift. Die Hinterbliebenen haben die unterschiedlichsten Grabbeigaben wie Schmuckstücke, Kämme und Haarnadeln oder Haushaltsgeräte, wie Spindeln und Schöpfkellen, lose in die Wicklung hineingesteckt oder daran befestigt. Einem Schriftkundigen gab man sein Lederetui mit Rohrfedern und das Tintenfaß mit auf den letzten Weg. Die überwiegend natürlich mumifizierten, von Palmbastmatten abgedeckten Körper lagen dicht über- und nebeneinander in flachen Gruben im sandigen oder felsigen Boden. Vermutlich diente der Kopfaufbau als besonderer Schutz für den empfindlichen Gesichts- und Halsbereich. Holzsärge wurden dagegen nur selten benutzt; sie weisen ebenfalls eine dachartige Konstruktion über der Kopfregion auf.[6]

Nur dank glücklicher Umstände hat eine der drei durch Fundteilung nach Heidelberg gelangten Mumien aus Karara mehrere, darunter kriegsbedingte Umzüge und Auslagerungen annähernd unbeschadet überstanden. Dabei ist hervorzuheben, dass es sich um den einzigen komplett erhaltenen Vertreter dieses aufwendig dekorierten Typs mit Kopfaufbau und farbiger Bänderverschnürung in einem Museum außerhalb Ägyptens handeln dürfte.[7] Die nach neuestem Stand der Technik durch ein Team von Ärzten und Wissenschaftlern der Universität Göttingen durchgeführten, noninvasiven radiologischen Untersuchungen erlauben aufschlussreiche Erkenntnisse über die Bestattungspraxis in byzantinischer Zeit. Die scheinbare Seltenheit der so ausgestatteten Mumien kann keineswegs als repräsentativ für die ursprüngliche Situation angesehen werden, bei der von einer relativ weiträumigen geografischen Verbreitung auszugehen ist.[8] Nach Einstellung der Produktion von Mumienporträts bzw. von Stuck- oder Kartonagemasken setzte sich die rein ornamentale Gestaltung von Mumien überall durch. Mit dem Wegfall des Bilderschmucks war die Loslösung von dem Osiris-Vorbild augenfällig vollzogen und ein osirianischer Bezug allenfalls noch aus dem ikonografischen oder funerären Kontext herstellbar. Bei Bedarf konnte dieser mehr als 2000 Jahre gültige mythologische Hintergrund ganz ausgeblendet werden: Die Mumiengestalt selbst wurde in religiöser Hinsicht neutral. Damit rückte diese Ausstattungsweise von Verstorbenen auch für Anhänger des christlichen Glaubens in den Bereich des Möglichen, waren doch bildliche Darstellungen seit dem Theodosius-Edikt wegen des Verdachts auf heimliche Götzenverehrung streng untersagt. Von daher ist für viele der koptischen Mumien im Karara-Typus ein christlicher Glaubenshintergrund denkbar, was auch die Fundumstände nahelegen.[9]

Zweifellos kam die geometrische Wickeltechnik mit farbigen, gewebten Bändern bei der Mumiengestaltung im mittelägyptischen Raum zu einem Zeitpunkt auf, als die Erinnerung an die römerzeitlichen Mumien in Kassettenwicklung noch nicht völlig verlorengegangen war. Dieser koptische Mumientyp erweist sich als spezifische Weiterentwicklung der kostbar ausgestatteten, spätkaiserzeitlichen Mumien mit preisgünstigen, überall einfach herzustellenden Textilien, dabei in kunsthandwerklich durchaus anspruchsvoller Gestaltung. Zusammen mit den schlichten Grabbeigaben kann daraus auf eine sozial niedriggestellte, bäuerliche Bevölkerung geschlossen werden, die aber großen Wert auf die sorgfältige Herrichtung ihrer Toten legte und zumindest teilweise den christlichen Glauben angenommen hatte. Die Datierung der Mumien im Karara-Typus umfasst bei einem angenommenen Beginn gegen Ende des 4. Jhs. n. Chr. den vergleichsweise langen Zeitraum von fast 400 Jahren. Noch im 7./8. Jh. zeigt die Bänderumwicklung von Mönchsmumien bei thebanischen Klöstern Ähnlichkeiten zu der Wickeltechnik römischer Zeit – ein Beweis für die Langlebigkeit der uralten Bestattungsbräuche in Ägypten.[10]

230 Schreibgerät
Byzantinische Zeit, 395–642 n. Chr.
Koptischer Friedhof bei Karara
Leder, Rohr, Holz
L. 28 cm
Sammlung des Ägyptologischen Instituts der Universität Heidelberg, Inv.-Nr. 1700

231 Tintenfass
Byzantinische Zeit, 395–642 n. Chr.
Koptischer Friedhof bei Karara
Holz; H. 7,5 cm; Dm. 8,1 cm
Adelhausermuseum, Natur- und Völkerkunde Freiburg, Inv.-Nr. Ae 857 a.b

232 **Mumie eines Erwachsenen**
in geometrischer Umwicklung mit dachartigem Kopfaufbau
Byzantinische Zeit, spätes 4.–7. Jh. n. Chr.
Koptischer Friedhof bei Karara
Innen: Organisches Material; Palmfaserschnüre; Palmblattmittelrippen; diverses Pflanzenmaterial; Textilien;
Außen: Leinentücher; Bänder aus naturbelassenem und gefärbtem Leinen (0,5–0,8 cm breit); Leder (Sandalen); winzige Metallreste
L. 185, 5 cm; Max. Br. 43 cm (Schulterbereich); Max. H. 43,5 cm (Kopfbereich); H. 17 cm (Körpermitte)
Sammlung des Ägyptologischen Instituts der Universität Heidelberg, Inv.-Nr. 1022

Bild 1 Digitales Ganzkörperröntgenbild
(im von vorne nach hinten gerichteten Röntgenstrahlengang)

Bild 2 3-D-Rekonstruktion des Skeletts
anhand von Computertomografien (siehe Bilder 3–12)

Archäologischer Befund

Die bei Auffindung komplett erhaltene Mumie stammt aus einem der Gräber, die aus dem an dieser Stelle felsigen Untergrund herausgehauen waren[11] In der Bänderumwicklung steckten etwa in Brust- und Wadenhöhe je eine Schöpfkelle aus Bronze, eine davon mit einem Glöckchen am oberen Griffende (siehe das Grabungsfoto auf S. 256). Außerdem waren zwei Ledergeflechte mit Drahtspiralen und Kupferringen an der Wicklung befestigt, wobei es sich vielleicht um Schmuck handelt. Auf dem Fußschutz liegen zwei schwarzbraun verfärbte Sandalen; bei der rechten ist noch ein Teil der verrutschten, schmalen Zehenriemchen und des breiteren Fersenriemens erhalten.

Die in geometrischer Musterung angelegte Dekoration wird seitlich von dem grob gewebten, an den Rändern umgeschlagenen Leinentuch der Unterseite begrenzt und ist daran festgenäht. Kopfaufbau und Fußschutz weisen unterschiedliche Kassettenmuster auf. Am Kopf: ehemals ausgefüllte, in etwa quadratische Dekorfelder aus roten und mittelbraunen, vielfach dunkelbraun verwitterten und teilweise zerfallenen Bändern aus gefärbtem Leinen. Darüber ein lockeres Quadratnetz aus helleren, ocker/braun gemusterten Leinenbändern. Diese Bänder wurden aus zwei verschiedenfarbigen Fäden (ocker und braun) auf dem Webkamm angefertigt (Schmalgewebe in Leinenbindung (Kettrips)). Am Fußteil außen: etwa quadratische Felder aus roten und ocker/braun gemusterten Bändern, teilweise durch Lederausschwitzungen dunkelbraun verfärbt. Die Rautenwicklung am Körper aus über Kreuz geschlungenen Bändern bezieht das darunterliegende, äußere Leinentuch der Mumienumhüllung in das Dekorationsschema mit ein. Es wird als helles, rhombenförmiges Innenfeld bzw. an den Rändern als dreieckige, halbierte Raute sichtbar.

Wie die radiologischen Untersuchungen ergeben haben, ist der gesamte Körper auf eine stellenweise verschobene, matratzenartige Unterlage aus elf bis dreizehn miteinander verschnürten Mittelrippen von Palmblättern gebettet. Diese stockähnlichen Objekte werden im CT-Schnittbild als einzelne, unregelmäßig konturierte, helle Flecken von ca. 1,5 bis 2,5 cm Durchmesser sichtbar. Seitlich zeichnen sich vom Kopf- bis Fußbereich zwei weitere, am Körper entlang geführte Versteifungen aus je vier Palmrippen ab. Der Kopfaufbau enthält neun paarweise, horizontal angeordnete Palmrippen giebelartig übereinander geschichtet und eine weitere als oberen Abschluss. Das Röntgenbild lässt ein gitterartiges Gestell aus Palmrippen erkennen. Wie die unregelmäßig gefalteten, eng übereinander gelegten Textilschichten zeigen, waren Kopf und Rumpf mit den seitlich anliegenden Oberarmen zuerst eingehüllt worden; die Beine wurden einzeln mit mehreren umgeschlagenen Stofflagen abgedeckt. Erst danach fügte man die Versteifungen aus Palmblattrippen hinzu und wickelte sie mithilfe von weiteren Textillagen fest mit ein. An manchen Stellen, wie z. B. in Hüfthöhe, verlaufen zur festeren Verschnürung gedrehte, aneinander geknotete Kordeln um das innere Mumienpaket. In Höhe der Unterschenkel scheint eine Lage aus kleinkörnigem Pflanzenmaterial – vielleicht eine Matte aus Palmbast – mit eingewickelt worden zu sein. Der dachartige Kopfaufbau war offenbar separat angefertigt worden und wurde erst in einem zweiten Arbeitsgang aufgesetzt und mit umhüllt.

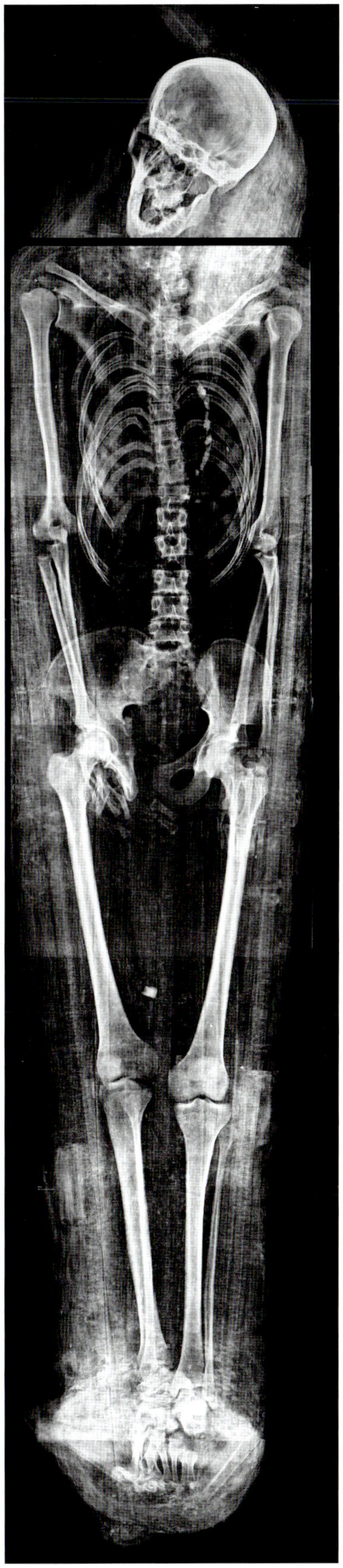

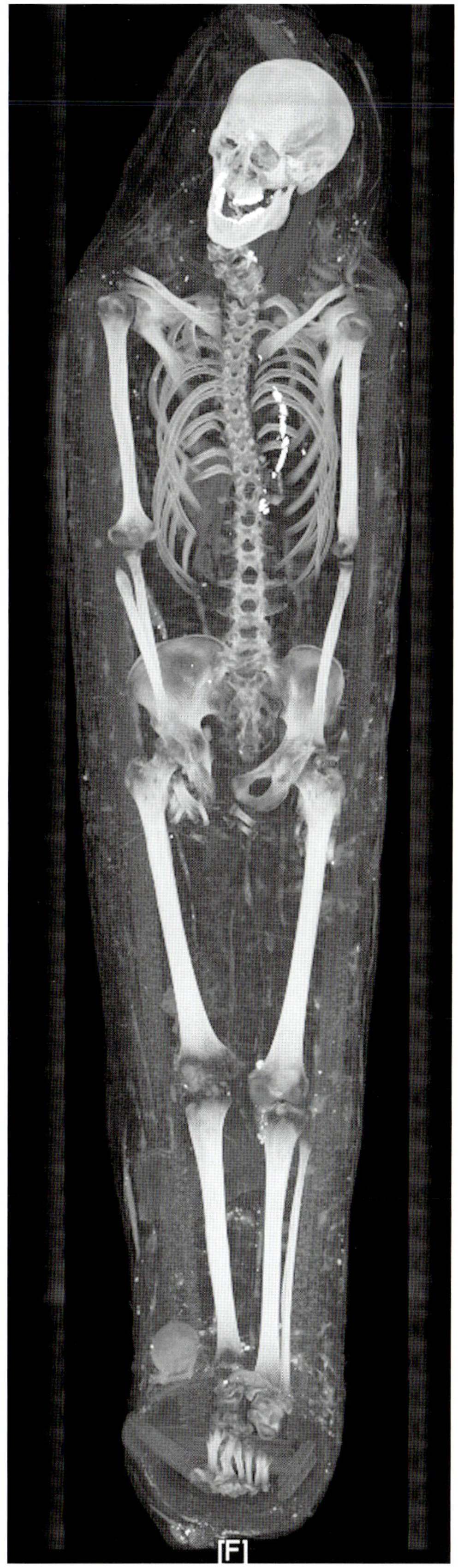
F

Koptische Mumien aus Karara, die während der »Badischen Grabungen« aufgefunden wurden

Anthropologisch-paläopathologischer Befund

Michael Schultz, Zentrum Anatomie der Universitätsmedizin Göttingen, und Björn-W. Raab/Eckhardt Grabbe, Radiologische Klinik der Universitätsmedizin Göttingen

Mumien sind – ebenso wie archäologische Skelettfunde oder Moorleichen – biohistorische Urkunden, da sie als seltene Zeitzeugen der Vergangenheit häufig sehr differenziert über Einzelheiten eines vergangenen Lebens und die damals herrschenden Lebensbedingungen berichten.[12] Die Schwierigkeit ist nur, sie zum Sprechen zu bewegen. Die Wissenschaft, die dies vermag, ist die Paläopathologie, ein Forschungsgebiet, das zwischen Medizin, Anthropologie und Archäologie angesiedelt ist. Im günstigsten Fall lässt sich – wenn auch nur in gewissen Grenzen – die »Biografie« eines Menschen rekonstruieren.[13] Am Beispiel einer koptischen Mumie aus Karara soll in diesem Beitrag die Bedeutung einer radiologischen (röntgenologischen) Untersuchung in der paläopathologischen Befunderhebung vorgestellt werden.[14] Es ist wichtig, darauf hinzuweisen, dass eine Mumie oder ein Skelettfund bei einer radiologischen Untersuchung nicht beschädigt oder gar zerstört wird.

Bei der hier vorliegenden koptischen Mumie handelt es sich um den Körper eines jungen Mannes, der etwa im Alter zwischen 22 und 24 Jahren verstarb. Wie die Ergebnisse der Röntgen- und computertomografischen Untersuchung zeigen, sind nur relativ geringe Reste der ehemaligen Weichteilstrukturen nachweisbar (Bilder 1–3, 7), so dass sich innerhalb der Umhüllung im Wesentlichen nur noch das Skelett befindet (Bilder 1–2, 9). Eine regelrechte Mumifizierung, wie sie bis in römische Zeit üblich war, hat offenbar nicht stattgefunden. Jedenfalls wurde der Tote mit verschiedenen Tüchern fest eingepackt sowie außen mit farbigen Bändern umwickelt (vgl. Archäologischer Befund). Infolge der danach erfolgten Verwesung der Weichteile verblieben trotz der engen Einwickelung des Körpers mit Tüchern verständlicherweise nicht alle Knochen in ihrer Originallage (Bilder 1–2). Über den Verbleib innerer Brust- oder Bauchorgane kann weder im konventionellen digitalen Röntgenbild (Bild 1) noch im Computertomogramm (Bilder 3–12) eine sichere Aussage getroffen werden (z. B. eine eventuelle Entnahme der Eingeweide vor Herrichtung der Leiche). Daran ändert auch der Nachweis geringer Weichgewebereste im Computertomogramm nichts (z. B. Gehirnreste, Reste des Augapfels in der linken Augenhöhle, Lungenreste im Brustkorb, Hautreste im Oberschenkelbereich). Die Reste eingetrockneten Gehirngewebes sowie der Hirnhäute sprechen zunächst nicht gegen eine im Rahmen von Mumifizierungsmaßnahmen durchgeführte Hirnentfernung, da erfahrungsgemäß bei einer solchen Manipulation durchaus Hirngewebereste in der Schädelkapsel zurückbleiben können (Bild 3). Da die knöcherne Siebplatte in der vorderen Schädelgrube, die das Dach der Nasenhöhle bildet, jedoch nicht beschädigt ist, und auch der Rand des Hinterhauptlochs keine Manipulationsspuren aufweist, wurde bei der Herrichtung des Leichnams offenbar keine Gehirnentfernung vorgenommen.

Bekanntlich lässt sich an einem Skelett das Geschlecht am zuverlässigsten anhand der Form und der Ausbildung des Schädels sowie des Beckens bestimmen. Bei dieser Mumie sprechen die Merkmale am Schädel (z. B. Warzenfortsatzregion, Kinn) sowie am Becken (z. B. Winkel unter der Schambeinfuge, Einschnitt an der Hinterfläche des Sitzbeins) für das männliche Geschlecht. Das erreichte Lebensalter (= Sterbealter) lässt sich am sichersten an den knorpeligen Wachstumsfugen a) der langen Röhrenknochen, b) der innenseitlichen Ende des Schlüsselbeins, c) des Darmbeinkammes, d) der Wirbelkörperendplatten, am Verwachsungsgrad der Kreuzwirbelkörper und der Schädelnähte und anhand des Durchtritts- und des Verschleißgrades der Zähne (Abrasion) bestimmen. Da die Wachstumsfugen an den langen Röhrenknochen alle knöchern verschlossen waren – am oberen Ende der beiden Oberarmbeine war dies offenbar erst kurz vor dem Tod des Mannes erfolgt – kann das Alter anhand dieses Merkmals mit etwas älter als 21 Jahre angegeben werden. An den innenseitlichen Enden der Schlüsselbeine war hingegen die knorpelige Wachstumsfuge noch nicht vollständig knöchern ersetzt worden, so dass dieses Merkmal ein erreichtes Lebensalter von 22 bis 24 Jahren zulässt. Hingegen belegt die bereits verknöcherte Wachstumsfuge an beiden Darmbeinen ein Alter von wenigstens 21 bis 24 Jahren. Der Verknöcherungsgrad der Wirbelkörperendplatten sowie der Verwachsungsgrad der Kreuzwirbelkörper deuten auf ein Alter von 20 bis 25 Jahren hin. Der Verschluss der Schädelnähte lässt eine Altersschätzung von 20 bis 29 Jahren zu. Da die Weisheitszähne vollständig die Kauebene erreicht haben, ist ein Alter von über 21 Jahren anzusetzen. Die Abnutzung der Zähne ist für das Gebiss eines Menschen aus dem Alten Ägypten erstaunlich gering ausgefallen, da das Kauen von Brot wegen der Sandbeimischungen bei der Brotherstellung mit zunehmendem Alter einen starken Zahnabrieb verursachte. Deshalb ist anhand dieses Merkmals ein Alter unter 30 Jahren anzunehmen. Die zusammenfassende Auswertung der Befunde spricht für ein Sterbealter zwischen 22 und 24 Jahren.

Anhand der am Röntgenbild gemessenen Längen der großen Röhrenknochen konnte die Körperhöhe errechnet werden. Der junge Mann dürfte eine Körpergröße zwischen 163,4 cm und 164,5 cm (circa 164 cm) erreicht haben.

Der Kopf ist leicht nach rechts geneigt (Bilder 1–2, 13). Beide Oberkiefer sind geringgradig gegeneinander verschoben. Der Unterkiefer hat sich – im Zuge der Verwesung – vom Oberkiefer gelöst und schräg auf die rechte untere Halsregion verlagert (Bild 4). Der Schultergürtel ist beidseits nach oben verschoben; das rechte Schlüsselbein steht aber etwas höher als das linke. Dadurch wurde auch das rechte Oberarmbein und das rechte Schulterblatt mit der Pfanne des Schultergelenks etwas stärker als das linke nach oben verlagert (Bilder 1–2). Während der rechte Oberarmkopf sich immer noch in der Schultergelenkpfanne befindet, rutschte der Kopf links aus der Gelenkpfanne heraus. Alle diese Fehlstellungen gehen ausschließlich auf nach dem Tode erfolgte Lagerungsveränderungen des Toten zurück. Hingegen geriet bei der Einwicklung der Leiche in die umhüllenden Tücher offenbar der linke Unterarm mit der linken Hand hinter das linke Hüftbein (Bilder 1, 8). Dies hatte zur Folge, dass es zu einer deutlichen Innendrehung des linken Oberarms um seine Längsachse (circa 40°) kam (Bild 8). Beide Arme liegen – bedingt durch die während der Leichenbehandlung erfolgte Wicklung des Körpers mit Tüchern – sehr dicht dem Rumpf an (Bilder 1–2). Die Halswirbel befinden sich aufgrund postmortaler Einwirkungen – beispielsweise durch Hochheben beim Transport der Mumie – nicht mehr in

233 **Leichentuch**
Römisch/byzantinische Zeit,
30 v. Chr.–642 n. Chr.
Koptischer Friedhof bei Karara
Leinen, 90 x 180 cm
Sammlung des Ägyptologischen Instituts
der Universität Heidelberg, Inv.-Nr. 3081

234 **Zwei Stücke von Palmblattrippen aus einer Mumienumwicklung**
Byzantinische Zeit, 395–642 n. Chr.
Koptischer Friedhof bei Karara;
holziges, mittelbraun verfärbtes
Pflanzenmaterial
L. 35 cm; Br. 2,3 cm; D. 1,7 cm (1023 a);
L. 37, 3 cm; Br. 1,6 cm; D.1,7 cm (1023 b)
Sammlung des Ägyptologischen Instituts
der Universität Heidelberg, Inv.-Nr. 1023 a/b

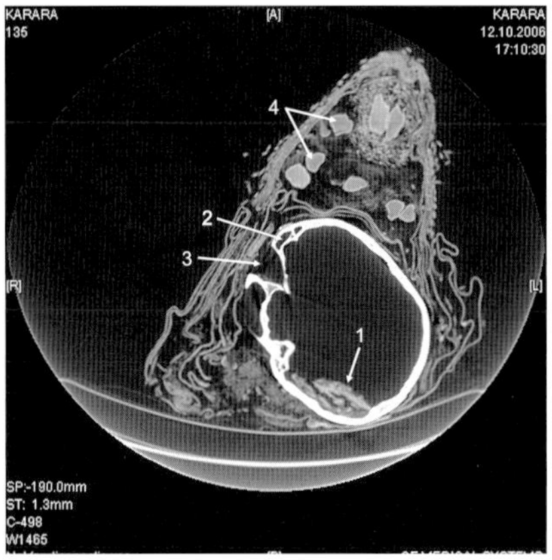

Bild 3 Computertomografische Röntgenaufnahme: Schnittebene (SE) 135.
Schnitt durch den Kopf mit dem aus Palmrippen gefertigten dachartigen Kopfaufbau. 1 = Reste des Gehirns und der Hirnhäute; 2 = Stirnhöhle; 3 = rechte Augenhöhle; 4 = Palmrippen im Querschnitt.

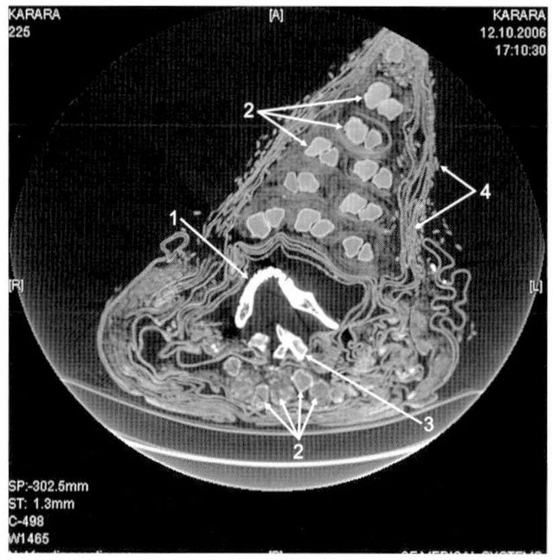

Bild 4 Computertomografische Röntgenaufnahme: SE 225.
Schnitt durch den unteren Kopf- und oberen Halsbereich mit dem aus Palmrippen gefertigten dachartigen Kopfaufbau. 1 = Unterkiefer; 2 = Palmrippen im Querschnitt; 3 = Halswirbel; 4 = Tücher und Schnüre.

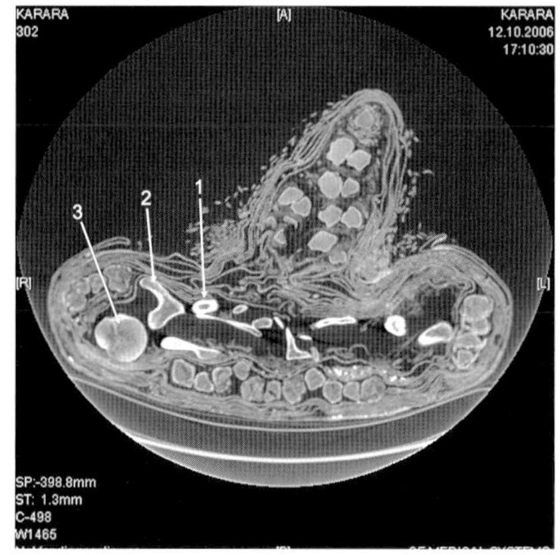

Bild 5 Computertomografische Röntgenaufnahme: SE 302
Schnitt durch den Rumpf in Höhe des Schultergürtels mit dem aus Palmrippen gefertigten dachartigen Kopfaufbau. 1 = rechtes Schlüsselbein; 2 = rechtes Schulterblatt; 3 = rechter Oberarmkopf (dünne weiße Linie markiert die bereits geschlossene Wachstumsfuge). Palmrippen unten und an den Seiten der Umhüllung.

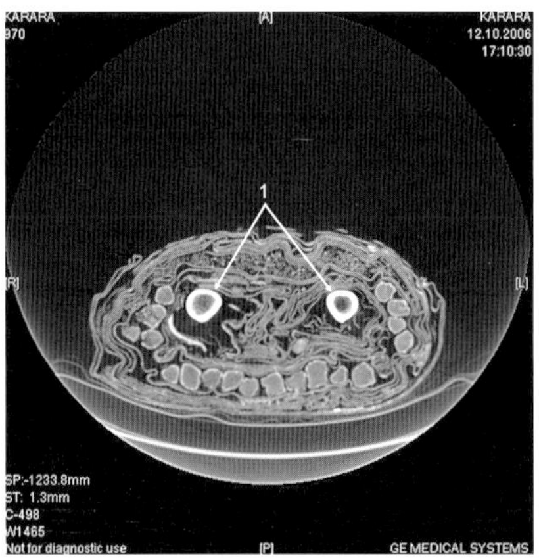

Bild 9 Computertomografische Röntgenaufnahme: SE 970.
Schnitt durch die Oberschenkelregion. 1 = Oberschenkelschäfte. Im vorderen Bereich der Umhüllung befinden sich zwischen den Tüchern pflanzliche Reste unbekannter Herkunft (vielleicht Polstermaterial).

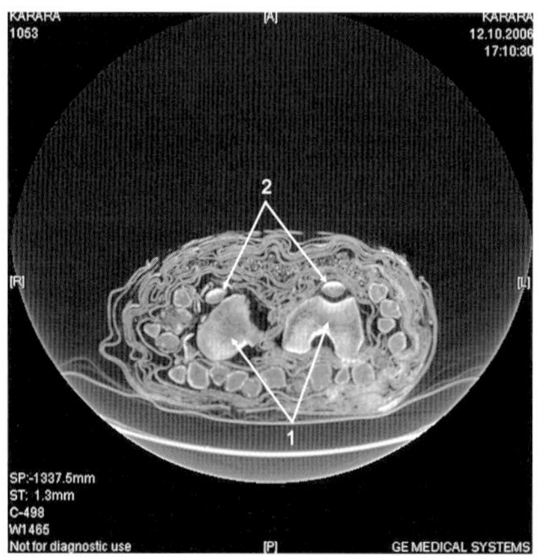

Bild 10 Computertomografische Röntgenaufnahme: SE 1053.
Schnitt in Höhe der Kniegelenke. 1 = Gelenkrollen der Oberschenkelbeine; 2 = Kniescheiben. Palmrippen unten und an den Seiten der Umhüllung. Das linke Bein ist offenbar vollständiger von Tüchern bedeckt als das rechte.

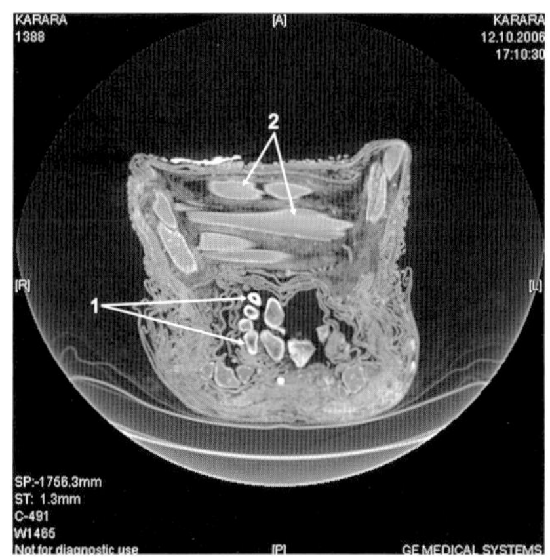

Bild 11 Computertomografische Röntgenaufnahme: SE 1433.
Schnitt durch den rechten Fuß. 1 = Knochen des Mittelfußes; 2 = quergepackte Palmrippen.

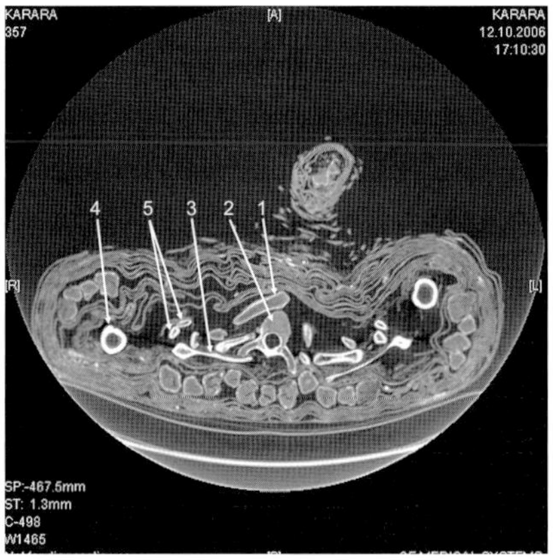

Bild 6 Computertomografische Röntgenaufnahme: SE 357.
Schnitt durch den oberen Abschnitt des Brustkorbs mit dem Rest des aus Palmrippen gefertigten dachartigen Kopfaufbaus. 1 = Brustbein; 2 = oberer Brustwirbel; 3 = rechtes Schulterblatt; 4 = Oberarmschaft; 5 = rechte Rippen. Palmrippen unten und an den Seiten der Umhüllung.

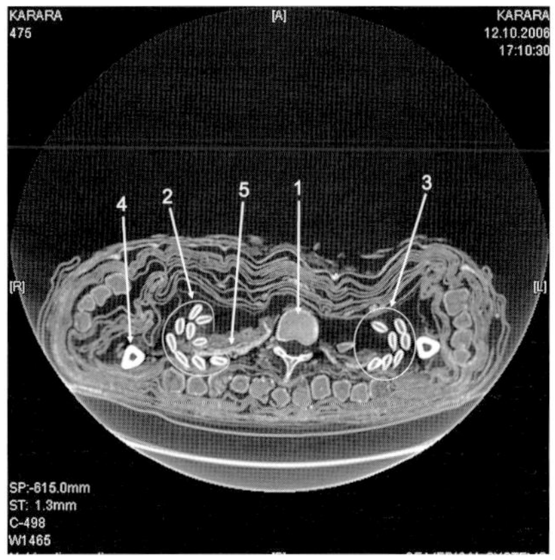

Bild 7 Computertomografische Röntgenaufnahme: SE 475.
Schnitt durch den unteren Abschnitt des Brustkorbs. 1 = unterer Brustwirbel; 2 = rechte Rippen (neun Rippen im Querschnitt); 3 = linke Rippen (acht Rippen im Querschnitt); 4 = Oberarmschaft; 5 = Weichteilreste: rechte Lunge mit Rippenfell (offenbar »Verkalkungen« aufgrund eines chronischen Krankheitsprozesses). Dichte Umhüllung des Körpers mit Tüchern. Palmrippen unter dem Rücken und an den Seiten der Umhüllung.

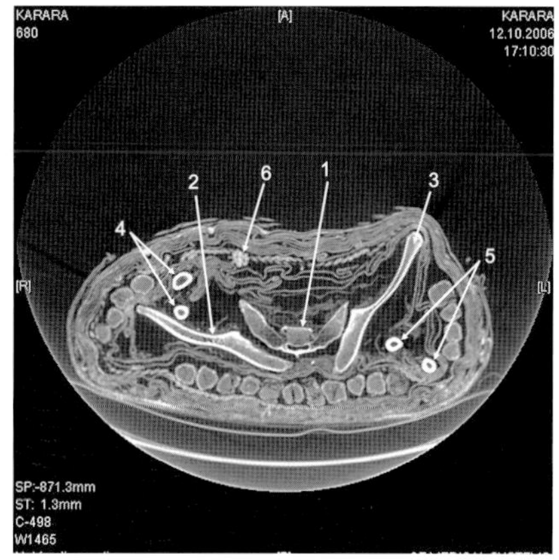

Bild 8 Computertomografische Röntgenaufnahme: SE 680.
Schnitt durch das Becken. 1 = Kreuzbein; 2 = rechtes Hüftbein; 3 = linkes Hüftbein; 4 = rechter Unterarm (Elle und Speiche); 5 = linker Unterarm (Elle und Speiche); 6 = Schnur mit Knoten. Palmrippen unter dem Rücken und an den Seiten der Umhüllung. Dichte Umhüllung des Körpers mit Tüchern.

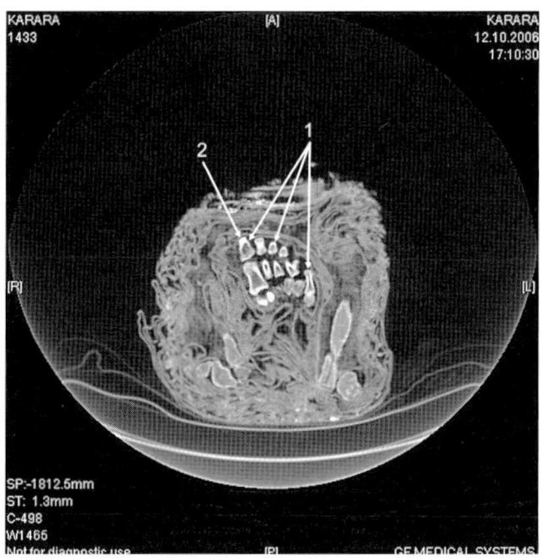

Bild 12 Computertomografische Röntgenaufnahme: SE 1388.
Schnitt durch den linken Fuß.
1 = Zehenknochen; 1a = Großzehstrahl.

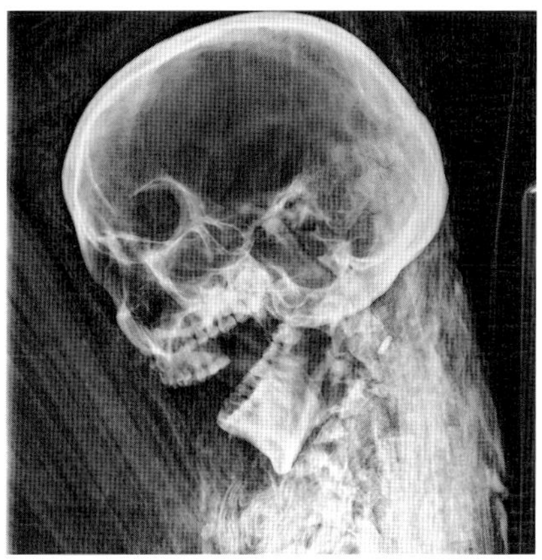

Bild 13 Digitales Röntgenbild des Kopfes, der Hals- und der oberen Brustregion
(im seitlichen Röntgenstrahlengang).

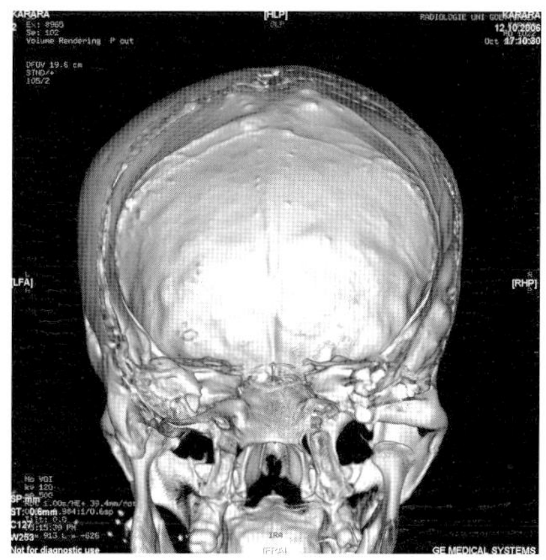

Bild 14 3-D-Rekonstruktion des Schädels anhand von Computertomografien (siehe Abb. 2 – Abb. 11).
Blick durch den Hinterkopf in das Innere des Hirnschädels. Es sind keine Krankheitsspuren zu beobachten (z. B. Meningitis).

ihrer Originallage. Dadurch wurde die Halswirbelsäule gestaucht, in ihrem oberen Abschnitt nach rechts (Bild 4) und in ihrem unteren Abschnitt nach links verlagert; dabei rutschten einzelne Wirbel aus ihrer Gelenkverbindung mit dem darüber bzw. darunter gelegenen Wirbel (Bilder 1–2). Der Brustkorb ist – aufgrund der verwesungsbedingten Veränderungen – flach zusammengedrückt (Bilder 5–7). Die Brustwirbelsäule zeigt in ihrem oberen Abschnitt eine rechtskonvexe und in ihrem unteren Abschnitt eine leicht linkskonvexe Verbiegung (Skoliose), die ebenfalls als Folge der Leichenvergängnis anzusehen ist und nicht zu Lebzeiten bestanden hat (Bilder 1–2). In der überlagerungsfreien Abbildung (Computertomografie) sind geringe, zusammengesinterte Reste der ehemaligen Brusteingeweide (Lungen ?) zu beobachten (Bilder 2, 7), die im konventionellen Röntgenbild (Projektionsradiografie) aber kaum zu erkennen sind (Bilder 1, 13). Wenige Rippen weisen Brüche bzw. Anbrüche auf (Bilder 1–2), die aber sicherlich erst nach dem Tode auftraten (z. B. beim Transport der Mumie). An beiden Händen sind mehrere Fingerglieder aus ihrem anatomischen Verband herausgefallen und befinden sich nun unterhalb des Beckens in der Mitte der Höhle, die durch die den Körper umhüllenden Tücher gebildet wurde (Bilder 1–2). Das rechte Darmbein steht geringfügig höher als das linke und beide Schambeine stoßen nicht mehr in der Schambeinfuge zusammen (Bilder 1–2), da das rechte Hüftbein fast 90° nach außen verdreht steht (Bilder 8). Beide Oberschenkelköpfe befinden sich noch in den Hüftgelenkpfannen und liegen regelrecht (Bilder 1–2). Im Kniegelenk (Bild 10) hat sich der rechte Unterschenkel und somit auch der rechte Fuß deutlich nach außen gedreht (ca. 30°), während der linke Unterschenkel sich noch in Normallage befindet (Bilder 1–2).

Die Füße haben im Gegensatz zu den Händen ihren ursprünglichen Knochenzusammenhang etwas besser bewahrt (Bild 2). Die Zehenstrahlen beider Füße sind gut zu erkennen (Bilder 11–12); die Fußspitzen sind nach unten orientiert (Verwesungsmerkmal). Der rechte Fuß (Bild 11) ist ein wenig mehr verdrückt und leicht nach außen rotiert (ca. 20°), während der linke (Bild 12) in der Fußwurzel gerade steht und mit den nachfolgenden Zehenstrahlen nach innen gedreht ist. Alle diese Veränderungen lagen zu Lebzeiten dieses jungen Mannes nicht vor und sind ausschließlich als Spuren der Verwesung zu werten.

Zu Lebzeiten erfolgte traumatische Einwirkungen sind weder am Schädel noch am Restskelett zu erkennen (Bilder 1–2). Auf den Innenflächen des Hirnschädels lassen sich auch keine offensichtlichen Krankheitsspuren beobachten (Bild 14). Die Stirnhöhlen, Siebbeinzellen, Kiefer- und Keilbeinhöhlen sind regelrecht angelegt und die Nasenscheidewand weist keine Verkrümmung auf. Die Warzenfortsätze der Mittelohrregion (Mastoide) sind nicht vollständig mit luftgefüllten und Schleimhaut ausgekleideten Zellen versehen. Dies deutet auf eine minderwertige Schleimhaut hin, die zu gehäuften Mittelohrentzündungen geführt haben könnte. Spuren krankhafter Prozesse an den Gelenken der Extremitäten und der Wirbelsäule sowie Spuren von akuten oder chronischen Entzündungen am Skelett wurden nicht nachgewiesen. Ebenfalls ließen sich keine Spuren von Mangelerkrankungen (z. B. Skorbut, Rachitis) beobachten. Lediglich im Bereich der Zahnfächer der Ober- und Unterkieferzähne

(Bild 13) können relativ schwache Spuren einer chronischen Zahnfleischentzündung vermutet werden. Im Computertomogramm (Bild 7) sowie in der 3-D-Rekonstruktion (Bild 2) sind im rechten unteren Abschnitt des Brustkorbs Weichteilreste sichtbar, welche die rechte Lunge mit Rippenfell repräsentieren und offenbar »Verkalkungen« darstellen, die auf einen chronischen Krankheitsprozess zurückzuführen sind (Rippenfellentzündung, möglicherweise bedingt durch Lungentuberkulose).

Die Todesursache dieses jungen Mannes, der sich offenbar in einem relativ guten Allgemeinzustand befand, konnte nicht mit Sicherheit festgestellt werden. Die Spuren einer rechtsseitigen Rippenfellentzündung, die möglicherweise auf einen tuberkulösen Prozess im Bereich der rechten Lunge hindeuten, könnten auf die Todesursache verweisen. Weitere nennenswerte Krankheitsspuren sind nicht zu beobachten. Denkbar ist auch, dass der Mann letztlich an den Folgen einer anderen, beispielsweise akuten Entzündung verstarb, bevor sich entsprechende Spuren am Skelettsystem manifestieren konnten.

1 Die Autoren danken Frau Marion Fremgen und Frau Karin Strapp-Kurz, Abteilung Diagnostische Radiologie, für die Erstellung der Röntgenaufnahmen und Herrn Hannes Sydow, Abteilung Anatomie und Embryologie der Universitätsmedizin Göttingen, sowie Herrn Klaus Zander, Göttingen, für die digitale Bildbearbeitung. **2** Zu koptischen Mumien: Horak 1995, 39–71; Krause 2003, 33–44; Fischhaber 1997,13 und 34–44; Dunand/Lichtenberg 2005, 164–165; Polz 2006, 10–11; Gessler-Löhr (in Vorbereitung). **3** Mit Fundkontext: Kajitani 2006, 95–112 mit Abb. 2, 5 und 6 (Charga); Dunand/Lichtenberg 1992, 57 mit Tf. 58–59 (Dusch). **4** Horak 1995, 65–66; Germer 1991, 91; Fischhaber 1997, 40–41. **5** Ranke 1926, Tf. 2, 1–2 und 10, 1–3. **6** Darunter der reich bemalte »Pfauensarg«: Heidelberg 1986, 211–212, Nr. 634; Nauerth 2003, 226–239; weitere Sargfunde: Nauerth 1996, 191–193 (Auszüge aus dem Grabungstagebuch). **7** Einige kamen durch Fundteilung nach Kairo: Nauerth 1996, 192 (Auszug aus dem Grabungstagebuch). Vgl. Schmidt 1919, 255, Abb.1492. **8** Ähnliche Mumien in Lischt (Lansing 1933, 24 und 29–30, Abb.36 und 37); Fag el Gamous (Lesko 1988, 216–228; Griggs u. a. 1993, 221–228; Griggs u. a. 2001, 7–23;); Maghaga und El-Hibe (Grenfell/Hunt 1906, 4); El-Hibe (Redmount 2004); Deir el-Qarabin (Huber 2004, 54–55; Huber 2006, 65–67); Antinoopolis (Horak 1995, 70; Calament 2005, 18, Abb.18 a/b). **9** Z. B. in Bawit: Clédat 1999, 185-189 und 195, Fotos 165 und 166. Vgl. auch die Literaturangaben in Anm. 2 und 8. **10** Horak 1995, 58 mit Abb. 13. **11** Ranke 1926, Tf. 10, 2; für den genauen Fundort siehe Plan 1 und 5 (südlicher Friedhof: As Planquadrat M 7.2, Nr. 11); Nauerth 1996, 16, 169, 196–197 (Auszug aus dem Grabungstagebuch). **12** Schultz 1982. **13** Kunter 1989; Schultz 1996; Schultz/Kunter 1998; Schultz/ Schmidt-Schultz 1991; Schultz/Walker/Strouhal/Schmidt-Schultz 2001. **14** Die Mumie wurde in der Abteilung Diagnostische Radiologie des Universitätsklinikums Göttingen mit einem Röntgengerät (Polydoros 80S, Siemens, Deutschland) im anterior-posterioren Strahlengang unter Verwendung eines digitalen Speicherfoliensystems (FCR, Fuji, Japan) untersucht. Danach wurden mittels eines 64-Zeilen-Computertomografen (Light Speed VCT, General Electrics, USA) neuester Gerätetechnik überlagerungsfreie Abbildungen der Mumie in axialer Schichtführung gewonnen (Schichtdicke 0,625mm, 120 KV, 400mA). Des Weiteren wurden aus dem gewonnenen CT-Datensatz sekundäre dreidimensionale (3D) Rekonstruktionen zur Bildbetrachtung erzeugt.

Das hölzerne Gefäß hat die Form einer spitzen Amphore, die in einem vierbeinigen Gestell zu stehen scheint – der Dorn ist der Amphorenfuß. Sie weist einen Stöpsel und seitliche durchbohrte Henkel auf. Der Körper ist mit verschiedenen eingekerbten Ornamenten (Riefen, Rosetten, Zickzackband, Rispen) verziert, der Ständer mit Riefen und Blättern. Das Fläschchen repräsentiert einen vergleichsweise schlichten Typ, der weit verbreitet war. Viele Stücke enthielten im ausgebohrten Inneren noch Reste von Kohl, so dass sie zurecht als Behälter für Augenschminke gelten.

Nauerth 1996, 119, Nr. 16; Focke 1997, 65–71, Abb. 1. C. N.

235 Schminkflasche
Byzantinische Zeit, 395–642 n. Chr.
Koptischer Friedhof bei Karara
Holz
H. 22 cm; Br. 5,3 cm
Adelhausermuseum, Natur- und Völkerkunde Freiburg, Inv.-Nr. Ae 770

Das brettflache Objekt wurde in einem Grab gefunden und stellt eine vereinfachte menschliche Figur dar, wie der birnenförmige Kopf, die trapezartigen Arme und die verkürzten Beine mit abgesetzten Füßen zeigen. Die gesamte Oberfläche bedecken eingeritzte Punktkreise, die Brust ein diagonales Kreuz. Solche Puppen wurden auch aus Bein gefertigt. Vielleicht hängen sie mit reinen Textilpuppen zusammen und waren entsprechend ausstaffiert.

Nauerth 1996, 114, Nr. 9; Fluck 2004, 383–400. C.N.

236 Holzpuppe
Byzantinische Zeit, 395–642 n. Chr.
Koptischer Friedhof bei Karara
Holz
H. 30,5 cm; Br. 6,3 cm
Adelhausermuseum, Natur- und Völkerkunde Freiburg, Inv.-Nr. Ae 739

Die beiden Anhänger aus einem Grab zeigen das christliche Kreuz: Die Hastenden und die Vierung tragen kleine Buckel, der halbrunde Bügel endet in Tropfen, die Standhaste ist ausgestellt – alles Kennzeichen eines geschmückten, d. h. verehrten Kreuzes. Die angeschmiedeten Ösen erweisen die Stücke als Pendilien (Anhänger), die nicht direkt als Ohrringe dienten, da sie ohne eigene Verschlussmöglichkeit gefertigt waren. Vielmehr fanden sie als Einzelteile von Ohrgehängen oder Ketten Verwendung, die zusammen mit anderen Schmuckgliedern aufgefädelt waren.

Nauerth 1996, 24, Nr. 39. C. N.

237 Zwei Anhänger
Byzantinische Zeit, 395–642 n. Chr.
Koptischer Friedhof bei Karara
Metall
L. 3,4 cm; Br. 1,9 cm
Adelhausermuseum, Natur- und Völkerkunde Freiburg, Inv.-Nr. Ae 713 a.b

238 Gegerbte Schafshaut
Byzantinische Zeit, 395–642 n. Chr.
Koptischer Friedhof bei Karara
Stellenweise braun verfärbtes, hell ockerfarbenes Leder
L. ca. 67,5 cm; B. ca. 28,5 cm; D. ca. 1,2 cm
Sammlung des Ägyptologischen Instituts der Universität Heidelberg, Inv.-Nr. 503 (558)

Das Lederobjekt weist annähernd die natürliche Form einer abgezogenen, ausgebreiteten Tierhaut mit Kopfumriss und ausgestreckten Läufen auf. Der als schmaler Streifen vorliegende Abschnitt vom rechten Hinterlauf ist mit einem etwa 3–4 cm breiten, angenähten Lederband künstlich verlängert worden, wie bei der 2007 im Landesmuseum Württemberg erfolgten Restaurierung festgestellt wurde. Nach dem Grabungsbericht war dieser Riemen um den Hals einer Kinderleiche gebunden und diente so zur Befestigung der Tierhaut, die wie eine Decke über dem eingehüllten Körper lag. Solche als Lederschürze bezeichneten Häute fanden sich häufig auf koptischen Mumien in Karara und bedeckten bei Erwachsenen meist Kopfteil und Oberkörper, manchmal auch die Fußpartie. Ob diese Maßnahme nur wie eine Matte dem besseren Schutz vor Sand und Steinen diente oder ob hier uralte ägyptische Vorstellungen von der Bestattung in einem Tierbalg nachklingen, müsste noch untersucht werden.

Ranke 1926, 4 mit Anm. 2; Nauerth 1996, 167–168. B. G.-L.

239 Sandalenpaar
Byzantinische Zeit, 395–642 n. Chr.
Koptischer Friedhof bei Karara
Leder
L. 28 cm; Br. 8 cm
Adelhausermuseum, Natur- und Völkerkunde Freiburg, Inv.-Nr. Ae 724 a.b

Schuhe und Sandalen gehören für Erwachsene und Kinder zur Grundausstattung und werden auch den Toten an die Füße gebunden. Das solide Paar vom zweiballigen Typ stammt aus einem Grab und besitzt die übliche Doppelsohle, an der in V-Form zwei breite Lederriemen ansetzen, die sich unter einer Zierscheibe – zugleich der Zehenteiler – kreuzen. Innenseite und Riemen bedecken gepunzte Rauten und Punktkreise, die Rosette ist durchbrochen gearbeitet.

Nauerth 1996, 171, Nr. 16; Frankenhausen 2002, 13, B 6, B 21–B 23. C. N.

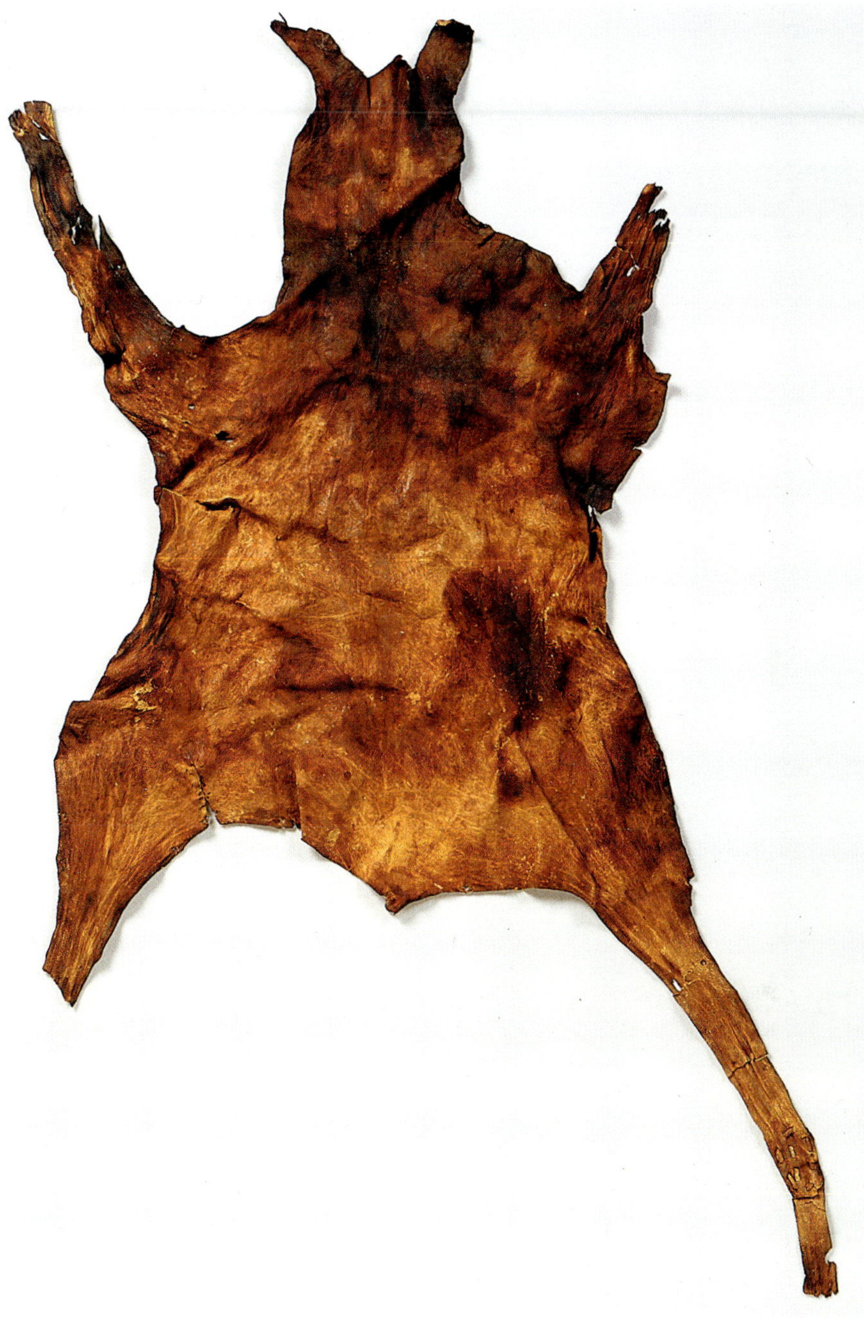

240 Zwei Haarnadeln
Römisch bis byzantinische Zeit,
30 v. Chr. – 642 n. Chr.
Koptischer Friedhof bei Karara
Bein
L. 11,2 cm (915) und 17,9 cm (916)
Sammlung des Ägyptologischen Instituts der Universität Heidelberg, Inv.-Nr. 915 und 916

Nadeln oder Pfeile aus Holz und häufiger noch aus Bein fanden sich in vielen Gräbern, ihre Länge kann schwanken. Das Kopfteil dient zugleich als Griff und ist mit zwei abgesetzten Profilringen und einem kleinen Baldachin in durchbrochener Arbeit verziert. Die Verwendung ist vielseitig, als Tecker beim Brettspiel, als Stäbchen für Schminke, vor allem aber als Schmuck im Haar, wie es Mumienporträts nahelegen. Die zweite, längere Haarnadel ist am Kopfende mit reliefierten Ringen in Art eines Perlstabes dekoriert. Auf dem sich verjüngenden Pfeil scheinen helle Linien in Rautenform ausgespart, eventuell handelt es sich um Spuren von schmalen Bändern einer Umschnürung.

Nauerth 1996, 187, Nr. 16c. C. N.

241 Halskette aus Schneckengehäusen
Byzantinische Zeit, spätes 4.–7. Jh. n. Chr.
Koptischer Friedhof bei Karara
Kalkgehäuse, Leder, gewebtes Leinenband
Dm. 19 cm
Adelhausermuseum, Natur- und Völkerkunde Freiburg, Inv.-Nr. Ae 665

Die zum Auffädeln durchbohrten Gehäuse verschiedener Meerschneckenarten – wie vor allem Kauri-Schnecken aus dem Roten Meer – waren schon in pharaonischer Zeit als Schmuckglieder von Ketten beliebt. Als Handelsgut fanden auch die kleinen Reusenschnecken aus dem östlichen Mittelmeer (Nassarius gibbosulus) im Vorderen Orient weite Verbreitung. Die u. a. an ihrem auffallend kurzen, spiralig gedrehten oberen Ende erkennbaren, in etwa eierschalenfarbenen und oft vom Sand leicht angeschliffenen Gehäuse kamen im Nildelta bereits in der Jungsteinzeit zutage (Merimde-Kultur). Dagegen stellt ihr Vorkommen auf dem koptischen Friedhof von Karara aufgrund fehlender Parallelen eine Besonderheit dar. In einer ganzen Reihe von Fällen befanden sich solche Ketten, entweder wie hier ausschließlich aus Schneckengehäusen gefertigt oder zusammen mit Glas- oder Fayenceperlen aufgereiht, in der äußeren Halswicklung von Kindermumien. Die ehemals 62 Schneckengehäuse sind sorgfältig einzeln an einem Lederband befestigt, das mit einem Stück der zur Mumienwicklung verwendeten, schmalen gewebten Bänder (hier in Ocker und Dunkelbraun) verlängert wurde.

Abel, in: Ranke 1926, 40; Freiburg 1974, 3, A. 19; Nauerth 1996, 169, Nr. 8, vgl. auch 194–195 (Grabungstagebuch). B. G.-L./B. Z.

Bunte Glaspasten bildeten neben anderen Materialien, wie Halbedelsteinen und Fayencen, den Hauptbestand antiker Ketten. Meistens sind sie – wie auch hier – modern neu aufgefädelt, da die alten Schnüre, sofern sie nicht aus Leder waren, vergangen sind. Der Fund stammt aus einem Grab in Karara. Die Kettenglieder variieren: eine längliche schwarze oder rötliche wechselt regelmäßig mit einem gelben Dreierblock aus runden Perlen.

Heidelberg 1986, 211, Nr. 620. C. N.

242 Halskette
Römisch bis byzantinische Zeit,
30 v. Chr. – 642 n. Chr.
Koptischer Friedhof bei Karara
verschiedenfarbiges Glas
L. 54 cm
Sammlung des Ägyptologischen Instituts
der Universität Heidelberg, Inv.-Nr. 540

Der geschlossene, innen glatte Reif wird durch acht Zierelemente gegliedert: Zwei ovale und zwei runde Plättchen wechseln mit vier länglichen Feldern mit eingeritzter *tabula ansata*; die Ersteren überragen den Reif, Letztere schließen mit ihm ab. Die Ovale verzierte man mit eingravierten (auch inkrustierten?) Rosetten, die Kreise mit konzentrischen Ringen. Die griechischen Buchstabenreste (IO..) auf den *tabulae* gehören vielleicht, wie auf den anderen Stücken der Serie, zu einer sinntragenden Inschrift (Bibelzitat). Das repräsentative Exemplar war eine Grabbeigabe.

Nauerth 1996, 22, Nr. 33; Pillinger 2001, 75–80. C. N.

243 Armreif
Byzantinische Zeit, 395–642 n. Chr.
Koptischer Friedhof bei Karara
Eisen und Messing; Dm. 7,2 cm
Adelhausermuseum, Natur- und
Völkerkunde Freiburg, Inv.-Nr. Ae 703

Hölzerne Hochkämme zeichnen sich dadurch aus, dass sie grobe und feine Zinken besitzen, die das verzierte Mittelstück begrenzen. Anders als aufwendige Exemplare in durchbrochener oder geschnitzter Ausführung stellt dieses Stück die bescheidene Variante dar, den Ritzdekor: Vier Ovale formen eine Blüte, die zwei Punktkreise umschließen; am Ansatz der Zinken befinden sich feine parallele Linien. Kämme sind zunächst Gebrauchsgegenstände, dienen aber auch als Schmuck. Doch viele Stücke erweisen sich als unbenutzte Beigabe.

Nauerth 1996, 140, Nr. 93. C. N.

244 Hochkamm mit Ritzdekor
Byzantinische Zeit, 395–642 n. Chr.
Koptischer Friedhof bei Karara
Holz; L. 27 cm; Br. 8,9 cm
Sammlung des Ägyptologischen Instituts
der Universität Heidelberg, Inv.-Nr. 362 (811)

Die ärmellose Tunika wurde aus drei Teilen zusammengesetzt: obere Vorder- und Rückseite und untere Teile. Sie besitzt einen geraden Halsausschnitt, hinten mit Besatz. Der applizierte Dekor entspricht einem gängigen Typ: Die *clavi* (Streifen) mit runden *sigilla* laufen vorn und hinten bis zur Taille, auf Kniehöhe sitzen zwei *orbiculi*, je einer auf den Schultern. Dort passen die *clavi* so aneinander, dass die Figuren jeweils auf Ansicht stehen. Es wechseln einzelne Gestalten, Figurenpaare und ein Erwachsener mit Kind. Auf den sechs *orbiculi* gibt es zwei verschiedene Szenen, eine mit drei Figuren, vielleicht ein Weihnachtsbild, die andere – auch drei Figuren – ist ungedeutet. Es könnte sein, dass alle Bilder inhaltlich zusammengehören und Themen aus der Kindheit Jesu aufgreifen, doch erschwert die stilisierte Wiedergabe die Deutung.

Nauerth (in Vorbereitung). C. N.

245 Fragmentierte Tunika
7./8. Jh. n. Chr.
Herkunft unbekannt
Leinen und Wolle
196 cm x 55 cm
Landesmuseum Württemberg, Stuttgart, Inv. GT 3808

Die vollständige Tunika ist an den Seiten zusammengenäht, auch die sich verjüngenden Ärmel waren einst geschlossen. Der Halsausschnitt besteht aus einem geraden Schlitz, die Ärmel enden in kurzen Fransen. Der monochrom eingewirkte Dekor entspricht einem festen Schema: kurze *clavi* mit Blattsigilla, Ärmelstreifen, zwei Schultertabulae und vier kleinere Knietabulae, die ersteren mit Reitern im Medaillon, letztere mit Hasen verziert. Die Zierbänder zeigen Ranken mit stilisierten Enten, von einem Fisch in umgekehrter Farbstellung unterbrochen. Die Tunika ist bis in die Details sorgfältig und regelmäßig gearbeitet. Die Abdrücke zweier Schuhe oder Sandalen sind auf einer Seite hell ausgespart.

Stuttgart 1951, Nr. 70; Nauerth (in Vorbereitung). C. N.

246 Tunika
Byzantinische Zeit, 5./6. Jh. n. Chr.
Herkunft unbekannt
Leinen und Wolle
70 cm (mit Ärmeln 155 cm) x 198,5 cm
Landesmuseum Württemberg, Stuttgart, Inv. WLM 12071 a

Zu den seltenen Zierstücken auf Tuniken gehören applizierte Kragen. Die abgerundete Form wurde durch drei Abnäher erreicht. Ungewöhnlich ist auch die Abwandlung des beliebten Themas »Josef und seine Brüder«. Aus einem Zyklus von Szenen wurden zwei ausgewählt: Ruben zerreißt vor Trauer sein Gewand, als Josef nicht mehr in der Zisterne ist, und die Brüder lagern sich zum Mahl. In zwei Halbmedaillons ist eine Kombination beider Episoden dargestellt. Die reiche Ornamentik verbindet diesen Stoff mit zahlreichen Varianten auf *orbiculi, clavi* und Ärmelstreifen.

Nauerth (in Vorbereitung). C. N.

247 Kragen mit Josefsszenen
Byzantinische Zeit, 6./7. Jh. n. Chr.
Herkunft unbekannt
Leinen und Wolle
13,2 cm x 23 cm
Landesmuseum Württemberg, Stuttgart, Inv. GT 3844

Schultertabula und *clavus* bilden den üblichen Schmuck auf Vorder- und Rückseite einer Tunika. Der gemeinsame Dekor besteht aus einer mit Früchten (Trauben, Granatäpfel, Feigen) und Vögeln belebten Akanthusranke. Das Reiterbild ist auf den Betrachter ausgerichtet und unterscheidet sich von vielen anderen durch die Grußgeste des unbewaffneten Reiters und den weiten Sprung des Pferdes, der Löwe wird überritten. Mantel, vielleicht auch Panzer, sind angedeutet, beim Pferd das Zaumzeug. Große Blätter und zu Punkten verkümmerte kleine füllen den Hintergrund.

Stuttgart 1951, Nr. 87; Nauerth (in Vorbereitung). C. N.

248 Tunikarest
Byzantinische Zeit, 4./5. Jh. n. Chr.
Herkunft unbekannt
Leinen und Wolle
17 cm x 18,2 cm
Landesmuseum Württemberg, Stuttgart, Inv. GT 3815

249 Fragmentierter Zierstreifen
Byzantinische Zeit, 7./8. Jh. n. Chr.
Herkunft unbekannt
Leinen und Wolle; 14,2 x 35,5 cm
Landesmuseum Württemberg, Stuttgart,
Inv. GT 3816

Der fragmentierte Zierstreifen war in ein leinenes Grundgewebe eingewirkt und nicht appliziert. Seine genaue Funktion an Gewand oder Tuch bleibt offen. Die rotgrundige Fläche füllen Tiermedaillons mit geperlten Rändern, Halbmedaillons öffnen sich zum Rand und zwischen gestellt sind stilisierte Vögel. Die blaugrundigen Ränder bieten aufgereihte Ovale mit Punktornamenten. Besonders dieser Dekor ist ein Reflex von Gemmenschmuck und war bei den späten Buntwirkereien sehr beliebt.

Nauerth (in Vorbereitung). C. N.

250 Fragmentierter Wandbehang
Byzantinische Zeit, 6.–8. Jh. n. Chr.
Herkunft unbekannt
Wolle und Leinen in Noppentechnik
200 x 230 cm
Landesmuseum Württemberg, Stuttgart,
Inv. 1984–103

Der in Noppentechnik erstellte Behang ist ein hervorragendes Beispiel für Registerbehänge, was auch die Reste eines Umschlags oben sowie Spuren von Fransen unten bestätigen. Das Schema der Dekoration liegt fest: Im oberen, durch Arkaden gegliederten Register flankieren frontal dargestellte Adler eine Orantin, im unteren rahmen Reiter ein mit Gemmen geschmücktes Kreuz ein, auf dem oben zwei Löwen, unten zwei Einhörner stehen. Der Reiter rechts ist als Apa Phoibamon benannt, sein Pendant links fast zerstört. Ein drittes Register zeigt einen Fries mit Vögeln und Pflanzen. Die reich ornamentierte Architektur begrenzt seitlich eine Weinranke, ein Stabornament aus Gemmen umläuft das Ganze. Vermutlich ersetzte der Behang in einer Kirche oder einem Kloster eine Wandmalerei.

Schrenk 1995, 140–141; Hamm 1996, 368–369, Nr. 421; Schrenk, 1998, 349–350. C. N.

251 Tabula von einem Manteltuch
Byzantinische Zeit, 4./5. Jh. n. Chr.
Herkunft unbekannt
Leinen und Wolle; 24,3 cm x 60,5 cm
Landesmuseum Württemberg, Stuttgart,
Inv. G 8,491

Monochrom gewirkte Zierstücke in Form von Sternen, Ovalen, Rauten und *tabulae* sitzen in den vier Ecken großer Tücher, die man, um den Körper geschlungen, als Mantel trug. Vorliegende *tabula ansata* war, wie Stege und *sigilla* zeigen, mit den übrigen Musterteilen zu einem festen Dekorschema verbunden; sie ist rein ornamental mit Flechtband, Blattranke, Raute und gereihten Vasen verziert.

Nauerth (in Vorbereitung). C. N.

252 Genopptes Medaillon mit Athena/Minerva
Byzantinische Zeit, 4./5. Jh. n. Chr.
Herkunft unbekannt
Leinen und Wolle; 40 cm x 45 cm
Landesmuseum Württemberg, Stuttgart,
Inv. GT 3832

Technik, Dimension und Sujet weisen das Medaillon als Rest eines großformatigen Wandbehanges aus. Deren Repertoire ist vielfältig: Figuren der griechisch-römischen Mythologie, Tiere und Ornamente waren beliebt, eine Darstellung der Athena/Minerva im Medaillon ist allerdings bisher singulär. Die Göttin ist mit Lanze und Schild bewaffnet, sie trägt ein Peplos-Gewand, Panzer, Mantel und Helm. Die abschattierten Farbtöne erzeugen einen malerischen Effekt.

Stuttgart 1951, Nr. 68; Nauerth (in Vorbereitung). C. N.

253 Tabula mit Putto
Römisch, 4. Jh. n. Chr.
Herkunft unbekannt
Leinen und Wolle
20,5 cm x 21,3 cm
Landesmuseum Württemberg, Stuttgart,
Inv. GT 3837

Vier solcher gerahmten Zierstücke saßen in den Ecken eines Tuches oder einer Decke, je zwei bildeten Pendants: Ein Putto fliegt von rechts, der andere von links zur Mitte hin. Sie halten wie hier einen Kranz oder einen Becher hoch. Geflügelte Wesen mit Nimbus sind ikonografische Vorläufer der Engel, die, dann bekleidet, häufig das geschmückte Kreuz präsentieren. Der ziemlich klobige Vertreter auf dieser *tabula* gewinnt optisch durch eine nuancierte, fast malerische Ausführung.

Stuttgart 1951, Nr. 69; Nauerth (in Vorbereitung). C. N.

254 Fragmentierte Mütze
Byzantinische Zeit, 395–642 n. Chr.
Herkunft unbekannt
Violette und gelbe Wolle, verhängter Sprang
L. 34 cm; Br. 20 cm
Landesmuseum Württemberg, Stuttgart,
Inv. GT 4499

Die querrechteckige Mütze ist aus zwei Hälften gebildet, die durch Verhängen der Fäden in »S«- bzw. »Z-Richtung« zu Seiten eines Fixierfadens (Kordel) entstehen und an den Seiten zusammengenäht werden. Beide Flächen zeigen drei Reihen aus kleinen gelben Rauten. Am unteren Ende wurde eine Kordel so durch den Sprang geführt, dass Schlaufen stehen blieben, die man miteinander verdrehte. Der Dekor ist vergleichsweise schlicht. Neben breiten Mützen gibt es auch lange, spitze Formen und runde Hauben. Auch Verstorbene wurden häufig mit einer Mütze beerdigt.

NAUERTH (IN VORBEREITUNG). C. N.

255 Fragmentierte Haube
Byzantinische Zeit, 395–642 n. Chr.
Herkunft unbekannt
Leinen und rote Wolle, verhängter Sprang
L. mit Zopfteil 24,5 cm, Br. 13 cm
Landesmuseum Württemberg, Stuttgart,
Inv. GT 4883

Die Fläche der hochrechteckigen Haube ist durch Verhängen der Fäden in »S-Richtung« entstanden, sie formen ein diagonales Muster aus wechselnden Reihen von großen und kleinen Löchern. Jede Hälfte der Haube schloss seitlich mit einem aus Schlingen gebildeten rot-beigen Streifen, die man dann zusammennähte. Unten fügte man eine rote, gewebte Borte an, die mit einer Zickzacklinie verziert ist. Nach oben verjüngt sich die Haube und endet in einem dicken Zopf, der aus allen Fäden besteht.

NAUERTH (IN VORBEREITUNG). C. N.

256 Socke
Byzantinische Zeit, 6./7. Jh. n. Chr.
Herkunft unbekannt
Rote Wolle, gestrickt (»coptic knitting«)
L. 18 cm; Br. 8,5 cm; H. des Schaftes 8 cm
Landesmuseum Württemberg, Stuttgart,
Inv. GT 4498

Gestrickte oder gehäkelte Strümpfe und Socken haben sich nur selten erhalten. Die vorliegende Socke wurde in roter Wolle gefertigt. Anders als heute begann man mit der Herstellung an den Zehen. Bis zur Länge des Vorderfußes strickte man rund, ebenso entstand die Höhe des Schaftes, die Ferse aber arbeitete man als eigens gestrickte Lasche entsprechend ein. Der Durchmesser der Zehenteile variiert für den großen Zeh und die übrigen; so konnte man die Socke in Sandalen mit Zehenteiler tragen.

BERLIN 2000, NR. 145; NAUERTH (IN VORBEREITUNG). C. N.

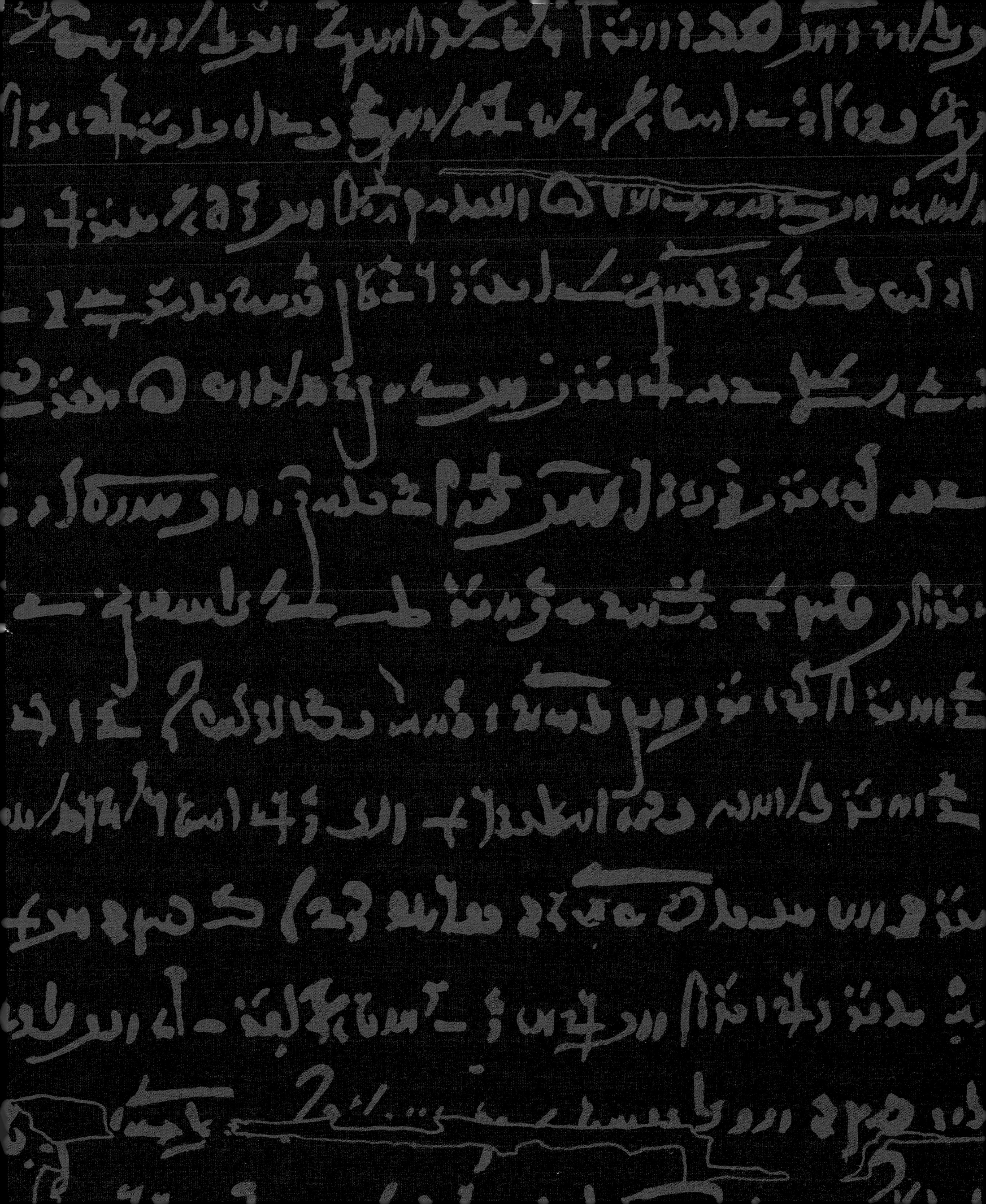

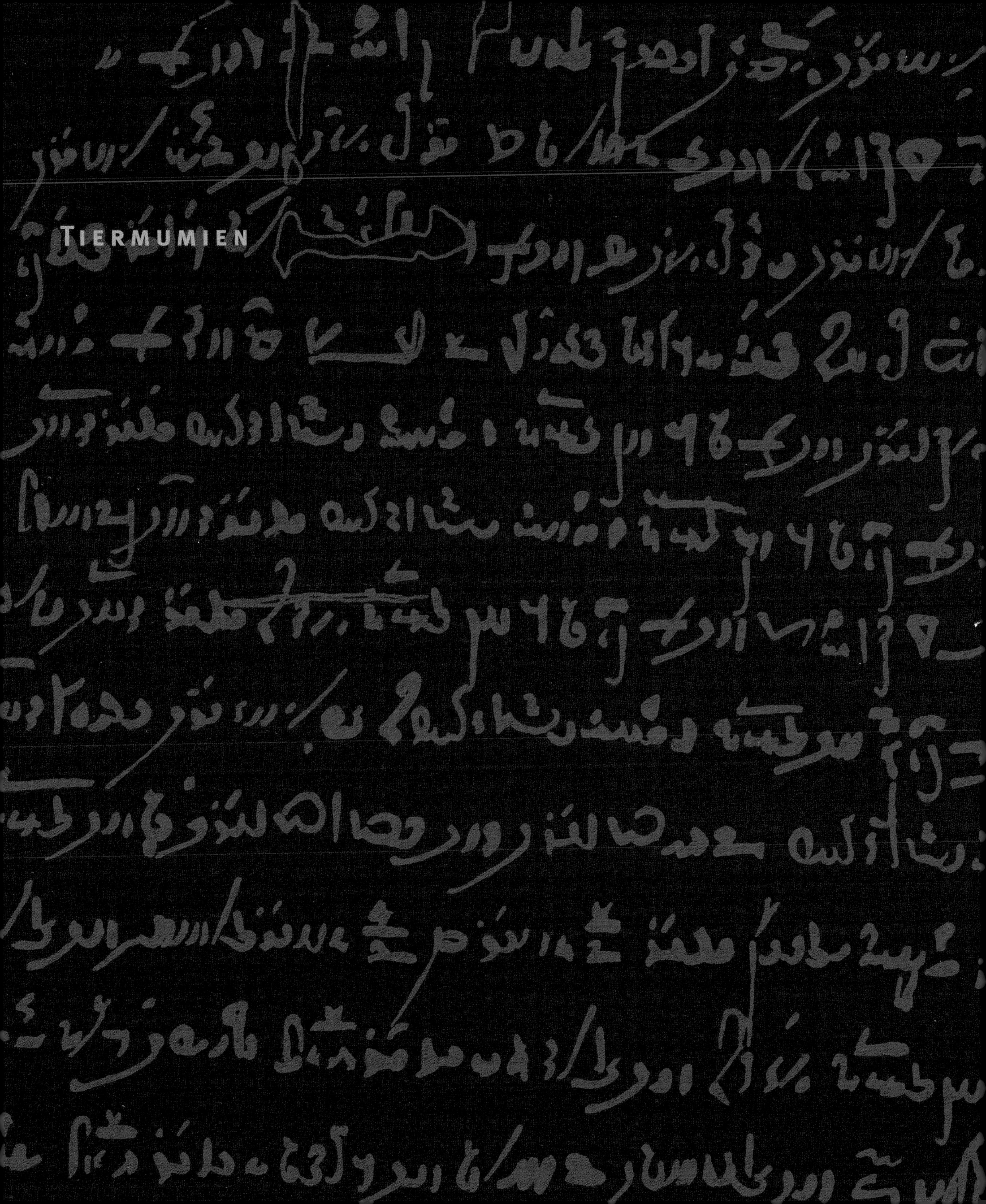

Tiermumien

Tiermumien im Alten Ägypten

Salima Ikram

Von Beginn ihrer Geschichte an bestatteten und mumifizierten die Ägypter Tiere aus den unterschiedlichsten Gründen.[1] Mindestens vier Gruppen von Tiermumien sind in Ägypten zu finden. Am einfachsten nachvollziehen lässt sich der Brauch, den Verstorbenen die Mumien geliebter Haustiere mit ins Grab zu legen, so dass diese den Toten auch im Jenseits Gesellschaft leisten konnten.[2] Auch Speisen wurden in mumifizierter Form mitgegeben. Dieser Proviant bestand aus Fleischstücken oder ganzem Geflügel, welche für den Verzehr zubereitet, gesalzen bzw. mumifiziert sowie mit Binden umwickelt wurden, und sollte dem Verstorbenen als Nahrung im Jenseits dienen. Mumifizierte Speisen kommen in Gräbern aus dem Alten Reich bis in die 3. Zwischenzeit häufig vor. In den nachfolgenden Perioden ging diese Form von Beigaben zurück.[3] Da die Bedeutung der Tierkulte seit der Spätzeit deutlich zunahm und bis zum Aufkommen des Christentums anhielt, bilden Mumien von heiligen Tieren und Votivgaben den Großteil der in Ägypten gefundenen Tiermumien.[4]

In den Kulten heiliger Tiere wurde ein spezifisches Tier, welches als Erscheinungsform einer bestimmten Gottheit angesehen wurde, auf Grund spezieller Merkmale[5] ausgewählt und als Inkarnation des »lebenden Gottes« auf Erden angesehen. Zu seinen Lebzeiten wurde es in einem Tempel untergebracht, wo es ehrfürchtig gepflegt, gesalbt und geölt, mit Weihrauch beräuchert und gefüttert wurde. Nach seinem Tode wurde es sorgfältig mumifiziert, in einer Bestattungsprozession zu Grabe getragen und schließlich auf eine Weise, die eines Königs würdig war, mit allen dazugehörigen Riten beigesetzt. Die Gräber dieser heiligen Tiere hatten die Form großer, aus dem anstehenden Felsgestein herausgehauener unterirdischer Grabkammern (Hypogäen). Sie bestanden meist aus langen Korridoren, von denen zu beiden Seiten Räume abzweigten, in denen Sarkophage aufgestellt waren. In manchen Nekropolen dagegen wurden die Tiere in kunstvoll gefertigten und in die Erde eingelassenen Sarkophagen bestattet. So herrschte der Widder des Gottes Chnum über Elephantine, der Apis-Stier repräsentierte Ptah von Memphis und wurde wie der Gott selbst verehrt und gepflegt, während in Heliopolis der Mnevis-Stier und in Armant der Buchis-Stier den Gott Re verkörperten. Die Krokodile des Gottes Sobek fanden in den Tempeln des Fayums und von Kom Ombo Verehrung, Katzen – sogar Großkatzen, wie zum Beispiel Löwen – verkörperten Bastet in Bubastis, und Ibisse und Paviane waren die Inkarnation von Thot in Tuna el-Gebel und an anderen Orten. Die Ägypter glaubten, dass das Wesen oder der Geist eines Gottes den Körper eines bestimmten, von den Priestern an seinen besonderen Merkmalen, wie zum Beispiel Farbe oder Form der Hörner, erkennbaren Tieres in Besitz nahm und dieses bis zu dessen Tod bewohnte, um dann in den Körper eines ähnlich gezeichneten Tieres überzu-

Katzensarg aus Mit Rahine/Memphis
Kalkstein,
18. Dynastie, 1388–1351/50 v. Chr.
H. 64 cm; L. 65 cm; Br. 44 cm
Ägyptisches Museum Kairo

257 **Votivstele mit Ibisdarstellung**
Ptolemäisch, 306–30 v. Chr.
Herkunft unbekannt
Kalkstein, bemalt
H. 36 cm; Br. 32 cm
The British Museum London, EA 1424

gehen. Dies ist von der Idee her vergleichbar mit dem in Nepal praktizierten Kult der Mädchengöttin Kumari, der »lebenden Göttin«, oder dem Glauben an die Übertragung des Geistes des Dalai Lama in Tibet.

Im Zusammenhang mit dieser Art der kultischen Verehrung brachte man Votivgaben in Form von mumifizierten Tieren dar. In den Katakomben und Gruben, die zu den Tempeln gehörten, wurden Hunderttausende solcher Mumien beigesetzt. Gottesfürchtige Pilger kauften den Priestern diese Mumien als Opfergaben für ihre jeweiligen Gottheiten ab.[6] Die Tiere sollten den Göttern die Gebete der Pilger überbringen, die während des dies- und jenseitigen Lebens dauerhaft wirksam sein sollten. Die Funktion war genau dieselbe wie die von Votivkerzen, welche man in Kirchen anzündet, mit dem Unterschied, dass sie ewig fortdauerte und den Pilgern möglicherweise sogar auf dem Weg in das Jenseits und auch dortselbst noch half. Sobald man die Mumie erworben hatte, wurde sie von den Priestern geweiht und innerhalb der heiligen Stätte aufbewahrt. An genau vorgeschriebenen Festtagen wurden die Mumien zusammengetragen und in langen, zum Tempel gehörigen Gängen, so genannten Galerien, beigesetzt. Sobald diese voll waren, wurden sie versiegelt.[7] Auf diese Weise opferte man Bastet Katzen, Anubis Hunde, Füchse oder Schakale, Horus und Re Greifvögel, Thot Ibisse und so fort. Nähere Untersuchungen von Tiermumien bzw. deren Überresten ergaben jedoch, dass auch andere Tiere als die einem bestimmten Gott heiligen mumifiziert wurden.[8] Möglicherweise waren diese Tiere innerhalb des heiligen Bezirks der Gottheit gestorben und galten somit als dieser geweiht, weshalb sie ebenfalls mumifiziert und zusammen mit den anderen Mumien in den Katakomben aufbewahrt wurden.[9]

Die unterirdischen Grabanlagen der Tiermumien bergen neben den Mumien selbst auch noch andere Votivgaben, die von hoffnungsvollen (oder dankbaren) Pilgern gespendet wurden. Innerhalb des Friedhofsareals oder in seiner Umgebung findet man häufig aus verschiedensten Materialien hergestellte Statuen und Figurinen in der Gestalt der jeweiligen Gottheit. Die für die Spätzeit und griechisch-römische Zeit so typischen und zahlreichen Bronzestatuetten von Apis-Stieren, Ibissen des Thot und anderen Tieren stammen hauptsächlich aus den Kultstätten, in denen diese Tiere gehalten wurden. Gewöhnlich wurden in die Steinwände der Katakomben Stelen aus Kalkstein eingelassen, die den Gläubigen dabei zeigen, wie er den Göttern Opfergaben darbringt und sie anbetet.

Die Verehrung heiliger Tiere ist zwar schon seit der frühdynastischen Zeit und vielleicht sogar aus den davor liegenden Perioden bekannt[10] und erfuhr in der späten 18. Dynastie eine Wiederbelebung, doch erst in der Spätzeit gewann sie eine größere Bedeutung. In Ägypten sprach man Tieren schon frühzeitig eine besondere Beziehung zum Göttlichen zu.[11] Sie kommunizierten in geheimen Sprachen, die den Ägyptern wie Sprachen der Götter vorgekommen sein mochten und vielleicht für eine direkte Verbindung zum Göttlichen gehalten wurden. Da sich große Teile des Glaubenssystems und der Ikonografie der ägyptischen Religion aus der Natur ableiteten, ist es nur folgerichtig, dass Tiere darin

eine so bedeutende Rolle spielten. Sicherlich wurden Götter schon seit den frühesten Zeiten der ägyptischen Kultur mit Tieren in Zusammenhang gebracht oder erschienen in Tiergestalt. Der Königsgott Horus tritt auf der Narmer-Palette als Raubvogel in Erscheinung, während die Göttin Bat, die später mit Hathor in Verbindung gebracht wurde, sich auf demselben Objekt in Gestalt einer Kuh zeigt. In vielen Fällen war es nicht nur ein einziges Tier, das mit einem bestimmten Gott identifiziert wurde, sondern vielmehr eine Mischung von Tieren desselben Typs, wodurch eine Art »Übergeschöpf« als Vertreter des Gottes entstand. So zeigt etwa der Horus-Falke die Merkmale mehrerer Greifvogelarten und nicht nur die einer einzigen.[12] Auch könnte dies die Figur des Anubis erklären, der als eine Mischung aus Schakal, Hund und Fuchs dargestellt wurde, und die Verwirrung um die Identität des rätselhaften Seth-Tieres etwas erhellen.

Bestimmte Tierkulte, wie der des Apis-Stieres, wurden bereits zu einem sehr frühen Zeitpunkt der ägyptischen Geschichte ausgeübt, wenngleich aus der Zeit vor der Herrschaft Amenhoteps III. (1388–1351/50 v. Chr.) nur wenige archäologische Nachweise dafür vorliegen. Seine Regierungszeit kennzeichnen ein Anstieg der Tierverehrung und die Verbindung des göttlichen Königs mit diesen Kulten. Möglicherweise hat das auch mit Amenhoteps eigener Apotheose und seiner Verbindung zu den Göttern zu tun. Die Galerien des Apis-Stieres wurden während dieser Periode unter Leitung seines Sohnes, Thutmosis, erweitert.[14] In Memphis weihte der Prinz auch einen Sarkophag für eine Katze, die möglicherweise ebenfalls ein göttliches Wesen und kein Haustier war. Auch von anderen Königen haben sich Belege für ihr Wirken gegenüber den Tierkulten erhalten. Dazu gehören etwa die ersten Grenzstelen Amenhoteps IV./Echnaton in Achet-Aton (Tell el-Amarna), auf denen bestimmt wird, dass der Mnevis-Stier in dieser Stadt zu begraben sei, sowie die Baumaßnahmen Ramses' II. im Serapeum, die von seinem Sohn Cha-em-waset ausgeführt wurden.[15]

Mit Beginn der Spätzeit zeigt sich eine deutliche Zunahme der Tierverehrung. Ein Grund für die Beliebtheit dieser Kulte lag möglicherweise in ihrer Zugänglichkeit für die Allgemeinheit. Seit dem späten Neuen Reich nahmen die persönliche Frömmigkeit und die Möglichkeiten eines Zugangs von Privatpersonen zu den Göttern zu. Das Bedürfnis nach Kontakt zu den Göttern scheint in dieser Zeit dramatisch zugenommen zu haben. Die Tierkulte haben diese Funktion anscheinend hervorragend erfüllt, indem sie den Menschen gestatteten, den Erscheinungsformen eines Gottes unmittelbar gegenüberzutreten und mit diesen zu kommunizieren. Anders als die Götterbilder, die in Tempeln verschlossen waren und dem Blick des Volkes verborgen blieben, waren die heiligen Tiere in Prozessionen sicht- und hörbar und spielten eine weitaus aktivere Rolle innerhalb der Gemeinschaft. Eine wesentliche Aufgabe der göttlichen Tiere war die Orakelfunktion: Bittsteller kamen zu ihnen, um Streitigkeiten zu schlichten und die Entwicklung von Krankheiten oder Geschäften vorausgesagt zu bekommen. Sie dienten auch der Traumdeutung und spielten eine gewisse Rolle bei der Heilung von Kranken.[16] Es ist daher nicht verwunderlich, dass ihre Tempel und die dazugehörigen Grabstätten mit Votivgaben in Form von Stelen, Statuen und Mumien vollgestellt waren. Diese Kulte bewirkten möglicherweise auch

258 Mumie eines Falken
Mumie eines Falken
Griechisch-römisch, 332 v. Chr.–395 n. Chr.
Herkunft unbekannt
Leinen, Kartonage, teilweise vergoldet
L. 36,8 cm
The Manchester Museum,
The University of Manchester,
Inv.-Nr. 11293

259 Mumie einer Katze
Römisch, 30 v. Chr.–395 n. Chr.
Herkunft unbekannt
Leinenumhüllung
H. 39 cm; Br. 8 cm
National Museums Liverpool,
World Museum Liverpool,
Inv.-Nr. 42.18.2

260 Mumie eines Krokodils
Vermutlich griechisch-römisch,
332 v. Chr. – 395 n. Chr.
Kom Ombo
Krokodilsmumie
L. 165 cm; Br. 30 cm
Museum für Völkerkunde Burgdorf (CH),
07608 A

In der Antike galten Krokodile in Ägypten als heilige Tiere des Fruchtbarkeitsgottes Sobek, der in der Oase Fayum und im oberägyptischen Kom Ombo besondere Verehrung genoss. Das vorliegende Exemplar wurde 1923 vom Konservator des Museums für Völkerkunde Burgdorf beim Berliner Antiquitätenhändler Arthur Speyer zusammen mit einem Mumienkopf und einer Hand für CHF 150 erworben. Ein beigelegtes Schreiben des Ägyptologen Georg Steindorff bestätigt, dass das Tier von ihm selbst am 19. März 1895 auf einem Krokodilsfriedhof östlich von Kom Ombo entdeckt wurde. Kürzlich durchgeführte Untersuchungen am »Zentrum Forensische Bildgebung & Virtopsy« des Instituts für Rechtsmedizin der Universität Bern ergaben, dass das Reptil zwei walnussgroße – wohl gegen den Auftrieb geschluckte – Steine im Darm hat. An anderen Stellen jedoch erscheint der Bauch nahezu hohl, und es zeigen sich lochartige Defekte in der Bauchwand, welche auf eine Entfernung von Teilen des Darmes hinweisen.
Kordt 1940, 105.
A. K.

die Übernahme solcher Glaubensvorstellungen bei einigen Griechen, Römern und Angehörigen anderer Völker, die das Land seit dem 4. Jh. v. Chr. unter ihre Kontrolle gebracht hatten. Die Tierkulte mit den dazugehörigen Kulthandlungen fanden erst ihr Ende, als ein Edikt von Theodosius I. (379–395 n. Chr.) die Schließung der heidnischen Tempel bewirkte und Kaiser Honorius (395–423 n. Chr.) das Serapeum zerstören ließ und damit ein für alle Mal der Vergöttlichung von Tieren in Ägypten ein Ende setzte.

Seit Beginn der Spätzeit scheinen Tiermumien als Votivgaben die beliebtesten Opfergaben für die Götter gewesen zu sein, wie die an diversen heiligen Stätten gefundenen Millionen von Tiermumien zeigen.[17] Sie waren tatsächlich in so großer Menge vorhanden, dass man im 19. Jh. Katzenmumien als Düngemittel nach Europa versandte.[18]

Manche Details über die Organisation und den »Verkauf« der Votivmumien erfahren wir aus den priesterlichen Archiven der damaligen Zeit.[19] Die ungeheure Zahl von Tieren, die an jeder dieser Kultstätten beigesetzt wurden, lässt den Schluss zu, dass diese eigens für die Mumifizierung gezüchtet wurden. Eine Zucht von Katzen, Pavianen und Hunden sowie die Herdenhaltung von Widdern, Gazellen und Rindern oder auch Scharen von Enten oder Ibissen kann man sich unschwer vorstellen. Schwieriger nachzuvollziehen ist dagegen, wie Skarabäen, Schlangen, Spitzmäuse, Ichneumons und Greifvögel für die Mumienherstellung gezüchtet werden konnten, da sich diese Tiere in Gefangenschaft nicht erfolgreich fortpflanzen. Jedenfalls muss es innerhalb der zu den Tempeln gehörigen Ländereien Bereiche zur Aufzucht von Ibissen und Krokodilen und zur Haltung von Hunden, Katzen und sogar Skarabäen gegeben haben. Ausgrabungen haben jedoch nur vereinzelte Belege dafür geliefert, wie etwa eine Anlage zur Krokodilzucht in der Nähe eines Sobek-Tempels im Fayum,[20] Einrichtungen zum Ausbrüten von Ibiseiern in Saqqara und andernorts[21] und mögliche Aufzuchtstätten für Ibisse nahe des Sees von Abusir in Saqqara, deren Existenz durch schriftliche Quellen nachgewiesen ist.[22] Lagen die Aufzuchtzentren vielleicht anderswo? Sie mussten auf jeden Fall bedeutende Flächen zur Verfügung haben, ebenso wie Bedienstete in großer Zahl für die Betreuung und angemessene Versorgung der Tiere mit Nahrung. In der Tiernekropole in Saqqara gibt es Hinweise auf Ibisse, deren verletzte Flügel geschient wurden, um sie zu heilen.[23] Folglich müssen die Priester oder andere im Zusammenhang mit dem Kult tätige Bedienstete über tiermedizinische Kenntnisse und Fertigkeiten verfügt haben. Die Skarabäen, Schlangen, Spitzmäuse, Ichneumons und Greifvögel wurden wahrscheinlich eher in der freien Wildbahn gefangen als gezüchtet, Paviane und andere Affen gelangten durch den Handel mit Afrika ins Land, wenngleich man sich zur damaligen Zeit in Ägypten wohl auch bemühte, Affen zu züchten.[24]

261 **Mumie eines Krokodils**
Römisch, 30 v. Chr. – 395 n. Chr.
Herkunft unbekannt
Leinenumhüllung
L. 101 cm; Br. 10 cm
National Museums Liverpool,
World Museum Liverpool,
Inv.-Nr. M 14289

Es scheint, als haben gelegentlich nicht genügend Tiere für die Mumifizierung zur Verfügung gestanden, so dass die Priester ein einzelnes Tier zerlegten und dessen Knochen, Fell oder Gefieder auf mehrere Mumienbündel verteilten, die jedoch alle die Form des betreffenden Tieres besaßen. Dahinter stand die Vorstellung, dass ein Teil das Ganze repräsentierte. Einige Mumien, deren Inhalt aus Federn oder Fell besteht, sind möglicherweise nur Abfälle der Mumifizierung; sie galten jedoch als heilig und mussten daher respektvoll behandelt und innerhalb der Grabstätte beigesetzt werden.

Die Tiermumien wurden in speziellen Balsamierungshallen, so genannten Wabets, präpariert. Obwohl bislang keine vollständigen Balsamierungswerkstätten archäologisch nachgewiesen werden konnten, fand man zumindest Teile davon oder Gebäude, die mit diesem Verfahren in Zusammenhang stehen, in Tuna el-Gebel[25], Memphis[26] und möglicherweise auch in der Oase Charga[27]. Es gab zahlreiche Möglichkeiten, Tiere zu mumifizieren. Zum Teil variieren sie je nach zeitlichen, geografischen oder wirtschaftlichen Umständen, und auch die unterschiedliche Beschaffenheit der verschiedenen Tiergattungen (Fell, Gefieder oder Schuppen) trug zu den wechselnden Methoden der Mumifizierung bei.

Heilige Tiere lebten bis zu ihrem natürlichen Tod und wurden dann mumifiziert. Das bestätigen die alten Chnum-Widder von Elephantine, deren Zähne auf Grund ihres Alters stark abgewetzt sind,[28] und denen man vermutlich breiartiges Futter gab, um sie überhaupt am Leben zu erhalten. Auf der anderen Seite wurden auch zahlreiche Tiere absichtlich getötet, um sie dann zu mumifizieren. Einige der mumifizierten Katzen aus dem Bubasteion[29] und anderen Fundstätten, wie Istabel Antar oder Bubastis, tötete man, indem man ihnen mit einem stumpfen Gegenstand den Schädel zertrümmerte oder das Genick brach. Für Hunde gibt es keine genaueren Zeugnisse, obgleich Welpen möglicherweise stranguliert wurden,[30] was allerdings bei ausgewachsenen Tieren wohl weniger praktikabel gewesen wäre. Fische wurden einfach getötet, indem man sie aus dem Wasser nahm, während man jungen Krokodilen offenbar die Nasenlöcher aufschlitzte.[31] Die Methode, mit der man ein ausgewachsenes Krokodil erlegte, ist nicht bekannt, möglicherweise wurde Gift eingesetzt. Dies war vielleicht überhaupt die Methode bei größeren Tieren, deren Zähne gefährlich werden konnten. In El-Lahun fand man zwei Gräber mit Krokodilen,[32] von denen eines zerstückelt war. Ob dies allerdings mit einem Problem bei der Mumifizierung oder aber mit dem Tod des Tieres zusammenhängt, ist nicht sicher. Die Priester haben Vögel, wie Ibisse und Greifvögel, möglicherweise dadurch getötet, dass sie ihnen das Genick brachen. Dies ist auf Röntgenaufnahmen jedoch nur schwer zu erkennen, es sei denn, die Wirbel wurden dabei zertrümmert. Eine andere Möglichkeit bestand darin, sie in einen Bottich mit flüssigem Harz oder Pech zu tauchen.[33] Hierbei wäre das Tier zugleich getötet sowie konserviert und unmittelbar nach Entnahme

262 Ibismumie mit Applikation einer Thot-Figur
Griechisch-römisch, 332 v. Chr. – 395 n. Chr.
Saqqara
Leinen, Kartonage
H. ca. 30-40 cm
The Manchester Museum,
The University of Manchester,
Inv.-Nr. 11501

aus dem Bottich eingewickelt worden. Das erklärt die im Allgemeinen sehr schlechte Qualität vieler Vogelmumien, die nicht ordnungsgemäß getrocknet worden waren.

Die am weitesten verbreitete Methode der Einbalsamierung von Tieren, besonders von Säugetieren, umfasst auch das Entfernen der Eingeweide und das Austrocknen.[34] Zweifellos waren der Aufwand und demzufolge auch die Preise für die Mumifizierung der Votivmumien unterschiedlich, und vermutlich wurden für die heiligen Tiere die besten Materialien verwendet und mit größerer Sorgfalt gearbeitet. Im Gegensatz zu den Menschen wurde den Tieren nicht das Gehirn entfernt, obgleich dies bei Vieh und Pferden durchaus möglich gewesen wäre. Abhängig von der Größe des Tieres wurde es von den Balsamierern entweder am Bauch oder an der Flanke aufgeschnitten, um die inneren Organe entfernen zu können. Diese konnten dann separat behandelt oder beiseite gelassen werden. Bislang wurden aber ausschließlich Kanopenkrüge für die mumifizierten Eingeweide heiliger Stiere nachgewiesen.[35] Anschließend wuschen die Balsamierer je nach Qualität der Mumifizierung die Körperhöhle mit Palmwein aus, trockneten sie mit Leinentüchern und stopften sie mit kleinen, mit Natron gefüllten Päckchen aus. Danach wurde der Körper mit Natron bedeckt. Es diente der Austrocknung des Körpers und war das wichtigste Material, das bei der Mumifizierung Verwendung fand. Die Dauer des Austrocknens war abhängig von Größe und Art des Tieres. Bei größeren Säugetieren bedurfte es mehr Zeit als bei kleineren Tieren, und Amphibien und Reptilien, die in der Regel, vor allem wenn sie klein waren, nicht ausgeweidet wurden, trockneten schneller aus, da sie weniger Flüssigkeit enthielten. Auch Vögel konnten auf diese Art präpariert werden, das Ausweiden war dabei aber nicht zwingend. Sobald die Tiere getrocknet waren, wurden sie sowohl aus religiösen als auch aus praktischen Gründen mit Ölen einbalsamiert – das Öl bewahrte eine gewisse Flexibilität in den Gelenken, was beim Einwickeln von Vorteil war. Die Mumien besserer Qualität wurden durch Bandagen aus Leinen, die man in die Körperhöhle einfügte, in Form gebracht. Danach wurde das mumifizierte Tier schließlich mit Leinenbinden eingewickelt, wobei in die Bandagen manchmal Amulette mit eingebunden wurden.

Manche Tiere, besonders aus römischer Zeit, waren vor dem Einwickeln nicht ausreichend getrocknet worden. Zum Ausgleich bedeckten die Balsamierer die Körper mit dicken Schichten von Ölen, Harzen und Pech,[36] bevor sie eingewickelt wurden. Dies hatte zur Folge, dass viele dieser Mumien – sowohl von Tieren als auch von Menschen – schlecht konserviert wurden und innerhalb der Bandagen zerfallen sind. Auch die Hitze und die Feuchtigkeit von Harzen und Pech wirkten sich nachteilig auf die Mumifizierung aus und trugen zum Verfall der Tierkörper bei. Es gibt Beispiele von Tiermumien, bei denen die ausgerenkten Knochen wieder zusammengefügt und so umwickelt wurden, dass sie den Anschein eines unverletzten Tieres erweckten. Vielleicht bestattete man diese Tiere zunächst ohne

263 **Stuckmaske eines mumifizierten Krokodils**
Griechisch-römisch, 332. v. Chr.–395 n. Chr.
Herkunft unbekannt
Kartonage, bemalt
L. ca. 45 cm
Senckenberg Forschungsinstitut und Naturmuseum, Frankfurt am Main,
Inv.-Nr. Ä 38

264 Falkensarg
Spätzeit, 742–332 v. Chr.
Herkunft unbekannt
Bronze
H. 11,9 cm; L. 14, 1 cm
Skulpturensammlung,
Staatliche Kunstsammlungen Dresden,
Inv.-Nr. Aeg 818 (109)

Mumifizierung, grub sie zu einem späteren Zeitpunkt wieder aus und wickelte sie ein. Eine ungewöhnliche, aber effektive Methode der Mumifizierung, die in römischer Zeit sehr gebräuchlich war und bei den in Armant begrabenen Stieren und Kühen Anwendung fand, sah einen Einlauf[37] aus Zedern- oder Wacholderöl vor, dessen Wirkung mit der von Terpentin vergleichbar ist. Für den Zedernöleinlauf füllte man eine große Menge Öl in den Körper, verschloss dann die Öffnung mit Leinen und trocknete den Körper mithilfe von Natron aus. Sobald genügend Zeit verstrichen war, entfernten die Balsamierer den Pfropfen und übten auf den Körper Druck aus, so dass die aufgelösten inneren Organe durch den Anus ausgeschieden wurden. Anschließend wurde die Mumie in der üblichen Weise balsamiert und eingewickelt.

Jedes Tier wurde auf unterschiedliche Art positioniert und eingewickelt, wenngleich einige Haltungen typischer waren als andere. Obwohl Katzen und Hunde so präpariert werden konnten, als würden sie stehen, wurden sie meist zu einem kompakten Bündel arrangiert, das man in den Sand stecken konnte, während es trocknete. Sie waren so positioniert, dass sie in der Hocke saßen und ihre Vorderläufe neben dem Bauch herunterhingen, während der Schwanz zwischen den Beinen hochgezogen war und flach auf dem Bauch lag. Rinder, Schafe, Ziegen und Gazellen brachte man in eine kniende, sphinxartige Stellung, eine unnatürliche Haltung für diese Tiere, deren Hinterläufe sich normalerweise nicht in dieser Weise nach vorne biegen lassen. Um das zu ermöglichen, wurden die Sehnen der Hinterläufe durchtrennt, was den Balsamierern erlaubte, die Beine der Tiere in der gewünschte Weise anzuordnen. Vögel waren oftmals so gewickelt, dass sie heutigen Kegelfiguren ähneln. Sie lassen eindeutig erkennen, dass sie in noch feuchtem Zustand in den Sand gesteckt worden waren. Die Köpfe einiger Ibisse ruhten entweder auf ihrem Bauch, so dass sich ein kompaktes Paket ergab, oder sie wurden nach hinten gebogen, so dass sie auf dem Rücken liegen und die Schnäbel durch die Bandagen klar zu erkennen sind. Spitzmäuse und Babykrokodile wurden oft in einzelne Päckchen verpackt und anschließend zu größeren Bündeln geschnürt. Manchmal wurden erwachsene Krokodile mitsamt ihren mumifizierten Jungen auf dem Rücken oder im Maul eingewickelt. Beides findet sich auch in der Natur und stellt eine sichere Methode dar, den Nachwuchs zu transportieren.

Die Umwickelung variierte ebenfalls und reichte von einfachen spiralförmigen Bandagen bis zu ausgefeilten Wickeltechniken, wie der Kassettenwicklung, welche für das 2. Jh. n. Chr. und die Folgezeit typisch waren. In einigen Fällen schmücken Stoffe mit Applikationen das Äußere der Mumienbündel. Vor allem in der griechisch-römischen Zeit wurden auch Papyrusstängel und Schilfmatten verwendet, um die Mumien zu binden. In die Wicklung oder auf die Mumien legte man Amulette. So wie einige menschliche Mumien trugen auch manche Tiermumien Masken aus Kartonage.[38] Diese waren besonders in der späten ptolemäischen und römischen Zeit vergoldet. Auch einige Masken aus Lehm wurden gefunden. Viele Mumien von heiligen Tieren aus ptolemäischer Zeit und aus späteren Epochen wurden mit Halskragen aus Kartonage und dekorativen Elementen verziert. In einigen Fällen war das gesamte Tier mit einer Schale aus bemalter und vergoldeter Kartonage bedeckt.

Die Art der Bestattung hing von der Tierart ab, die als Votivgabe (oder als heiliges Tier) mumifiziert wurde. Vogelgruppen wurden oft in großen Keramikgefäßen bestattet, Einzeltiere dagegen bekamen ein separates Keramikgefäß oder einen Holzsarg. Manche Tiere wurden in Särgen bestattet, die denen von menschlichen Mumien ähnelten, allerdings die Form des entsprechenden Tieres aufwiesen. Folglich wurden Särge aus Stein, Holz und Bronze in der Form von Katzen, Hunden, Skarabäen, Schlangen und anderen Tieren angefertigt. Manche Särge haben eine eher traditionelle, rechteckige oder quadratische Form. Andere wiederum lassen ihren Inhalt durch ein Hochrelief oder in Form einer Statue erkennen, wobei der Sarg als Sockel für die bildliche Darstellung des verstorbenen Tieres dient.

Die präparierten Votivmumien konnten dann von Pilgern gekauft werden und wurden anschließend noch vorübergehend gelagert. Beim Bestattungsfest beerdigte man sie schließlich, gemäß den religiösen Vorschriften, in ihren Ruhestätten,[39] so dass sie den Göttern ihre Botschaften überbringen konnten.

1 Flores 2003. **2** Ikram 2000; Ikram 2005, 1–15; Rice 2006, 43–77. **3** Ikram, 1995; Ikram 2004; Ikram 2005, 1–15; Bresciani 2005, 199–206. **4** Ikram 2005, 1–15; Nicholson 2005, 44–71; Kessler/Nur el-Din 2005, 120–163. **5** Herodot III, 28; Diodor I, 84; Vos 1998. **6** Martin 1981, 9. Kessler 1989, 253–290 ist der Meinung, dass diese Tiere, obgleich ebenfalls heilig, keine Votivgaben waren und die Kulte in Verbindung standen mit der göttlichen Apotheose des Königs und nicht mit den diversen Gottheiten. Vgl. auch Kessler 2003, 33–67. **7** Ray 1976, 40. **8** Kessler/Nur el-Din 2005, 120–163. **9** Kessler 1989; Kessler/Nur el-Din 2005, 120–163. **10** Flores 2003; Simpson 7. **11** Te Velde, 1980. **12** Houlihan/Goodman 1986, 8. **13** Te Velde 1977. **14** Siehe Dodson 2005, 72–105 für einen aktuellen Überblick über den Apis-Kult und andere Arten der Verehrung von Rindern. **15** Kesslers Überlegungen (siehe Anm. 6) hinsichtlich der Verbindung zwischen diesen Kulten und der göttlichen Eigenschaft des Königs werden durch die Verknüpfungen zwischen diesen Herrschern und dem Anstieg von Tierkulten gestützt. **16** Kessler/Nur el-Din 2005, 120–163 sowie Redford/Redford 2005, 164–198; Kurth 1986; Kakosy 1981, 141; Jasnow 1997; Ray 1976. **17** Ray 1976, 138. **18** Malek 1993, 129. **19** Ray 1976. **20** Siehe Bresciani 2005, 199–206. **21** Smith 1969 und 1974; Vandorpe 1992, 115; Traunecker 1987, 147–158. **22** Ray 1976. **23** Nicholson 2005, 44–71. **24** Perizonius/Attia/Smith/Goudsmit 1993. **25** Gabra 1971, 171. **26** Jones/ Jones 1982, 1983, 1985, 1987 und 1988; Dimick 1959. **27** F. Dunand, persönliche Mitteilung. **28** Kairo 2002, 35–36. **29** Zivie/Lichtenberg 2005, 106–119; Armitage/Clutton-Brock 1980 und 1981; Kairo 2002. **30** Lortet/Gaillard 1909, 257–260, 283–286 und 294 sowie persönliche Forschungsergebnisse der Autorin im Hundefriedhof von Abydos. **31** Bresciani 2005, 199–206 und zitiert in Ikram 2005, 16–43. **32** de Gorostarzu 1901, 182–184. **33** Ikram 2005, 16–43; Nicholson 2005, 44–71. **34** Zu Ergebnissen von experimenteller Mumifizierung siehe Garner 1979, 19–24; Ikram 2005, 16–43. **35** Dodson 2005, 72–105. **37** Ohne ausgiebige Versuche ist es schwierig festzustellen, ob es sich bei der Substanz um Pech, Bitumen, Öl, Harz oder eine Mischung aus einigen oder all diesen Substanzen handelt. **38** Die Ausgräber fanden an dieser Fundstätte tatsächlich Klistiere. Siehe Mond/Myers 1934, 100–102. Siehe die Objekte CG 29655, 29685, 29863, 29862, 29767 und 29804–29806, in: Kairo 2002; Evans 2001 und in diesem Katalog. Vgl. auch Dils 1990, 73–85. **39** Ray 1976, 140.

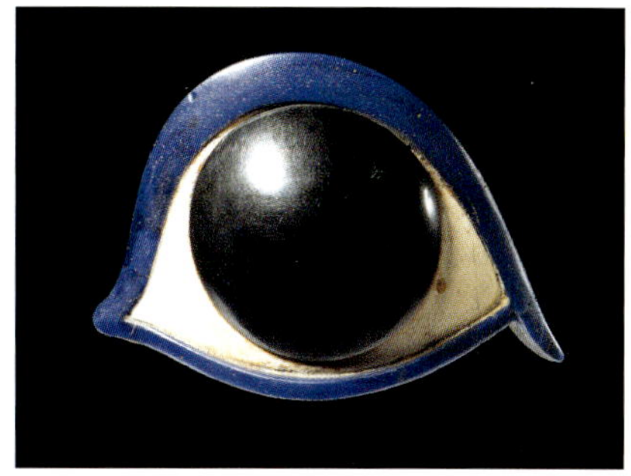

265 Augeneinlage eines Tieres
Spätzeit-ptolemäisch, 1. Jt. v. Chr.
Herkunft unbekannt
Glas, Obsidian, Kalzit-Alabaster
H. 5,2 cm; Br. 7,3 cm; T. 2,3 cm
Landesmuseum Württemberg, Stuttgart, Arch 98/W27

Das linke Auge aus drei verschiedenen Materialien könnte von Form und Größe her als Einlage zu einer Mumie oder einem Kartonagesarg von einem heiligen Stier gehört haben. Die Augenumrandung wurde aus opak dunkelblauem Glas geformt, die Iris besteht aus grauschwarzem Obsidian, der Augapfel aus weißem Kalzit-Alabaster. Zur Befestigung befindet sich an der Rückseite der Iris ein Vierkantstift, der durch den Augapfel der Einlage geschoben wurde. Ein gipsartiges Bindemittel fixierte anschließend diese beiden Teile mit der Glasumrandung.
Stern/Schlick-Nolte 1994, 174, Nr. 27.
C. H.

Objektteil Tiermumien

266 Statuette eines Pavians
Ptolemäisch, 306–30 v. Chr.
Eventuell aus Tuna el-Gebel
Kalkstein
H. 20,4 cm; Br. 11,4 cm; T. 16,8 cm
Ägyptisches Museum
der Universität Leipzig (ÄMUL), 1638

Die recht sorgfältig gearbeitete Statuette eines hockenden Mantelpavians mit ausladender Mähne repräsentiert eine der möglichen Erscheinungsformen des Gottes Thot. In würdevoll strenger Haltung – die Vorderpfoten auf den angezogenen Knien – sitzt der Pavian mit leicht erhobenem Kopf auf einem nur knapp angedeuteten Kissen mitten auf einer rechteckigen, nach vorne abgeschrägten Basis. Die Form dieses Sockels erinnert an das hieroglyphische Zeichen für Maat (Gerechtigkeit) und findet als solches gerne Verwendung für die Gestaltung von Basen für Götterstatuen. In dem auf der Schädelmitte eingetieften Zapfloch war ursprünglich der Kopfschmuck der Götterfigur befestigt, der wohl aus einer Kombination von Mondsichel und Vollmondscheibe als Symbol des Thot bestand. Abgesehen von der Möglichkeit einer Votivgabe bzw. Stiftung dieser Figur in einem Tempel des Thot ist auch die Verwendung als Grabstatuette für einen mumifizierten heiligen Pavian möglich.

Leipzig 1997, 97–98, Tf. 112, Nr. 175. F. K.-S.

1830.

Der Stier mit der Sonnenscheibe, einer Uräus-Schlange zwischen den Hörnern und einem Dreieck auf der Stirn wird durch die Inschrift als Apis-Stier ausgewiesen. Es handelt sich um das lebende Kultbild des in Memphis verehrten Gottes Ptah. Der Stier trägt ein Halsband und auf dem Rücken eine Art Decke mit drei untereinanderliegenden Skarabäen. Die deckenartige Auflage befindet sich an der Stelle, wo der Stier eine bestimmte Fellzeichnung aufweisen soll, die neben anderen Merkmalen dieses Tier gegenüber seinen Artgenossen als Apis-Stier auszeichnet. Diese Mittelzeichnung wird oben von einem Schutzgeier und unten von einem geflügelten Skarabäus eingerahmt. Die Inschrift auf dem Sockel nennt den Namen des Stifters. Vorne und rechts: »Osiris-Apis gebe Leben (dem) [unlesbar] Sohn des [unlesbar].« Links: »Apis möge Leben geben (dem) Djed-hor, Sohn des Pa-di-neith. Regierungsjahr 9.«

TÜBINGEN 1981, 62–63; STUTTGART 1984, 34; TÜBINGEN 2002, 88. D. M.-L.

267 Apis-Stier
Spätzeit, 746–332 v. Chr.
Herkunft unbekannt
Bronze mit Silbereinlage (Stirndreieck)
H. 14,5 cm (davon Sockel 1,5 cm)
Landesmuseum Württemberg, Stuttgart, Inv. 476; Dauerleihgabe in der Ägyptischen Sammlung, Museum Schloss Hohentübingen, Tübingen

In versenktem Relief wiedergegeben ist der thronende Gott Apis, bekrönt mit Sonnenscheibe und Uräus-Schlange zwischen den Hörnern. Darüber erscheint eine geflügelte Sonnenscheibe, von der zwei Uräus-Schlangen herabhängen. In den Händen hält Apis ein Anch-Zeichen und ein Was-Zepter. Schwach erkennbar sind noch Reste von rötlicher (Konturlinien) und gelber (Apis) Bemalung. Ungewöhnlich ist die Darstellung von Apis in Menschengestalt mit Stierkopf. Ursprünglich war der Apis-Stier ein Symbol für die Fruchtbarkeit. Er wurde seit der 1. Dynastie im Tempel des Ptah in Memphis verehrt. Später fungierte er als Inkarnation des Gottes Ptah, einem der mächtigsten Schöpfergötter. Der Kult des Apis war ebenfalls eng verbunden mit Osiris (Osiris-Apis). Das zahlreiche Vorkommen solcher kleiner Stelen bezeugt den in der Spätzeit blühenden Apiskult.

VON DROSTE ZU HÜLSHOFF/SCHLICK-NOLTE 1984, 68; MAINZ 2004, 34–35, NR. I.2.5. B. H.

268 Apis-Stele
Ptolemäisch, 306–30 v. Chr.
Vielleicht aus Saqqara
Kalkstein
H. 19,8 cm; Br. 13 cm; T. 5,2 cm
Institut für Kunstgeschichte der Johannes Gutenberg-Universität Mainz, Landesmuseum Mainz, Inv.-Nr. PJG 73

Der kleine Reliefblock veranschaulicht deutlich die Schwierigkeiten, die ägyptische Bildhauer aufgrund ihrer aspektivischen Darstellungsweise bei der Umsetzung eines dreidimensionalen Gebäudes in ein Flachbild zu bewältigen hatten. Das Bild zeigt deshalb in gleichzeitiger Wiedergabe der Vorder- und Seitenansicht einen schmalen Schrein, dessen Seitenwand aus einem filigranen Gitterwerk besteht und mit den Zeichen für »Schutz« und »Dauer« geschmückt ist. Beim Anblick der Vorderseite kann man durch die wiederholte Wiedergabe immer kleiner werdender Hohlkehlen und ihrer mittig platzierten, mit Uräus-Schlangen geschmückten Sonnenscheiben erkennen, dass noch weitere Kästen in diesem Gehäuse verschachtelt sind. Im innersten Schrein befindet sich eine als Papyrusboot gestaltete Götterbarke, auf die ein mumifizierter Stier gebettet ist. Dies wird deutlich durch die tuchartige Umhüllung des mit untergeschlagenen Beinen ruhenden Stieres. Die gesamte Gebäude- und Barkenkonstruktion befindet sich wiederum auf einem mit Scheibenrädern ausgestatteten Wagen, der den Katafalk zum Begräbnisort des Stieres bringen sollte. Es ist schwer zu entscheiden, ob es sich bei dem dargestellten Stier um einen Apis-Stier aus Memphis oder einen Buchis-Stier aus Armant handelt.

MOND/MYERS 1934, I, 80 UND TF. 109; KRAUSPE 1997, 119, ABB. 96. F. K.-S.

269 Stele mit Darstellung einer Stierbestattung
Griechisch-römisch, 3 Jh. v. Chr.–1. Jh. n. Chr.
Eventuell aus Memphis
Kalkstein
H. 20,4 cm; Br. 21,2 cm; T. 5,0 cm
Ägyptisches Museum der Universität Leipzig (ÄMUL), 1830

270 Katzenkopf mit Ohrring
Spätzeit, 7./6. Jh. v. Chr.
Herkunft unbekannt
Bronze, Gold, H. 10 cm
Museum für Kunst und Gewerbe Hamburg
Inv. 1924.168 (Kopf) und 1924.169 (Anhänger)

Der stilisierte Katzenkopf aus graugrün patinierter Bronze mit malachitfarbener Schnauze ist ein Sinnbild der Göttin Bastet. Die hochstehenden Ohren mit einer senkrechten Mittelrille weisen am unteren Ende je eine Durchbohrung zum Einsetzen von Ohrringen auf (der Anhänger ist nicht zugehörig). Auf der Stirnmitte befindet sich ein reliefierter Skarabäus. Die Illusion des Katzenblickes wird durch zurückliegende halbkreisförmige Augenscheiben aus Glas erzeugt, die eine stilisierende gelb-rote Bemalung mit drei von der unteren Mitte nach oben ausstrahlenden dunkelgrünen Strichen aufweisen. In ganz Ägypten finden sich Friedhöfe mumifizierter Katzen und bronzene Darstellungen.

Hamburg 1997, 57 mit Abb. 49. F. H.

271 Katzenmumie
Römisch, 1. Jh. v. Chr. – 2. Jh. n. Chr.
Herkunft unbekannt
Mumie in Leinenbandagierung, am Katzenkopf Bemalung; L. 44 cm
Stiftung Schloss Friedenstein Gotha, Schlossmuseum, Inv.-Nr. Ae 1150

Die Katze war das heilige Tier der Bastet, der Göttin der Liebe und des Tanzes. Diese, ursprünglich in Bubastis beheimatet, besaß synkretistische Verbindung zur löwenköpfigen Kriegsgöttin Sachmet. Die als Katze oder menschlich mit Katzenkopf dargestellte Bastet galt jedoch im Unterschied zu Sachmet als friedfertig. So heißt es in einem Mythos: »Sie wütet als Sachmet, sie ist friedlich als Bastet.« Seit der 22. Dynastie tauchen in Ägypten unzählige Katzenfriedhöfe auf, die von deren Bedeutung als heiliges Tier künden. Wichtigste Kultorte neben Bubastis waren Saqqara, Tanis, Beni Hassan, Speos Artemidos und Theben. Die vorliegende Katzenmumie stammt aus römischer Zeit, wie aus der dekorativen und aufwendigen Wicklung in der Kassettentechnik hervorgeht.

Unveröffentlicht. U. W.

272 Zwei Mumienmasken für Katzen
Ptolemäisch, 3.–1. Jh. v. Chr.
Herkunft unbekannt
Kartonage, bemalt und vergoldet
a: H. 8,5 cm; Br. 7,9 cm; T. 8 cm
b: H. 8,9 cm; Br. 7,2 cm; T. 8,1 cm
Ägyptisches Museum der Universität Bonn, BoS 3155 a/b

In Bubastis befindet sich der größte Tierfriedhof mit Katzenbestattungen in Ägypten. Ähnlich wie bei Menschen wurden die Tiere nach ihrem Tod mumifiziert, mit dünnen Leinenstreifen umwickelt und in einem Sarg beigesetzt. Bei den aufwendig bestatteten Mumien handelt es sich nicht um private Haustiere, sondern um Verkörperungen der tiergestaltigen Gottheit, die im Tempelbezirk aufgezogen werden, bei religiösen Handlungen eine Rolle spielen und nach ihrem zum Teil gewaltsamen Tod in einer Tiernekropole bestattet werden. Obwohl sich eine stattliche Anzahl an Katzenmumien und auch Särgen in Katzenform erhalten hat, sind Tiermumienmasken aus vergoldeter Kartonage ausgesprochen selten. Die Ausführung der Bonner Masken verweist eindeutig auf eine Herstellung in ptolemäischer Zeit.

Bonn 2004, 38–39, Nr. 14 a, b; Bonn 2006, 53. G. P.

Diese Bronzestatuette stellt die katzenköpfige Göttin Bastet dar. Die Oberfläche ist stark abgerieben, es sind nur noch wenige Einzelheiten erkennbar. Auffällig sind die übergroßen, ein wenig plump wirkenden Ohren sowie die Ausarbeitung der Zehen. In der linken Hand hält die Göttin eine Ägis (Amulettkragen). Aufgrund von Vergleichsstücken ist in der linken Armbeuge ein Körbchen, in der rechten Hand ein Sistrum (Rasselinstrument, vgl. Kat.-Nr. 160) zu rekonstruieren, die separat und vielleicht aus einem anderen Material angefertigt waren.

Tübingen 1981, 61; Tübingen 2002, 89 (nur Abbildung). D. v. R.

273 Bastet
Spätzeit, 746–332 v. Chr.
Herkunft unbekannt; Bronze; H. 9,9 cm
Landesmuseum Württemberg, Stuttgart, Inv. 420; Dauerleihgabe in der Ägyptischen Sammlung, Museum Schloss Hohentübingen, Tübingen

Bestattet wurden Katzenmumien in unterschiedlichen Särgen. Die aus Holz gefertigten katzenförmigen Behältnisse zählen zu den häufigsten Typen der Spätzeit. Der Gothaer Katzensarg, in dem sich noch ein Rest der Tiermumie befindet, überzeugt künstlerisch durch den sehr ausdrucksstark gearbeiteten Katzenkopf. Anatomie und Wesensart des Tieres sind hier in beeindruckender Genauigkeit eingefangen. Durch die eingelegten Glasaugen gewinnt die Figur noch zusätzlich an Lebendigkeit. Ursprünglich war der Katzenkopf ebenso wie die Tatzen und der untere Teil des Körpers vollständig vergoldet, wie jüngste restauratorische Untersuchungen ergaben. Die gespannte Sitzhaltung des Tieres, die durch die eng nebeneinanderstehenden Vorderpfoten und die steil aufgestellten Ohren nachdrücklich betont wird, entspricht dem verbreitetsten Typ spätzeitlicher Katzendarstellung.

Gotha 1996, 78–79. U. W.

274 Katzensarg mit Mumienrest
Spätzeit, 6.–4. Jh. v. Chr.
Herkunft unbekannt
Holz mit Stuck überzogen, Reste von farbiger Bemalung und Vergoldung
H. 50,5 cm, Sockel 16 x 30 cm
Stiftung Schloss Friedenstein Gotha, Schlossmuseum, Inv.-Nr. Ae 66

275 **Stele des Pa-en-weret für den Gott Sobek**
Neues Reich, 19. Dynastie, um 1250 v. Chr.
Qantir (»Ramsesstadt«)
Kalkstein; H. 23 cm; Br. 17 cm; T. 5,5 cm
Roemer- und Pelizaeus-Museum, Hildesheim, Pelizaeus-Museum Inv.-Nr. 398

Der Obergoldarbeiter Pa-en-weret lebte zur Zeit Ramses' II. und stiftete diese kleine Stele, um seiner Verehrung für den Wasser- und Fruchtbarkeitsgott Sobek Ausdruck zu geben. Sobeks tierische Erscheinungsform war das Krokodil, gleichzeitig Symbol des lebenswichtigen Nilwassers und gefährliche Bedrohung für die Menschen, die am oder auf dem Fluss lebten und arbeiteten. Unter diesen beiden Aspekten wandte man sich überall in Ägypten an Sobek. Der Fruchtbarkeit seines Elements Wasser wegen galt er unter dem Namen Sobek-Re, wie hier auf der Stele, als Form des Schöpfer- und Sonnengottes Re. Antike Geschichtsschreiber wie Herodot und Diodor berichten voller Staunen, dass an den großen Tempeln des Sobek heilige Krokodile in eigenen Gehegen gehalten wurden. Priester pflegten und fütterten sie, die Tiere trugen goldenen Schmuck. Nach ihrem Tod wurden sie mumifiziert und in eigenen Tiernekropolen beigesetzt.

HABACHI 1954, 536–537; HILDESHEIM 1973, 61, ABB. 55; KITCHEN 1980, 227–228; HAMBURG 1997, 56–57.

B. S.

276 **Statuette eines Krokodilgottes**
Griechisch-römisch, 1. Jh. v. Chr. – 1. Jh. n. Chr.
El-Hibe, Pfeilerhalle des Amun-Tempels
Grau-grüner Serpentinit mit dunklen Einsprengseln
L. 10, 8 cm; Br. 3,8 cm; H. 3,8 cm
Sammlung des Ägyptologischen Instituts der Universität Heidelberg, Inv.-Nr. 1469

Trotz des kleinen Formats weist der plastisch gestaltete Kopf mit der hochgewölbten Augenregion und den langen Zahnreihen die typischen Merkmale eines Nilkrokodils auf. Rücken- und Seitenpanzerung des Jungtiers sind durch tief eingeritzte, quadratische Felder und diagonale Schraffuren angegeben; seitlich befindet sich eine Reihe stilisierter, ringförmiger Schuppen. Die liegende Haltung mit den einst angewinkelten Beinen zeigt das Reptil im Ruhezustand. Ursprünglich war die Figur auf einem schreinförmigen Untersatz befestigt, von dem der heute abgebrochene Schwanz herabhing. Im Zapfloch auf dem Kopf war der bis auf ein Bronzestückchen verlorengegangene Kopfschmuck eingelassen, vermutlich eine Doppelfederkrone mit Sonnenscheibe und Uräus-Schlangen (vgl. Kat.-Nr. 275). Es dürfte sich um ein Abbild des Krokodilgottes Sobek handeln, der in Ägypten auch als Erscheinungsform des Sonnengottes verehrt wurde.

RANKE 1926, 42; HEIDELBERG 1986, 116, NR. 262; HOFFMANN, IN: FRANKFURT 2005, 428–433 UND 737, NR. 352.

B. G.-L.

Die Alten Ägypter fürchteten die Gefährlichkeit des Nilkrokodils und versuchten diese frühzeitig durch seine Vergöttlichung zu bannen. Der Krokodilgott Sobek, der auch in Gestalt eines Mannes mit Krokodilkopf dargestellt wurde, hatte in pharaonischer Zeit seine Hauptkultorte in Medinet el-Fayum (griech. Krokodilopolis) im Fayum und in Kom Ombo in Oberägypten. Dort bestattete man in den Tempeln des Gottes ausgewachsene Tiere, aber auch frisch geschlüpfte Krokodile und sogar Krokodileier. Gezüchtet wurden die heiligen Echsen in Aufzuchtsgebieten in der Nähe der Tempel, wo große Teichanlagen angelegt waren. Nach Herodot waren die Tiere so abgerichtet, dass sie sich mit der Hand berühren ließen. Über ihre Haltung berichtet er (II, 69): »Sie stecken ihnen aus Stein geschmolzene und goldene Ohrgehänge in die Ohren, legen ihnen Ketten um die Vorderfüße und geben ihnen Speisen, die zu heiligem Gebrauch bestimmt sind; und pflegen sie aufs Beste, so dass sie ein herrliches Leben haben. Wenn sie gestorben sind, balsamieren sie sie ein und begraben sie in einem heiligen Sarg.« Ebenso wie die Gothaer Ibismumien (Kat.-Nr. 292) geht auch das Bündel mit Mumien von frisch geschlüpften Krokodiljungen auf Ulrich Jasper Seetzens Erwerbungen in Ägypten zurück. Es stammt von seinen ausgedehnten Erkundungen im Fayum, die er auch zur Kartografierung der Oase nutzte.

GOTHA 1999, 40–41. U. W.

277 Krokodilmumien
Spätzeit bis römisch, 746 v. Chr.–395 n. Chr.
Wohl aus dem Fayum
Mumien in Leinenbandagierung
L. (max.) 40 cm
Stiftung Schloss Friedenstein Gotha, Schlossmuseum, Inv.-Nr. Ae 1153

Das Amulett stellt ein Krokodil dar, das auf einer Basisplatte aufliegt. Die Schuppen sind flächig herausgearbeitet, der Schwanz ist nach rechts gewendet, das Gesicht liegt auf der Öse auf. Solche Amulette hatten apotropäischen (Schutz bringenden) Charakter und sollten vor Angriffen dieser gefährlichen Tiere schützen.

UNVERÖFFENTLICHT. D. v. R.

278 Amulett in Form eines Krokodils
Spätzeit, 746–332 v. Chr.
Herkunft unbekannt
Fayence
H. 1,45 cm, Br. 1,1 cm, L. 5,8 cm
Hessisches Landesmuseum Darmstadt, Inv.-Nr. HLMD-A-2006-1-66

279 Fischmumie
Griechisch-römisch,
um 300 v. Chr.–200 n. Chr.
Herkunft unbekannt
Fischmumie, Gips und Leinen
L. 48,5 cm; Br. 3,7 cm; H. 13 cm
Rijksmuseum van Oudheden, Leiden,
Inv.-Nr. L.XII.6

Diese Fischmumie wurde mit einer Kartonage umhüllt, die ihrerseits einen Fisch darstellt. Durch eine Beschädigung am Schwanz kann man erkennen, dass die Ummantelung aus einer dicken Gipsschicht geformt wurde, die man auf einen inneren Kern aus Leinen und Pflanzenstöckchen auftrug. Vom Kopf bis zur spitzen Rückenflosse lässt sich ein fließender Übergang ausmachen. Einzig einige Details des Kopfes, wie Mund, Augen, Augenbrauen und der Verlauf der Kiemen, sind in schwarzer Farbe hervorgehoben. Auf beiden Seiten des Fischkörpers ist die Kartonage mit Hieroglyphentexten beschrieben. Der Text auf der linken Seite ist bemerkenswert, da er auf dem Kopf steht. Das erklärt sich möglicherweise aus der Tatsache, dass der Synodontis – die Spezies, mit der wir es hier höchstwahrscheinlich zu tun haben – bekanntermaßen häufig auf dem Rücken schwimmt. Die radiologische Untersuchung hat gezeigt, dass sich unter der Kartonage tatsächlich eine Fischmumie befindet.

Leiden 1840, N 41; Raven 1993, 40, Abb. 57; Raven/Taconis 2005, 318, Nr. 128. M. J. R./N. S.

280 Fischmumie
Wahrscheinlich römisch,
1. Jh. v. Chr. – 1. Jh. n. Chr.
Herkunft unbekannt
Fischknochen; mumifiziertes Gewebe;
Leinenbinden; rote und schwarze Bemalung
L. 34 cm; Br. 6 cm; H. 5,5 cm
Sammlung des Ägyptologischen Instituts
der Universität Heidelberg, Inv.-Nr. 3054

Diese Fischmumie wurde so in Leinenbinden gewickelt, dass die natürliche Körperform mit dem breiten, abgeflachten Kopf und der gratartig zugespitzten Rückenpartie noch gut zu erkennen ist. Wie Röntgenaufnahmen bestätigt haben, handelt es sich um einen Stachelwels (Bagrus ssp.), eine Gattung, für die vergleichbare mumifizierte Exemplare bekannt sind. Die dunkelbraunen schmalen Leinenstreifen hinter dem Kopf und im Bereich der Schwanzflosse legen eine Datierung in römische Zeit nahe. Als Dekor (oder Markierung für weitere Binden) finden sich in der Körpermitte und hinten noch je zwei streifenförmig angeordnete, rote Linien. Vor den als schwarze, rot umränderte Punkte markierten Augen sind einige Hieroglyphen aufgemalt. Falls die Lesung »Herr von Nubien in den beiden Ländern« zutrifft, könnte dies auf eine Herkunft aus der Gegend um Assuan hinweisen, wo Stachelwelse sehr häufig waren.

Unveröffentlicht. Vgl. Brier/Bennett 1979, 128–133; Sahrhage 1998, 144–145. B. G.-L./A. v. d. D.

281 Lepidotosfisch
Spätzeit, 746–332 v. Chr.
Herkunft unbekannt
Bronze
H. 6 cm; Br. 1,1 cm; L. 10,7 cm
Ägyptisches Museum der Universität Leipzig
(ÄMUL), 810

Bronzefiguren der Bynnibarbe (Barbus bynni) sind aus der Spätzeit in zahlreichen Varianten überliefert, wobei die Barbe von den antiken Autoren als »Lepidotos« (Schuppenfisch) bezeichnet wurde. Dieser Name ging auch auf die Bezeichnung des oberägyptischen Hauptverehrungsortes dieser Fischart – »Lepidotonpolis« – über, einem Ort unweit von Abydos auf der Ostseite des Nils gelegen. Hier wurde die löwengestaltige, kämpferische Göttin Mehit verehrt, der auch die Bynnibarbe heilig war. Neben den besonders charakteristischen großen Schuppen wird das Aussehen der Bynnibarbe von der prägnanten dreieckigen Rückenflosse und der gegabelten Schwanzflosse bestimmt. Darüber hinaus sind bei dieser sehr sorgfältig gearbeiteten Bronzefigur auch das Maul, die großen Augen, die Kiemenspalte sowie die Seiten-, Bauch- und Afterflossen naturgetreu mit feinsten Gravurlinien wiedergegeben. Mithilfe des dornartigen Zapfens am Bauch war die Figur ursprünglich vielleicht auf einem kleinen Schrein oder einem Sarg für ein mumifiziertes Exemplar des heiligen Fisches befestigt.

Unveröffentlicht. F. K.-S.

282 Spitzmaus
Spätzeit, 746–332 v. Chr.
Herkunft unbekannt
Bronze mit Silber (Augen)
H. 4 cm; L. 16,3 cm
Ägyptische Sammlung, Museum Schloss Hohentübingen, Tübingen, Inv. 1101

Die auf einem schmalen Sockel stehende Elefantenspitzmaus mit dem waagerecht abstehenden dünnen Schwanz ist das heilige Tier des Horus von Letopolis. Die Spitzmaus bildet zusammen mit dem Ichneumon, mit dem sie in der Rundplastik leicht verwechselt werden kann, ein Paar, das in der Vorstellung der Ägypter für den Sonnenlauf steht. Die Spitzmaus versinnbildlicht dabei die Nacht, das Ichneumon den Tag. Auf dem Rücken des Tieres sind vom Kopf zum Schwanz drei Figuren mit ausgebreiteten Flügeln eingraviert, eine Flügelsonne und ein Falke als Abzeichen des Sonnengottes sowie ein Geier, der für gewöhnlich als Schutzgottheit fungiert.

Brunner-Traut 1965; Tübingen 1981, 65; Stuttgart 1984, 26–27; Tübingen 2002, 90. D. M.-L.

283 Spitzmausmumie mit Sarg
Ptolemäisch, 306–30 v. Chr.
Herkunft unbekannt
Spitzmausmumie sowie Holz mit Stuckauflage
H. 6,8 cm; Br. 5,8 cm ; L. 13,8 cm
Ägyptisches Museum der Universität Leipzig (ÄMUL), 7951

Zu den kleinsten Tiermumien in Ägypten gehören neben einbalsamierten Skarabäen oder frisch geschlüpften Schlangen vor allem Spitzmäuse, die einer besonderen Form des Horus von Letopolis, dem Gott Mechentiirti, heilig waren. Diesem Gott, der im Sonnenlauf sowohl den Auf- als auch den Untergang des Gestirns durch ein »sehendes« und ein »blindes Auge« verkörperte, ordnete man für den sehenden Aspekt das Ichneumon, für den abendlich dunklen Aspekt die Spitzmaus zu. Neben zahlreichen kleinen Spitzmaussärgen aus Bronze gibt es auch hölzerne Exemplare, die wie hier in Form eines kleinen Schreines mit leicht geböschten Seitenwänden, Rundstab und Hohlkehle gearbeitet sein können. Ein passgenauer Deckel mit der geschnitzten Figur einer kleinen Spitzmaus verschließt die Vertiefung, in welcher sich die Mumie des winzigen Tieres befindet. Das kleine Mumienpäckchen misst lediglich 6,4 cm bei einem Durchmesser von knapp 2 cm.

Leipzig 1998. F. K.-S.

284 **Mumie einer Schlange**
Eventuell griechisch-römisch,
ca. 300 v. Chr.–200 n. Chr.
Herkunft unbekannt
Mumie in Leinen
L. 19,8 cm; Br. 9,2 cm; H. 5,8 cm
Rijksmuseum van Oudheden, Leiden,
Inv.-Nr. AMM 16r

Dieses rechteckige Paket aus Leinen enthält die Skelettreste mehrerer Schlangen und wurde mit einer einzigen Binde aus Leinen durchschnittlicher Qualität umwickelt. Durch die Löcher in der äußeren Schicht kann man darunterliegende Lagen aus gröberem Leinen erkennen. Neueste radiologische Untersuchungen ergaben, dass dieses Paket mehr als eine Schlange enthält, wahrscheinlich zwei oder drei. Eine davon ist ausgewachsen, ihre Wirbelsäule und ihr Schädel sind zu erkennen. Von den anderen Tieren kann der Schädel nicht nachgewiesen werden. Außerdem ist auch ein beträchtlicher Anteil Haut erhalten geblieben. Die genaue Gattung konnte nicht festgestellt werden. Andere ägyptische Mumien zeigen, dass mindestens drei verschiedene Schlangenarten einbalsamiert wurden: die gehörnte Viper, die Uräuskobra und die Natter. Seit der Spätzeit wurden Schlangen in Tempeln als heilige Tiere verehrt. Sie galten als Verkörperung der Erntegöttin Renenutet oder des Schicksalsgottes Pa-schai. Kom Ombo, Theben und Saqqara sind die Fundstätten mit dem größten Vorkommen an Schlangenmumien.

Leiden 1840, N 39; Leiden 1907, E.XLV.19; Raven/Taconis 2005, 312, Nr. 124. M. J. R./N. S.

285 **Sarg für einen Skarabäuskäfer**
Spätzeit, um 600 v. Chr.
Herkunft unbekannt
Kalkstein, bemalt
H. 7,1 cm; B. 10,7 cm; L. 17,4 cm
Kestner-Museum Hannover,
Inv.-Nr. 1935.200.469

In der Oberseite des Käferkörpers befindet sich eine ovale Vertiefung, die zur Aufnahme eines mumifizierten Skarabäuskäfers bestimmt und mit einem Deckel sowie zwei Stiften verschließbar war. Ob sich der Käfer dabei nochmals in einem kleinen Holz- oder Bronzesarg befunden hat, lässt sich nicht mit Gewissheit sagen. Die drei annähernd quadratischen Vertiefungen auf dem Käferrücken sind für die Montage einer aufwendig gearbeiteten Krone aus Holz oder Bronze bestimmt. Bisher unbemerkt geblieben, weist die glatte Unterseite eine neunzeilige Inschrift in roter Tinte auf, die leider sehr schlecht zu sehen und deren Inhalt unverständlich ist. In ihr werden offensichtlich eine Reihe von Substanzen genannt, die eventuell bei der Mumifizierung des Käfers zur Anwendung kamen oder kommen sollten.

Treignes 1999, 98–99, Nr. 94. C. E. L.

Auch wenn Bestattungen von Tieren bereits in die Vorgeschichte zurückreichen, gewinnen Tierkulte erst seit der 26. Dynastie und insbesondere in ptolemäischer Zeit an großer Bedeutung, was zur Einrichtung und zum Ausbau von mehr als 100 Tiernekropolen im ganzen Land führt. Millionen von Tiermumien sind dadurch überliefert, die Aufschluss über die Bedeutung und Funktion dieser besonderen religiösen Praktiken geben. Zahlreiche Vogelarten lassen sich innerhalb der Tierfriedhöfe nachweisen, wobei neben dem Ibis insbesondere Falken eine große Rolle spielen. Verschiedene ägyptische Gottheiten wie vor allem Horus oder auch Month treten in Falkengestalt auf, was die weite Verbreitung der Falkenmumien erklärt. Zu den sicherlich größten Tierfriedhöfen gehört Saqqara, wo eigene Anlagen und Katakomben für Falkenkulte errichtet wurden. Die Mumien, die ab ptolemäischer Zeit sorgsam zu einer Tiergestalt gewickelt werden, enthalten in ihrem Inneren dabei häufig nicht ganze Tiere, sondern zum Teil nur einzelne Knochen, Federn oder Vogeleier.

Unveröffentlicht. G. P.

286 Mumie eines Falken
Ptolemäisch, 3.–1. Jh. v. Chr.
Herkunft unbekannt
Knochenmaterial und Leinen, bemalt
H. 31,4 cm; Br. 6,85 cm; T. 7,3 cm
Ägyptisches Museum der Universität Bonn, BoS L 1601

Falkenmumien sind in großer Anzahl ab der Spätzeit überliefert und finden sich in zahlreichen Nekropolen im ganzen Land. Assoziierte man früher diese Kulte mit einem Pilgertum im großen Stil, so haben neuere Forschungen den Nachweis erbracht, dass die Aufzucht und Versorgung der Tiere bis hin zur Mumifizierung und Bestattung ein Teil der staatlich verankerten und auch ökonomisch bedeutenden Tempelgeschehnisse war. Vor allem in ptolemäischer Zeit werden die Tiere oder Teile von ihnen aufwendig zu Mumien gewickelt, die eine konkrete Tiergestalt nachahmen. Neben einfachen, auf die Leinenbinden aufgemalten Gesichtern finden sich bei Falkenmumien auch regelmäßig aus Stuck gearbeitete Masken, die ähnlich wie bei Menschenmumien über den Kopf der Tiere gestülpt werden.

Unveröffentlicht. G. P.

287 Mumienmaske eines Falken
Ptolemäisch, 3.–1. Jh. v. Chr.
Herkunft unbekannt
Kartonage, bemalt
H. 7,2 cm; Br. 4,5 cm; T. 4,8 cm
Ägyptisches Museum der Universität Bonn, BoS L 1522

In diesem rechteckigen Bronzesarg waren, wie der Aufsatz zeigt, eine Falkenmumie oder Überreste von Falken bestattet. Die Falkenstatuette, die nicht direkt auf der Oberfläche des Sarges, sondern auf einem eigenen Podest steht, stellt eine recht qualitätvolle Arbeit dar. Hervorzuheben sind die eingelegten Augen sowie die detailgetreue Ausarbeitung des Gefieders und der Krallen. Auf dem Kopf trägt der Falke die Doppelkrone von Ober- und Unterägypten, woraus sich schließen lässt, dass es sich um eine Wiedergabe des Königsgottes Horus handelt. Bronzesärge dieser Art wurden nicht nur für Falken, sondern auch für andere Tiere, wie z. B. Katzen, Spitzmäuse und Schlangen, hergestellt und mit einer Statuette der jeweils bestatteten Tierart versehen.

Unveröffentlicht. D. v. R.

288 Falkensarg
Spätzeit bis römisch,
746 v. Chr.–395 n. Chr.
Sais
Bronze
L. 26,4 cm; H. 15,5 cm; Br. 6,1 cm
The Manchester Museum,
The University of Manchester,
Inv.-Nr. 11269

289 **Figur eines Ibisses**
Spätzeit bis römisch, 746 v. Chr. – 395 n. Chr.
Herkunft unbekannt
Sykomorenholz, stuckiert, Leinen, Bronze, Glas
H. 32,5 cm; L. 43 cm; Br. 13 cm (mit Sockel)
Seminar für Ägyptologie, Universität zu Köln,
Aeg. Col. 3

Die auf einem Podest in Form eines Götterschreins (Naos) hockende Ibisfigur ist aus mehreren Teilen zusammengesetzt. Der Rumpf ist aus Holz geschnitzt, die Beine, die Schwanzkappe und die Kopfpartie mitsamt dem Schnabel sind aus Bronze gefertigt. Die Augen sind aus schwarzem Glas eingelegt. Der Naos, von dem sich nur das Oberteil erhalten hat, lässt noch Spuren von einer Hohlkehle und Rundstäben erkennen. Solche Ibisfiguren konnten in Tempeln als Votivgabe für den Gott Thot aufgestellt werden, dienten aber auch als Behältnis für eine Ibismumie, die in dem ausgehöhlten Rumpf oder im Naos untergebracht wurde. Bei diesem Exemplar dagegen ließ sich durch Röntgen- und CT-Aufnahmen nachweisen, dass sich in dem mit Leinen ausgepolsterten Hohlraum des Ibiskörpers ein Ei mit einem Küken darin verbirgt. Eventuell spielt das Ei auf Aspekte der Regeneration oder der Wiedergeburt an. Andererseits könnte es sich um eine reguläre Bestattung handeln, ist doch das Phänomen, auch Eier oder Federn neben den eigentlichen Vögeln zu mumifizieren, gut bekannt.

Köln 1999, 18–22, 73–82, 84–87. D. v. R.

290 **Thot mit Ibiskopf**
Spätzeit, 26.–30. Dynastie, 664–342 v. Chr.
angeblich aus Dendera
Bronze (Vollguss)
H. (mit Zapfen) 14,5 cm; Br. 3,2 cm; T. 6,1 cm
Badisches Landesmuseum, Karlsruhe,
Inv.-Nr. H 289

Der Gott Thot tritt hier in seiner Erscheinungsform als menschengestaltiger Gott mit dem Kopf eines Ibisses auf. Er steht in Schrittstellung auf einer dünnen rechteckigen Standplatte und trägt einen plissierten Schurz sowie eine dreigeteilte Perücke. Der linke Unterarm ist etwas nach vorn gestreckt und hielt möglicherweise ehemals ein Zepter, obwohl beide Fäuste nicht für die Aufnahme von Attributen durchbohrt sind. Thot wurde aufgrund seiner zahlreichen wichtigen Eigenschaften vielerorts in Ägypten verehrt, aber sein Hauptkultort war Hermopolis magna in Oberägypten. Aufgrund der Krone – eine Kombination aus Mondsichel und voller Mondscheibe – erscheint er hier in seiner Funktion als Mondgott. Stehende Bronzen des ibisköpfigen Thot mit Mondkrone sind selten, zumeist wird er mit diesem Attribut thronend dargestellt.

Unveröffentlicht. S. A.

291 **Bemalter Holzsarg zur Aufnahme einer Ibismumie**
Ptolemäisch, 2./1. Jh. v. Chr.
Herkunft unbekannt, wohl Tuna el-Gebel
Holz, stuckiert und bemalt
L. 44 cm; H. 25 cm; Br. 20 cm
Roemer- und Pelizaeus-Museum, Hildesheim,
Pelizaeus-Museum Inv.-Nr. 6527

Die Motive der Bemalung weist dieses Holzkästchen als Sarg für eine Ibismumie aus. Ibis und Pavian galten als tierische Erscheinungsformen des Thot, in denen sich seine göttlichen Kräfte manifestierten. Meist wurde er als Mann mit Ibiskopf, oft mit einer Schreiberpalette in der Hand, z. B. als Protokollführer beim Totengericht, dargestellt. Thot war einer der bedeutendsten Götter Ägyptens, seit dem Alten Reich verehrte man ihn als Herrn des Schreibens, Rechnens und aller Wissenschaften. Im Pantheon fiel ihm die Rolle des Wesirs zu, er schlichtete Streitfälle und vertrat den Sonnengott. Seit der Spätzeit und bis weit in die Ptolemäerzeit hinein wurden Ibismumien aller Altersstufen, aber auch Federn, Eier und Nester des Vogels in Tiernekropolen beigesetzt, die z. B. in Tuna el-Gebel und Saqqara aus unterirdischen Galerien bestehen. Zu Tausenden wurden dort Ibismumien in Bündeln, versiegelten Tontöpfen oder hölzernen, bunt bemalten Kästen rituell niedergelegt.

Unveröffentlicht. B. S.

Die drei Ibismumien wurden neben 35 weiteren Ibissen und zahlreichen anderen ägyptischen Altertümern bereits in der Zeit von 1807–1809 durch den Forschungsreisenden Ulrich Jasper Seetzen (1767–1811) gezielt für den Gothaer Hof in Ägypten erworben, was ihre sammlungsgeschichtliche Bedeutung ausmacht. Sie stammen aus den Ibiskatakomben von Saqqara, die Seetzen zusammen mit seinen Begleitern am 26. Mai 1808 aufsuchte und über deren Besuch er in seinen Tagebuchaufzeichnungen sehr ausführlich schreibt: »Diese Gänge waren gänzlich mit gut erhaltenen Ibisgefäßen angefüllt, welche regelmäßig aufeinander gelegt waren. Aber von vielen Tausenden waren diese zerbrochen, und die Ibisse lagen ein paar Fuß hoch, bloß mit ihren Windeln versehen, in der Modererde auf einander, welche aus zerbröckeltem unreinem Asphalt, aus zerstörter Leinwand und aus Stauberde und Sand bestand.« Seetzen konnte sich in den Gängen oft nur sehr mühsam fortbewegen, da diese so mit Schutt und Ibissen angefüllt waren, »... das man immer nur stark gebückt und an vielen Stellen nur auf dem Bauch als Schwimmende fortkommen konnte«.

Kruse 1854–1859, Bd. III, 325–326; Wallenstein 1996, 77. U. W.

292 Ibismumien
Spätzeit bis römisch, 746 v. Chr.–395 n. Chr.
Saqqara
Mumien in Leinenbandagierung
Inv. Nr. Ae 1147, alte Inv. Nr. Ahv. VI, 89
L. 34 cm; Br. (max.) 12,5 cm
Inv. Nr. Ae 1151, alte Inv. Nr. Ahv. VI, 127,
L. 40 cm; Br. (max.) 14,5 cm
Inv. Nr. Ae 1152, alte Inv. Nr. Ahv. VI, 128
L. 35 cm, Br. (max.) 14 cm
Stiftung Schloss Friedenstein Gotha, Schlossmuseum

Das Gefäß aus braunem Ton in Form eines langen Kegelstumpfes war ursprünglich verschlossen. Als Deckel diente eine Schale mit niedrigem Standfuß. Über die Wandung der Schale und den oberen Rand des Gefäßes wurde Schlamm gestrichen, um beide miteinander zu verbinden und den Inhalt auf diese Art zu schützen. Im Inneren des Gefäßes konnten einige Röhrenknochen und der Schnabel eines Ibisses, vermengt mit schmalen Mumienbinden und einem Gewirr aus Leinengarn, nachgewiesen werden.

Unveröffentlicht. E. H.

293 Ibismumie in konischem Topf mit Deckel
Ptolemäisch, 3.–1. Jh. v. Chr.
Vermutlich aus Saqqara
Gebrannter Ton, Knochen
Gefäß: H. 36 cm; Dm. 14,8 cm;
Deckel: H. 6,3 cm, Dm. 12,2–13,6 cm
Kunsthistorisches Museum Wien, Ägyptisch-Orientalische Sammlung, Inv.-Nr. 3814

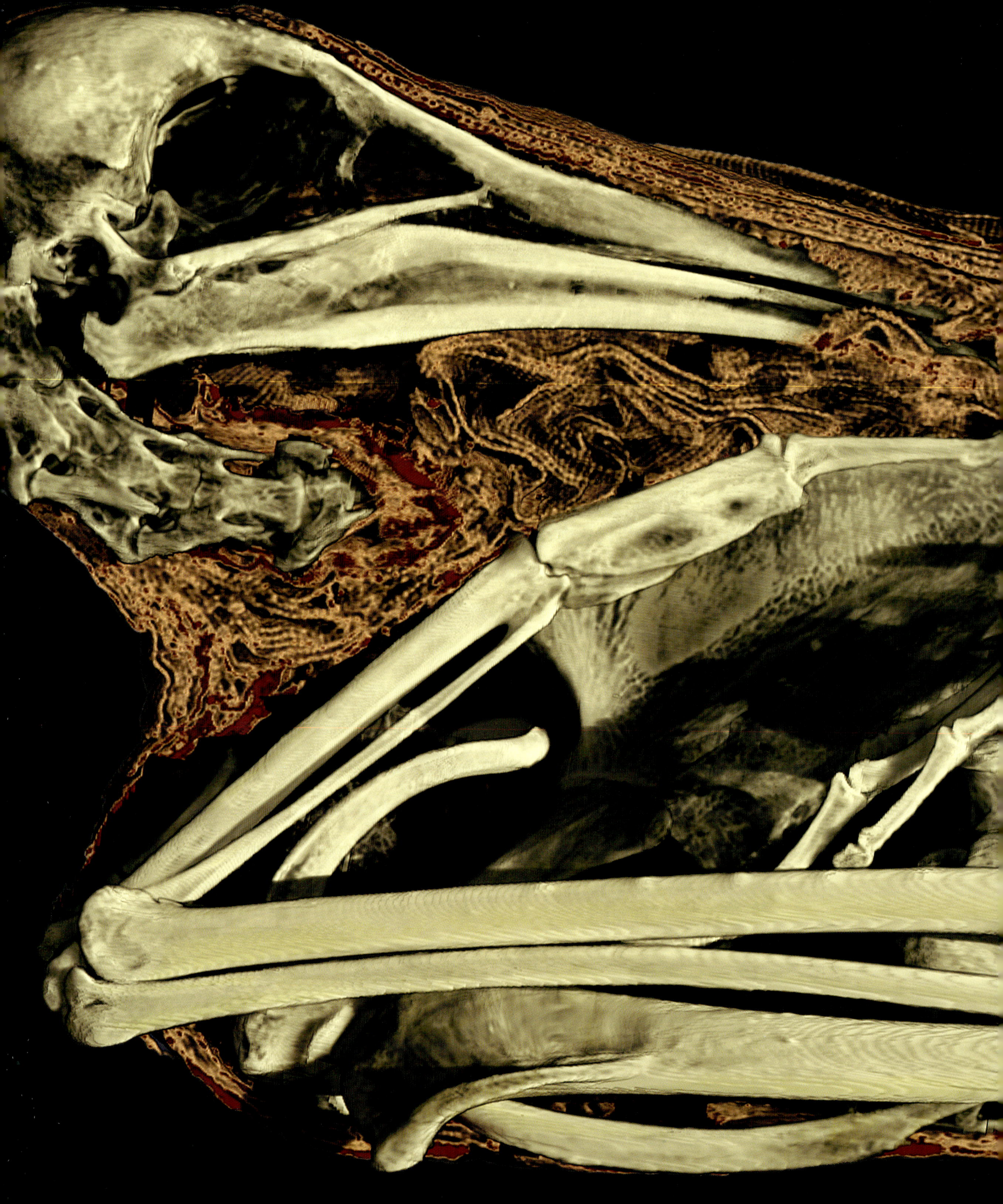

Spurensuche

Die Mumie eines Heiligen Ibisses im industriellen Computertomografen

Erwin Keefer

Als hochauflösendes bildgebendes Verfahren dient die industrielle 3D-Computertomografie vor allem der zerstörungsfreien Qualitätsprüfung von Leichtmetall- und Kunststoffbauteilen. Seit Kurzem hält diese Hochtechnologie Einzug in die Archäologie. Welche Möglichkeiten und Perspektiven sich hierdurch für die Altertumsforschung und ihre Nachbarwissenschaften ergeben, konnten wir kürzlich anhand dreier keltischer Kultfiguren aus Eichenholz aufzeigen. An ihnen gelang die weltweit erste virtuelle Jahrring-Datierung ausschließlich auf Basis von Bilddaten. Diesmal galt unser Interesse einer Tiermumie und damit weitaus komplexeren organischen Strukturen. Das gewählte Untersuchungsverfahren ist dabei auch Ausdruck eines gewandelten wissenschaftlichen Umgangs mit derart alten, seltenen und kostbaren Objekten.

Wurde bislang der stets mit Materialverlust verbundene physische Eingriff billigend in Kauf genommen, gewinnt derzeit im Sinne eines regelrechten Paradigmenwandels die Unversehrtheit des Objektes größte Bedeutung. Damit wächst der Bedarf an zerstörungsfrei arbeitenden Prüf- und Untersuchungsmethoden, die ohne tatsächliche manuelle Freilegung auskommen. Zwar hat das Röntgen als geradezu klassisches bildgebendes Verfahren schon früh in der Mumienforschung Einzug gehalten – bereits 1896 erfolgte die erste Durchleuchtung. Doch sind der klassischen Röntgenprojektion in ihrer Zweidimensionalität klare methodische Grenzen gesetzt. Erst mit den mathematisch verknüpften, rechnergesteuerten Projektionen G. H. Hounsfields, die 1979 als Computertomografie (CT) Einzug in die medizinische Röntgendiagnostik hielten, gelang es, maßhaltige, dreidimensionale Ortsauflösungen zu erzeugen. Neue Computergenerationen und zunehmend ausgefeiltere Anlagen leisten mit immer besseren Projektionen zwischenzeitlich Erstaunliches. Die spektakuläre Darstellung der Mumie eines als »Sherit« bezeichneten Mädchens aus dem Rosicrucian Museum, Orlando, oder auch der in unserer Ausstellung gezeigte »Mr. X« (Kat.-Nr. 80) seien hier als herausragende Beispiele der medizintechnischen CT erwähnt. Ihre Darstellungsgrenze liegt derzeit bei durchschnittlich 0,5 mm. Da die industrielle 3D-Computertomografie primär auf technische Bauteile und deren Geometrien ausgelegt ist und nicht auf lebende Körper, werden mit längeren und härteren Durchstrahlungen höhere Ortsauflösungen erreicht: Die gängige medizinische CT kann im Idealfall um den Faktor 100 übertroffen werden.

Diese vielversprechenden Möglichkeiten veranlassten uns, 111 Jahre nach der ersten Röntgen-Mumienuntersuchung die lange Tradition der Röntgendiagnostik altägyptischer Grabfunde mit den hochtechnologischen Mitteln des 21. Jhs. weiter zu führen.

294 **Mumie eines Heiligen Ibisses**
Römisch, 30 v. Chr. – 395 n. Chr.
Wohl aus Abydos
Leinenumhüllung
L. 37 cm; Br. 13 cm
Hessisches Landesmuseum Darmstadt, HLMD-A-2463

Vergoldungsreste an Schädel und Schnabel sowie Form und Wicklung der Binden des 1907 für das Hessische Landesmuseum in Darmstadt erworbenen Objekts datieren es in die römische Epoche.[1] Zu dieser Zeit stellten Tierkulte ein weit verbreitetes Phänomen dar. Ibisse und vor allem die Heiligen Ibisse *(Threskiornis aethiopicus)* wurden im gesamten Land verehrt. Ausdruck dieser intensiven Verehrung ist nicht zuletzt die große Zahl der bekannten Bestattungsplätze. Unter 81 von Salima Ikram 2005 erwähnten Tiernekropolen finden sich allein 32 mit Nachweisen dieser Vögel. Die wichtigsten sind Tuna el-Gebel (eine der Nekropolen von Hermopolis Magna), Saqqara, Abydos, Kom Ombo und El-Baqlya. Die unterirdischen Galerien waren Teil eines größeren Ganzen, zu dem neben dem weitläufigen Tempelbereich auch mindestens eine Vogelkolonie sowie die Wohnbereiche der mit dem Unterhalt der Tiere beschäftigten Priester gehörten. Sie pflegten und unterhielten die Nist- und Futterplätze, teilweise wurden sie wohl auch künstlich angelegt oder ausgebaut. Die Tierkadaver wurden von ihnen regelmäßig aufgesammelt, getrocknet, balsamiert und in Leinen gewickelt, um sie danach in speziell für diesen Zweck hergestellten Tongefäßen oder in Holz- und Steinsärgen beizusetzen.

Versucht man, die Gesamtzahl dieser Leinenpäckchen bzw. Vogelmumien zu schätzen, die den Weg in die Nekropolen fanden, kommt man schnell auf eine Summe im zweistelligen Millionenbereich. In Saqqara geht man von mindestens 1,5 Millionen Objekten aus, um das Zehnfache höher dürfte die Menge in Tuna el-Gebel gewesen sein. Hier hat man zeitweise ein Dutzend jener Ibiotropheia, also Aufzuchtsstätten für Ibisse, gleichzeitig betrieben, in denen die Tiere der nahe gelegenen Vogelkolonien am heiligen See offenbar regelmäßig zugefüttert wurden.

Aus diesen Angaben aber eine auch nur annähernd verlässliche Individuenzahl zu ermitteln, ist kaum möglich, wissen wir doch nichts über den tatsächlichen Besatz einer altägyptischen Vogelkolonie. Heutzutage können an einem Brutplatz bis zu 2000 Paare zusammen kommen, was statistisch zur Produktion von 6000 – 8000 Eiern führt. Der Bruterfolg beträgt 37 % oder 2200 – 3000 ausgeflogene Jungtiere. Die Verlustrate lässt sich somit auf 3800 – 5000 Stück beziffern.

Zudem gibt es trotz der Abermillionen toter Vögel nur verschwindend wenige moderne zoologisch-naturwissenschaftliche Arbeiten zu diesem Thema. Lediglich aus Tuna el-Gebel wissen wir dank der jahrzehntelangen Untersuchungen von Joachim Boessneck, Angela von den Driesch und Joris Peters[2] genaueres über den Inhalt der Mumienpakete. Ausschließlich durch Öffnen und Zerstören von ca. 4000 Befunden konnten die darin enthaltenen Relikte bestimmt werden. Sie bestanden zwar auch aus ganzen Ibissen jeden Lebensalters, darunter sehr zahlreich noch nicht flügge gewordene Jungvögel. Viel häufiger jedoch enthielten sie nur angefressene Einzelteile eines oder gar mehrerer Vögel sowie Eier. Immerhin 90% aller Befunde konnten als Heilige Ibisse oder Teile von ihnen identifiziert werden, das restliche Zehntel verteilt sich auf weitere 89 Vogelarten, zudem auf Säuger, Fische und anderes Getier. Ganz offensichtlich musste alles am heiligen See tot beziehungsweise unbebrütet Vorgefundene als Gottessubstanz aufgesammelt und kategorisch versorgt werden. Manches davon konnte kaum all zu lange der Verwesung oder Aasfressern ausgesetzt gewesen sein, sonst wären nicht Eier aus verlassenen Nestern oder so zahlreich eingegangene Jungtiere nachweisbar. Anderes lag dagegen längere Zeit herum. Das verdeutlichen Einzelknochen, Verbisse von Katzen, Füchsen und anderen Raubtieren sowie mit einbalsamierte Schnecken und Käfer. Verheilte Knochenbrüche an den Ibisextremitäten bestätigten zudem die pflegerische Fürsorge des Menschen. Der verständliche Wunsch, möglichst viele Tiere in den heiligen Bezirken zu beherbergen, führte dabei auch zu Mangelerscheinungen: Aus ihren Surveys in den Ibisgalerien von Tuna el-Gebel publizierten Joachim Boessneck und Angela von den Driesch 1987 auch einen Befund zu pathologischen Veränderungen am Knochenbau eines Jungvogels. Sie sehen ihn in Vitamin-D2-Mangel (Rachitis) begründet, der auf minderwertige Beifütterung schließen lässt: Mit den Ibiotropheia sollten die Heiligen Ibisse durch ein regelmäßig vorgehaltenes, aber offenbar auch unsachgemäßes Nahrungsangebot zweifellos zum ganzjährigen Bleiben bewegt werden, was ganz offensichtlich auch gelang.

Wenngleich die Ibisnekropolen also Unmengen an einbalsamierten Kadavern enthielten und auch heute trotz der historischen Plünderungen und immensen Zerstörungen immer noch intakte Tiermumien geborgen werden, ist der in Europa zugängliche Bestand eher gering. Zudem werden Öffnungen zu Forschungszwecken nicht mehr vorgenommen. Wie bei dem Darmstädter Ibis dient daher das Röntgenbild als grundlegendes zerstörungsfreies Hilfsmittel zur Erstbestimmung. Mitte der 90er Jahre boten die damals vor allem in Universitätskliniken Einzug haltenden Computertomografen erstmals auch die Chance, dreidimensionale Rekonstruktionen von Mumien und somit ortsgenaue Auflösungen zu erstellen – ein Quantensprung nicht nur für anatomische Fragestellungen. Doch erst mit dem seit kurzem möglichen Einsatz industrieller 3 D-CT Anlagen verfeinert sich die Detailerkennbarkeit derart drastisch, dass bislang nur am freigelegten Präparat durchzuführende Untersuchungen unter der magischen Schwelle von 0,5 mm nun auch rein virtuell auf vergleichbarem methodischen Standard erfolgen können. Mit gezielt platzierten Ausschnittsergebnissen deutlich unter 0,1 mm betritt man dabei in vielfacher Weise Neuland, so etwa hinsichtlich Fragestellungen zu organischen Feinstrukturen oder auch der Identifikation von Fremdkörpern im Mumienkontext.

Die Ibismumie wurde an zwei Terminen von je ca. vier Stunden Dauer im industriellen 3 D-CT der Audi AG in Neckarsulm durchleuchtet.[3] An der Mumie wurden insgesamt neun Messungen durchgeführt. Zwei dienten dazu, das Objekt mit einer Voxelgröße von 0,21 mm als Ganzes abzubilden. Zusätzlich wurden danach fünf Ausschnitts-CTs uns besonders interessierender Bereiche erstellt: eine an Schädel und Halswirbeln mit 0,066 mm, fünfmal Details der Bauchhöhle mit den Verdauungsorganen und den hier vorhandenen Fremdkörpern in 0,037 mm sowie ein weiterer Ausschnitt am Stoß

Ibis im Flug

Blick in eine Ibis-Galerie
Tuna el-Gebel, Blick in eine mit Vogelmumien gefüllte Kammer der Ibis-Galerien

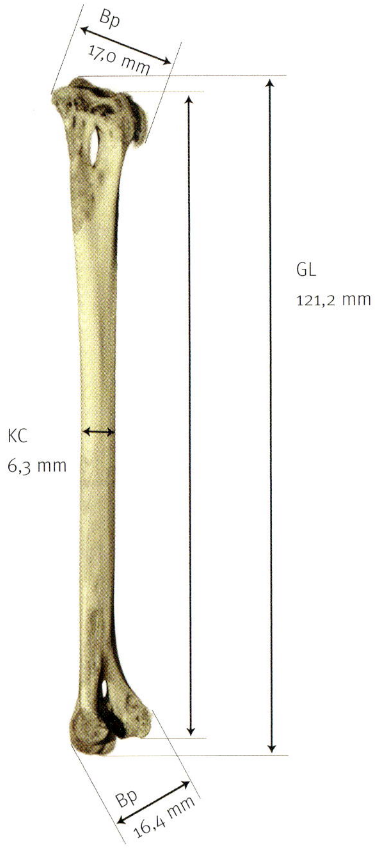

Rechter Tarsometatarsus
aus dem Ibis-Datensatz mit Angabe der Messpunkte und –strecken nach von den Driesch 1976

Ibis-Tomogramme
Blick in den Ibis als Schnitt durch das Gesamttomogramm. Mumienbinden, Knochen, Magen samt Inhalt lassen sich deutlich erkennen

Tabelle Osteometrie

1. Cranium

GL	172,4
Ll	136,4

2. Sternum

Lml	83,0
dL	78,8
LC	87,0
KBF	44,7

3. Humerus

	Links	Rechts
GL	134,3	133,0
Bp	35,7	33,7
KC	9,9	9,6
Bd	22,7	22,8

4. Radius

	Links	Rechts
GL	149,0	148,1
KC	4,7	5,0
Bd	9,9	9,6

5. Ulna

	Links	Rechts
GL	156,6	156,1
Bp	16,9	17,6
KC	6,9	6,6
Dd	13,0	12,7

6. Carpometacarpus

	Links	Rechts
GL	74,9	74,5
Bp	15,5	15,6

7. Femur

	Links	Rechts
GL	80,7	79,5
Lm	75,4	75,0
BP	17,6	17,0
Tp	11,9	12,7
KC	7,6	7,6

samt des hier besonders eindrucksvollen Federkleides mit 0,073 mm Voxelgröße.

Die Vermutung, dass sich in dem Mumienbündel höchstwahrscheinlich ein vollständiges Tier verbergen könnte, hat die CT grandios bestätigt. Die hochaufgelösten Ausschnittstomogramme haben zudem zu sehr detaillierten Befunden geführt. Im Folgenden seien hier im Sinne eines Vorberichts grundlegende Beobachtungen und Bestimmungen herausgegriffen, die für weitere derartige Untersuchungen vor allem methodisch interessant erscheinen. Der virtuelle Blick ins Innere der Mumie galt zuallererst der Bestimmung des Tieres anhand des in all seinen Feinheiten zu erkennenden Skelettbaus. Noch von Sehnen, Muskulatur, Haut und Federkleid sowie von unterschiedlich mächtigen Schichten Holzteer beziehungsweise Bitumen und insgesamt acht Leinenwicklungen umgeben, mussten die einzelnen Knochen zuerst aus der umschließenden Datenmatrix herausgefiltert werden.

Die Segmentierung bildete die Grundlage der osteometrischen Aufnahme durch den Archäozoologen Mostefa Kokabi.[4] Die dreidimensionale Darstellung wie auch die Vermessung der einzelnen Skelettteile am Bildschirm ist bei der gewählten Auflösung von 0,21 mm Voxelgröße sehr komfortabel. Laut Kokabi besteht methodisch kein Unterschied zur herkömmlichen Vermessung am physisch vorhandenen Knochen. Da die Maßhaltigkeit in Länge, Breite und Durchmesser gewährleistet ist, konnten an allen benötigten Skelettteilen die Messpunkte und -strecken definiert und mit der digitalen Messlehre abgenommen sowie tabellarisch erfasst werden. Der Abgleich mit den in Tuna el-Gebel an freigelegten Knochen gewonnenen Daten lässt nun den Schluss zu, dass es sich bei dem vorliegenden Individuum ganz offensichtlich um ein vollkommen ausgewachsenes Tier handelt.[5] Die Maße liegen zudem in der oberen Größenvarianz der als männlich zu klassifizierenden Tiere.

Dieses Exemplar gehört somit zu den größeren Ibissen des Alten Ägypten, deren Körpergröße offenbar die der heutigen Vorkommen überstieg.[6] Am Knochen konnten keinerlei Befunde ermittelt werden, die auf Krankheiten oder verheilte Verletzungen hinwiesen oder gar zum Tod geführt hätten. Eine intentionelle Tötung, so beispielsweise durch Manipulationen an der Halswirbelsäule, kann ausgeschlossen werden, sind doch die Halswirbel weder verdreht noch aus ihrem Verband gerissen. Auch der Schädel ist diesbezüglich vollkommen unversehrt. An Sehnen oder Muskulatur sind ebenfalls keine traumatischen Veränderungen sichtbar, nichts ist geschnitten oder sonst beschädigt. Auch spricht das Fehlen typischer Merkmale der Volierenhaltung, wie Frakturen des Brustbeins, anormale Veränder-

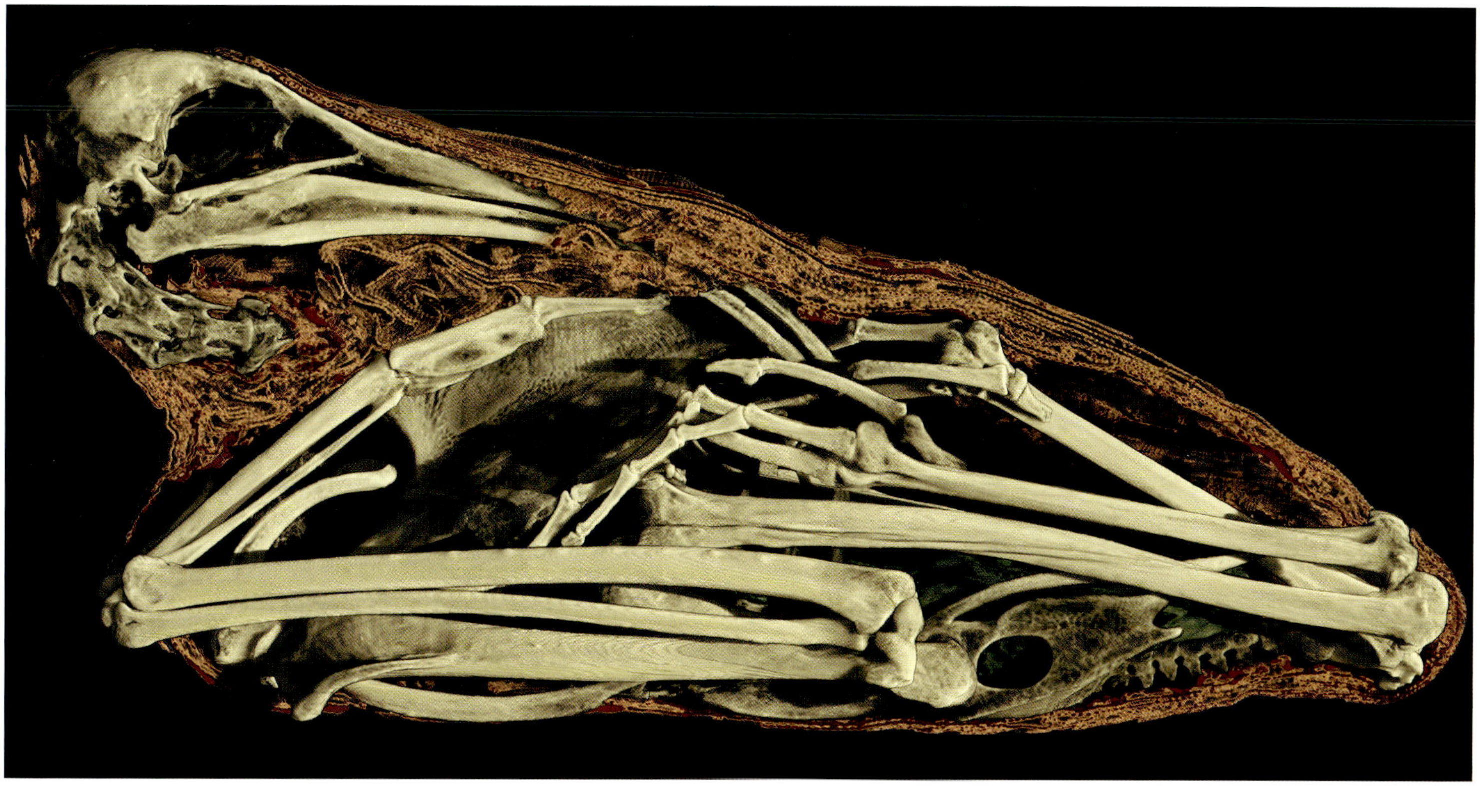

Ibis in Neckarsulm
In der Fertigungsprüfung der Audi AG in Neckarsulm

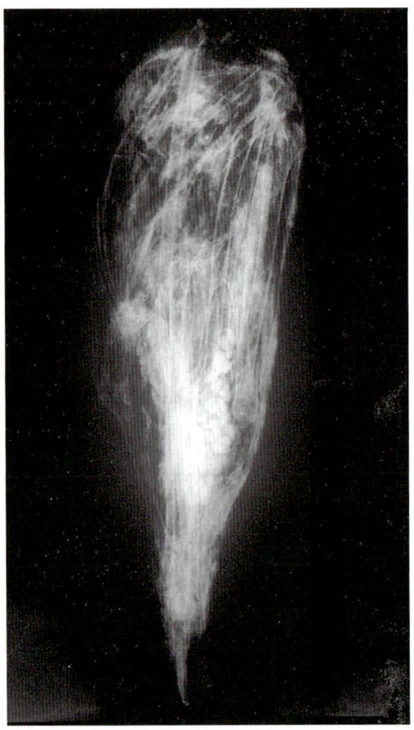

Röntgenbild des Heiligen Ibisses
(Katalog-Nr. 294)

ungen an den Krallen oder rachitische Veränderungen, für einen frei lebenden Vogel. Der Kadaver wurde offenbar sehr zügig mumifiziert, da weder Verbiss- noch Verwesungsspuren beobachtet wurden. Auch fehlen Hinweise auf Schnecken oder Käfer, die sich nach dem Tod im Federkleid oder in der Körperhöhle eingenistet hätten. Bei der Mumifizierung blieben auch die inneren Organe hervorragend erhalten. Ihre Trocknung, wie auch die gesamte Einbalsamierung, ist perfekt gelungen. Entgegen den häufig beobachteten Beschädigungen durch den zur Mumifizierung verwendeten Holzteer hat dieser im vorliegenden Beispiel weder das Federkleid noch die Eingeweide des Tieres erkennbar angegriffen.

Weitere Segmentierungsschritte galten den bereits im Röntgenbild schwach erkennbaren Fremdkörpern im unteren Drittel des Vogels. Es handelt sich bei ihnen eindeutig um Komponenten des Mageninhalts mit Durchmessern von 2,5 bis 13,1 mm, die aufgrund ihrer homogenen, dichten Binnenstruktur, Größe und der allseitigen Verrundungen als grobsandige bis feinkiesige Magensteine angesprochen werden. Nicht zu diesen insgesamt 60 Objekten gehören drei größere Konzentrationen organischer Substanzen mit amorphen Strukturen, die höchstwahrscheinlich nicht weiter bestimmbare anverdaute tierische Nahrungsreste darstellen. Sehr überraschend ist darüber hinaus der eindeutige Befund mehrerer pflanzlicher Reste im Magen: Es sind dies ein vollständiger Kern einer Olive *(Olea europaea)* sowie vier kleine, wohl von einem Korbblüter stammende, vollständige und drei fragmentarisch erhaltene Samen.[7]

Freilebende Heilige Ibisse ernähren sich laut Literatur ausschließlich von tierischer Kost. Sie setzt sich zusammen aus Heuschrecken, Grillen und Wasserkäfern; ebenso aus Würmern, Schnecken, Muscheln, Krustentieren, Fisch, Amphibien, Eidechsen, Schlangen, Pelikan- und Krokodileiern. Früchte und Samen gelten als Notnahrung, die der Nahrungsopportunist dann auch nicht verschmäht. Aus dem südafrikanischen Pretoria liegen jedoch gesicherte Beobachtungen vor, dass bei entsprechendem »städtischem« Angebot die von Natur aus nicht menschenscheuen Ibisse sich von Abfällen aller Art ernähren, wobei der pflanzliche Nahrungsanteil bis zu 50% betragen kann.

Versucht man diese Beobachtungen auf das griechisch-römische Ägypten zu übertragen, so ergibt sich als wahrscheinlichste Möglichkeit, dass unser Ibis ein an Pflege und Zufütterung gewöhntes Tier gewesen sein könnte, das wohl in einem der Ibiotropheia zugefüttert und in einer Vogelkolonie auf heiligem Gelände wahrscheinlich ganzjährig zu Hause war. Hierfür spricht zudem, dass es nach seinem Ableben sehr schnell aufgefunden und einbalsamiert worden ist.

Röntgen

Beim traditionellen Röntgen der Ibismumie wird abhängig von Material und Wanddicke die einfallende Röntgenstrahlung unterschiedlich stark absorbiert. Der Detektor misst die Abschwächung der Röntgenstrahlung beim Durchdringen des Objektes. Die inneren und äußeren Details werden dabei auf eine einzige Ebene projiziert. Dadurch treten Überlagerungen hintereinander liegender Strukturen auf, deren räumliche Lage, Größe und Form häufig nicht festgestellt werden kann. Bestes Beispiel hierfür sind die kleinen runden Gegenstände im unteren Drittel des Bildes. Das Bild kann nicht klären, ob sie sich in den Mumienbinden (dann wären es vielleicht Beigaben), im Federkleid (vielleicht eine kleine Schneckenkolonie, die sich auf dem toten Ibis eingenistet hat) oder als Fremdkörper in der Körperhöhlung selbst befinden.

Industrielle dreidimensionale Computertomografie (industrielle 3D-CT)

Die dreidimensionale Computertomografie ist die rechnerunterstützte Auswertung einer Vielzahl aus verschiedenen Richtungen aufgenommener Röntgenaufnahmen eines Objektes zur Erzeugung eines dreidimensionalen Abbildes (von griechisch *tomos* Schnitt, *graphein* schreiben). Dabei wird der gesamte konusförmige Röntgenstrahl genutzt, der das Messobjekt durchdringt und auf einen Flächendetektor trifft. Während der Rotation des Objekts im Röntgenkonus um 360° werden in mehreren hundert Winkelpositionen zweidimensionale Projektionen aufgenommen. Aus diesen wird im Computer mithilfe mathematischer Algorithmen die dreidimensionale Rekonstruktion berechnet. Nach einer Umdrehung des Objektes liegt also dessen dreidimensionales Abbild als Datensatz bei gleicher Auflösung in allen Raumrichtungen vor. Diese Rekonstruktionsmatrix wird auch als Tomogramm bezeichnet. Ihr kleinstes Element wird Voxel genannt, seine Kantenlänge Voxelgröße. Sie ist ein Maß für die Ortsauflösung und damit der Detailerkennbarkeit. Jedes Voxel beinhaltet einen bestimmten Grauwert, der durch das Absorptionsverhalten des Objektes und der umgebenden Luft gegenüber den Röntgenstrahlen entsteht. Im Tomogramm sind somit unterschiedliche Materialien mit verschiedener Dichte durch unterschiedliche Grauwerte sichtbar. Beispielsweise zeigt Luft einen dunklen (schwarzen) Grauwert und Knochen einen hellen (hellgrauen) Grauwert des Voxels, da Luft eine geringere Dichte als die Knochensubstanz besitzt. Da der komplette Datensatz im Volumen vorliegt, können beliebig orientierte Schnittbilder für Untersuchungszwecke virtuell herausgefiltert oder einzelne Materialien segmentiert werden. Am einmal erzeugten Datensatz lassen sich dank der digitalen Bildspeicherung sowohl die erzielten Ergebnisse nachvollziehbar überprüfen wie auch weiterführende Untersuchungen ermöglichen, ohne das Objekt nochmals für eine Aufnahme zu bemühen.

1 Es handelt sich um eine keilförmige, 37 cm lange und max. 13 cm dicke Ibismumie, die in naturfarbene, heute sehr brüchige, schmucklose Leinenbinden eingewickelt ist. Ob irgendwo noch die originale Oberfläche des Mumienbündels vorhanden ist, kann nicht mit Sicherheit gesagt werden. Hessisches Landesmuseum Darmstadt, HLMD-A-2463. **2** Institut für Paläoanatomie und Geschichte der Tiermedizin der Universität München. **3** Zur Verfügung stand dort in der Qualitätsprüfung ein Wälischmiller Ray-Scan 200 XE. Für die professionelle Zusammenarbeit seien Dr. Manfred Sindel, Dr. Michael Brodmann, Tarik Acar, Ralf Dubois und Richard Kauermann sehr herzlich gedankt. **4** Herrn Professor Dr. Mostefa Kokabi möchte ich ganz besonders für seine Bereitschaft danken, sich diesem osteometrischen Neuland angenommen zu haben. **5** Vgl. von den Driesch u. a. 1987, 214, Tab. 1. **6** Siehe von den Driesch u. a. 1987, 225–226, Tab. 12, Abb. 22. **7** Zum Zeitpunkt der Drucklegung waren sie mangels aussagekräftiger Vergleichsfunde nur summarisch einzuordnen, eine dezidierte Ansprache steht demnach noch aus (freundliche Mitteilung Prof. Dr. Manfred Rösch, Hemmenhofen). Die Bestimmung des Olivenkerns verdanken wir Dr. Stefanie Kahlheber, J. W. Goethe-Universität Frankfurt, Institut für Archäologische Wissenschaften, Abteilung Vor- und Frühgeschichte, Archäologie und Archäobotanik Afrikas.

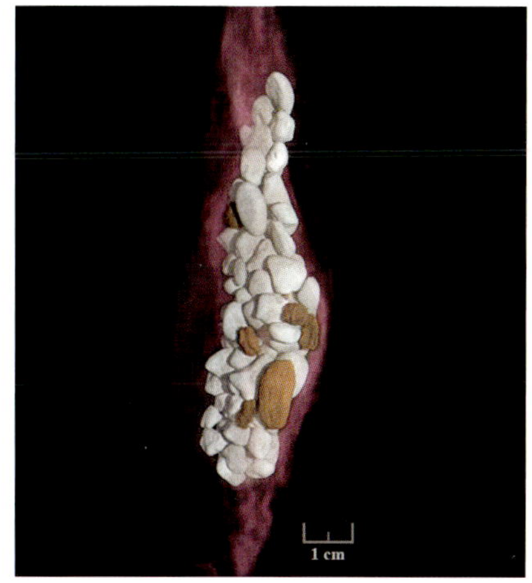

Virtueller Blick in den Ibis
Virtueller Blick in den Magen (lila) mit verrundeten Steinchen (weisslich), Fruchtkern und Samen (braun)

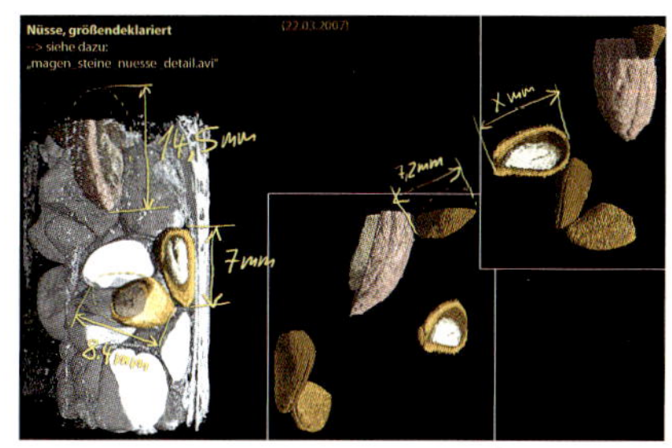

Virtueller Blick in den Ibis
Mit einer Detailauflösung von 0,033 cm gelingt die virtuelle Bestimmung wie auch die Kopie der Objekte im Stereolithografieverfahren

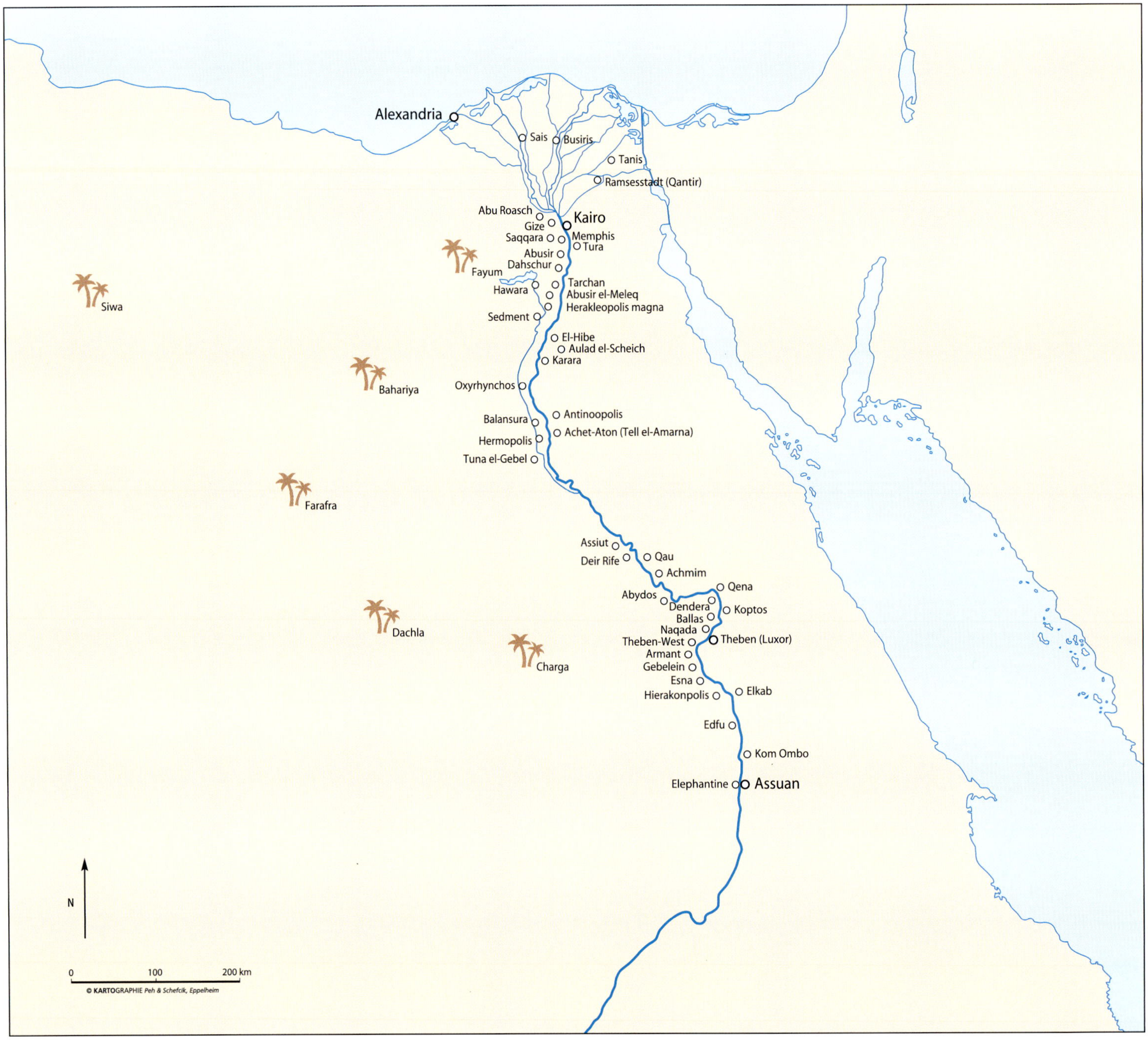
Alexandria
Sais
Busiris
Tanis
Ramsesstadt (Qantir)
Abu Roasch
Kairo
Gize
Saqqara
Memphis
Tura
Abusir
Dahschur
Fayum
Siwa
Hawara
Tarchan
Abusir el-Meleq
Herakleopolis magna
Sedment
El-Hibe
Aulad el-Scheich
Karara
Bahariya
Oxyrhynchos
Antinoopolis
Balansura
Achet-Aton (Tell el-Amarna)
Hermopolis
Tuna el-Gebel
Farafra
Assiut
Qau
Deir Rife
Achmim
Qena
Abydos
Dendera
Koptos
Ballas
Naqada
Dachla
Theben-West
Theben (Luxor)
Armant
Charga
Gebelein
Esna
Elkab
Hierakonpolis
Edfu
Kom Ombo
Elephantine
Assuan
N
0
100
200 km
© KARTOGRAPHIE Peh & Schefcik, Eppelheim

Zeittafel der ägyptischen Geschichte

Prädynastische Zeit ca. 4000–2982 v. Chr.

Merimde, Badari, Naqada I ca. 4000–3500 v. Chr.

Naqada II ca. 3500–3200 v. Chr.

Naqada III ca. 3200–3150 v. Chr.

Dynastie 0 ca. 3150–2982 v. Chr.

Frühdynastische Zeit ca. 2982–2657 v. Chr.

1. Dynastie ca. 2982–2803 v. Chr.

2. Dynastie ca. 2803–2657 v. Chr.

Altes Reich ca. 2657–2166 v. v. Chr.

3. Dynastie ca. 2657–2589 v. Chr.

4. Dynastie ca. 2589–2454 v. Chr.

5. Dynastie ca. 2454–2297 v. Chr.

6. Dynastie ca. 2297–2166 v. Chr.

1. Zwischenzeit ca. 2166–2046 v. Chr.

7./8. Dynastie ca. 2166–2120 v. Chr.

9./10. Dynastie ca. 2120–2025/2020 v. Chr.

11. Dynastie 2119–2046 v. Chr.

Mittleres Reich 2046–1794/93 v. Chr.

11. Dynastie, ab Mentuhotep II. 2046–1976 v. Chr.

12. Dynastie 1976–1794/93 v. Chr.

2. Zwischenzeit 1794/93–1550 v. Chr.

13./14. Dynastie 1794/93–1648/45 v. Chr.

15./16. Dynastie 1648/45–1550 v. Chr.

17. Dynastie ca. 1645–1550 v. Chr.

Neues Reich 1550–1070/69 v. Chr.

18. Dynastie 1550–1292 v. Chr.

19. Dynastie 1292–1186/85 v. Chr.

20. Dynastie 1186/85–1070/69 v. Chr.

3. Zwischenzeit 1070/69–714 v. Chr.

21. Dynastie 1070/69–946/45 v. Chr.

22. Dynastie 946/45–ca. 735/730 v. Chr.

23. Dynastie 818–714/712 v. Chr.

24. Dynastie ca. 740–714/712 v. Chr.

Spätzeit 746–332 v. Chr.

25. Dynastie 746–656 v. Chr.

26. Dynastie 664–525 v. Chr.

27. Dynastie, 1. Perserherrschaft 525–404 v. Chr.

28. Dynastie 404–399 v. Chr.

29. Dynastie 399–380 v. Chr.

30. Dynastie 380–342 v. Chr.

2. Perserherrschaft 342–332 v. Chr.

Griechische Zeit 332–30 v. Chr.

Argeaden 332–306 v. Chr.

Ptolemäer 306–30 v. Chr.

Römische Zeit 30 v. Chr.–395 n. Chr.

Byzantinische Zeit 395–642 n. Chr.

Beginn der arabischen Herrschaft 642 n. Chr.

Literaturverzeichnis

Altenmüller 1965
H. Altenmüller, Die Apotropaia und die Götter Mittelägyptens. Eine typologische und religionsgeschichtliche Untersuchung der so genannten »Zaubermesser« des Mittleren Reiches, Diss. München 1965

Andrews 1990
C. Andrews, Ancient Egyptian Jewelry, New York 1990

Andrews 1998
C. Andrews, Amulets of Ancient Egypt, Austin 1998

Arles 2002
A. Charron (Hg.), La mort n'est pas une fin. Pratiques funéraires en Égypte d'Alexandre à Cléopâtre, Ausstellung Arles, Arles 2002

Armitage/Clutton-Brock 1980
P. Armitage/J. Clutton-Brock, Egyptian Mummified Cats held by the British Museum, Research Papers in Science and Archaeology 1, Philadelphia 1980, 185–188

Armitage/Clutton-Brock 1981
P. Armitage/J. Clutton-Brock, A Radiological and Histological Investigation into the Mummification of Cats from Ancient Egypt, Journal of Archaeological Science 8, 1981, 185–196

Arnst 1998
C.-B. Arnst, Vernetzung. Zur Symbolik des Mumiennetzes, Internet-Beiträge zur Ägyptologie und Sudanarchäologie 1, 1998, 79–93, online unter http://www2.rz.hu-berlin.de/nilus/net-publications/ibaes1/Arnst/text.html

Assmann 1990
J. Assmann, Ma'at. Gerechtigkeit und Unsterblichkeit im Alten Ägypten, München 1990

Assmann 2001
J. Assmann, Tod und Jenseits im Alten Ägypten, München 2001

Aston 1994
D. A. Aston, The Shabti Box. A Typological Study, Oudheidkundige Mededelingen uit het Rijksmuseum van Oudheden te Leiden 74, 21–54

Aubert 1998
L. Aubert, Les statuettes funéraires de la Deuxième Cachette à Deir el-Bahari, Paris 1998

Aufderheide 2003
A. C. Aufderheide, The Scientific Study of Mummies, Cambridge 2003

Backes 2005
B. Backes, Das altägyptische »Zweiwegebuch«. Studien zu den Sargtext-Sprüchen 1029–1130, Ägyptologische Abhandlungen 69, Wiesbaden 2005

Backes/Munro/Stöhr 2006
B. Backes/I. Munro/S. Stöhr (Hgg.), Totenbuch-Forschungen. Gesammelte Beiträge des 2. Internationalen Totenbuch-Symposiums, Bonn, 25.–29. September 2005, Studien zum Altägyptischen Totenbuch 11, Wiesbaden 2006

Baracs-Deltour 1917
Dr. Baracs-Deltour, Dr. Ernst von Sieglin, in: Dr. Baracs-Deltour (Hg.), Die Süddeutschen Bundesstaaten 1914-1917 Bd. 3. Das Königreich Württemberg, Unsere Zeitgenossen Serie 23 (München 1917), ohne Seitenangabe

Basel 1997
M. Page-Gasser/A. B. Wiese, Ägypten – Augenblicke der Ewigkeit. Unbekannte Schätze aus Schweizer Privatbesitz, Ausstellungskatalog Antikenmuseum Basel und Sammlung Ludwig, Mainz 1997

Beinlich 1978
H. Beinlich, Ein altägyptischer Räucherarm in Heidelberg, Mitteilungen des Deutschen Archäologischen Instituts Abteilung Kairo 34, 1978, 15–31

Berlin 2000
C. Fluck/P. Linscheid/S. Merz, Textilien aus Ägypten, Teil 1. Textilien aus dem Vorbesitz von Th. Graf, C. Schmidt und dem Ägyptischen Museum Berlin, Staatliche Museen zu Berlin – Preußischer Kulturbesitz, Skulpturensammlung und Museum für Byzantinische Kunst, Bestandskatalog 1, Wiesbaden 2000

Bernhard-Walcher 1998
A. Bernhard-Walcher, Theodor Graf und die Wiederentdeckung der Mumienportraits, in: Wien 1998b, 27–35

Bierbrier 1997
M. L. Bierbrier (Hg.), Portraits and Masks. Burial Customs in Roman Egypt, London 1997

Bietak/Reiser-Haslauer 1982
M. Bietak/E. Reiser Haslauer, Das Grab des ʿAnch-Hor. Obersthofmeister der Gottesgemahlin Nitokris, II, Österreichische Akademie der Wissenschaften, Denkschriften der Gesamtakademie VII, Wien 1982

Bonn 2004
S. Grallert/I. Stünkel (Hgg.), Ägyptisches Museum. Bonner Sammlung von Aegyptiaca, Bonn 2004

Bonn2006
G. Pieke (Hg.), Tod und Macht. Jenseitsvorstellungen in Altägypten, Katalog zur Sonderausstellung, Bonn 2006

Bonnet (ohne Jahr)
H. Bonnet, Ein frühgeschichtliches Gräberfeld bei Abusir, Veröffentlichungen der Ernst von Sieglin Expedition in Ägypten 4, Leipzig (ohne Jahr)

Bonnet 2000
H. Bonnet, Reallexikon der ägyptischen Religionsgeschichte, Berlin/New York 32000

Borg 1996
B. Borg, Mumienporträts. Chronologie und kultureller Kontext, Mainz 1996

Borg 1997
B. Borg, The Dead as a Guest at Table? Continuity and Change in the Egyptian Cult of the Dead, in: Bierbrier 1997, 26–32

Borg 1998
B. Borg, Der zierlichste Anblick der Welt. Ägyptische Porträtmumien, Mainz 1998

K. Bosse-Griffiths 1978 (= 2001)
K. Bosse-Griffiths, Some Egyptian Beadwork Faces, Journal of Egyptian Archaeology 64, 1978, 99–106 = K. Bosse-Griffiths, Amarna Studies and other selected papers, edited by J. Gwyn Griffiths, Orbis Biblicus et Orientalis 182, Freiburg/Göttingen 2001, 152–164

Botti 1958
G. Botti, Le casse di mummie e i sarcofagi da El Hibeh nel Museo Egizio di Firenze, Accademia toscana di scienze e lettere »La Colombaria«, »Studi V«, Florenz 1958

Bourriau 1988
J. Bourriau, Pharaohs and Mortals. Egyptian Art in the Middle Kingdom, Cambridge 1988

Bowman 1996
A. K. Bowman, Egypt after the Pharaohs. 332 BC – AD 642 from Alexander to the Arab Conquest, London 21996

Bresciani 2005
E. Bresciani, Sobek. Lord of the Land of the Lake, in: Ikram 2005, 199–206

Brier/Bennett 1979
B. Brier/M. V. L. Bennett, Autopsies on Fish Mummies. Possible Identification of the Classical Phagrus, Journal of Egyptian Archaeology 65, 1979, 128–133

Brier/Ware 1997
B. Brier/R.S. Ware, The Use of Natron in Human Mummification, Zeitschrift für ägyptische Sprache und Altertumskunde 124, 1997, 89–100

Brier/Ware 1999
B. Brier/R.S. Ware, Surgical Procedures during Ancient Egyptian Mummification, Zeitschrift für ägyptische Sprache und Altertumskunde 126, 1999, 89–97

Brunner-Traut 1965
E. Brunner-Traut, Spitzmaus und Ichneumon als Tiere des Sonnengottes, in: Siegfried Schott (Hg.), Göttinger Vorträge vom Ägyptologischen Kolloquium der Akademie am 25. und 26. August 1964, Abhandlungen der Akademie der Wissenschaften Göttingen 7, 1965, 123–163

Brunner-Traut 1970
E. Brunner-Traut, Gravidenflasche. Das Salben des Mutterleibes, in: Arnulf Kuschke und Ernst Kutsch (Hgg.), Archäologie und Altes Testament, Festschrift für Kurt Galling zum 8. Januar 1970, Tübingen 1970, 35–48

Brunner-Traut 1975
E. Brunner-Traut, Die ägyptischen Totenboote und vorgeschichtliche Bestattungsgefäße, Revue d'Égyptologie 27, 1975, 41–55

Brunner-Traut 1982
E. Brunner-Traut, Die altägyptische Grabkammer Seschemnofers III aus Gisa, Mainz 1982
Bruyère 1937
B. Bruyère, Rapport sur les fouilles de Deir el-Médineh (1934–1935). Deuxième partie: La nécropole de l'est, Fouilles de l'Institut français d'archéologie orientale 15, Kairo 1937
Bruyère 1959
B. Bruyère, La tombe n° 1 de Sen-nedjem à Deir el Médineh, Mémoirs de l'Institut français d'archéologie orientale 88, Kairo 1959
Calament 2005
F. Calament, La révélation d'Antinoe par A. Gayet. Histoire, archéologie, muséographie, 2 Bde., Bibliothèque d'étude copte 18, Kairo 2005
Capart 1936
J. Capart (Hg.), Travels in Egypt, Letters of Charles Edwin Wilbour, Brooklyn 1936
Castel 1979
G. Castel, Étude d'une momie copte, in: J. Vercoutter (Hg.), Hommages à la mémoire de Serge Sauneron, 2, Égypte post-pharaonique, Bibliothèque d'étude 82, Kairo 1979, 121–143
de Cenival 1972
F. de Cenival, Les associations religieuses en Égypte d'après les documents démotiques, Bibliothèque d'étude 46, Kairo 1972
Cerny 1958
J. Cerny, Egyptian Stelae in the Bankes Collection, Oxford 1958
Clarysse 2001
W. Clarysse, Gilding and Painting Mummy Masks, in: B. Palme (Hg.) Wiener Papyri. Als Festgabe zum 60. Geburtstag von Hermann Harrauer (P.Harrauer), Wien 2001, 67–70
Clédat 1999
J. Clédat, Le monastère et la nécropole de Baouit (Hg. von D. Bénazeth/M.-H. Rutschowscaya), Mémoires publiés par les membres de l'institut français d'archéologie orientale 111, Kairo 1999
Cleveland 1992
Egypt's Dazzling Sun, Amenhotep III and his World. Ausstellung in The Cleveland Museum of Art, Cleveland 1992
Clifford/Wetherbee 2004
W. Clifford/M. Wetherbee, Piecing Together the Secrets of Mummification, KMT 15.2, 2004, 64–65
Coenen/Quaegebeur 1995
M. Coenen/J. Quaegebeur, De Papyrus Denom in het Museum Meermanno-Westreenianum, Den Haag of het »Boek van het Ademen van Isis«, Monografieen van het Museum van het Boek 5, Leuven 1995
Crowfoot Payne 1993
J. Crowfoot Payne, Catalogue of the Predynastic Egyptian Collection in the Ashmolean Museum, Oxford 1993
Daressy 1920
G. Daressy, La découverte et l'inventaire du tombeau de Sen-nezem, Annales du service des antiquités d'Égypte 20, 1920, 145–160
Daressy 1928
G. Daressy, La trouvaille de Sen-nezem: objets séparés de l'ensemble, Annales du service des antiquités d'Égypte 28, 1928, 7–11
Dasen 1993
V. Dasen, Dwarfs in Ancient Egypt and Greece. Oxford Monographs on Classical Archaeology, Oxford 1993
Daszewski 1997
W. A. Daszewski, Mummy Portraits from Northern Egypt: The Necropolis in Marina el-Alamein, in: Bierbrier 1997, 59–65
David 1979
A. David(Hg.), The Manchester Mummy Project, Manchester 1979
von Deines 1976
H. von Deines, Die Rezepte Eb 808 und 809 im Pap. Ebers, um *gs.w* bei einer Frau zu behandeln, Göttinger Miszellen 19, 1976, 17–22
Depauw 2004
M. Depauw, New Light on Gilding in Hellenistic Egypt: P.dem. Vindob. Barbara 58, in: H. Harrauer/R. Pintaudi (Hg.), Gedenkschrift Ulrike Horak (P. Horak), Papyrologica Florentina 34, Florenz 2004, 233–246
Devauchelle 1987
D. Devauchelle, Notes sur l'administration funéraire, Bulletin de l'institut français d'archéologie orientale 87, 1987, 141–160
Dils 1990
P. Dils, Stucco heads of crocodiles. A new aspect of crocodile mummification, Aegyptus 70, 1990, 73–85
Dimick 1959
J. Dimick, The Embalming House of the Apis Bulls, in: R. Anthes (Hg.), Mit Rahineh 1955, Philadelphia 1959, 75–79
Dodsen 2005
A. Dodson, Bull Cults, in: Ikram 2005, 72–105
Donadoni Roveri 2001
A. M. Donadoni Roveri, The Art of Weaving, Turin 2001
Doxiadis 1995
E. Doxiadis, The Mysterious Fayum Portraits. Faces from Ancient Egypt, London 1995
Drenkhahn 1989
R. Drenkhahn, Die ägyptischen Reliefs im Kestner-Museum Hannover. Sammlungskatalog 5, Hannover 1989
von Droste zu Hülshoff/Schlick-Nolte 1984
V. von Droste zu Hülshoff/B. Schlick-Nolte, Corpus Antiquitatum Aegyptiacorum, Museen aus der Rhein-Main-Region, Lieferung 1: Aegyptiaca diversa, Mainz 1984
Dunand/Lichtenberg 1992
F. Dunand/R. Lichtenberg, La nécropole de Douch, Oasis de Kharga I, Documents de fouilles de l'Institut français d'archéologie orientale 26, Kairo 1992
Dunand/Lichtenberg 2005
F. Dunand/R. Lichtenberg, La nécropole de Douch, Oasis de Kharga II, Documents de fouilles de l'Institut français d'archéologie orientale 45, Kairo 2005
Edinburgh 1899
A. Murray, Catalogue of the Egyptian Antiquities in the National Museum of Antiquities, Proceedings of the Society of Antiquities of Scotland, Session 1898–1899, Vol. IX, Third Series, Edinburg 1899, 465–531
Egner/Haslauer 1994
R. Egner/E. Haslauer, Corpus Antquitatum Aegyptiacorum, Wien, Lieferung 10: Särge der Dritten Zwischenzeit I, Mainz 1994
El-Aguizy 1988
O. El-Aguizy, A Ptolemaic Juridical Document from *Hwt-nsw*, Bulletin de l'institut français d'archéologie orientale 88, 1988, 51–62
Emery 1954
W. B. Emery, Great Tombs of the First Dynasty II, Excavations at Sakkara, London 1954
Evans 2001
E. A. Evans, Did Cat Mummies Say »Meow«?, Research Notes, Frank H. McClung Museum 20, 2001
Faltings 1998
D. Faltings, Die Keramik der Lebensmittelproduktion im Alten Reich. Ikonographie und Archäologie eines Gebrauchsartikels, Studien zur Archäologie und Geschichte Altägyptens 14, Heidelberg 1998
Filer 1997
J. M. Filer, If the Face Fits: A Comparison of Mummies and Their Accompanying Portraits Using Computerised Axial Tomography, in: Bierbrier 1997, 121–126
Fischer 1977
H. G. Fischer, Ancient Egypt in the Metropolitan Museum Journal, Bd. 1–11 (1968–1976), New York 1977
Fischer 1994
J. Fischer, Griechisch-römische Terrakotten aus Ägypten. Die Sammlungen Sieglin und Schreiber. Tübinger Studien zur Archäologie 14, Tübingen 1994
Fischer-Elfert 1986
H.-W. Fischer-Elfert, Die satirische Streitschrift des Papyrus Anastasi I. Übersetzung und Kommentar, Ägyptologische Abhandlungen 44, Wiesbaden 1986
Fischer-Elfert 2005
H.-W. Fischer-Elfert, Altägyptische Zaubersprüche, Stuttgart 2005
Fischhaber 1997
G. Fischhaber, Mumifizierung im koptischen Ägypten, Ägypten und Altes Testament 39, Wiesbaden 1997
Flores 2003
D. V. Flores, Funerary Sacrifice of Animals in the Egyptian Predynastic Period, British Archaeological Reports International Series 1153, Oxford 2003

FLUCK 2004
C. Fluck, Ägyptische Puppen aus römischer bis früharabischer Zeit. Ein Streifzug durch die Sammlungen des Ägyptischen Museums in Berlin, des Museums für Angewandte Kunst in Wien und des Benaki-Museums in Athen, in: H. Harrauer/R. Pintaudi (Hgg.), Gedenkschrift Ulrike Horak (P. Horak), Papyrologica Florentina 34, Florenz 2004, 383–400
FOCKE 1997
H. G. Focke, Überlegungen zu den hölzernen Schminkbehältern in koptischer Zeit, Göttinger Miszellen 161, 1997, 65–71
FRANKENHAUSEN 2002
N. Frankenhausen, Koptische Schuhe aus Quarara. Schadensbilder und Konservierung von archäologischem Trockenleder, Dipl.-Arbeit Stuttgart 2002
FRANKFURT 1991
H. Beck (Hg.), Ägyptische Bildwerke II. Statuetten, Gefäße und Geräte, Liebieghaus – Museum Alter Plastik, Melsungen 1991
FRANKFURT 1993
H. Beck (Hg.), Ägyptische Bildwerke III. Skulptur, Malerei, Papyri und Särge Liebieghaus – Museum Alter Plastik, Melsungen 1993
FRANKFURT 1999
K. Parlasca/H. Seemann (Hgg.), Augenblicke. Mumienporträts und ägyptische Grabkunst aus römischer Zeit. Ausstellung der Schirn Kunsthalle Frankfurt, Frankfurt 1999
FRANKFURT 2005
H. Beck/P. C. Bol/M. Bückling (Hgg.), Ägypten, Griechenland, Rom. Abwehr und Berührung. Ausstellung des Städelschen Kunstinstituts und der Städtischen Galerie, Frankfurt und Tübingen 2005
FREIBURG 1974
W. Kosack, Alltag im alten Ägypten. Aus der Ägyptensammlung des Museums, Museum für Völkerkunde der Stadt Freiburg im Breisgau, Freiburg 1974
FREIBURG 1990
Ägyptischer Mumiensarg. Analysen, Konservierung, Restaurierung, Freiburg 1990
FRITZ 2006
U. Fritz, Kornmumien aus dem Fayum? Ein Kornosiris in falkenköpfigem Holzsarkophag (Tübingen Inv. 1853 a,b,c), Studien zur altägyptischen Kultur 35, 2006, 103–124
GABRA 1971
S. Gabra, Chez les Derniers Adorateurs du Trismegiste, Kairo 1971
GARDINER/SETHE 1928
A. H. Gardiner/K. Sethe, Egyptian Letters to the Dead mainly from the Old and Middle Kingdoms, London 1928
GARDINER/WEIGALL 1913
A. H. Gardiner/A. Weigall, A Topographical Catalogue of Private Tombs at Thebes, London 1913
GARNER 1979
R. Garner, Experimental Mummification, in: David 1979, 19–24
GEORGE 1970
B. George, Zu den altägyptischen Vorstellungen vom Schatten als Seele, Habelts Dissertationsdrucke, Reihe Philologie 7, Bonn 1970
GERMER 1991
R. Germer, Mumien. Zeugen des Pharaonenreiches, Zürich/München 1991
GERMER/NICKOL/SCHMIDT/WILKE 1995
R. Germer/Th. Nickol/F. Schmidt/W. Wilke, Untersuchung der altägyptischen Mumien des Ägyptischen Museums der Universität Leipzig und des Museums für Völkerkunde Leipzig, Zeitschrift für ägyptische Sprache und Altertumskunde 122, 137–154
GESSLER-LÖHR 1995
B. Gessler-Löhr, Wege zur Unsterblichkeit. Mumien und Mumifizierung im Alten Ägypten, Loseblattmappe, Frankfurt 1995
GESSLER-LÖHR (IN VORBEREITUNG)
B. Gessler-Löhr, Zum Ausklang der Mumifizierung im spätantiken und byzantinischen Ägypten (in Vorbereitung)
GESTERMANN 2005
L. Gestermann, Die Überlieferung ausgewählter Texte altägyptischer Totenliteratur (»Sargtexte«) in spätzeitlichen Grabanlagen, Ägyptologische Abhandlungen 68, Wiesbaden 2005
GOEDICKE 1963/64
H. Goedicke, Hieratische Ostraka in Wien, Wiener Zeitschrift für die Kunde des Morgenlandes 59/60, 1963/64, 1–44
GOESSLER 1927
P. Goessler, Geh. Rat Dr. E. v. Sieglin verstorben, Staatsanzeiger für Württemberg 233, 6. Oktober 1927, 3
GONZÁLEZ Y AREMA O. J.
Á. González y Arema, An Analysis of Various Anatomical Parts of Egyptian Mummies from Museum Collections in Spain. Unpubl. Manuskript o. J.
DE GOROSTARZU 1901
M. X. de Gorostarzu, Lettre sur deux tombeaux de crocodiles découverts au Fayoum, Annales du service des antiquités de l'Égypte 2, 1901, 182–184
GOTHA 1996
Uta Wallenstein, Ägyptische Sammlung – Schlossmuseum Gotha, 1996
GOTHA 1999
Das Geheimnis der Mumien – Altägyptischer Totenkult, historische Sammelleidenschaft und moderne Forschung im Schloss Friedenstein Gotha, 1.8.1999–20.11.1999, Vernissage 17, 1999
GÖTTLICHER/WERNER 1971
A. Göttlicher/W. Werner, Schiffsmodelle im alten Ägypten, Wiesbaden 1971
GOYON 1972
J.-Cl. Goyon, Rituels funéraires de l'ancienne Égypte, Paris 1972
GRAVES-BROWN 2006
C.A. Graves-Brown, Flint and Life Crises in Pharaonic Egypt, in: Current Research in Egyptology 2006, 68–83
GRENFELL/HUNT 1906
B. P. Grenfell/A. S. Hunt, The Hibeh Papyri Part I, London 1906.
GRIESHAMMER 1970
R. Grieshammer, Das Jenseitsgericht in den Sargtexten, Ägyptologische Abhandlungen 20, Wiesbaden 1970
GRIGGS U. A. 1993
C. W. Griggs u. a., Evidences of a Christian Population in the Egyptian Fayum and Genetic and Textile Studies of the Akhmim Noble Mummies, Brigham Young University Studies 33/2, 1993, 214–243
GRIGGS U. A. 2001
C. W. Griggs u. a., Seila Pyramid/Fag el Gamous Cemetery Project. Report of the 2000 Season, The Bulletin of the Australian Centre of Egyptology 12, 2001, 7–23
GRIMM 1974
G. Grimm, Die römischen Mumienmasken aus Ägypten, Wiesbaden 1974
VAN HAARLEM 1998
W.M. van Haarlem, Corpus Antquitatum Aegyptiacorum, Allard Pierson Museum Amsterdam, Facicle IV: Sarcophagi and Related Objects, Amsterdam 1998
HABACHI 1954
L. Habachi, Khâ'tana – Qantir. Importance, Annales du service des antiquités de l'Égypte 52, 1954, 443–562
HAMBURG 1930
E. von Mercklin, Führer durch das Hamburgische Museum für Kunst und Gewerbe II. Griechische und römische Altertümer, Hamburg 1930
HAMBURG 1997
Renate Germer (Hg.), Das Geheimnis der Mumien. Ewiges Leben am Nil, Ausstellung im Museum für Kunst und Gewerbe Hamburg, München 1997
HAMM 1996
Ägypten. Schätze aus dem Wüstensand. Kunst und Kultur der Christen am Nil, Ausstellung im Gustav-Lübcke-Museum Hamm, Wiesbaden 1996
HAMM 1999
Leben und Tod im Alten Ägypten, Meisterwerke aus dem Reichsmuseum für Altertümer in Leiden, Ausstellung im Gustav-Lübcke-Museum Hamm, Hamm 1999
HAMMERNIK 2003
G. Hamernik, Zur Fundgeschichte und Datierung eines ägyptischen Mumiensarges im Landesmuseum Kärnten, Rudolfinum, Jahrbuch des Landesmuseums Kärnten 2002, 2003, 185–198
HANNOVER 1976
P. Munro, Kestner-Museum, Ägyptische Abteilung, Loseblattkatalog, Hannover 1976
HANNOVER 1991
R. Drenkhahn/R. Germer (Hgg.), Mumie und Computer – ein multidisziplinäres Forschungsprojekt in Hannover. Ausstellung des Kestner-Museums Hannover, Hannover 1991

Hannover 1998
»... den Sinn für das Schöne erwecken ...« – Führer durch das Kestner-Museum Hannover, Hannover 1998

Hannover 2003
R. Drenkhahn/R. Germer (Hgg.), Mumie und Computer II, Hannover 2003

Hannover 2006
Mein Kestner – Museumsbesucher und ihr Lieblingsstück. Ausstellung im Kestner-Museum, Hannover 2006

Haslauer 2006
E. Haslauer, Eine Mumienmaske mit dem »Kranz der Rechtfertigung«, Jahrbuch des Kunsthistorischen Museums Wien 6/7, 2006, 232–239

Hawass 2004
Z. Hawass, The EMP Egyptian Mummy Project, KMT 15.4, 2004, 29–38

Heidelberg 1986
E. Feucht, Vom Nil zum Neckar. Kunstschätze Ägyptens aus pharaonischer und koptischer Zeit an der Universität Heidelberg, Berlin u. a. 1986

Hein/Satzinger 1992
I. Hein/H. Satzinger, Corpus Antiquitatum Aegyptiacorum, Wien, Lieferung 7: Stelen des Mittleren Reiches einschließlich der I. und II. Zwischenzeit, Teil II, Mainz 1992

Helck 1958
W. Helck, Zur Verwaltung des Mittleren und Neuen Reiches, Probleme der Ägyptologie 3, Leiden 1958

Herbin 1994
Fr. R. Herbin, Le livre de parcourir l'éternité, Orientalia Lovaniensia Analecta 58, Leuven 1994

Hildesheim 1973
H. Kayser, Die ägyptischen Altertümer im Roemer-Pelizaeus-Museum in Hildesheim, Hildesheim 1973

Hildesheim 1987
Ägyptens Aufstieg zur Weltmacht, Katalog der Ausstellung im Roemer- und Pelizaeus-Museum Hildesheim, Mainz 1987

Hildesheim 1990
A. Eggebrecht (Hg.), Suche nach Unsterblichkeit. Totenkult und Jenseitsglaube im alten Ägypten, Ausstellungskatalog Roemer- und Pelizeaus-Museum Hildesheim, Mainz 1990

Hildesheim 1993
A. Eggebrecht (Hg.), Roemer- und Pelizaeus-Museum Hildesheim. Die Ägyptische Sammlung, Mainz 1993

Hildesheim 2006
K. Lembke/B. Schmitz (Hgg.), Schönheit im Alten Ägypten – Suche nach Vollkommenheit. Eine Ausstellung des Roemer- und Pelizaeus-Museum Hildesheim, Hildesheim 2006

Hodjash/Berlev 1982
S. Hodjash/O. Berlev, The Egyptian Reliefs and Stelae in the Pushkin Museum of Fine Arts, Moscow, Leningrad 1982

Hoffmann 2005
F. Hoffmann, Krokodildarstellungen in Ägypten und Rom, in: Frankfurt 2005, 428–433

Hoffmann 1960
H. Hoffmann, Neuerwerbungen der Antikenabteilung im Hamburgischen Museum für Kunst und Gewerbe 1940–1960, Archäologischer Anzeiger 1960, 69–150

Hoffmann 1961
H. Hoffmann, Museum für Kunst und Gewerbe. Erwerbungen der Antikenabteilung 1950–1960 Jahrbuch der Hamburger Kunstsammlungen 6, 1961, 221–262

Hoffmann/von Claer 1968
H. Hoffman/V. von Claer, Antiker Gold- und Silberschmuck. Katalog mit Untersuchungen der Objekte auf technischer Grundlage, Mainz 1968

Höhr-Grenzhausen 1978
Meisterwerke altägyptischer Keramik. 5000 Jahre Kunst und Kunsthandwerk aus Ton und Fayence, Keramik-Museum Westerwald, Höhr-Grenzhausen, Montabaur 1978

Hölzl 2002
R. Hölzl, Ägyptische Opfertafeln und Kultbecken. Eine Form- und Funktionsanalyse für das Alte, Mittlere und Neue Reich, Hildesheimer Ägyptologische Beiträge 45, Hildesheim 2002

Hölzl 2007
R. Hölzl, Meisterwerke der Ägyptischen Sammlung, Kurzführer durch das Kunsthistorische Museum Band 6, Wien 2007

Horak 1995
U. Horak, Koptische »Mumien«, Biblos. Beiträge zu Buch, Bibliothek und Schrift 44, 1, 1995, 39–71

Hornemann 1957
B. Hornemann, Types of Ancient Egyptian Statuary III, Kopenhagen 1957

Hornung 1968
E. Hornung, Altägyptische Höllenvorstellungen, Abhandlungen der Sächsischen Akademie der Wissenschaften zu Leipzig, Phil.-Hist. Klasse 59.3, Berlin 1968

Hornung 1979
E. Hornung, Das Totenbuch der Ägypter, Bibliothek der Alten Welt, Zürich/München 1979

Hornung 1983
E. Hornung, Vom Sinn der Mumifizierung, Die Welt des Orients 14 (= Festschrift Hellmut Brunner), 1983, 167–175

Hornung 1991
E. Hornung, Die Nachtfahrt der Sonne. Eine altägyptische Beschreibung des Jenseits, Zürich 1991

Hornung 1993
E. Hornung, Der Eine und die Vielen. Ägyptische Gottesvorstellungen, Darmstadt 51993

Hornung 1997
E. Hornung, Altägyptische Jenseitsführer. Ein einführender Überblick, Darmstadt 1997

de Horrack 1877
P. J. de Horrack, Le livre des respirations d'après les manuscrits du Musée du Louvre, Paris 1877

Houlihan/Goodman 1986
P. Houlihan/S. Goodman, The Birds of Ancient Egypt, Kairo/Warminster 1986

Huber 2004
B. Huber, Die Klosteranlage bei el-Kom el-Ahmar/Scharuna (Mittelägypten), Bulletin de la Société d'Archéologie Copte 43, 2004, 45–61

Huber 2006
B. Huber, Die Klosteranlage Deir el-Qarabin bei el-Kom el-Ahmar/Scharuna in Mittelägypten, Bulletin de la Société d'Archéologie Copte 45, 2006, 59–68

Hüttner 1995
M. Hüttner, Mumienamulette im Totenbrauchtum der Spätzeit. Eine Untersuchung an Objekten in der ägyptischen Sammlung des Kunsthistorischen Museums, Veröffentlichungen der Institute für Afrikanistik und Ägyptologie der Universität Wien 67, Beiträge zur Ägyptologie 12, Wien 1995

Hüttner/Satzinger 1999
M. Hüttner/H. Satzinger, Corpus Antiquitatum Aegyptiacorum, Wien, Lieferung 16: Stelen, Inschriftsteine und Reliefs aus der Zeit der 18. Dynastie, Mainz 1999

Ikram 1995
S. Ikram, Choice Cuts. Meat Production in Ancient Egypt, Orientalia Lovaniensia Analecta 69, Leuven 1995

Ikram 2000
S. Ikram, The Pet Gazelle of One of the Ladies of the Pinudjem Family, KMT 11.2, 2000, 58–61

Ikram 2004
S. Ikram, Victual, Ritual, or Both? Food Offerings from the Funerary Assemblage of Isitemkheb, Studi di Egittologia e di Papirologia 1, 2004, 87–92

Ikram 2005
S. Ikram(Hg.), Divine Creatures. Animal Mummies in Ancient Egypt, Kairo 2005

Ikram/Dodson 1998
S. Ikram/A. Dodson, The Mummy in Ancient Egypt. Equipping the Dead for Eternity, London 1998

James 1993/1994
T. G. H. James, Egyptian Antiquities at Kingston Lacy, Dorset (The Collection of William John Bankes), KMT 4.4, 1993/1994, 20–32

Janes 2002
G. Janes, Shabtis. A Private View. Ancient Egyptian funerary statuettes in European private collections, Paris 2002

Janot 2000
Fr. Janot, Les instruments d'embaumement de l'Égypte ancienne, Bibliothèque d'étude 125, Kairo 2000

Jansen-Winkeln 2007
K. Jansen-Winkeln, Inschriften der Spätzeit. Teil 1: Die 21. Dynastie, Wiesbaden 2007

Japan 2003
Gott, Mensch, Pharao. Vier Tausend Jahre Ägyptische Kunst und Kultur. Meisterwerke aus der Ägyptisch-Orientalischen Sammlung des Kunsthistorischen Museums Wien in Kumamoto, Oita, Mie, Fukushima, Kofu, Kumamoto 2003

Jaros-Deckert/Rogge 1993
B. Jaros-Deckert/E. Rogge, Corpus Antiquitatum Aegyptiacorum, Wien, Lieferung 15, Statuen des Alten Reiches, Mainz 1993

Jasnow 1997
R. Jasnow, A Demotic Omen Text?, in: J. van Dijk (Hg.), Essays on Ancient Egypt in Honour of Herman Te Velde, Egyptological Memoirs 1, Groningen 1997, 204–217

Jones/Jones 1982
M. Jones/A. M. Jones, The Apis House Project at Mit Rahinah. First Season 1982, Journal of the American Research Center in Egypt 19, 1982, 7–50

Jones/Jones 1983
M. Jones/A. M. Jones, The Apis House Project at Mit Rahinah: Preliminary Report of the Second and Third Season 1982-1983, Journal of the American Research Center in Egypt 20, 1983, 33–46

Jones/Jones 1985
M. Jones/A. M. Jones, The Apis House Project at Mit Rahinah: Preliminary Report of the Fourth Season 1984, Journal of the American Research Center in Egypt 22, 1985, 17–28

Jones/Jones 1987
M. Jones/A. M. Jones, The Apis House Project at Mit Rahinah: Preliminary Report of the Fifth Season 1984-1985, Journal of the American Research Center in Egypt 24, 1987, 35–46

Jones/Jones 1988
M. Jones/A. M. Jones., The Apis House Project at Mit Rahinah: Preliminary Report of the Sixth Season 1986, Journal of the American Research Center in Egypt 25, 1988, 105–116

Junker 1912
H. Junker, Bericht über die Grabungen der kaiserl. Akademie der Wissenschaften in Wien auf dem Friedhof in Turah. Winter 1909–1910. Kaiserliche Akademie der Wissenschaften in Wien, phil.-hist. Kl. Denkschriften 56, Wien 1912

Junker 1919
Hermann Junker, Bericht über die Grabungen der Akademie der Wissenschaften in Wien auf den Friedhöfen von El-Kubanieh-Süd, Winter 1910–1911. Akademie der Wissenschaften in Wien, phil.-hist. Kl. Denkschriften 62, 3. Abh., Wien 1919

Junker 1938
Hermann Junker, Giza III. Grabungen auf dem Friedhof des Alten Reiches bei den Pyramiden von Giza. Die Mastabas der vorgeschrittenen V. Dynastie auf dem Westfriedhof, Wien und Leipzig 1938

Kairo 1967
G. A. Reisner, Catalogue Général des Antiquités Égyptiennes du Musée du Caire Canopics. Nos. 4001–4740 and 4977–5033. Revised, annotated and completed by M. H. Abd-ul-Rahman, Kairo 1967

Kairo 2002
S. Ikram/N. Iskander, Catalogue Général of the Egyptian Museum. Non-Human Remains, Kairo 2002

Kaiser 1961
W. Kaiser, Bericht über eine archäologisch-geologische Felduntersuchung in Ober- und Mittelägypten, Mitteilungen des Deutschen Archäologischen Instituts Abteilung Kairo, 1961, 1–53

Kajitani 2006
N. Kajitani, Textiles and Their Context in the Third- to Fourth-Century CE Cemetery of al-Bagawât, Khargah Oasis, Egypt, from the 1907–1931 Excavations by The Metropolitan Museum of Art, New York, in: S. Schenk (Hg.), Textiles in situ: Their find spots in Egypt and neighbouring countries in the first millennium CE, Riggisberger Berichte 13, 2006, 95–112

Kakosy 1981
L. Kakosy, Prophecies of Ram Gods, Studia Aegyptiaca 7, 1981, 139–154

Karlsruhe 1992
I. Gamer-Wallert/R. Grieshammer, Ägyptische Kunst, Bildhefte des Badischen Landesmuseums N.F. 1, Karlsruhe 1992

Kassel 1999
R. Busz/P. Gercke (Hgg.), Türkis und Azur. Quarzkeramik im Orient und Okzident, Ausstellungskatalog Staatliche Museen Kassel/Universität Gesamthochschule Kassel, Wolfratshausen 1999

Kessler 1989
D. Kessler, Die Heiligen Tiere und der König, I. Beiträge zu Kult, Organisation und Theologie der spätzeitlichen Tierfriedhöfe, Ägypten und Altes Testament 16, Wiesbaden 1989

Kessler 2003
D. Kessler, Tierische Missverständnisse: Grundsätzliches zu Fragen des Tierkultes, Internetbeiträge zur Ägyptologie und Sudanarchäologie, Berlin 2003, 33–67, online unter http://www2.rz.hu-berlin.de/nilus/net-publications/ibaes4/lay.html

Kessler/Nur el-Din
D. Kessler/A. E. H. Nur el-Din, Tuna al-Gebel. Millions of Ibises and Other Animals, in: Ikram 2005, 120–163

Kitchen 1980
K. A. Kitchen, Ramesside Inscriptions, Historical and Biographical III, Oxford 1980

Kitchen 1996
K. A. Kitchen, The Third Intermediate Period in Egypt (1100–650 BC), Oxford 31996

Klasens 1958
A. Klasens, The excavations of the Leiden Museum of Antiquities at Abu-Roash, report of the second season: 1958, part I, Oudheidkundige Mededelingen uit het Rijksmuseum van Oudheden te Leiden 39, 1958, 32–55

Klos 1956
H. Klos, Die griechischen Mumientäfelchen der Papyrussammlung der Österreichischen Nationalbibliothek, Studia Orientalia 1, 1956, 221–282

Köln 1992
E. Doetsch-Amberger, Ägyptische Sammlung 2, Köln 1992

Köln 1999
I. Blom-Böer, Aegyptiaca Coloniensia. Katalog der ägyptischen Objekte des Seminars für Ägyptologie der Universität zu Köln, Köln 1999

Kordt 1940
A. Kordt, Die Sammlung für Völkerkunde in Burgdorf, Burgdorfer Jahrbuch 1940, 100–109

Korkhaus/Otto 1975
G. Korkhaus/E. Otto, Mumienuntersuchungen im Zahn- und Kieferbereich, Schweizerische Monatsschrift für Zahnheilkunde 85, 1975, 681–719

Koura 1999
B. Koura, Die »7-Heiligen Öle« und andere Öl- und Fettnamen, Aegyptiaca Monasteriensia 2, Aachen 1999

Krakau 2000
Kr. Babraj/H. Szymanska, The gods of Ancient Egypt, Krakau 2000

Krause 2003
M. Krause, Das Totenwesen der Kopten, in: Wien 2003, 33–44

Krauspe 1997
R. Krauspe (Hg.), Das Ägyptische Museum der Universität Leipzig, Sonderhefte der Antiken Welt, Mainz 1997

Krekeler 2007
A. Krekeler, Zur Herstellungstechnik einteiliger ägyptischer Kartonagesärge aus der Zeit um 800–750 v. Chr., Zeitschrift für Kunsttechnologie und Konservierung 21, 2007, Heft 1, 11–30

Kruse 1854–1859
F. Kruse, Ulrich Jasper Seetzen's Reisen durch Syrien, Palästina, Phönicien, die Transjordan-Länder, Arabia Petraea und Unterägypten. Bde. 1–4, Berlin 1854–1859

Küffer 2007
A. Küffer, Ein Geschenk des ägyptischen Vizekönigs an den Schweizer Bundesrat, in: A. Küffer/R. Siegmann (Hgg.), Unter dem Schutz der Himmelsgöttin. Ägyptische Särge, Mumien und Masken in der Schweiz, Zürich 2007

Küffer/Renfer 1996
A. Küffer/M. Renfer, Das Sargensemble einer Noblen aus Theben, Bern 1996

Künzl 2004
E. Künzl, Der Starstich – Rettung vor Blindheit, Antike Welt 3/04, 45–53

Kunter 1989
M. Kunter 1989, Menschliche Überreste aus frühmittelalterlichen Grabfunden in Nordhessen (6.–9. Jh.), in: K. Sippel (Hg.), Die frühmittelalterlichen Grabfunde in Nordhessen, Wiesbaden 1989, 235–277

Kurth 1986
D. Kurth, »Tierkult«, Lexikon der Ägyptologie VI, 1986, 572–573

Kurth 1990
D. Kurth, Der Sarg der Teüris. Eine Studie zum Totenglauben im römerzeitlichen Ägypten, Aegyptiaca Treverensia 6, Mainz 1990

Lansing 1933
A. Lansing, The Egyptian Expedition 1932-3. The Excavations at Lisht, Bulletin of the Metropolitan Museum of Art, Egyptian Supplements, November 1933, 4–38

Leiden 1840
C. Leemans, Description raisonnée des monuments égyptiens du Musée d'Antiquités des Pays-Bas à Leide, Leiden 1840

Leiden 1850
C. Leemans, Monuments égyptiens du Musée d'Antiquités des Pays-Bas à Leide, Leiden 1850

Leiden 1907
P. A. A. Boeser, Catalogus van het Rijksmuseum van Oudheden te Leiden: Egyptische afdeeling, 's Gravenhage 1907

Leiden 1912
P. A. A. Boeser, Beschrijving van de Egyptische verzameling in het Rijksmuseum van Oudheden te Leiden V, De monumenten van het Nieuwe Rijk, Tweede Afdeeling, Pyramiden, lijkvazenkist, offertafels, beelden, 's Gravenhage 1912

Leiden 1913
P. A. A. Boeser, Beschrijving van de Egyptische verzameling in het Rijksmuseum van Oudheden te Leiden VI, De monumenten van het Nieuwe Rijk, Derde Afdeeling, Stèles, 's Gravenhage 1913

Leiden 1926
W. D. van Wijngaarden, Beschrijving van de Egyptische verzameling in het Rijksmuseum van Oudheden te Leiden, XIII, De monumenten van het Nieuwe Rijk en van den Saïtischen tijd, lijkvazen en lijkvazenkisten,'s Gravenhage 1926

Leipzig 1987
R. Krauspe, Ägyptisches Museum der Karl-Marx-Universität, Leipzig 31987

Leipzig 1992
Mumie und Computer – Sonderausstellung des Kestner-Museums Hannover im Ausstellungszentrum der Universität Leipzig, Katalog der Leipziger Ausstellungsstücke, Leipzig 1992

Leipzig 1997
R. Krauspe, Statuen und Statuetten, Katalog Ägyptischer Sammlungen in Leipzig 1, Mainz 1997

Leipzig 1998
H. Felber/A. Onasch/S. Richter/F. Steinmann/K. H. v. Stülpnagel, Spitzmausmumie mit Sarg – Eine Neuerwerbung des Ägyptischen Museums, Kleine Schriften 2, Leipzig 1998

Lenger 1964
M.-Th. Lenger, Corpus des ordonnances des Ptolémées, Bruxelles 1964

Lesko 1988
L. H. Lesko, Seila 1981, Journal of the American Research Center in Egypt 25, 1988, 215–235

Linz 1989
W. Seipel, Ägypten. Götter, Gräber und die Kunst. 4000 Jahre Jenseitsglaube, Linz 1989

Linz 1999
U. Horak/H. Harrauer (Hgg.), Mumie-schau'n. Totenkult im hellenistisch-römerzeitlichen Ägypten. Ausstellung der Papyrussammlung der Österreichischen Nationalbibliothek im NORDICO-Museum der Stadt Linz, Linz 1999

Liverpool 1995
P. Bienkowski/A. M. Tooley, Gifts of the Nile, Ancient Egyptian Arts and Crafts in Liverpool Museum, London 1995

Llagostera Cuenca 1978
E. Llagostera Cuenca, Radiological Examination of the Egyptian Mummies of the Archaeological Museum of Madrid, Madrid 1978

Loeben 1987
C. E. Loeben, Ein Rundbild als Textillustration: Turin 2805 und zur Gruppe der sogenannten »Bahrenuschebtis« in: J. Osing/G. Dreyer (Hgg.), Form und Maß – Beiträge zur Literatur, Sprache und Kunst des alten Ägypten. Festschrift für Gerhard Fecht, Ägypten und Altes Testament 12, 1987, 286–306

Loeben 2005a
C. E. Loeben, Canopic jar of Senetnay, ‚Wet nurse of the king' (Amenhotep II), in: E. Hornung/C. E. Loeben/A. Wiese (Hgg.), Immortal Pharaoh – The Tomb of Thutmose III, Madrid 2005, 124–127, Nr. 23

Loeben 2005b
C. E. Loeben, Ein Zaubermesser und zwei weitere magische Objekte aus dem Kestner-Museum Hannover, Kemet 14/2, April 2005, 64–66

Loeben 2007
C. E. Loeben, Amulette im Alten Ägypten, in: Oldenburg 2007, 47–58

Loeben (im Druck 1)
C. E. Loeben, Ein »Riesen-Luxus-Zaubermesser« – vielleicht von Königin Hatschepsut? – sowie zwei weitere mit ägyptischer Magie assoziierte Objekte im Kestner-Museum Hannover, in: L. Gabolde (Hg.), Hommages offerts à Jean-Claude Goyon pour son 70e anniversaire, Kairo 2007 (im Druck)

Loeben (im Druck 2)
C. E. Loeben, Farben im Alten Ägypten – Spektrum, Anwendung, Bedeutung, in: Farbe. Ausstellungsbegleitbuch des Kestner-Museums Hannover, Tübingen 2007 (im Druck)

London 1992
N. Reeves/J. H. Taylor, Howard Carter – Before Tutankhamun, Exhibition Catalogue British Museum, London 1992

Lortet/Gaillard 1903–09
C. Lortet/C. Gaillard, La faune momifiée de l'ancienne Égypte, Lyon 1903–09

Lüddeckens 1998
E. Lüddeckens, Demotische Urkunden aus Hawara, Verzeichnis der orientalischen Handschriften in Deutschland 28, 2 Bde., Stuttgart 1998

Mahmoud 1999
A. Mahmoud, Ii-neferti, a Poor Woman, Mitteilungen des Deutschen Archäologischen Instituts Abteilung Kairo 55, 1999, 315–323

Mainz 2004
Sammler – Pilger – Wegbereiter. Die Sammlung des Prinzen Johann Georg von Sachsen. Katalog zur Ausstellung, herausgegeben vom Landesmuseum Mainz und dem Arbeitsbereich Christliche Archäologie und Byzantinische Kunstgeschichte am Institut für Kunstgeschichte der Johannes Gutenberg-Universität Mainz, Mainz 2004

Malek 1993
J. Malek, The Cat in Ancient Egypt, London 1993

Malinine 1961
M. Malinine, Taxes funéraires égyptiennes à l'époque gréco-romaine, Mélanges Mariette, Bibliothèque d'étude 32, Kairo 1961

Martin 1981
G. T. Martin, The Sacred Animal Necropolis at North Saqqara, Excavation Memoirs 50, London 1981

Martin 1987
G. T. Martin, Corpus of Reliefs of the New Kingdom from the Memphite Necropolis and Lower Egypt, London 1987

Maspero 1875
G. Maspero, Mémoire sur quelques papyrus du Louvre, Paris 1875

Maspero 1887
G. Maspero, Rapport à l'Institut Égyptien sur les fouilles et travaux exécutés en Égypte pendant l'hiver de 1885–1886, Bulletin de l'institut de l'Égypte 7, 1887, 201–208

Meeks 1986
D. Meeks, Zoomorphie et image des dieux dans l'Égypte ancienne, in: C. Malamoud/J.-P. Vernant (Hg.), Corps des Dieux, Le Temps de la Réflection 7, Paris, 1986, 171–191

von Mercklin 1928
E. von Mercklin, Antiken im Hamburgischen Museum für Kunst und Gewerbe, Archäologischer Anzeiger 43, 1928, 273–497

Milde 1991
H. Milde, The Vignettes in the Book of the Dead of Neferrenpet, Egyptologische Uitgaven 7, Leiden 1991

Möller 1913
G. Möller, Die beiden Totenpapyrus Rhind des Museums zu Edinburg, Leipzig 1913 (ND Mailand 1977)

Möller/Scharff 1926
G. Möller/A. Scharff, Die archaeologischen Ergebnisse des vorgeschichtlichen Gräberfeldes von Abusir el-Meleq, Ausgrabungen der Deutschen Orient-Gesellschaft auf dem vorgeschichtlichen Gräberfeld von Abusir el-Meleq 1, Wissenschaftliche Veröffentlichungen der Deutschen Orient-Gesellschaft 49, Leipzig 1926 (ND Osnabrück 1969)

Mond/Myers 1934
R. Mond/O. H. Myers, The Bucheum, Memoir of the Egypt Exploration Society 41.3, London 1934

Müller 2006
M. Müller, Das Buch vom Tage – Le Livre du Jour, Diss. Heidelberg 2006

München 2000
A. Grimm/S. Schoske, Am Beginn der Zeit – Ägypten in der Vor- und Frühzeit. Sonderausstellung im Staatlichen Museum Ägyptischer Kunst München. Schriften aus der Ägyptischen Sammlung Heft 9, München 2000

Munro 1973
P. Munro, Kestner-Museum, Jahresbericht 1970–1973, in: Hannoversche Geschichtsblätter, NF, Bd. 27, 1973, 303–355

Munro 1994
I. Munro, Die Totenbuch-Handschriften der 18. Dynastie im Ägyptischen Museum Cairo, Ägyptologische Abhandlungen 54, Wiesbaden 1994

Näser 2002
C. Näser, Der Alltag des Todes. Archäologische Zeugnisse und Textquellen zu funerären Praktiken und Grabplünderungen in Deir el-Medineh im Neuen Reich. Diss. Berlin 2001, Mikrofiche-Publikation 2002

Nauerth 1996
C. Nauerth, Karara und El-Hibe. Die spätantiken (‚koptischen') Funde aus den badischen Grabungen 1913–1914, Studien zur Archäologie und Geschichte Altägyptens 15, Heidelberg 1996

Nauerth 2003
C. Nauerth, Pfauensarg und Mumienhülle, in: H. Guksch/E. Hofmann/M. Bommas (Hgg.), Grab und Totenkult im Alten Ägypten, Festschrift für Jan Assmann, München 2003, 226–239

Nauerth (in Vorbereitung)
C. Nauerth, Bestandskatalog der koptischen Stoffe im Landesmuseum Württemberg, Stuttgart (in Vorbereitung)

Nicholson 2005
P. T. Nicholson, The Sacred Animal Necropolis at North Saqqara. The Cults and Their Catacombs, in: Ikram 2005, 44–72

Niwinski 1988
A. Niwinski, 21st Dynasty Coffins from Thebes – Chronological and Typological Studies, Theben 5, Mainz 1988

Niwinski 1992
A. Niwinski, Ritual Protection of the Dead or Symbolic Reflection of his Special Status in Society? The Problems of the Black-Coated Cartonnages and Coffins of The Third Intermediate Period, in: U. Luft (Hg.), The Intellectual Heritage of Egypt, Studia Aegyptiaca 14, Budapest 1992, 457–471

Nur el-Din 1974
M. A. A. Nur el-Din, The Demotic Ostraca in the National Museum of Antiquities at Leiden, Leiden 1974

O'Connor 1995
D. B. O'Connor, The Earliest Royal Boat Graves, Egyptian Archaeology 6, 1995, 3–7

Oldenburg 2007
Zierde, Zauber, Zeremonien. Amulette zum Schutz von Körper, Hab und Seele. Ausstellungskatalog des Landesmuseum Natur und Mensch, Oldenburg 2007

Otto 1960
E. Otto, Das ägyptische Mundöffnungsritual, Ägyptologische Abhandlungen 3, Wiesbaden 1960

Pagenstecher 1913
R. Pagenstecher, Die griechisch römische Sammlung E. v. Sieglin. Die Gefäße in Stein und Ton. Knochenschnitzereien, Expedition Ernst von Sieglin, Ausgrabungen in Alexandria II, 3 , Leipzig 1913

Pagenstecher 1923
R. Pagenstecher, Die griechisch römische Sammlung E. v. Sieglin. Malerei und Plastik, Expedition Ernst von Sieglin, Ausgrabungen in Alexandria II, 1 A, Leipzig 1923

Parlasca 1966
K. Parlasca, Mumienporträts und verwandte Denkmäler, Wiesbaden 1966

Parlasca 1969
K. Parlasca, Repertorio d'arte dell' Egitto greco-romano Serie B I, Ritratti di mummie I, Palermo 1969

Parlasca 1999
K. Parlasca, Bedeutung und Problematik der Mumienporträts und ihr kulturelles Umfeld, in: Frankfurt 1999, 23–48

Parlasca 2000
K. Parlasca, Rezension zu Borg 1996, Chronique d'Égypte 75, 2000, 171–186

Parlasca/Frenz 2003
K. Parlasca/H. G. Frenz, Repertorio d'arte dell'Egitto greco-romano B 4, Ritratti di mummie: tavole 159–202, numeri 675–1011, Rom 2003

Pasek 2007
S. Pasek, Hawara. Eine ägyptische Siedlung in hellenistischer Zeit, 2 Bde., Berlin 2007

Perizonius/Attia/Smith/Goudsmit 1993
R. Perizonius/M. Attia/H. Smith/J. Goudsmit, Monkey Mummies and North Saqqara, Egyptian Archaeology 3, 1993, 31–33

Pestman 1981
P. W. Pestman, L'archivio di Amenothes figlio di Horos (P. Tor. Amenothes), Mailand 1981

Pestman 1992
P. W. Pestman, Il processo di Hermias e altri documenti dell'archivio dei Choachiti (P. Tor. Choachiti). Papiri greci e demotici conservati a Torino e in altre collezioni d'Italia, Turin 1992

Petrie 1911
W. M. Flinders Petrie, Roman Portraits and Memphis (IV), British School of Archaeology in Egypt, London 1911

Petrie 1914
W. M. Flinders Petrie, Sedment I, British School of Archaeology in Egypt, London 1914

Petrie 1925
W. M. Flinders Petrie, Tombs of the Courtiers and Oxyrhynkhos, British School of Archaeology in Egypt, London 1925

Pillinger 2001
R. Pillinger, Drei Amulettarmbänder mit Psalmzitaten, in: U. Horak, Realia Coptica. Als Festgabe zum 60. Geburtstag von H. Harrauer, Wien 2001, 75–80

Platz-Horster 1999
G. Platz-Horster, Römischer Schmuck bei Mumienporträts aus Ägypten, in: Frankfurt 1999, 89–91

Polz 2006
D. Polz, Theben-West. Dra' Abu el-Naga. Spätantike Klosteranlage Deir el-Bachit, online unter www.dainst.org/medien/de/daik_rundbrief_2006.pdf, 10–11

Pumpenmeier 1998
F. Pumpenmeier, Eine Gunstgabe von Seiten des Königs. Ein extrasepulkrales Schabtidepot Qen-Amuns in Abydos, Studien zur Archäologie und Geschichte Ägyptens 19, Heidelberg 1998

Pusch 1979
E. B. Pusch, Das Senet-Brettspiel im Alten Ägypten, Teil 1. Das inschriftliche und archäologische Material, Münchner ägyptologische Studien 38, München/Berlin 1979

Quack 1992
J. F. Quack, Studien zur Lehre für Merikare, Göttinger Orientforschungen IV/23, Wiesbaden 1992

Quack 2000
J. F. Quack, Das Buch vom Tempel und verwandte Texte. Ein Vorbericht, Archiv für Religionsgeschichte 2, 2000, 1–20

Quack 2004
J. F. Quack, Organiser le culte idéal. Le Manuel du temple égyptien, Bulletin de la Société Française d'Égyptologie 160, 2004, 9–25

Quibell 1898
J.E. Quibell, The Ramesseum, Egyptian Research Account 1896, London 1898

Rammant-Peeters 1983
A. Rammant-Peeters, Les pyramidions égyptiens du Nouvel Empire, Orientalia Lovaniensia Analecta 11, Leuven 1983

Ranke 1926
H. Ranke, Koptische Friedhöfe bei Karara und der Amontempel Scheschonks I bei El-Hibe, Berlin/Leipzig 1926

Raven 1978–1979
M. J. Raven, Papyrus-sheaths and Ptah-Sokar-Osiris-Statues, Oudheidkundige Mededelingen uit het Rijksmuseum van Oudheden te Leiden 59–60, 1978–1979, 251–296

Raven 1993
M. J. Raven, Mummies onder het mes, Amsterdam 1993

Raven/Taconis 2005
M. J. Raven/W.K. Taconis, Egyptian mummies. Radiological atlas of the collections in the National Museum of Antiquities at Leiden, Papers on Archaeology of the Leiden Museum of Antiquities 1, Turnhout 2005

Ray 1976
J. D. Ray, The Archive of Hor, Texts from Excavations 3, London 1976

Redford/Redfor d 2005
S. Redford/D. B. Redford, The Cults and Necropolis of the Sacred Ram at Mendes, in: Ikram 2005, 164–198

Redmount 2004
C. A. Redmount, Report on the 2004 Fieldwork Season of the University of California Berkeley at the Archaeological Site of El-Hibeh, Beni-Suef Governorate online unter http://neareastern.berkeley.edu/hibeh/04_report_intro.htm
Regner 1996
C. Regner, Schminkpaletten, Bonner Sammlung von Aegyptiaca 2, Wiesbaden 1996
Regner 1998
C. Regner, Keramik, Bonner Sammlung von Aegyptiaca 3, Wiesbaden 1998
Reich 1914
N. Reich, Papyri juristischen Inhalts in hieratischer und demotischer Schrift aus dem British Museum, Wien 1914
Reiser-Haslauer 1990
E. Reiser-Haslauer, Corpus Antiquitatum Aegyptiacorum, Kunsthistorisches Museum Wien, Lieferung 5: Uschebtis I, Mainz 1990
Reisner 1913
G. A. Reisner, Models of Ships and Boats, CG 4798–4976 et 5034–5200, Kairo 1913
Reymond 1973
E. A. E. Reymond, Catalogue of Demotic Papyri in the Ashmolean Museum I. Embalmers Archives from Hawara, Oxford 1973
Rhind 1862
A. H. Rhind, Thebes, its Tombs and their Tenants, ancient and present, London 1862
Rice 2006
M. Rice, Swifter Than the Arrow, London 2006
Riggs 2002
C. Riggs, Facing the Dead. Recent Research on the Funerary Art of Ptolemaic and Roman Egypt, American Journal of Archaeology 106, 85–101
Riggs 2005
C. Riggs, The Beautiful Burial in Roman Egypt. Art, Identity, and Funerary Religion, Oxford Studies in Ancient Culture and Representation, Oxford 2005
Roberts 1997
P. C. Roberts, »One of our Mummies is Missing«. Evaluating Petrie's Records from Hawara, in: Bierbrier 1997, 19–25
Rochholz 2002
M. Rochholz, Schöpfung, Feindvernichtung, Regeneration. Untersuchungen zum Symbolgehalt der machtgeladenen Zahl 7 im alten Ägypen, Ägypten und Altes Testament 56, Wiesbaden 2002
Roeder 1937
G. Roeder, Ägyptische Bronzewerke. Wissenschaftliche Veröffentlichung Pelizaeus-Museum, 3, Glückstadt/Hamburg/New York 1937
Roth 1992
A. M. Roth, The Pss-kf and the »opening of the mouth« ceremony. A ritual of birth and rebirth, Journal of Egyptian Archaeology 78, 1992, 113–147
Roth 1993
A. M. Roth, Fingers, Stars, and the »opening of the mouth«. The nature and function of the ntrwj-blades, Journal of Egyptian Archaeology 79, 1993, 57–79
Ryholt 1993
K. Ryholt, A Pair of Oracle Petitions addressed to Horus-of-the-Camp, Journal of Egyptian Archaeology 79, 1993, 189–198
Sahrhage 1998
D. Sahrhage, Fischfang und Fischkult im Alten Ägypten, Kunstgeschichte der Antiken Welt 70, Mainz 1998
Salzburg 1996
Die Wüste spricht. Papyri beleuchten Literatur und Alltagsleben der Antike. Papyri der Österreichischen Nationalbibliothek. Ausstellung in der Bibliotheksaula der Universitätsbibliothek Salzburg, Salzburg 1996
Satzinger 1994
H. Satzinger, Das Kunsthistorische Museum in Wien. Die Ägyptisch-Orientalische Sammlung, Zaberns Bildbände zur Archäologie 14, Mainz 1994
Sauerlandt 1931
M. Sauerlandt, Museum für Kunst und Gewerbe in Hamburg. Bericht über Neuerwerbungen während des Jahres 1931 (1932)
Sauneron 1952
S. Sauneron, Rituel de l'embaumement, Kairo 1952
Schallaburg 2004
Die Pyramiden Ägyptens – Monumente der Ewigkeit. Ausstellung in Schloss Schallaburg, Wien 2004
Schenke 2001
G. Schenke, Mumienporträts im römischen Ägypten: Totenbildnisse oder Privatporträts?, Chronique d'Égypte 76, 2001, 281–289
Schlick-Nolte/von Droste zu Hülshoff 1984
B. Schlick-Nolte/V. von Droste zu Hülshoff, Corpus Antiquitatum Aegyptiacorum, Museen aus der Rhein-Main-Region, Lieferung 2: Uschebtis, Mainz 1984
Schmidt 1919
V. Schmidt, Levende og döde i det gamle Aegypten. Album til ordning af sarkofager, mumiekister, mumiehylstre og lignende Kopenhagen, Frrimodts 1919
Schneider 1977
H. D. Schneider, Shabtis. An Introduction to the History of Ancient Egyptian Funerary Statuettes with a Catalogue of the Collection of Shabtis in the National Museum of Antiquities at Leiden, Collections of the National Museum of Antiquities at Leiden 2, 3 Bde., Leiden 1977
Schneider 1998
H.D. Schneider, De ontdekking van de Egyptische kunst, Den Haag 1998
Schreiber 1908
T. Schreiber, Die Nekropole von Kom-Esch-Schukafa, Expedition Ernst von Sieglin, Ausgrabungen in Alexandria I, Leipzig 1908
Schrenk 1995
S. Schrenk, Typos und Antitypos in der frühchristlichen Kunst. Jahrbuch für Antike und Christentum, Ergänzungsband 21, Münster 1995.
Schrenk 1998
S. Schrenk, Spätrömisch-frühislamische Textilien aus Ägypten, in: M. Krause/H. Bacht (Hgg.), Ägypten in spätantik-christlicher Zeit. Einführung in die koptische Kultur. Sprachen und Kulturen des christlichen Orients 4, Wiesbaden 1998, 339–379
Schultz 1982
M. Schultz, Krankheit und Umwelt des vor- und frühgeschichtlichen Menschen, in: H. Wendt/N. Loacker (Hgg.), Kindlers Enzyklopädie: Der Mensch 2, Zürich 1982, 259–312
Schultz 1996
M. Schultz, Paläopathologische Untersuchung der Mumie des Herrn Idu, in: B. Schmitz, (Hg.), Untersuchungen zu Idu II, Giza. Ein interdisziplinäres Projekt, Hildesheim 1996, 59–80
Schultz/Kunter 1998
M. Schultz/M. Kunter, Erste Ergebnisse der Anthropologischen und paläopathologischen Untersuchungen an den menschlichen Skelettfunden aus den neuassyrischen Königinnengräbern von Nimrud, Jahrbuch des Römisch-Germanischen Zentralmuseums Mainz 45, 1998, 85–128
Schultz/Schmidt-Schultz 1991
M. Schultz/Th. Schmidt-Schultz, Ergebnisse osteologischer Untersuchungen an menschlichen Skelettfunden aus Milet. Istanbuler Mitteilungen des Deutschen Archäologischen Instituts 41, 1991, 163–186
Schultz/Walker/Strouhal/Schmidt-Schultz 2001
M. Schultz/R. Walker/E. Strouhal/Th. Schmidt-Schultz, Skeletal remains. II Merinebti, Hefi and Iries, in: N. Kanawati/M. Abder-Raziq (Hgg.), The Tombs of Shepsipuptah, Mereri (Merinebti), Hefi and orthers. Warminster 2001, 65–74
Schweitzer 1998
A. Schweitzer, L'évolution stylistique et iconographique des parures de cartonnage d'Akhmîm du début de l'époque ptolémaïque à l'époque romaine, Bulletin de l'Institut Français d'Archéologie Orientale 98, 1998, 325–352
Seeber 1976
C. Seeber, Untersuchungen zur Darstellung des Totengerichts im Alten Ägypten, Münchner Ägyptologische Studien 35, München 1976
Seemann 1999
H. Seemann, Augenblicke der Geschichte – Augenblicke der Ewigkeit, in: Frankfurt 1999, 11–22
Shaw/Nicholson 1995
I. Shaw/P. Nicholson, British Museum Dictionary of Ancient Egypt, London 1995
Shedid 1994
Abdel Ghaffar Shedid, Das Grab des Sennedjem. Ein Künstlergrab der 19. Dynastie in Deir el Medineh, Mainz 1994
Silvano 1980
F. Silvano, Le reticelle funerarie nell'Antico Egitto: Proposte di interpretazione, Egitto e vicino oriente 3, 1980, 83–97

Silvermann 2002
D. P. Silverman, The Appeal of Sobek-hotep, in: T. A. Bács (Hg.), A tribute to excellence. Studies Offered in Honor of Ernö Gaál, Ulrich Luft, László Török, Studia Aegyptiaca 17, Budapest 2002, 421–433
Simpson 1957
W. K. Simpson, A Running of the Apis in the Reign of the cAha and Passages in Manetho and Aelian, Orientalia 26, 1957, 139–142
Smith 1969
H. S. Smith, Animal Domestication and Animal Cult in Dynastic Egypt, in: P. J. Ucko/G. W. Dimbleby (Hgg.), Domestication and Exploitation of Plants and Animals, London 1969, 307–314
Smith 1974
H. S. Smith, A Visit to Ancient Egypt. Life at Memphis and Saqqara (c. 500–30 BC), Warminster 1974
Sokiranski/Adrario/Zwaka/Pirsig 2003
R. Sokiranski/C. Adrario/P. Zwaka/W. Pirsig, Der »sprießende Osiris«. Spiral-Computertomographie entdeckt keimende Reste aus dem antiken Ägypten, Antike Welt 34/2, 2003, 137–142
Speidel 1999
M. P. Speidel, Bildnisse römischer Offiziere aus dem Fayum, in: Frankfurt 1999, 87
Speyer 1993
Götter Menschen Pharaonen. 3500 Jahre ägyptische Kultur. Meisterwerke aus der Ägyptisch-Orientalischen Sammlung des Kunsthistorischen Museums Wien, Ausstellung im Historischen Museum der Pfalz Speyer, Stuttgart 1993
Spiegel 1935
J. Spiegel, Die Idee vom Totengericht in der ägyptischen Religion, Leipziger Ägyptologische Studien 2, Glückstadt/Hamburg 1935
Spiegelberg 1917
W. Spiegelberg, Briefe der 21. Dynastie aus El-Hibe, Zeitschrift für ägyptische Sprache und Altertumskunde 53, 1917, 1–30
Spiegelberg 1918
W. Spiegelberg, Demotische Kleinigkeiten 1. Ein Bestattungsvertrag aus der Zeit des Ptolemaios Philadelphos, Zeitschrift für ägyptische Sprache und Altertumskunde 54, 1918, 111–128
Stadler 2004
M. A. Stadler, Ägyptische Mumienmasken in Würzburg, Wiesbaden 2004
Steindorff 1937
G. Steindorff, Aniba II, Glückstadt u. a. 1937
Stern/Schlick-Nolte 1994
E. M. Stern/B. Schlick-Nolte, Frühes Glas der alten Welt (1600 v. – 50 n. Chr.). Sammlung Ernesto Wolf, Stuttgart 1994
Sternberg 1986–1991
Heike Sternberg, Balsamierungsritual pBOULAQ 3, in: O. Kaiser (Hg.), Texte aus der Umwelt des Alten Testaments II, Gütersloh 1986–1991, 405–431
Stewart 1967
H.M. Stewart, Stelophorous statuettes in the British Museum, in: Journal of Egyptian Archaeology 53, 1967, 34–38
Stewart 1995
H. M. Stewart, Egyptian Shabtis, Shire Egyptology 23, Princes Risborough 1995
Strasbourg 1998
A. Schweitzer/C. Traunecker, Strasbourg. Musée Archéologique. Antiquités égyptiennes de la collection G. Schlumberger, Paris 1998
Stuttgart 1951
F. W. Volbach, Altchristliche (koptische) Kunst aus Ägypten. Ausstellung im Kunstgebäude Stuttgart, Stuttgart 1951
Stuttgart 1984
E. Brunner-Traut/H. Brunner/J. Zick-Nissen, Osiris, Kreuz und Halbmond. Die drei Religionen Ägyptens, Mainz 1984
Taylor 1985
J. H. Taylor, A Priestly Family of the 25th Dynasty, Chronique d'Égypte 59, 1985, 27–57
Taylor 1989
J. H. Taylor, Egyptian Coffins, Shire Egyptology, Princes Risborough 1989
Taylor 2000
J. H. Taylor, Death and Afterlife in Ancient Egypt, London 2000
Te Velde 1977
H. Te Velde, Seth, God of Confusion. A Study of His Role in Egyptian Mythology and Religion, Leiden 1977
Te Velde 1980
H. Te Velde, A Few Remarks upon the Religious Significance of Animals in Ancient Egypt, Numen 27, 1980, 76–82
Thompson-Siegel 1977
Thompson-Siegel GmbH (Hg.), Erfahrungen für die Zukunft. 100 Jahre Thompson, Düsseldorf 1977
Toda 1887
E. Toda, Son Notém en Tebas: inventario y textos de un sepulcro egipcio de la XX dinastía, Madrid 1887
Tooley 1996
A. Tooley, Orisis Bricks, Journal of Egyptian Archaeology 82, 1996, 167–179
Traunecker 1987
C. Traunecker, Les »temples hauts« de Basse Epoque, Revue d'Egyptologie 38, 1987, 147–158
Treignes 1999
E. Warmenbol (Hg.), Ombres d'Égypte – le peuple de Pharaon, Catalogue de l'exposition créée au Musée du Malgré-Tout, Treignes 1999
Tübingen 1981
E. Brunner-Traut/H. Brunner, Die Ägyptische Sammlung der Universität Tübingen, 2 Bde., Mainz 1981
Tübingen 2002
K. Zibelius-Chen (Hg.), Das Alte Ägypten. Katalog des Museums Schloss Hohentübingen, Tübingen 2002
Turin 2006
E. Vassilika, Art Treasures from the Museo Egizio, Turin u. a. 2006
Vandier 1958
J. Vandier, Manuel d'archéologie égyptienne, III. Les grandes époques. La statuaire, Paris 1958
Vandorpe 1992
K. Vandorpe, Les villages des Ibis dans la toponymie tardive, Enchoria 18, 1992, 115–122
Verhoeven 1993
U. Verhoeven, Das saitische Totenbuch der Iahtesnacht, P. Colon. Aeg. 10207, Papyrologische Texte und Abhandlungen 41, 3 Bde., Bonn 1993
Vogt 1924
J. Vogt, Die griechisch römische Sammlung E. v. Sieglin. Terrakotten, Expedition Ernst von Sieglin, Ausgrabungen in Alexandria II, 2, Leipzig 1924
Vos 1993
R.L. Vos, The Apis Embalming Ritual, Orientalia Lovaniensia Analecta 50, Leuven 1993
Vos 1998
R. L. Vos, The Colors of Apis and other Sacred Animals, in: W. Clarysse/A. Schoors/H. Willems (Hgg.), Egyptian Religion. The Last Thousand Years, Orientalia Lovaniensia Analecta 84, Leuven 1998, 709–718
Walker 1999
S. Walker, Porträts auf Leichentüchern aus Antinoopolis. Einige Anmerkungen zur Datierung, in: Frankfurt 1999, 74–78
Walker 2000a
S. Walker (Hg.) Ancient Faces. Mummy Portraits from Roman Egypt, New York 2000
Walker 2000b
S. Walker, A Note on the Dating of Mummy Portraits, in: Walker 2000a, 34–26
Walker 2000c
S. Walker, Mummy Portraits an Roman Portraiture, in: Walker 2000a, 23–26
Walker /Briebrier 1997
S. Walker/M. Bierbrier (Hgg.), Ancient Faces. Mummy Portraits from Roman Egypt, London 1997
Watzinger 1927
C. Watzinger, Die griechisch römische Sammlung E. v. Sieglin. Malerei und Plastik, Expedition Ernst von Sieglin Ausgrabungen in Alexandria II, 1 B, Leipzig1927
Wente 1990
E. F. Wente, Letters from Ancient Egypt, Atlanta 1990
Wessely 1922
C. Wessely, Catalogus papyrorum Raineri. Series Graeca II: Papyri N. 24858–25024 allique in Socnopaei insula scripti, Studien zur Paläographie und Papyruskunde 22, Leipzig 1922
Wiebach 1981
S. Wiebach, Die ägyptische Scheintür. Morphologische Studien zur Entwicklung und Bedeutung der Hauptkultstelle in den Privat-Gräbern des Alten Reiches, Hamburger Ägyptologische Studien 1, Hamburg 1981
Wien 1979
Funde aus Ägypten. Österreichische Ausgrabungen seit 1961. Ausstellung des Kunsthistorischen Museums, Wien 1979

Wien 1988
Kunsthistorisches Museum Wien. Führer durch die Sammlungen, Wien 1988
Wien 1997
Land der Bibel. Jerusalem und die Königsstädte des Alten Orients. Schätze aus dem Bible Lands Museum Jerusalem, Katalog. Ausstellung des Kunsthistorischen Museums im Künstlerhaus Wien, Mailand 1997
Wien 1998a
Mumien aus dem Alten Ägypten. Zur Mumienforschung im Kunsthistorischen Museum. Ausstellung des Kunsthistorischen Museums Wien, Mailand 1998
Wien 1998b
Bilder aus dem Wüstensand. Mumienportraits aus dem Ägyptischen Museum Kairo. Ausstellung des Kunsthistorischen Museums Wien, Mailand 1998
Wien 2001
Gold der Pharaonen. Ausstellung des Kunsthistorischen Museums Wien, Mailand 2001
Wien 2003
Tod am Nil. Tod und Totenkult im antiken Ägypten. Sonderausstellung des Papyrusmuseums der Österreichischen Nationalbibliothek, Wien 2003
Wijngaarden/Stricker 1941
W. D. van Wijngaarden/B. H. Stricker, Magische stèles, Oudheidkundige mededelingen uit het Rijksmuseum van Oudheden te Leiden 22, 1941, 6–38
Wilcken 1957
U. Wilcken, Urkunden der Ptolemäerzeit (Ältere Funde) 2, Papyri aus Oberägypten, Berlin 1957
Wilkinson 1996
T. A. H. Wilkinson, A Re-examination of the Early Dynastic Necropolis at Helwan, Mitteilungen des Deutschen Archäologischen Instituts Abteilung Kairo 52, 1996, 337–354
Willems 1988
H. Willems, Chests of Life. A Study of the Typology and Conceptual Development of Middle Kingdom Standard Class Coffins, Mededelingen en verhandelingen van het Vooraziatisch-Egyptisch Genootschap »Ex Oriente Lux« 25, Leiden 1988
Wohlfarth 2005
S. Wohlfarth, Grabbeigaben im Flachbild der Privatgräber des Neuen Reiches – Versuch einer ikonographischen und kompositionellen Bestimmung, Digitale Hochschulschriften der Ludwig-Maximilians-Universität München, Diss. München 2005
Zabkar 1968
L. V. Zabkar, A Study of the Ba-Concept in Ancient Egyptian Texts, Studies in Ancient Oriental Civilization 43, Chicago 1968
Zivie/Lichtenberg 2005
A. Zivie/R. Lichtenberg, The Cats of the Goddess Bastet, in: Ikram 2005, 106–119.
Zonhoven 1979
L. M. Zonhoven, The Inspection of a Tomb at Deir el-Medîna, Journal of Egyptian Archaeology 65, 1979, 89–98

295 Isis lactans
Spätzeit
746–332 v. Chr.
Herkunft unbekannt
Bronze
H. 22,7 cm; Br. 5,6 cm; T. 7,7 cm
Hessisches Landesmuseum Darmstadt, Inv.-Nr. HLMD-A-2006-1-232-02

Leihgeber

Deutschland
Ägyptisches Museum der Universität Bonn
Hessisches Landesmuseum Darmstadt
Skulpturensammlung, Staatliche Kunstsammlungen Dresden
Konzernarchiv Henkel, Düsseldorf
Liebieghaus Skulpturensammlung, Frankfurt am Main
Senckenberg Forschungsinstitut und Naturmuseum, Frankfurt am Main
Adelhausermuseum, Natur- und Völkerkunde Freiburg
Stiftung Schloss Friedenstein Gotha
Museum für Kunst und Gewerbe Hamburg
Kestner-Museum Hannover
Sammlung des Ägyptologischen Instituts der Universität Heidelberg
Roemer- und Pelizaeus-Museum, Hildesheim
Badisches Landesmuseum, Karlsruhe
Seminar für Ägyptologie, Universität zu Köln
Ägyptisches Museum der Universität Leipzig
Landesmuseum Mainz
Historisches Museum der Pfalz Speyer
Familie Sieglin, Stuttgart
Ägyptische Sammlung, Museum Schloss Hohentübingen, Tübingen
Museum der Brotkultur, Ulm
Museum Wiesbaden
Antikensammlung des Martin von Wagner Museums der Universität Würzburg

Frankreich
Sammlung der Bibliothèque Nationale et Universitaire de Strasbourg
Musée Archéologique de Strasbourg

Großbritannien
National Museums of Scotland, Edinburgh
The National Trust, The Bankes Collection, Kingston Lacy
National Museums Liverpool, World Museum Liverpool
The British Museum, London
The Manchester Museum, The University of Manchester

Niederlande
Rijksmuseum van Oudheden, Leiden

Österreich
Landesmuseum Kärnten, Klagenfurt
Kunsthistorisches Museum Wien, Ägyptisch-Orientalische Sammlung, Wien
Papyrussammlung, Österreichische Nationalbibliothek, Wien
Privatsammlung Wien

Schweiz
Ethnografische Sammlung am Historischen Museum Bern
Museum für Völkerkunde Burgdorf

Wissenschaftlicher Beirat

Dr. Renate Germer
Prof. Dr. Christian Leitz

Kooperationspartner

Botschaft der Arabischen Republik Ägypten, Berlin
Ägyptisch-Deutscher Verein Stuttgart e.V.
Akademie der Diözese Rottenburg-Stuttgart, Stuttgart
Bäckerei Konditorei Café Walter Nast, Stuttgart
Börsenverein des Deutschen Buchhandels,
Landesverband Baden-Württemberg e.V.
City-Initiative Stuttgart e.V., Stuttgart
E. Breuninger GmbH & Co., Stuttgart
Evangelische Kirche in der City, Stuttgart
Förderverein Kinderfreundliches Stuttgart e.V.
Sandsturm Kairo, Stuttgart
Hochschule der Medien, Stuttgart
in.Stuttgart Veranstaltungsgesellschaft mbH & Co. KG, Stuttgart
Institut für Auslandsbeziehungen e.V., Stuttgart
Kinderbüro der Stadt Stuttgart
Konrad Wittwer GmbH, Stuttgart
Literaturhaus Stuttgart
OFT REISEN GmbH, Ditzingen
Reiss-Engelhorn-Museen Mannheim
Schwäbischer Heimatbund e.V., Stuttgart
Staatliches Ägyptisches Fremdenverkehrsamt, Frankfurt
Staatliche Hochschule für Musik und darstellende Künste Stuttgart, Studiengang Figurentheater, Stuttgart
Staatliche Modeschule Stuttgart
Stuttgart Marketing GmbH, Stuttgart
SüdBest GmbH, Stuttgart
Tourismus-Marketing GmbH Baden-Württemberg, Stuttgart
Verband Baden-Württembergischer Omnibusunternehmer e.V., Böblingen
Verein der Freunde und Förderer der Wilhelma e.V., Stuttgart
Volkshochschule Stuttgart e.V., Stuttgart
Volkshochschulverband Baden-Württemberg e.V., Leinfelden-Echterdingen
Wilhelma Stuttgart
Wissenschaftliche Buchgesellschaft, Darmstadt

Dank

Gürsen Acar, Berlin
S.E. Mohamed Al-Orabi, Berlin
Hany Al-Talawy, Wernau
Marta Aparicio, Stuttgart
Matthias Appel, Stuttgart
Jörg Armbruster, Stuttgart
Boris Arz, Ditzingen
Sonja Asmahan, Fellbach
Lothar Bache, Mainz
Scheimaa Badawi, Berlin
Anneliese Barner, Kairo
Gert Barwinski, Trier
Ursula Baumer, München
Andrea Becker, Stuttgart
Dr. Günther Behrens, Leinfelden-Echterdingen
Frank Berkenhoff, Stuttgart
Gerhard Beyer, München
Catherine Biasini, Speyer
Gunda Biastoch, Heidelberg
Martina Bier, Frankfurt
Dr. Dietrich Birk, Stuttgart
Susanne Boger, Mainz
Roland Böhm, Waiblingen
Prof. Dr. P. C. Bol, Frankfurt am Main
Daniel Bornemann, Straßburg
Dr.-Ing. Michael Brodmann, Neckarsulm
Chezzy Brownen, Swindon
Wolfgang Bügel, Düsseldorf
Erika Bürki, Burgdorf
Dr. Ina Busch, Darmstadt
Hildegard Butscher, Stuttgart
Hans Cabanis, Esslingen
Malcolm Chapman, Manchester
Kristin Caspar, New York
Marcus Christen, Stuttgart
Eberhard Dannenmann, Weinstadt
Dr. Vivian W. Davies, London
Brigitte Diefenbacher, Ditzingen
Ulrike Dikau, München
Sabine Dirlewanger, Stuttgart
Helga Drews Sieglin, Stuttgart
Ralf Dubois, Neckarsulm
Cornelia Dutzmann-Schoch, Stuttgart
Prof. Dr. Bernhard Eberhardt, Stuttgart
Karin Egger, München
Ebrahim Enab, Stuttgart
Prof. Dr. Siegfried Englert, Mainz
Katrin Ewald, Darmstadt
Alexander Ewerhardt, Stuttgart
Dr. Beatrice Fabry, Stuttgart
Dr. Andrea Fadani, Ulm
Klaus Falk, Stuttgart
Dr. Dina Faltings, Heidelberg
Dr. Jürgen Fechter, Stuttgart
Dr. Isabella Fehle, Mainz
Dr. Heinz Felber, Köln
Joachim Fernes, Stuttgart
Prof. Dr. Hans-Werner Fischer-Elfert, Leipzig
Michelle Forster-Davies, Edinburg
Prof. Dr. Bettina Baronesse von Freytag, gen.
Löringhoff, Tübingen
Prof. Dr.-Ing. habil. Dieter Fritsch, Stuttgart
Mag. Dr. Harald Froschauer, Wien
Werner Gall, Stuttgart
Andrea Gehrlach, Stuttgart
Kai Geiger, Konstanz
Dr. Eva Gerhards, Freiburg
Dr. Renate Germer, Grömitz
Dr. Beatrix Gessler-Lohr, Ladenburg
Dr. Gabriele Gierlich, Neustadt
Dr. Elisabeth Goring, Edinburg
Michael Goldberger, Zürich
Axel Graser, Stuttgart
Kira Grizewski, Stuttgart
Peter Guntermann, Stuttgart
Gisela Häcker, Östringen-Odenheim
Joachim Häcker, Östringen-Odenheim
Reinhold Häcker, Östringen-Odenheim
Klaus W. Hälbig, Stuttgart
Philipp Hahn, Stuttgart
Tilla Halder, Ludwigsburg
Dr. Ursula Haller, Stuttgart
Tanja Hammerl, München
Maria Harder, Stuttgart
Monika Harter, London
Prof. Hermann Harrauer, Wien
Theo Härtner, Stuttgart
HR Dr. Elfriede Haslauer, Wien
M. Haug, Ditzingen
Dr. Birgit Heide, Mainz
Ute Hempel, Stuttgart
Frank Herb, Stuttgart
Dr. Bernd Herkner, Frankfurt
Kumaran Herold, Karlsruhe
Veronika Hiebl, Stuttgart
Dr. Frank Hildebrandt, Hamburg
Dr. Marlene P. Hiller, Leinfelden-Echterdingen
Mira Hofmann, Speyer
Dr. Florian Höllerer, Stuttgart
Dr. Regina Hölzl, Wien
Daniel Hörmann, Stuttgart
Prof. Dr. Wilhelm Hornbostel, Hamburg
Dr. Katarina Horst, Karlsruhe
Dieter Hovenbitzer, Ditzingen
Yvonne Hurni, Bern
Kai Ilg, Stuttgart
Annette Ipach, Stuttgart
Ursula Jakowski, Frankfurt
Prof. Dr. Dieter Jauch, Stuttgart
Melanie Jendro, Stuttgart
Hilde Jensen, Tübingen
Peter Jezler, Bern
Matthias Jungermann, Stuttgart
Sabine Jüstel, Ditzingen
Frank O. July, Stuttgart
Stefanie Kahlheber, Frankfurt
Edmund Kammerer, Stuttgart
Dr. Friederike Kampp-Seyfried, Leipzig
Bettina Kaspar, Stuttgart
Richard Kauermann, Neckarsulm
Nadja Kensche, Stuttgart
Prof. Dr. h.c. Matthias Kleinert, Stuttgart
Dr. Kordelia Knoll, Dresden
Dr. Alexander Koch, Speyer
Hans Georg Koch, Stuttgart
Sabine Koch, Stuttgart
Prof. Dr. Mostefa Kokabi, Vetulonia
Olliver Koller, Buttenwiesen
Dr. Ayub Axel Köhler, Köln
Dr. Jörn Köhler, Darmstadt
Olaf Köndgen, Bonn
Klaus Kowatsch, Berlin
Werner Krebs, Ditzingen
Prof. Dr. Cristoph Krekel, Stuttgart
Oliver Krimmel, Stuttgart
Alexandra Küffer, M. A., Bern
Lou Margaretha Künzel, Kairo
Michaela Kurbel, Darmstadt
Eva Kurz, Reutlingen
Dr. Abraham Peter Kustermann, Stuttgart
Prof. Dr. Françoise Labrique, Köln
Albrecht Lang, Stuttgart
Ilse Lange-Tiedje, Stuttgart
Berthold Leibinger, Gerlingen-Waldsiedlung
Doris Leibinger, Gerlingen-Waldsiedlung
Dr. phil. Nicola Leibinger-Kammüller, Ditzingen
Dr. Friedrich Leitner, Klagenfurt
Prof. Dr. Christian Leitz, Tübingen
Dr. Katja Lembke, Hildesheim
Michael Leuthner, München
Lesley-Ann Liddiard, Edinburg
Klaus Lindemann, Stuttgart
Willmuth Lindethal, Stuttgart
Dr. Christian E. Loeben, Hannover
Helmut Ludwig, Wiesbaden
Dr. Kurt-Jürgen Maaß, Stuttgart

Prof. Dr. Michael Maaß, Karlsruhe
Drs. Renee Magendans, Leiden
Baher Malek, Frankfurt
Kathrin Mälk, Berlin
Santra Marano, Stuttgart
Uli Matheus, Stuttgart
Dipl. Ing. Arch. Wolfgang Mayer, Kairo
Claire Messenger, London
Fawzi Metwally, Suessen
Karin Meyer, Burgdorf
Wolfgang Meyer-Benz, Stuttgart
Sabine Meyer-Bachem, Darmstadt
Ursula Mollet, Bern
Dr. Doris Mörike, Stuttgart
David Muggli, Kelsterbach
Sascha Munz, Stuttgart
Prof. Dr. Dr. Claudia Nauerth, Bad Bergzabern
Bianco Neuber, Stuttgart
Dr. Annette Nünnerich-Asmus, Mainz
Anja Paumen, Stuttgart
Christiane Peh, Eppelheim
Hans H. Pfeifer, Stuttgart
Katrin Pflüger, Stuttgart
Dr. Gabriele Pieke, Bonn
Dr. Astrid Pietig, Stuttgart
Margret Pohl, Berlin
Albert Poirot, Straßburg
Dr. Daniel Polz, Kairo
Cristoph Prenosil, Horb
Dr. Thomas Psota, Bern
Prof. Dr. Joachim Friedrich Quack, Heidelberg
Dr. Maarten J. Raven, Leiden
Ursula Reinert, Ditzingen
Christof Reinhart, Heidelberg
Karola Richter, Esslingen
Renate Ries, Heidelberg
Diana Rivic, Böblingen
Susanne Rockweiler, Mannheim
Karin Rohm, Stuttgart
Prof. Dr. Cornelia Römer, Wien
Prof. Dr. Ursula Rößler-Köhler, Bonn
Dr. Christoph Sauerwein, Meersburg
Thomas Schäfer, Ochsenhausen
Stephan Schäfholz, Stuttgart
Gerd Schefcik, Eppelheim
Ulrike Scheibe, Berlin
Dr. Wolfgang Schepers, Hannover
Prof. Dr. Ulrich Schießl, Dresden
Dr. Cornelius Schinzel, Ditzingen
Holger Schmeer, Kelsterbach
Rolf Schmid, Böblingen
Dr. Wolfgang Schmidt, Mainz
Karen Schmitt, Stuttgart
Dr. Bettina Schmitz, Hildesheim
Dr. Heinrich Schneider, Stuttgart
Stefanie Schneider, Stuttgart
Dr. Wolfgang Schneider, Darmstadt
Bernadette Schnitzler, Straßburg
Ragnar Schön, Mainz
Steffen Schönbrunn, Stuttgart
Sonja Schüle, Stuttgart
Prof. Dr. Dr. Michael Schultz, Göttingen
Prof. Uwe Schulz, Stuttgart
Eberhard Schwarz, Stuttgart
Claire Sedgwick, Liverpool
Dr. Oliver Seifert, Ulm
HR Prof. Dr. Wilfried Seipel, Wien
Prof. Dr. Harald Siebenmorgen, Karlsruhe
Dr. Angelika Sieglin, Stuttgart
Ernst Alfred Sieglin, Stuttgart
Gunter Sieglin, Stuttgart
Dr.-Ing. Martin Simon, Meersburg
Dr. Manfred Sindel, Neckarsulm
Prof. Dr. Ulrich Sinn, Würzburg
Ariane Sohn, Stuttgart
Beate Spiegel, Heidelberg
Dr. Martin Andreas Stadler, Würzburg
Nico Staring, Leiden
Dr. Heike Stege, München
Prof. Dr. Fritz F. Steininger, Frankfurt
Bernhard Storz, Esslingen
Beatrix Sureanu, Stuttgart
Dr. John H. Taylor, London
Dr. h.c. Klaus Tschira, Heidelberg
Bettina Ventker, M. A., Köln
Elisabeth Viebig, Stuttgart
Bernhard Vogel, Heidelberg
Peter Vogel, Stuttgart
Dr. Gisela Volz, Calw-Hirsau
Dr. Raimund Waibel, Stuttgart
Uta Wallenstein, Gotha
Sylvia Wanke, Stuttgart
Margaret Warhurst, Liverpool
Beatrix Wegner, Bonn
Dr. Irma Wehgartner, Würzburg
Roswitha Wenzl, Stuttgart
Dr. Wolfgang Wettengel, Nördlingen
Dr. Peter Wetter, Stuttgart
Prof. Dr. Alfried Wieczorek, Mannheim
Annemarie Wilde, Dresden
Silke Woodruff, Stuttgart
Dr. Dieter Zetsche, Stuttgart

Mitarbeiter

Gesamtleitung
Cornelia Ewigleben

Projektleitung
Karin Birk

Konzeption und wissenschaftliche Leitung
Daniel von Recklinghausen

Objektrecherche
Beatrix Gessler-Löhr
Daniel von Recklinghausen

Organisation
Karin Birk
Daniel von Recklinghausen

Wissenschaftliche Mitarbeit
Beatrix Gessler-Löhr
Thomas Hoppe
Erwin Keefer
Daniel von Recklinghausen
Nina Willburger
Rainer Y

Ausstellungssekretariat
Andrea Tietze

Projektsteuerung
Karin Birk
Georg Schnepper
Jan-Christian Warnecke

Kommunikation und Vermittlung
Heike Scholz, Leitung
Karin Förster
Bettina Laser
Ulrike Reimann
Christiane Scheel

Marketing, Events
Christine Nitsche, Leitung
Melanie Jakob
Sebastian Menzel

Sponsoring
Markus Wener

Museumspädagogik
Tanja Karrer
Viktoria Klutmann
Maria Rothhaupt-Kaiser

Präsentation für Kinder
Karin Birk
Viktoria Klutmann

Präsentation der Sammlung Ernst von Sieglin
Nina Willburger, Leitung
Christiane Herb

Audioguide Konzepte und Texterstellung
Denise Beilharz
Audioguide für Kinder: Nicole Deisenberger,
Viktoria Klutmann

Restaurierung
Roland Hahn, Leitung
Peter Heinrich, Leitung
Bettina Beisenkötter
Kati Bott
Brigitte Brühl
Patricia Dornstädter
Elisabeth George
Hanna Gräbeldinger
Isabell Hertkorn
Lena Knecht
Elisabeth Krebs
Michael Kriebel
Joachim Lang
Wolff Lipinski
Lisa Masen
Margarete Nortmann
Moritz Paysan
Martin Raithelhuber
Dirk Sander
Petra Schäfer
Janeth Schramm
Michael Sieß
Carolina Strecker
Eva-Maria Sulzer
Silke Wiedmann

Fotoatelier
Peter Frankenstein
Hendrik Zwietasch

Grafikatelier
Christoph Milde

Leihverkehr
Daniel von Recklinghausen
Andrea Tietze
Denise Beilharz

Bildredaktion Ausstellung
Andrea Tietze

Übersetzung Ausstellungstexte
John Hayduska

Verwaltung
Gudrun Riedesser-Gerecke, Leitung
Elmar Feitscher
Marlies Hasenfuß
Sylvia Noske
Anna Piusinska
Christine Reiber
Helene Schnell
Christa Schönwald
Wolfgang Schönwald
Ingrid Ziefle

Führungsorganisation
Tanja Karrer, Leitung
Christiane Herb
Brigitte Kreutzer Necci
Maria Rothhaupt-Kaiser
Bianca Seegers
Lena Welz

Sekretariate
Brigitte Oesterle
Karin Arnold
Anice Fräbel
Ute Krabel

Technik
Gerd Alsheimer, Leitung
Manfred Bock
Steffen Glatzle
Goran Ilicic
Karl-Heinz Kirsch
Herrfred Niederbremer
Frank Schaub
Alexander Schnell

Werkstatt
Thomas Peter
Dieter Wolf
Peter Wolf

Bibliothek
Birgit Diehl

Ausstellungsgestaltung und -grafik
ham&EGG, München
Karin Egger
Tanja Hammerl

Lichtplanung
Ringo T. Fischer, Lichtdesign, Leipzig

Ausstellungsmedien
Koordination: Thomas Hoppe
Film zur Restaurierung des Perlennetzes: Filmakademie Baden-Württemberg, Ludwigsburg: Alexander Ewerhardt, Klaus Falk; Kumuran Herold, Hochschule der Medien, Stuttgart: Bernd Eberhard, Oliver Koller, Uli Matheus, Christopher Prenosil, Steffen Schönbrunn
Film zur Restaurierung einer Mumie: Filmakademie Baden-Württemberg, Ludwigsburg: Alexander Ewerhardt, Klaus Falk, Kumuran Herold
Film zur 3D-Rekonstruktion von »Mr. X«: Institut für Mathematik und Datenverarbeitung in der Medizin Universität Hamburg, Karl Heinz Höhne, Kestner-Museum Hannover; Hochschule der Medien, Bernd Eberhard; Stephan Schäfholz; Text: Renate Germer
Film und interaktive Anwendung über eine Ibisuntersuchung: Recherche: Erwin Keefer, 3D-Visualisierung: Henry Weber
Einführungsfilm: Recherche und Koordination: Denise Beilharz
Audiostationen: Recherche: Daniel von Recklinghausen, Koordination: Denise Beilharz
Tonaufnahmen: tonwelt professional media GmbH, Berlin

Produktion Ausstellungsgrafik
CUT DESIGN GmbH, Holzgerlingen

Werbegrafik
i-dbuero.de, Stuttgart

Internetauftritt
Gestaltung: S I I N_designstudio, Stuttgart
Redaktion: Christine Nitsche, Leitung, Viktoria Klutmann, Heike Scholz, Maike Sigloch

Ausstellungsbau
Die Eibe GmbH, Ochsenhausen

Vitrinenbau
Böhm GmbH, Waiblingen

Medieninstallation
Storz Medienfabrik GmbH, Esslingen

Produktion der Audioguides
tonwelt professional media GmbH, Berlin

Transporte
Dart, Stuttgart
Hasenkamp, Köln
Kortmann, Amsterdam
Kunsttrans, Wien
Schenker Deutschland, Düsseldorf

Katalog

Redaktion
Daniel von Recklinghausen, Leitung
Karin Birk
Christiane Herb
Andrea Tietze
Nina Willburger

Lektorat
Daniel von Recklinghausen, Leitung
Christiane Herb
Nina Willburger
Verlagslektorat: Wolfgang Schmidt
Übersetzungslektorat: Karen Schmitt

Bildredaktion
Andrea Tietze
Archiv: Renate Görner und Ulrike Klotter

Übersetzung
Daniela Kranz
Katja Naumann

Gestaltung
Kommunikationsdesign Sabine Koch, Stuttgart
Mitarbeit: Ariane Sohn, Stuttgart

Umschlaggestaltung
I-dbuero.de, Sabine Koch

Reproduktionen
Scancomp, Wiesbaden

Gesamtherstellung
Verlag Philipp von Zabern, Mainz

Autoren

Beiträge
Renate Germer
Beatrix Gessler-Löhr
Eckhardt Grabbe
Peter Heinrich
Salima Ikram
Erwin Keefer
Christian Leitz
Marcus Müller-Roth
Claudia Näser
Joachim Friedrich Quack
Björn-W. Raab
Daniel von Recklinghausen
Michael Schultz
Carolina Strecker
Nina Willburger

Objektbeschreibungen
Sabine Albersmeier (S. A.)
Bettina Beisenkötter (B. B.)
Ruth Brech (R. B.)
Angela von den Driesch (A. v. d. D.)
Dina Faltings (D. F.)
Harald Froschauer (H. F.)
Renate Germer (R. G.)
Beatrix Gessler-Löhr (B. G.-L.)
Elfriede Haslauer (E. H.)
Birgit Heide (B. H.)
Christiane Herb (C. H.)
Frank Hildebrandt (F. H.)
Friederike Kampp-Seyfried (F. K.-S.)
Alexandra Küffer (A. K.)
Christian E. Loeben (C. E. L.)
Daniela Mendel-Leitz (D. M.-L.)
Claudia Nauerth (C. N.)
Gabriele Pieke (G. P.)
Maarten J. Raven/Nico Staring (M. J. R./N. S.)
Daniel von Recklinghausen (D. v. R.)
Bettina Schmitz (B. S.)
Martin A. Stadler (M. A. S.)
Annemarie Wilde (A. W.)
Uta Wallenstein (U. W.)
Nina Willburger (N. W.)
Bernd Ziegler (B. Z.)

Abbildungsnachweis

Adelhausermuseum, Natur- und Völkerkunde Freiburg, Foto P. Frankenstein, H. Zwietasch, Landesmuseum Württemberg: 227; H. Peter Vieser: 45 (unten), 134 (unten), 226 (unten), 257, 266, 267, 269 (links), 270 (unten), 271 (Mitte).
Ägyptisches Institut der Universität München, Foto D. Kessler, Grabung Tuna el-Gebel: 313.
© Ägyptisches Museum der Universität Bonn: 129 (oben), 193 (oben), 196 (unten), 199, 296 (unten), 304 (oben); Foto P. Frankenstein, H. Zwietasch, Landesmuseum Württemberg: 67 (oben).
© Ägyptisches Museum der Universität Leipzig, Foto Marion Wenzel: 12, 20, 58, 68 (oben und Mitte), 90 (oben), 91 (Mitte), 126(unten), 193 (unten), 203 (oben), 236, 237 (links), 293, 294 (rechts), 301 (unten), 302 (unten); Strichzeichnung Friederike Kampp-Seyfried: 68.
© Ägyptische Sammlung der Universität Tübingen, Museum Schloss Hohentübingen, Foto P. Frankenstein, H. Zwietasch, Landesmuseum Württemberg: 8, 29, 33 (rechts oben), 45 (oben), 61, 75 (unten), 120 (unten), 154, 161, 166, 172, 174, 186 (links unten), 201 (oben rechts und links), 294 (rechts oben), 302 (oben).
akg-images/Erich Lessing: 94, 101, 168.
akg-images/James Morris : 97, 173.
© Badisches Landesmuseum, Karlsruhe, Foto Thomas Goldschmidt: 33 (rechts unten), 34 (unten), 38 (rechts oben und links), 41(Mitte und unten), 118 (unten), 125 (oben), 157 (oben), 185 (rechts), 201 (unten), 307 (rechts).
Bibliothèque Nationale et Universitaire de Strasbourg: 43 (oben).
© Ethnografische Sammlung am Historischen Museum Bern, Foto P. Frankenstein, H. Zwietasch, Landesmuseum Württemberg: Umschlag, 2, 207.
© Familie Sieglin, Stuttgart: 229.
Fotonatur.de/Jürgen Schmidt: 313.
Hessisches Landesmuseum Darmstadt: 316; Foto P. Frankenstein, H. Zwietasch, Landesmuseum Württemberg: 312; Wolfgang Fuhrmannek: 123 (rechts oben), 146, 299 (unten).
© Kestner-Museum Hannover, Foto P. Frankenstein, H. Zwietasch, Landesmuseum Württemberg: 86 (rechts); Michael Lindner: 150; Christian Tepper: 23, 36 (unten), 63, 81 (Mitte und unten), 89 (oben), 111 (links und Mitte), 119 (oben), 123 (unten), 124 (unten), 130, 182, 204 (rechts), 245, 303 (unten); Strichzeichnung Christian Loeben: 89 (unten).
© Kunsthistorisches Museum mit MVK und ÖTM, Wien: 35, 36 (oben), 47, 52, 54, 55, 57, 64, 75 (unten), 76, 82, 83, 85, 91 (oben), 99, 115 (rechts oben und unten), 116 (rechts), 124 (oben), 133 (oben), 162, 185 (links), 186 (links oben und rechts), 191 (unten), 192 (oben), 202 (unten), 204 (links), 207 (rechts), 208, 211, 246, 308 (rechts).
Landesmuseum Kärnten, Klagenfurt: 253.
© Landesmuseum Mainz (Ursula Rudischer): 22, 30 (rechts), 37 (unten) 44, 71 (oben), 115 (links oben), 120 (oben), 294 (links).
© Landesmuseum Württemberg, Stuttgart, Foto Bettina Beisenkötter: 240; Karin Birk: 214; Peter Frankenstein, Hendrik Zwietasch: 5, 14, 30 (links), 33 (rechts Mitte), 38 (rechts Mitte und unten), 48 (rechts oben und links), 68 (unten), 115(links unten), 176, 216, 220, 224, 226 (oben), 228, 230, 231, 232, 233, 234, 242 (links), 247, 272, 275, 276, 291, 297 (oben); Erwin Keefer: 316 ; Moritz Paysan: 241 (rechts); Carolina Strecker: 219, 220 (rechts unten), 221 (Zeichnung), 223 (Zeichnung); Henry Weber: 310, 314, 315, 317.
Landesmuseum Württemberg, Stuttgart, Strichzeichnungen: 56 (nach Germer 1991, 100); 95, 96 (nach Shedid 1994, Abb.3, 12); 169 (nach Maspero, 1875); 170 (nach Otto 1960).
Liebieghaus Skulpturensammlung, Frankfurt am Main, Foto David Hall: 60, 125 (unten), 157 (rechts); Hubert Vögele: 43 (unten).
Martin-von-Wagner Museum der Universität Würzburg: 37 (oben), 112 (oben links), 237 (rechts).
Musée Archéologique de Strasbourg, Photo Musées de Strasbourg, M. Bertola: 111 (rechts), 112 (unten rechts), 121 (unten), 123 (links oben).
Museum der Brotkultur, Ulm: 212 (links).
Museum für Kunst und Gewerbe Hamburg: 48 (rechts unten), 72 (oben und Mitte), 90 (unten), 140, 148, 157 (links), 192 (unten), 196 (rechts), 296 (oben).
© Museum für Völkerkunde Burgdorf, Foto P. Frankenstein, H. Zwietasch: 286.
© National Museums Liverpool (World Museum Liverpool): 91, 283 (rechts), 287.
©NTPL/Richard Pink: 102.
Papyrussammlung, Österreichische Nationalbibliothek: 17, 21, 25, 79 (oben), 107, 242 (rechts).
Photograph © 2001 The Metropolitan Museum of Art: 98, 100, 104, 105.
© Rijksmuseum van Oudheden, Leiden: 10, 34 (oben), 75 (oben), 80, 81(oben), 116 (links), 126 (oben), 137, 180 (oben), 202 (oben), 301 (oben), 303 (oben).
© Roemer- und Pelizaeus-Museum Hildesheim, Foto Sh. Shalchi: 56 (links unten), 191 (oben), 212 (rechts), 298 (oben), 307 (unten).
© Salima Ikram: 282.
© Sammlung des Ägyptologischen Instituts der Universität Heidelberg: 218, 260, Foto Robert Ajtai: 26, 40, 41 (oben), 56 (links oben), 59, 67 (unten), 71 (unten), 72 (unten), 79 (unten), 119 (unten), 180 (unten), 195, 196 (oben), 198, 203 (Mitte und unten), 255, 256, 257, 261, 270 (oben), 271 (oben und unten), 298 (unten), 301 (Mitte); P. Frankenstein, H. Zwietasch, Landesmuseum Württemberg: 215, 241 (links), 259 (links), 269 (rechts); Strichzeichnung: 215 (Anonyme Zeichnung der Kartonage 18/19. Jh., Hinweis und Kopie sind J. Malek, Oxford, zu verdanken).
Seminar für Ägyptologie der Universität zu Köln: 143, 144, 145, 158, Foto P. Frankenstein, H. Zwietasch, Landesmuseum Württemberg: 149, 307 (links).
© Senckenberg Forschungsinstitut und Naturmuseum, Frankfurt am Main, Foto Sven Tränkner: 134 (oben), 289.
Skulpturensammlung, Staatliche Kunstsammlungen Dresden, Foto Hans-Peter Klut/Elke Estel: 33 (links), 181 (unten), 290.
© Stiftung Schloss Friedenstein Gotha, Foto Lutz Ebhardt: 181(oben), 296 (Mitte), 297 (unten), 299 (oben), 308 (links).
© The British Museum, London: 112 (unten links), 125 (Mitte), 137 , 142, 153, 171, 238 (rechts), 244, 284.
© The Manchester Museum, The University of Manchester: 30 (oben), 242 (Mitte), 280, 283 (links), 288, 304 (unten).
© The Trustees of the National Museums of Scotland: 56 (Mitte), 65, 108, 112(oben rechts), 118 (oben), 121 (oben), 129 (unten), 133 (unten), 147, 179, 238 (links), 249, 250.
©Universitätsklinikum Hamburg-Eppendorf: 86 (links).
© Zentrum Anatomie der Georg-August-Universität Göttingen, Foto Prof. Dr. Dr. Michael Schultz: 254, 259 (rechts), 262, 263.

Kapiteltrennblätter
Diesseits: Brief des Masaharta, Vorlage: Kat.-Nr. 32.
Mumifizierung: Balsamierungsritual, Vorlage: Sauneron 1952, Tf. 3 und 7.
Grabbeigaben: Totenbuch der Iahtesnacht, Tf. 1 (Kat.-Nr. 146), Vorlage: Seminar für Ägyptologie der Universität Köln.
Jenseitsvorstellungen: Totenbuch des Nu, Vorlage: G. Lapp, The Papyrus of Nu (BM EA 10477), Catalogue of Books of the Dead in the British Museum 1, London 1997.
Totenkult: Stele des Sobekhotep (Kat.-Nr. 167), Vorlage: Silvermann 2002, 433, Abb. 1.
Mumifizierung im Wandel der Zeit: Papyrus Rhind II, Vorlage: Möller 1913, Tf. 13 und 20.
Tiermumien: Apisbalsamierungsritual, Vorlage: Vos 1993, Beilage.

Bild Seite 5: Fünf Uschebtis, Spätzeit, 746–332 v. Chr., Landesmuseum Württemberg, Stuttgart,0/254, 260, 263–265

Wir danken allen Leihgebern, Institutionen und Personen für die freundliche Bereitstellung des Bildmaterials. Leider war es nicht immer möglich alle Abbildungsrechte eindeutig zu klären. Berechtigte Ansprüche werden selbstverständlich im Rahmen der üblichen Vereinbarungen abgegolten.